Theo Gottwald's
WinRobots Version 8
Die Referenz

Band 1/2

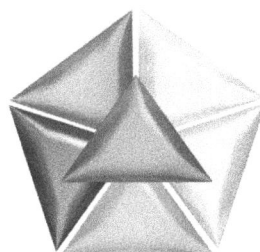

1. Auflage, 24.08.08

Impressum:

Originaltitel: "WinRobots Skript Version 8 – die Referenz Band 1"

ISBN: 978-3-00-025994-4

Druck:
Lulu Enterprises Inc.
860 Aviation Parkway
Suite 300
Morrisville, NC 27560
United States of America

Verleger, Autor und Seitengestaltung:
© Theo Gottwald
Wolfartsweierer-Str.1
76131 Karlsruhe
Tel. (0721) 96633-00
http://www.it-berater.org

Den **Autor** erreichen Sie unter

`theo.gottwald@it-berater.org`

Für Informationen zu WinRobots wenden Sie sich bitte an

`Info@WinRobots.de`

Gewidmet Dr. J. Thümmler,

der seit 1996 das

Original WinRobots

unermüdlich weiterentwickelt.

Vorwort zu Band 1

WinRobots ist ein Skript-/Macro-/ Automatisierungs-Tool. Obgleich es für fast alle Automatisierung-Jobs (Macro-Jobs) geeignet ist, wird es derzeit am häufigsten zur nativen Installation von Software eingesetzt.

Insbesondere da auch namhafte Hersteller von Software-Verteilungsprodukten es inzwischen als wertvolle Ergänzung zu anderen Installationsverfahren erkannt haben und teilweise mit Ihren Produkten ausliefern oder optional anbieten.

Oftmals geht es dabei nur um Setup-Automatisierung, Client-Konfiguration und Administrator-Jobs.

Dank seiner umfangreichen Möglichkeiten:

- Maus- und Tastatur-Simulation
- Skripting mit dem wenigstem Code-Aufwand (kürzester Code)
- Single-Step Debugger mit Variablen-Anzeige (DWP\, DVV\ etc.)
- Hardware-Überwachung (HWM\)
- Zugriff auf Event-Log
- Command-Line und Systemsteuerung
- Office- und Intranet-Fähigkeiten
- EXE-Erstellung mit Error-Level und Parameter-Übergabe
- Keine Installation auf den Ziel-Clients erforderlich
- ACL-Skripting (siehe ACL\)
- Software-Watchdog für höchste Zuverlässigkeit
- Konfigurierbare Buttonleiste, die sich an Anwendungen anhängen lässt
- Dialog.exe – „Dialog-Designer"
- Sehr günstige Lizenzierung
- Und vielem mehr

Ist WinRobots dafür auch bestens geeignet.

Dank Aufzeichnung mit der einmaligen „gelben Liste" gibt es kein anderes mir bekanntes Verfahren, mit dem man schneller an sein lauffähiges Setup-Skript kommt. Sofern man schon einigermassen Bescheid weiss.

Hier soll dieses Buch hilfreich sein. Der interessierte Anwender oder Administrator soll es jederzeit zur Hand nehmen können, um die neuen Möglichkeiten von WinRobots zu studieren.

Dies ist der Band 1 des gleichnamigen Buches, Bandes 2:

Band 2, B/W: http://www.lulu.com/content/3959453

Das Splitting in zwei Bände wurde nötig durch die sonst zu große Seitenzahl. So war es dann auch möglich, zusätzliche Erläuterungen und viele zusätzliche WinRobots-Skript Beispiele mit unterzubringen.

Dieser Band ist noch umfangreicher als der erste Band und die Befehle wurden teilweise umsortiert so dass Gruppen zusammengehöriger Befehle entstanden sind.

Ich habe versucht an vielen Stellen, Klippen zu entschärfen, und Sachverhalte noch etwas einfacher darzustellen, als in der Original-Hilfe.

Ich bin zuversichtlich, dass der geneigte Leser mir zustimmt, dass sich die Mühe gelohnt hat.

Der Stand entspricht dem heutigen Endstand der
WinRobots Version 8 vom Montag, 20. August 2008.

Für Anregungen und Vorschläge sind wir stets dankbar.

Karlsruhe, den 05.09.2008

Theo Gottwald, der Autor.

Kapitel 1.

WinRobots in

Einzelteilen

WinRobots – was ist alles dabei?

Wenn Sie heute ein Produkt kaufen finden Sie in der Verpackung als erstes eine Beschreibung des Lieferumfanges. Fangen wir also damit an.

Was gehört alles zu WinRobots?

Sehen wir uns zunächst das Starmenü an.

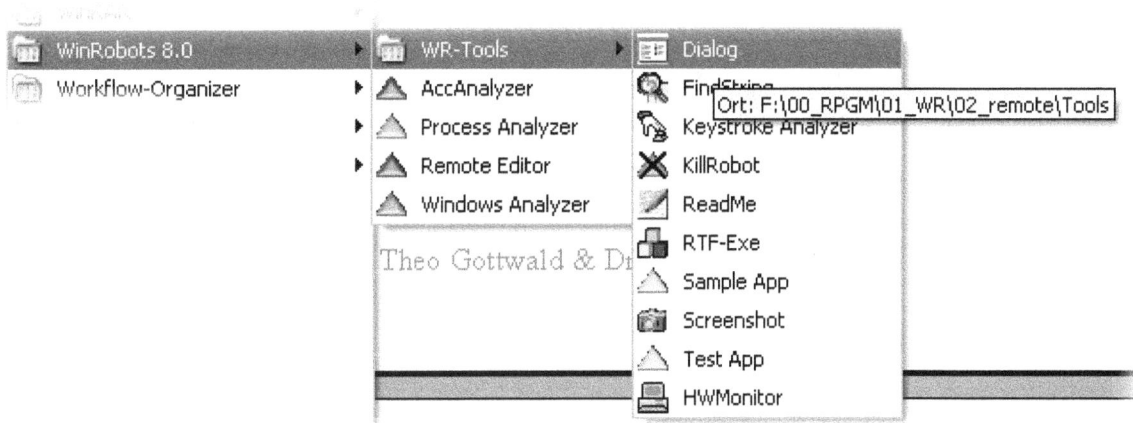

Schon im Startmenu sehen wir eine ganze Menge Programme die zum Paket gehören. Dazu gehören:

1. Die **Dialog.exe** – diese EXE steht im Zusammenhang mit der Erstellung kleiner benutzerdefinierter Masken. Alle nötigen Infos dazu finden Sie in der Hilfe zu den Befehlen: **GUI** und **GUS\.**
2. Die **FindString.exe** – dieses Tool unterstützt Sie beim Suchen, Finden und Ersetzen von Texten oder Befehlen in den WinRobots-Skript-Dateien. Sie können damit etliche Dateien auf einen Schlag umändern, zum Beispiel, wenn sich ein Fenstertext geändert hat, der öfter mal vorkommt. Zur Findstring.exe gibt es keine explizite Hilfe, da diese sich mit etwas Ausprobieren leicht von selbst erschließt. Unbedingt Ausprobieren!
3. Die **KillRobot.exe** – Im Zuge der Entwicklung von WinRobots-Skripten benötigen Sie diese Exe unbedingt als Verknüpfung an einer Stelle, wo Sie diese schnell erreichen und starten können. Sollte der Roboter mal die Kontrolle übernehmen, ist diese **EXE** Ihre ultimative Waffe um wieder Herr über Ihr System zu werden. Der KillRobot beendet alle laufenden „Roboter" (remote.exe) Instanzen, die nicht explizit dagegen geschützt sind. Details dazu finden Sie bei dem Befehl „**KRM\".**
4. Die **Sample App (TestApp.exe)** – ist nichts weiter als eine kleine Programmoberfläche, mit der Sie gefahrlos Ihre ersten WinRobots-Übungen machen können.
5. Die **Screenshot – Applikation**. Damit können Sie Screenshots von Ihrem Bildschirm anfertigen. Auch dazu gibt es keine explizite Hilfe, da die Applikation einigermaßen selbsterklärend ist.

---

6. Die **Test App (TestApp.exe)**. Auch das ist wieder eine kleine Demo-Anwendung, die Sie zum Testen der Fähigkeiten von WinRobots im Zusammenhang mit der Suche von tief liegenden Kindfenstern nutzen können.

7. Der **HW Monitor (wr_hwmon.exe)** ist wie der Name schon sagt ein Hardware-Monitor. Er zeigt Spannungen, Temperaturen und Lüfterdrehzahlen Ihres PC Systems an. Sie benötigen Ihn im Zusammenhang mit dem **HWM\ Befehl**.

8. Die **RTF-Exe**. Sie dient dazu, die WinRobots-Hilfedateien, die sich im **\remhelp**-Ordner befinden zu editieren. Sie können damit auch Ihre eigenen Hilfe-Dateien erstellen. Dies ist das Tool, was am seltensten benötigt wird. Beachten Sie, dass bei einem Update alle geänderten Hilfedateien mit den aktuellsten Versionen überschrieben werden. Sichern Sie Ihre selbst erstellten Dateien also vorher.

Was passiert wenn die Testzeit abgelaufen ist mit den Tools?

Frage: Was passiert eigentlich mit diesen Tools, wenn eine **zeitlich beschränkte Version** von WinRobots **ausläuft**?

Antwort: Nichts. Alle Tools **funktionieren auch weiterhin**. Lediglich der „Roboter" also die „remote.exe" und der WR-Editor laufen aus und sind dann nicht mehr benutzbar. Oder anders gesagt, die **vielen kleinen Helfer** kann man auch als Testkunde **auf jeden Fall behalten** und **weiter benutzen**!

Beschreibung der Tools aus dem Tools-Ordner

CanWrite.exe:

Entfernt bei Doppelklick den Schreibschutz von allen Dateien des Ordners, in dem sich die "CanWrite.exe" befindet, und von allen Dateien in dessen Unterverzeichnissen und zeigt danach eine Messagebox als Fertigmeldung an. Wenn die Datei mit Befehlszeilenparameter "/s" gestartet wird, lässt sich die Fertigmeldung vermeiden.

KillFile.exe:

Löscht die Datei, die als Befehlszeilenparameter angegeben wird. Nach dem Dateinamen und abgetrennt durch einen Senkrechtstrich kann eine Zeitverzögerung in Sekunden angegeben werden. Mit der "KillFile.exe" kann sich die "Remote.exe" quasi selbst löschen (die WinRobots-Skript Datei ist im "...\remfiles\"-Verzeichnis):
```
EXX\?pfad\..\tools\killfile.exe[?remexe|5
```

KillDir.exe:

Löscht das Verzeichnis, das als Befehlszeilenparameter angegeben wird. Nach dem Verzeichnis und abgetrennt durch einen Senkrechtstrich kann eine Zeitverzögerung in Sekunden angegeben werden. Damit kann das WinRobots-Programm sich quasi selbst deinstallieren (die WinRobots-Skript Datei ist im "...\remfiles\"-Verzeichnis):
```
EXX\c:\killdir.exe[?pfad\..|10
```

KillRobot.exe:

Beim Experimentieren kann es vorkommen, dass eine oder mehrere "Remote.exe" nicht beendet werden, sondern im Hintergrund weiter aktiv sind, was zu störenden Effekten führen kann. Mit der "KillRobot.exe" können alle diese "vagabundierenden" Exen auf einen Schlag beendet werden. Es wird empfohlen, eine Verknüpfung zur "KillRobot.exe" in der Quickstartleiste anzulegen.

WatchDir.exe:

Mit dieser Datei können Sie ein einzelnes Verzeichnis auf Änderungen bezüglich WinRobots-Skript Dateien überwachen und bei neuen oder geänderten Dateien diese mit der Remote.exe ausführen lassen. Die "watchdir.exe" muß zu diesem Zweck im gleichen Verzeichnis wie die "Remote.exe" liegen und für Autostart eingerichtet werden. Standardmäßig wird das Unterverzeichnis "\Remfiles\" überwacht. Wenn Sie ein anderes Verzeichnis überwachen wollen, müssen Sie dessen vollständigen Pfad beim Start der "watchdir.exe" als Befehlszeilenparameter übergeben. Sobald eine neue oder geänderte WinRobots-Skript Datei registriert wird, startet das Überwachungsprogramm die "Remote.exe" mit dieser WinRobots-Skript Datei. Standardmäßig wird dabei die Überwachung für 3 sec ausgesetzt. Sie können diesen Wert verändern, indem Sie die Sekundenanzahl beim Start als Befehlzeilenparameter übergeben; wenn zusätzlich ein Pfad übergeben wird, müssen Sie die Sekunden nach dem Pfad und abgetrennt durch einen Senkrechtstrich eintragen. Wenn der Wert < 1 sein soll, ist er als "0.?" anzugeben (Wert "0" ist nicht erlaubt).

Diese Verzeichnisüberwachung ist hilfreich, wenn Sie in einem Netzwerk auf anderen Computern operieren wollen. Richten Sie auf diesen Computern einen Arbeitsroboter mit Überwachung ein, und danach brauchen Sie nur noch die entsprechenden WinRobots-Skript Dateien auf den Zielcomputer zu kopieren, und sofort werden sie ausgeführt.

RTF.exe:

Mit diesem Tool können Sie die komprimierten Hilfe-Dateien (*.rtf_) im "...\remhelp\"-Verzeichnis bearbeiten.

FindString.exe:

Mit diesem Programm können Sie in allen remote-relevanten Dateien Zeichenfolgen ersetzen. Das gilt auch für komprimierte Hilfe- (*.rtf_") und verschlüsselte WinRobots-Skript Dateien. Zum Ersetzen in allen Dateien eines Verzeichnisses oder eines Pfades muß vorher eine Suche durchgeführt werden. Die gefundenen Dateien werden dann im Listenfeld aufgelistet.

Screenshot.exe (im Unterverzeichnis "\screenshot\):

Programm zum Anfertigen von Screenshots verschiedenster Art (Fenster, Kindfenster, Rechteck, Menüs, Desktop).

wrkeybrd.exe (im Unterverzeichnis "\wrkeybrd\):

Programm zum Analysieren der Tastatureingaben (liefert Aussagen über Art des Tastenereignisses, Status der Tasten Shift, Ctrl und Alt, den Tastencode, den Scan-Code und das Zeichen, falls vorhanden).

wr_hwmon.exe (im Unterverzeichnis "\HWMoni\):

Programm zum Abfragen und Anzeigen von Hardware-Eigenschaften (Spannungen, Temperaturen, Lüfterdrehzahlen). Das Anzeigeergebnis ist ausschließlich von den Hardwarekomponenten abhängig und nur von neueren Komponenten in sinnvollem Umfang unterstützt.

WR KEYSTROKE ANALYZER

Action	State	VCode	SCode	Char	?
2	4	044	084		
2	4	164	056		
2	0	071	034		
4	0	070	033	f	
2	0	070	033		
4	0	068	032	d	
2	0	068	032		
4	0	083	031	s	
2	0	083	031		
4	0	065	030	a	
2	0	065	030		

Go To: Chain / Thread / Discard
Repeat: No Rep. / Repeat
Hook / Unhook / Clear / Close
☑ Use LLHook, if possible   ☑ NoTL

WR Hardware ...

Monitor 1: Winbond W83627THF
Temperatures:
1: SYSTIN   49 °C
2: CPUTIN   64 °C
3: VTIN   99 °C
Voltages:
1: CPU VCore   1,32 V
2: +12V   12,34 V
3: +3.3V   3,17 V
4: +5V   5,01 V
5: VIN2   0,54 V
Fans:
1: FANIN0   5973 U/min
2: FANIN1   1232 U/min
Monitor 2: AMD Athlon 64 X2 4400+
Temperatures:
1: core #0   74 °C
2: core #1   75 °C
Monitor 3: GeForce 6800
Temperatures:
1: GPU Core   80 °C
Monitor 4: Maxtor 6 B300S0
Temperatures:
1: HDD   42 °C

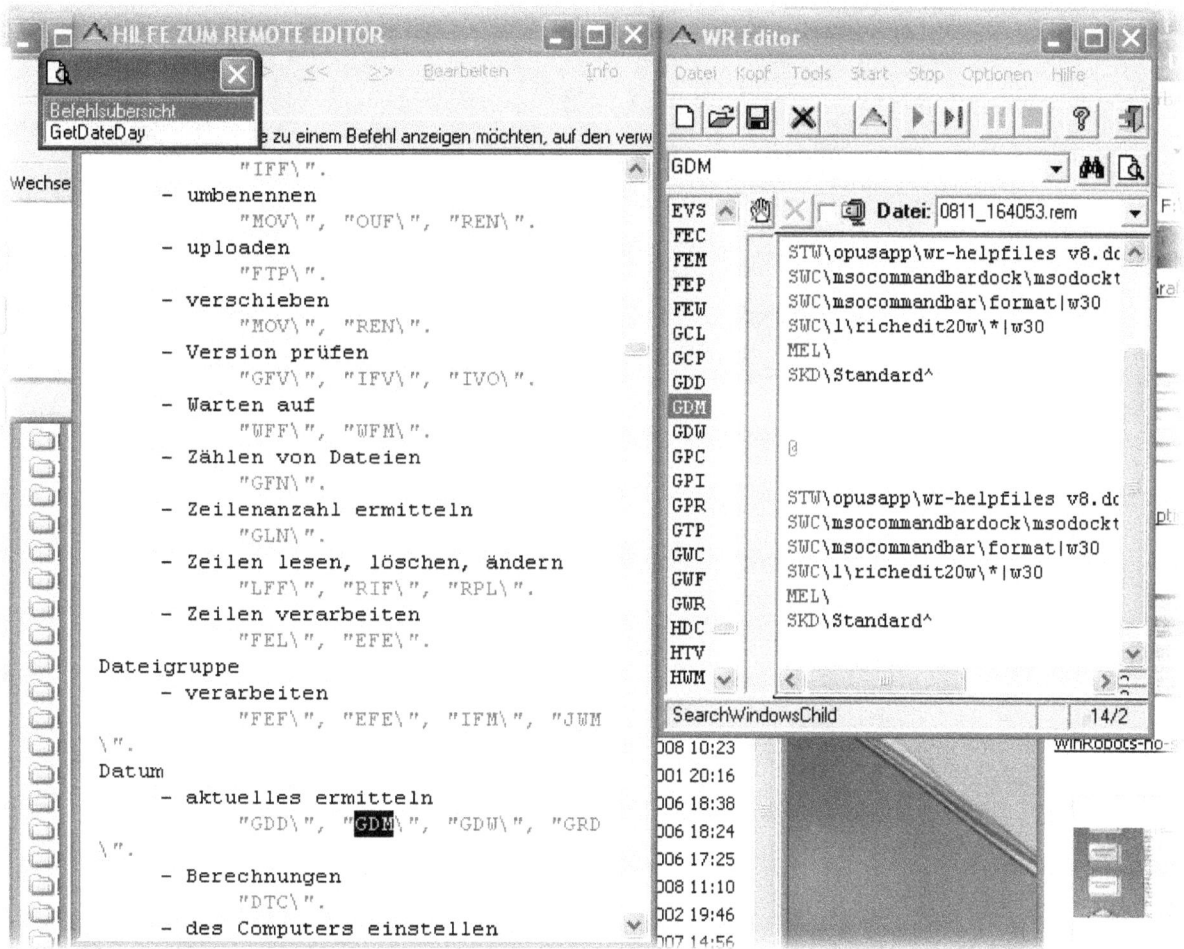

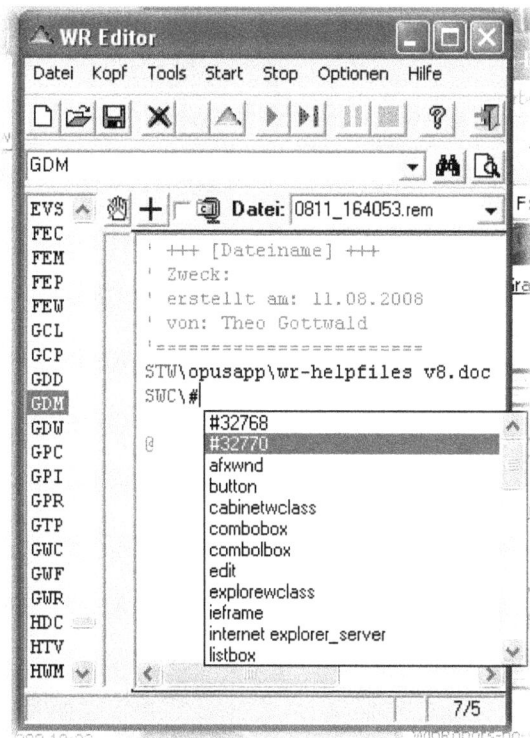

Kapitel 2.

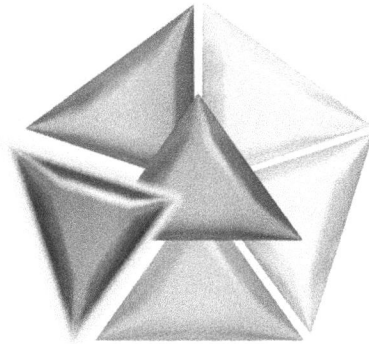

Der WinRobots-Editor

und die

gelbe Liste

Der WR-Editor (WR-Editor)

Der WR-Editor wurde **speziell** zum Erstellen und Bearbeitung von WinRobots-Dateien entwickelt ("***.rem**").

Seine speziellen Features und seine geringer Platzbedarf vereinfachen die diesbezüglichen Arbeitsschritte gegenüber der Benutzung eines anderen Editors.

Seine Features sind:
- **geringer Platzbedarf**
- **Aufzeichnung** von Automatisierungen via Analyzer-Button und „**Gelbe Liste**"
- **Farbige Darstellung** des Codes
- **Voll konfigurierbar** via „Optionen" und „**Remedit.ini**"-Datei.
- **Einzelschritt** und **Breakpoints** im Skript
- **EXE-Erstellung** via Tools **Menu „EXE Erstellen"**
- **Gelbe Befehlsleiste rechts** mit allen Befehlsgruppen
- **Intelligente Suchfunktionen mit !,+,| usw.**
- Verwendung von **Templates** möglich

Die Ausstattung des WR-Editors ist auf seinen Zweck zugeschnitten und in dieser Hinsicht optimiert.

Wenn der Editor ("RemEdit.exe") gestartet wird, erscheint etwa die unten dargestellte Oberfläche.

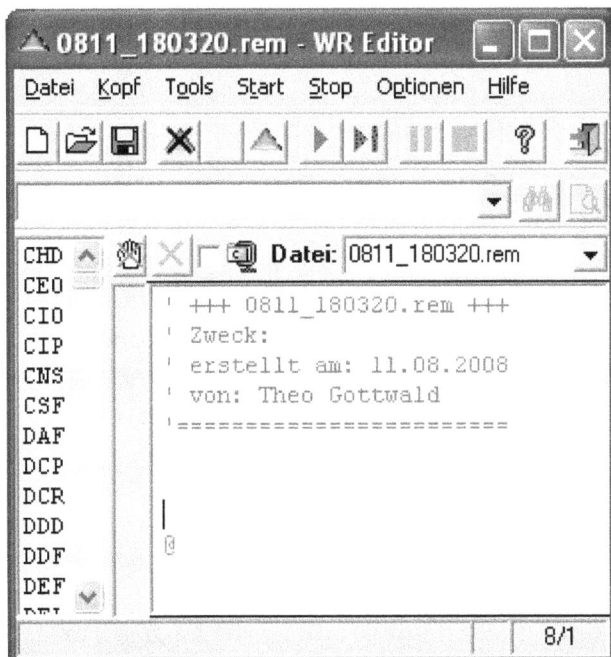

Der Winrobots „WR-Editor" (Remedit) nach dem Start.

Der „WR-Editor".

Beim Setup wird der WR-Editor als Default-Programm für das Öffnen von WinRobots-Skript Dateien registriert, so dass Sie eine WinRobots-Skript Datei per Doppelklick öffnen können. Im Kontextmenü des Explorers wird beim Setup ein Menüpunkt unter "Neu" eingerichtet.

Zum Öffnen/Bearbeiten einer WinRobots-Skript Datei können Sie auch auf das Ordnersymbol in der Toolbar klicken. Dann werden die im Verzeichnis befindlichen WinRobots-Skript Dateien alphabetisch geordnet aufgelistet. Durch Markieren und erneutes Klicken auf das Ordnersymbol oder per Doppelklick öffnen Sie die gewünschte Datei. Beim Öffnen wird standardmäßig die Fensterbreite des Editors automatisch an die längste Textzeile in der Datei angepasst, so dass einerseits der Platzbedarf bei kurzen Texten minimiert wird, andererseits die Lesbarkeit auch sehr langer Einträge ohne Scrollen gewährleistet ist. Sie können diese Einstellung über den Menüpunkt "Optionen - Einstellungen" ändern.

Die äußeren Abmessungen können natürlich auch wie gewohnt per Hand verändert werden. Das obere Bild zeigt etwa die minimale Breite des Editors, die sich auch per Hand nicht unterschreiten lässt.

Der Auskommentieren Button

Zum **Auskommentieren** von Textpassagen markieren Sie den gewünschten Block mit der Maus oder mit "Shift" und Pfeiltasten. Dann wird im Toolbar-Button mit dem Kreuz ein Pluszeichen (+) sichtbar, und nach Anklicken des Buttons wird der Block mit vorgesetzten Hochkommas auskommentiert. Zum Löschen der Kommentierung gehen Sie in gleicher Weise vor; der Button zeigt dann ein Minuszeichen. Alternativ können Sie zum Auskommentieren der markierten Zeilen die Tastenkombination **Strg** und "+" verwenden, zum Beseitigen des Kommentars **Strg** und "-".

Neue Dateien können Sie anlegen, wenn Sie auf den linken Button klicken und im oberen Textfeld den Namen der WinRobots-Skript Datei präzisieren, oder auch über das Kontextmenü von Windows, indem Sie unter "Neu" den Eintrag "RemFile" wählen.

Beim Anlegen neuer WinRobots-Skript Dateien wird automatisch ein Kopf angelegt, der mit den wesentlichen Daten auszufüllen ist.

Beim Öffnen vorhandener Dateien prüft der Editor, ob ein Kopf vorhanden ist. Wenn nicht, wird einer angelegt.

Beim Speichern prüft der Editor, ob der Kopf ausgefüllt ist. Wenn nicht, erfolgt ein entsprechender Hinweis, und die Datei kann nicht gespeichert werden.
Diese Einstellungen können Sie über den Menüpunkt "Optionen" verändern.

Name und Datum können Sie per Menü-Punkt „Kopf" einfach einfügen.

Speichern können Sie bearbeitete oder neu angelegte WinRobots-Skript Dateien durch einen Klick auf den Button mit dem Disketten-Symbol. Beachten Sie dabei bitte, dass vorhandene Dateien gleichen Namens ohne Warnung überschrieben werden!

Die gelbe Liste

Mit dem violetten Dreieck können Sie den Windows-Analyzer starten. Dieser befindet sich im gleichen Verzeichnis wie die RemEdit.exe (WR-Editor). Sie können dann mit der „gelben Liste" Aufzeichnungen vornehmen.

Alternativ können Sie vom Analyzer aus die markierten Listeneinträge mittels der Taste "E" direkt in den WR-Editor kopieren. Diese Vorgehensweise ist allerdings nur noch in Ausnahmefällen nötig, da die „gelbe Liste" alle üblichen Fälle abdeckt.

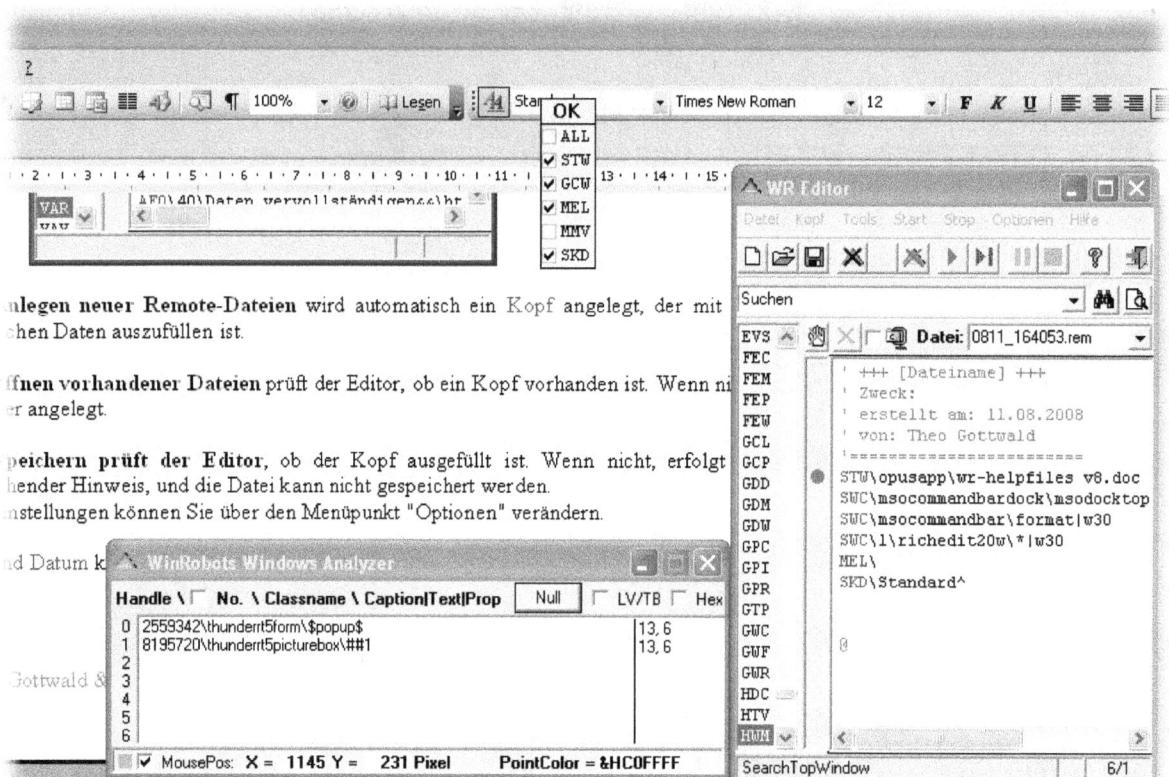

Der WR-Editor und die „gelbe Liste" zum Aufzeichnen von Bedienhandlungen.

Play und Single-Step

Die grüne Pfeiltaste startet das WinRobots-Programm und "spielt" den Inhalt des Editors ab. Dazu muss sich die "Remote.exe" ebenfalls im gleichen Verzeichnis wie der Editor befinden. Ist das nicht der Fall, muss in einer Datei "rempfad.txt" der Pfad zur "Remote.exe" hinterlegt sein. Mit der Taste daneben starten sie den **Einzel-Schrittbetrieb**. Oder laufen nach einem Breakpoint (Haltepunkt) eine Zeile weiter im Programm.

Die gelbe Leiste

Auf der linken Seite befindet sich eine schmale Liste, die alle aktuell verfügbaren WinRobots-Befehle enthält. Diese sind nach logischen Gruppen sortiert. Zum Beispiel sind alle Mausbefehle in einer Gruppe.

 Wenn Sie den Mauszeiger über die Liste bewegen, wird die volle Bezeichnung sichtbar. Sie können sich auch mit den Pfeiltasten in der Liste bewegen. Wenn Sie den Listeneintrag anklicken, wird eine Hilfe sichtbar, die ausführliche Erläuterungen für den Einsatz des Befehls enthält. Ein Listeneintrag wird ebenfalls markiert, wenn Sie im Editorfenster in einen Befehl klicken.

So bekommen Sie die Hilfe zu einem bestimmten Befehl:

Wenn Sie nach einem bestimmten **Befehl suchen**, klicken Sie in die Liste bei gedrückter "Strg"-Taste und geben Sie anschließend den Befehl über die Tastatur ein. Dann wird der Befehl - sofern vorhanden - in der Liste markiert, und Sie können mit **F1** oder ENTER die Hilfe anzeigen lassen.

Wenn Sie innerhalb des Hilfetextes auf einen Befehl klicken, auf den verwiesen wird (Handcursor und Tooltip erscheinen), erhalten Sie die Hilfe zu diesem Befehl.

Alternativ können Sie auch einen Befehl im Skript doppelklicken. Dadurch wird er ebenso in der „gelben Leiste" selektiert. Nun können Sie mit F1 den Hilfetext aufrufen.

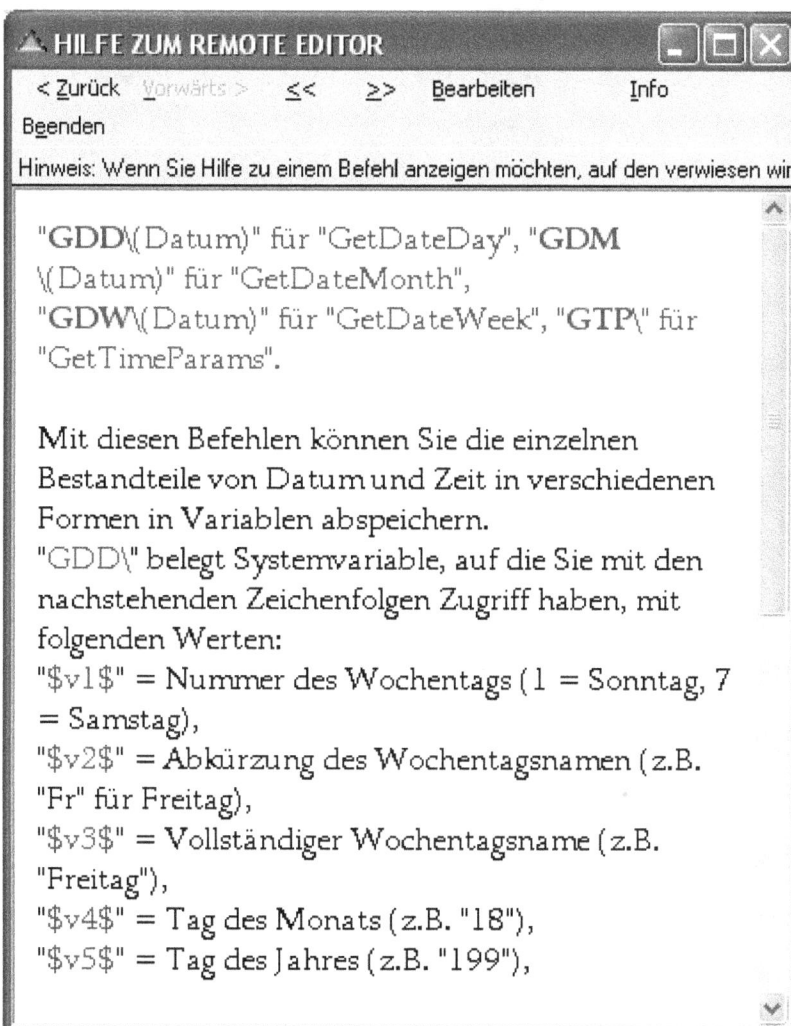

```
▲ HILFE ZUM REMOTE EDITOR                    _ □ ✕

< Zurück   Vorwärts >   <<    >>    Bearbeiten      Info
Beenden
Hinweis: Wenn Sie Hilfe zu einem Befehl anzeigen möchten, auf den verwiesen wir

   "GDD\(Datum)" für "GetDateDay", "GDM
   \(Datum)" für "GetDateMonth",
   "GDW\(Datum)" für "GetDateWeek", "GTP\" für
   "GetTimeParams".

   Mit diesen Befehlen können Sie die einzelnen
   Bestandteile von Datum und Zeit in verschiedenen
   Formen in Variablen abspeichern.
   "GDD\" belegt Systemvariable, auf die Sie mit den
   nachstehenden Zeichenfolgen Zugriff haben, mit
   folgenden Werten:
   "$v1$" = Nummer des Wochentags (1 = Sonntag, 7
   = Samstag),
   "$v2$" = Abkürzung des Wochentagsnamen (z.B.
   "Fr" für Freitag),
   "$v3$" = Vollständiger Wochentagsname (z.B.
   "Freitag"),
   "$v4$" = Tag des Monats (z.B. "18"),
   "$v5$" = Tag des Jahres (z.B. "199"),
```

Die Suchfunktion im Editor

Über die breite Combobox können Sie in den **Hilfedateien** nach einem **Begriff suchen** lassen (Groß/Kleinschreibung wird nicht berücksichtigt). Es können mehrere Suchbegriffe mit Trennzeichen eingeben werden.

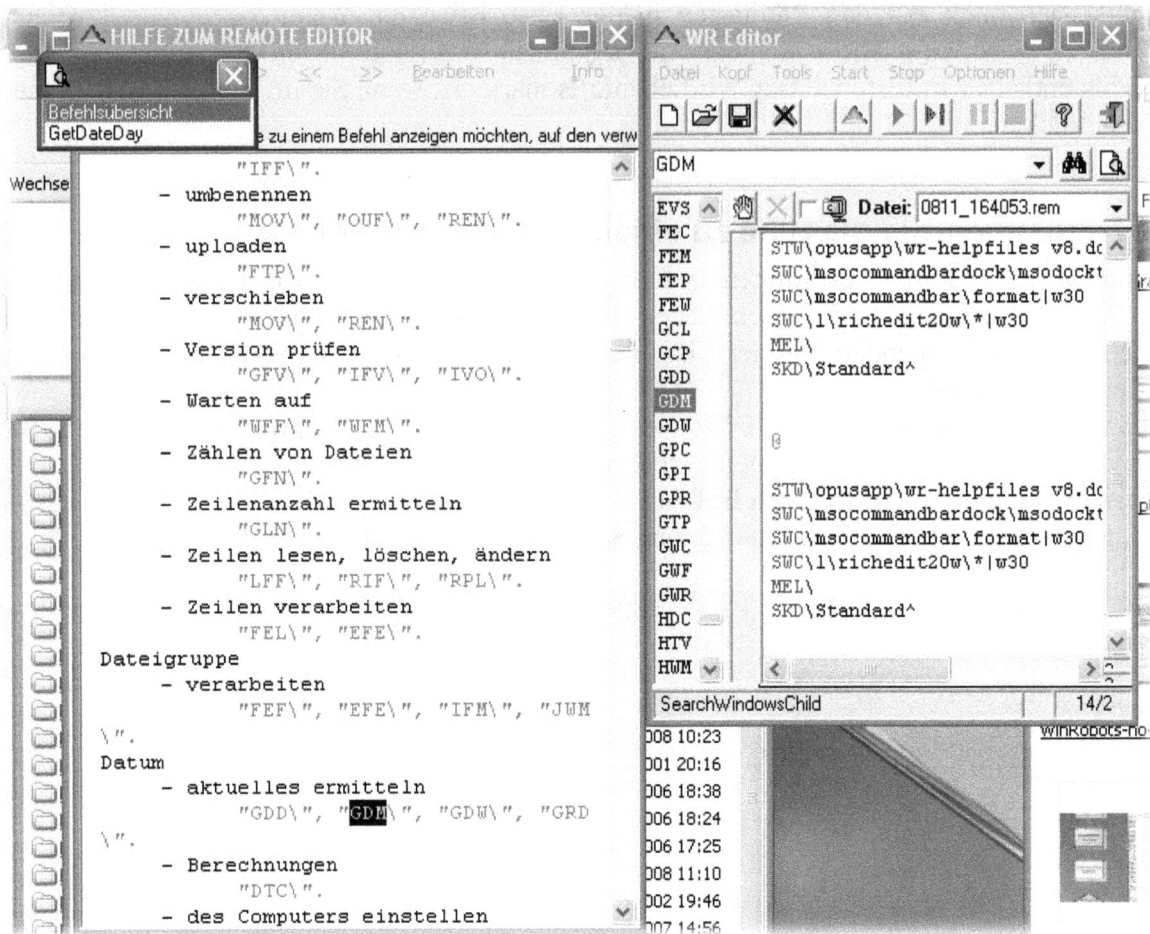

Der WR-Editor hat eine komfortable Suchfunktion mit Verknüfungsoperatoren.

Trennzeichen und Bedeutung (Reihenfolge entspricht Auflösungsreihenfolge):

"**!**" vor Begriff   = **Nicht**. Wenn der String vorhanden ist, wird die Seite nicht gelistet.

"**|**" vor Begriff   = **Oder**. Wenn der Begriff (Ganzwort) vorhanden ist, wird die Seite gelistet.

"**+**" vor Begriff   = **Und**. Wenn alle mit "+" verbundenen Begriffe (Ganzwort) vorhanden sind, wird die Seite gelistet. Ausschlüsse (mit "!") müssen am Ende der Angabe stehen.

Defaulteinstellung:

Ganzwortsuche für die Begriffe, die vorhanden sein sollen; wenn nach dem reinen Text(String) gesucht werden soll, muss der Begriff in "*" eingeschlossen werden:

Begriff = Stringsuche, nicht Ganzwort.

Stringsuche (nicht Ganzwort) für Begriffe, die ausgeschlossen werden sollen.
Beispiel:

```
campa+ertzetz+*caramba*|*sdfgsdfg*|lsdgwer!asdfasdf!34563456!tzuitui
```

Nicht vorhanden sein dürfen:
 asdfasdf als String,
 34563456 als String,
 tzuitui als String.
 Vorhanden sein müssen:
 lsdgwer als Ganzwort oder
 sdfgsdfg als String oder
 campa als Ganzwort und **ertzetz** als Ganzwort und **caramba** als String.

Geben Sie die Begriffe in das Textfeld der Combobox ein und drücken Sie die "Enter"-Taste.

Dann erscheint nach kurzer Zeit eine Liste mit Befehlen, in deren Hilfedateien der Begriff gefunden wurde, und Sie können anhand der Liste gezielt die einzelnen Dateien öffnen, wobei die Stellen, an denen ein Begriff gefunden wurde, rot markiert sind. Mit den Menütasten "<<" und ">>" des Hilfe-Fensters können Sie von einer Stelle zur anderen springen.

Wenn Sie neben den Hilfe-Dateien zu den einzelnen Befehlen noch die allgemeinen Dateien wie z. B. diese hier durchsuchen wollen, benutzen Sie nach der Eingabe des Begriffs statt der Enter-Taste den Button "Erweiterte Suche" rechts neben der Combobox.
Um in der Befehlsliste nach dem eingegebenen Begriff zu suchen, klicken Sie nach der Eingabe auf den Button mit dem Fernglas-Symbol. Dann werden diejenigen Befehle aufgelistet, in deren Langversion (z.B. "STW" -> "SearchTopWindow") der Begriff enthalten ist.

Wenn Sie in der Liste der Combobox den Eintrag "Befehlsübersicht nach Aufgabe/Zweck" anklicken, erscheint eine Art **Glossar**. Geben Sie danach die Anfangsbuchstaben des gesuchten Begriffs ein, und der zutreffende Begriff wird markiert. Nach drei Sekunden, gerechnet von der Eingabe des ersten Buchstaben, ist die Liste wieder "empfangsbereit" für eine neue Eingabe.

Mit den nachfolgenden Einträgen in der Combobox können Sie auswählen, welche Befehlskategorien in der Liste angezeigt werden sollen; der erste Listeneintrag ist dann der erste Befehl der ausgewählten Kategorie.

Der untere Teil der Liste enthält eine Sammlung von sprachunabhängigen Ordnern, die Sie bei der Angabe von Pfaden verwenden können. Wenn Sie den Mauszeiger über die Liste bewegen, sehen Sie das englischsprachige Äquivalent des jeweiligen Ordners, und durch Anklicken können Sie das entsprechende Kürzel im Editor einfügen - das Kürzel ersetzt dann den kompletten Pfad (z.B. "ws\" für "c:\windows\system\").

Die zur Darstellung des Listeninhalts und der Online-Hilfe notwendigen Dateien ("remedit.txt", "remfiles.txt" sowie zahlreiche *.rtf-Dateien) sind in einem Verzeichnis "\RemHelp\" zu platzieren. Dieses Verzeichnis muss sich entweder im Programmverzeichnis oder direkt auf "C:\" oder im Windows-Verzeichnis befinden (wenn Sie häufig mit dem Editor arbeiten, ist eine der beiden letzten Varianten zu empfehlen). Beim Setup wird dies automatisch erledigt.

Hilfe – da sind mehrere Befehle auf jeder Hilfe-Seite!

Häufig sind im Kopf der Hilfedateien mehrere zusammengehörige Befehle aufgeführt. In der WinRobots Hilfe gilt: Um einen weiter unten erläuterten Befehl anzuspringen, klicken Sie den Befehl einfach an . Dann springt die Markierung zum nächsten Vorkommen des Befehls im Text.

Es werden dabei nur die in der Schlüsselfarbe blau dargestellten Befehle berücksichtigt.

Wie komme ich dann wieder zum Seitenanfang?

Mit einem rechten Mausklick bei gedrückter Strg-Taste gelangen Sie wieder zum Seitenanfang.

Komfortable Eingabe der Fensterklasse

Der WR-Editor verfügt auch über eine "IntelliSense"-Funktion für die Eingabe von Klassenbezeichnungen. Wenn Sie einen Befehl geschrieben oder kopiert haben, der im Datenteil die Angabe einer Fensterklasse benötigt, wird beim Eingeben des ersten Zeichens nach dem Backslash automatisch eine Liste mit häufig vorkommenden Klassenbezeichnungen sichtbar. Je mehr Zeichen Sie eingeben, umso präziser wird die Selektion in der Liste. Mit den Auf/Ab-Pfeiltasten können Sie die Auswahl verändern. Den selektierten Eintrag können Sie mit der Entertaste, der Leertaste oder auch direkt per Mausklick in das Textfeld übernehmen.

Kann ich diese Fensterklassen-Auswahl Liste editieren?

Die Informationen zu den Klassenbezeichnungen sind in der Sektion "[Classlist]" der "remedit.ini" hinterlegt, die sich im WinRobots-Installations-Verzeichnis befindet. Das vorgestellte "+"-Zeichen bei einzelnen Einträgen signalisiert, dass es bei dieser Klasse in der Regel keinen Text bzw. keine Beschriftung gibt. Dann wird vom WR-Editor automatisch ein "*" an den Klassennamen angefügt; ohne "+" wird nur der Backslash ergänzt.

Durch Änderung/Ergänzung der Sektion "[Classlist]" können Sie die Liste Ihren spezifischen Bedingungen anpassen.

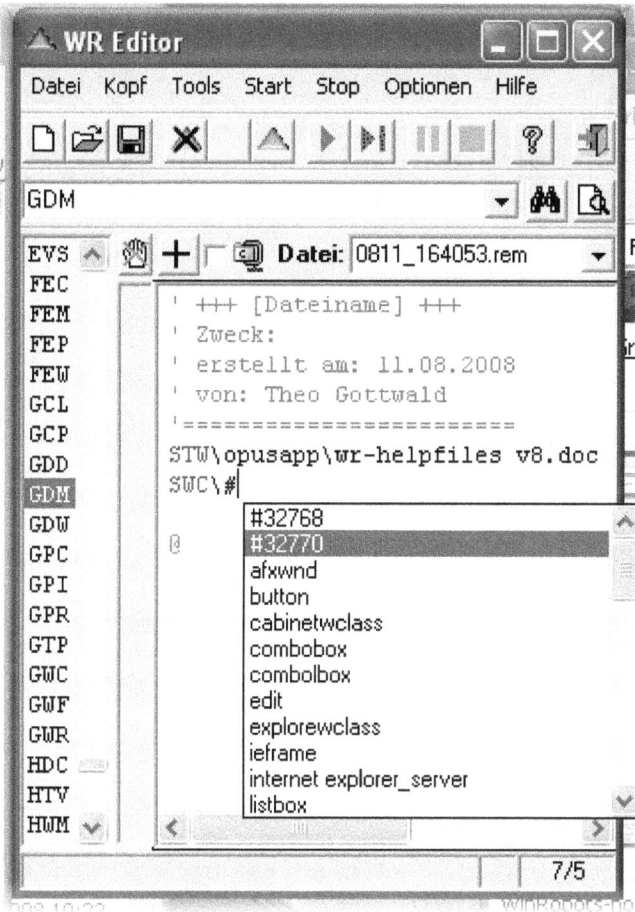

Die Liste der Befehle, bei denen die IntelliSense-Funktion wirksam wird, ist im Abschnitt "[senshelp]" der Datei "remedit.ini" hinterlegt und kann dort verändert werden.

Der Tooltip-Trick

Das grüne Fenster erscheint auch, wenn Sie bei gedrückter Strg-Taste in die Befehlszeile nach dem Befehl klicken oder die F1-Taste drücken, wenn sich das Caret in der Zeile befindet. Es verschwindet, wenn Sie die Zeile wechseln, in das Fenster klicken oder die Esc-Taste drücken.

Die Tooltip-Einträge sind in der Datei "remfiles.txt" hinterlegt, die sich im "...\Remhelp"-Verzeichnis befindet. Diese Datei können Sie nach eigenem Ermessen vervollständigen, sollten diese aber dann sichern, da bei einem Update mittels Setup auch diese Datei überschrieben wird.

```
▲ Remote Editor (c) by Delphin Software   _ □ ×

Datei  Kopf  Tools  Start  Stop  Optionen  Hilfe

□ ☞ 🖫  ×  □  ▲  ▶ ▶I  II ■  ?  ⤴

Datei- und Verzeichnisoperationen          ▾ 🔍 🔍

CSF ▲  ✋  ×  □ 🖳 Dateiname: neu remfile.rem  ▾
DAF
DCP        '  +++ neu remfile.rem +++
DCR        '  Zweck:
DDD        '  erstellt am: 26.05.2005
DDF        '  von: thue
DEF        '========================
DEL      REW\
DLF      @
DME          ┌─────────────────────────────┐
DMI          │ HKey|SubKey|EntryName|Value │
DRD          │ HKey values:                │
EFP          │ "HCR"=HKEY_CLASSES_ROOT     │
EXE          │ "HCU"=HKEY_CURRENT_USER     │
EXO          │ "HLM"=HKEY_LOCAL_MACHINE    │
EXR          │ "HUS"=HKEY_USERS            │
EXS          │ "HCC"=HKEY_CURRENT_CONFIG   │
EXU          └─────────────────────────────┘
EXW
EXX ▾
                                        │ │ 6/5
```

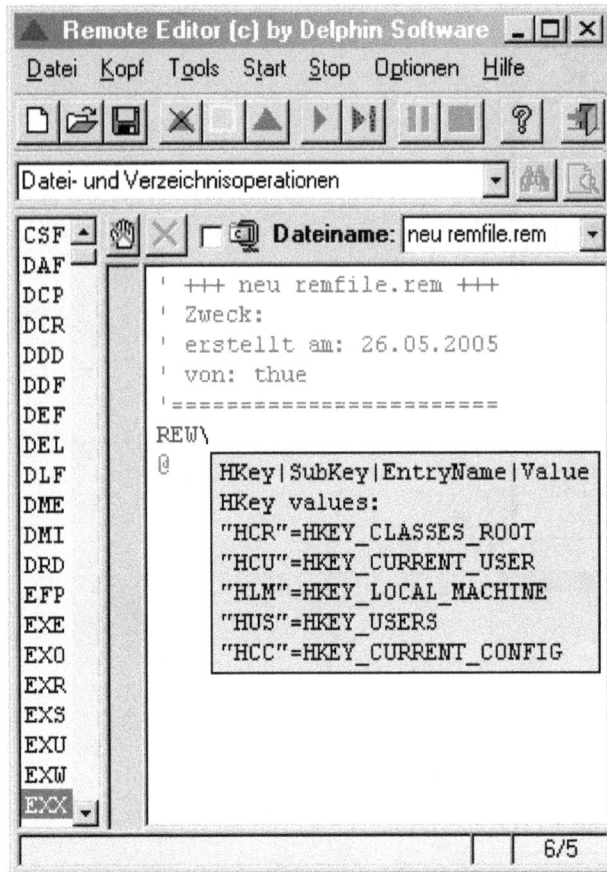

Bei der Eingabe der allermeisten Befehle erhalten sie Tooltips mit der Befehls-Syntax.. Dann erscheint das oben rechts dargestellte grüne Fenster, in welchem die Syntax des Befehls dargestellt ist. Eckige Klammern beinhalten optionale Teile.

Play und Single Step im Editor

Der WR-Editor ermöglicht es, den Abarbeitungsstand der über den "Play"-Button gestarteten WinRobots-Skript Datei zu verfolgen. Dabei wird immer derjenige Befehl markiert, der gerade in Bearbeitung ist. Gleichzeitig wird die zugehörige Zeile in der Statusbar angezeigt, und daneben ist ein grünes Feld sichtbar, solange das Programm läuft.

Der Stopzustand

Im Stopzustand und bei Einzelschritt ist das Feld rot, und ein magentafarbenes Feld weist darauf hin, dass zwar die WinRobots-Skript Datei beendet wurde, aber das WinRobots-Programm noch läuft. Das kann befehlsbedingt sein (z.B. bei "DPM\...") oder auf einen Fehler bei der Abarbeitung bzw. im WinRobots-Programm hindeuten.

Im rechten Feld der Statusbar sind die aktuelle Zeilennummer und die aktuelle Spaltennummer des Carets zu sehen. Das ist hilfreich, wenn das WinRobots-Programm eine Fehlermeldung mit Zeilennummer ausgibt.

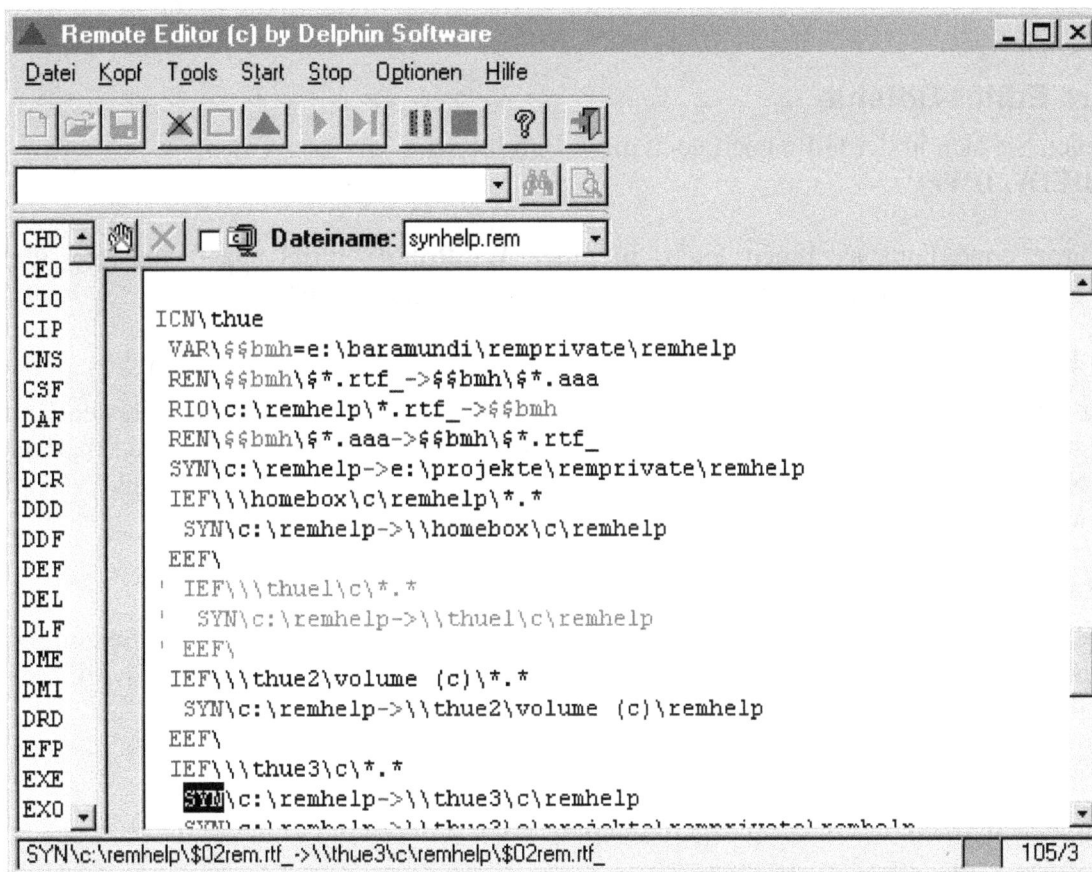

Der WR-Editor beim Abspielen einer Skriptdatei.

Der CRE\-Befehl

Wenn der Editor unmittelbar nach dem Starten des WinRobots-Programms geschlossen werden soll, stellen Sie als ersten Befehl "CRE\" für "Close WR-Editor" in die WinRobots-Skript Datei.

Der HRE\ - Befehl

Wenn der Editor unmittelbar nach dem Starten des WinRobots-Programms versteckt werden soll, stellen Sie als ersten Befehl "HRE\" für "Hide WR-Editor" in die WinRobots-Skript Datei. Der Editor wird dann nach Abarbeitung der WinRobots-Skript Datei wieder sichtbar. Mit "MRE\" lässt sich der Editor minimieren.

Weitere Editor-Befehle

Bitte sehen Sie sich in der Hilfe auch noch diese Befehle an:
DIP\ , DED\ , DWP

Der Editor ermöglicht es Ihnen auch, in einer WinRobots-Skript Datei beliebig viele Haltepunkte zu setzen und dadurch die Datei sequentiell "abzuspielen".

Einen Haltepunkt setzten

Klicken Sie zum Setzen eines Haltepunktes einfach mit der linken Maustaste in den Rand links neben dem Textfeld. Danach erscheint dort ein roter Punkt, der den Haltepunkt markiert. In der Statusleiste wird das Statusfeld rot, wenn beim Abspielen ein Haltepunkt erreicht wurde. Mit der Taste "Play" können Sie dann die Abarbeitung fortsetzen.

Maustasten im Editor für Start- und Breakpoint vertauschen?

Bitte beachten Sie, dass sie im Menu unter Optionen die Maustasten zum Setzen von „Breakpoint" und „Startpoint" vertauschen können. Dies ist besonders dann sinnvoll, wenn Sie bereits andere Tools verwenden die eine andere Belegung haben.

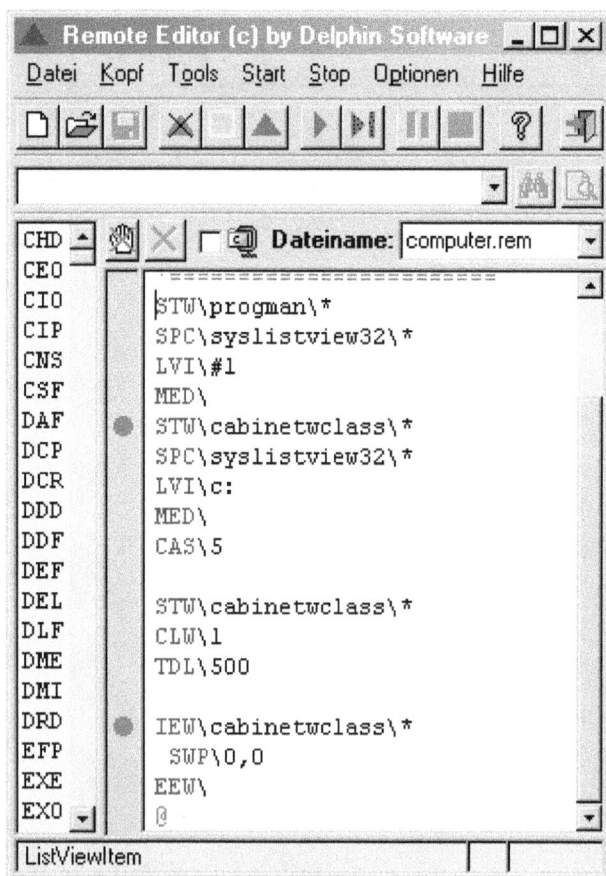

Der WR-Editor mit zwei Breakpoints.

Der Einsprungpunkt

Wenn sie mit der rechten Maustaste in den genannten Randbereich klicken, können Sie einen Einsprungpunkt markieren, der als grüner Punkt erscheint. Ist ein solcher vorhanden, beginnt das Abspielen der WinRobots-Skript Datei erst bei der markierten Zeile. Wenn mehrere Einsprungpunkte gesetzt sind, wird nur der erste berücksichtigt.

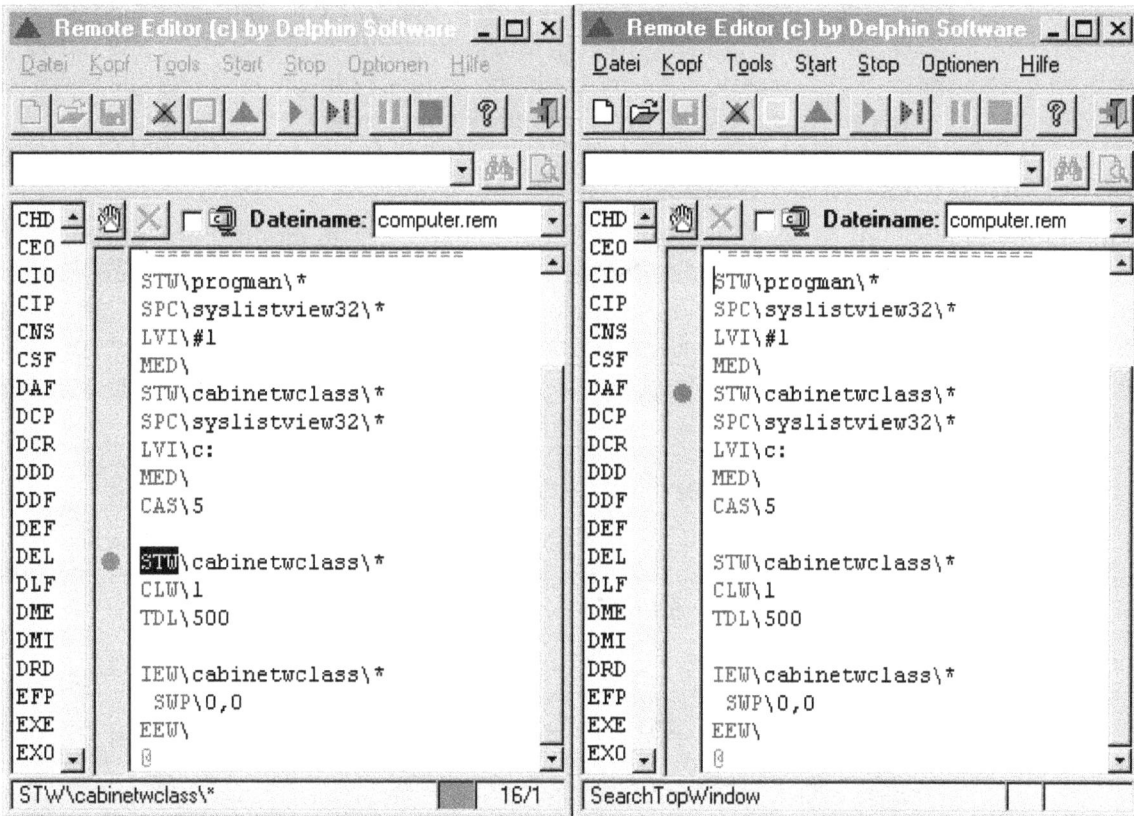

Linkes Bild: Hier hat der Editor das Skript bei dem markierten Breakpoint gestoppt.
Sie können nun mit Single-Step oder mit Play fortfahren. Oder das Skript anhalten
Rechtes Bild: Hier wurde ein Startpunkt gesetzt..

Die Taste Einzelschritt

Mit der Taste "Einzelschritt" können sie eine WinRobots-Skript Datei schrittweise abarbeiten lassen. Dabei spielt es keine Rolle, ob Sie das von Anfang an tun oder erst nach einem Haltepunkt bzw. Betätigung des "Pause"-Buttons. Mit der Taste "Start" wird die Abarbeitung wieder vollständig aufgenommen.

Die Anzeige von Variablen-Inhalten zur Laufzeit

Ein ganz besonderes Feature ist, dass der WR-Editor Ihnen die Inhalte von Variablen anzeigt, wenn sie einfach mit der Maus darüber fahren!
Wenn Sie im Stopp-Modus (roter Haltepunkt erreicht oder Einzelschrittbetrieb) den Mauszeiger über den Namen einer Variablen ("$$xyz") oder Systemvariablen ("vx") bewegen, wird der aktuelle Variablenwert als Tooltip angezeigt; bei den mit "?" beginnenden Kürzeln ebenso.

Das Aussprungdreieck

Wenn Sie mehrere Abschnitte oder Teile einer WinRobots-Skript Datei abspielen möchten, können Sie diese mit einem Einsprungpunkt und einem Aussprungdreieck markieren. Das Dreieck erhalten Sie, indem Sie zunächst einen grünen Punkt anlegen und danach mit der gleichen Maustaste auf den grünen Punkt klicken, mit der Sie den grünen Punkt erzeugt haben. Es wird jeweils der Teil beginnend mit der Einsprungzeile (grüner Punkt) bis zur Zeile **über** der Dreieckspitze berücksichtigt. Wenn das letzte Symbol ein grüner Punkt ist, wird die WinRobots-Skript Datei von dieser Zeile ab bis zum Ende abgespielt.

Die Suchen und Ersetzen Maske

Wenn Sie mit der rechten Maustaste in das Textfeld klicken, erscheint ein PopUp-Menü. Mit dem Menüpunkt "Suchen" können Sie eine Maske zum Eingeben eines Suchbegriffes anzeigen und die Suche starten. Im Textfeld wird dann ein gefundener Begriff markiert. Wenn mehrere Fundstellen existieren, können Sie mit den Button "<" und ">" oder mit den Pfeiltasten weiter- bzw. zurückschalten. Weiterhin können Sie die Suchbegriffe ersetzen lassen.

Das Checkmark „Befehl" in der Suchen Maske

Wenn das Kästchen "Befehl" aktiviert ist (Voreinstellung), werden nur Eingaben im Sinne von Befehlen zugelassen. Dabei reicht die Eingabe der drei Buchstaben. Eine inhaltliche Überprüfung auf "gültiger Befehl" erfolgt nicht.

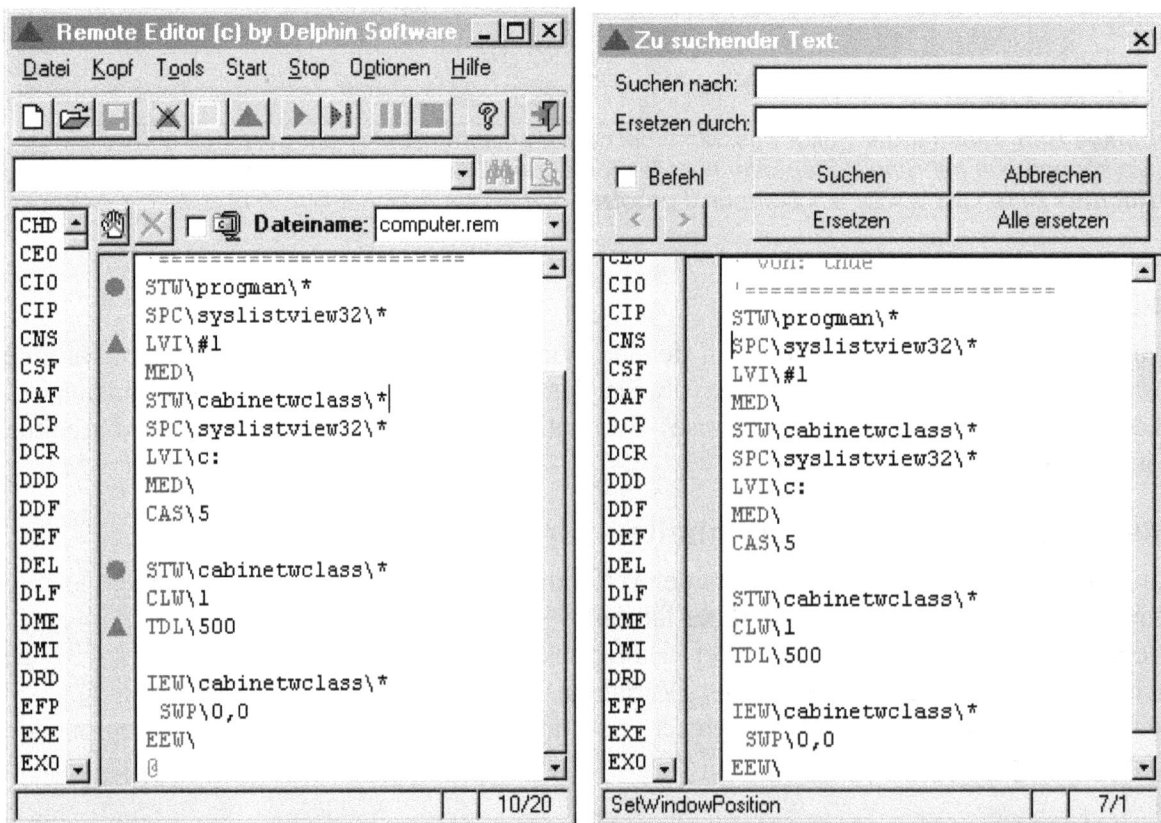

Linkes Bild: Hier werden bestimmte Abschnitte der Skriptdatei abgespielt. Hierzu werden der „Startpunkt" und der „Aussprungspunkt" (grünes Dreieck) verwendet.
Rechtes Bild: Die **Suchfunktion** des Editors erhalten Sie wie in Editoren üblich mit **strg-F**.

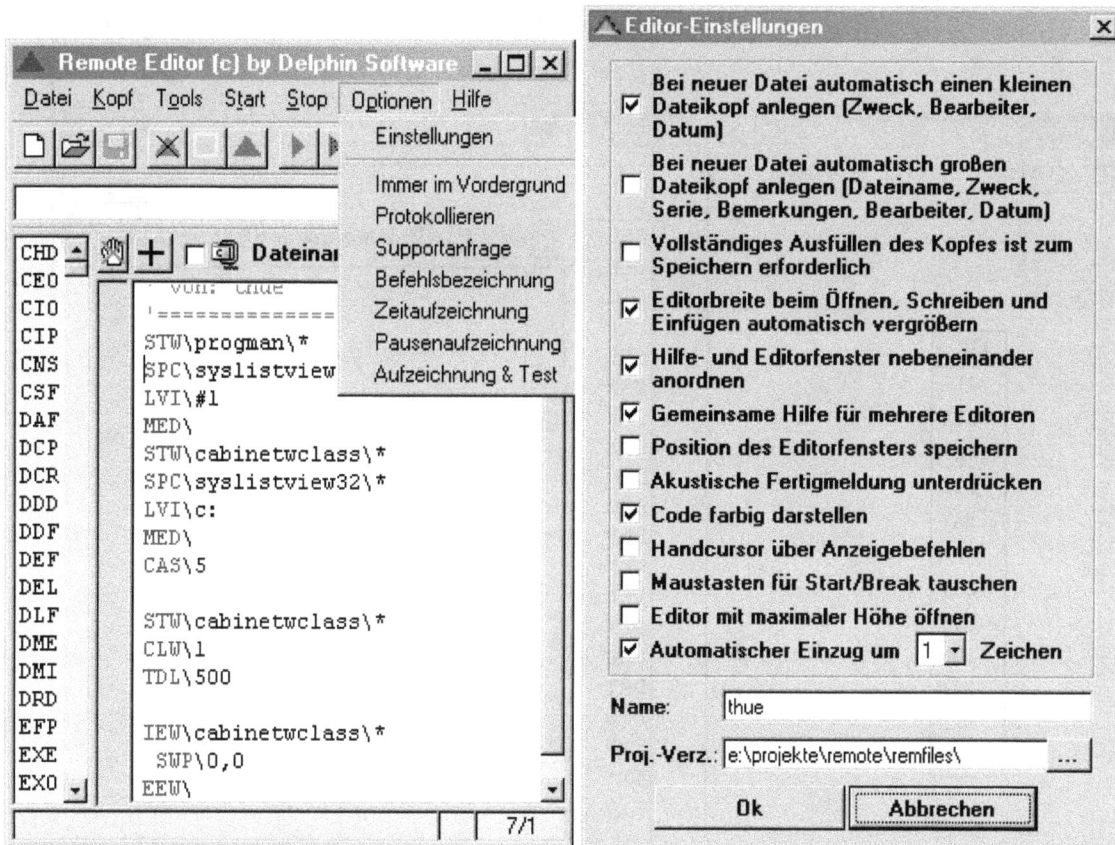

Über den Menüpunkt "Optionen - Einstellungen" gelangen Sie zum oben dargestellten Fenster, in welchem Sie bestimmte Features aktivieren oder deaktivieren können.

Zuerst den Analyzer mit dem violetten Dreieck starten

Ein wesentliches Feature des Editors ist die Möglichkeit, in Zusammenarbeit mit dem Analyzer eine WinRobots-Skript Datei sozusagen per Mausklicks zu erstellen. Starten Sie dazu aus dem Editor den Analyzer (violettes Dreieck). Bitte beachten Sie, dass dies nur funktioniert, wenn der Analyzer aus dem Editor gestartet wird. Versuchen Sie nicht den Analyzer aus der Schnellstartleiste zu verwenden, Sie erhalten dann zwar auch den Analyzer, aber keine „gelbe Liste".

Mit der rechten Maustaste

Wenn Sie jetzt mit der rechten Maustaste auf ein Steuerelement der zu automatisierenden Anwendung klicken, erscheint eine "gelbe Liste", in welcher die für das jeweilige Steuerelement bzw. die damit verbundenen Aktionen typischen Befehle in Form von Kontrollkästchen aufgelistet sind.

Klicken Sie einfach auf „OK"

Wählen Sie die für die von Ihnen gewünschte Aktion zutreffenden aus und klicken Sie auf "OK". Dann werden die für die Lokalisierung des Steuerelements notwendigen Codezeilen (immer beginnend mit dem Topfenster) und die Ausführungsbefehle in den Editor eingefügt:

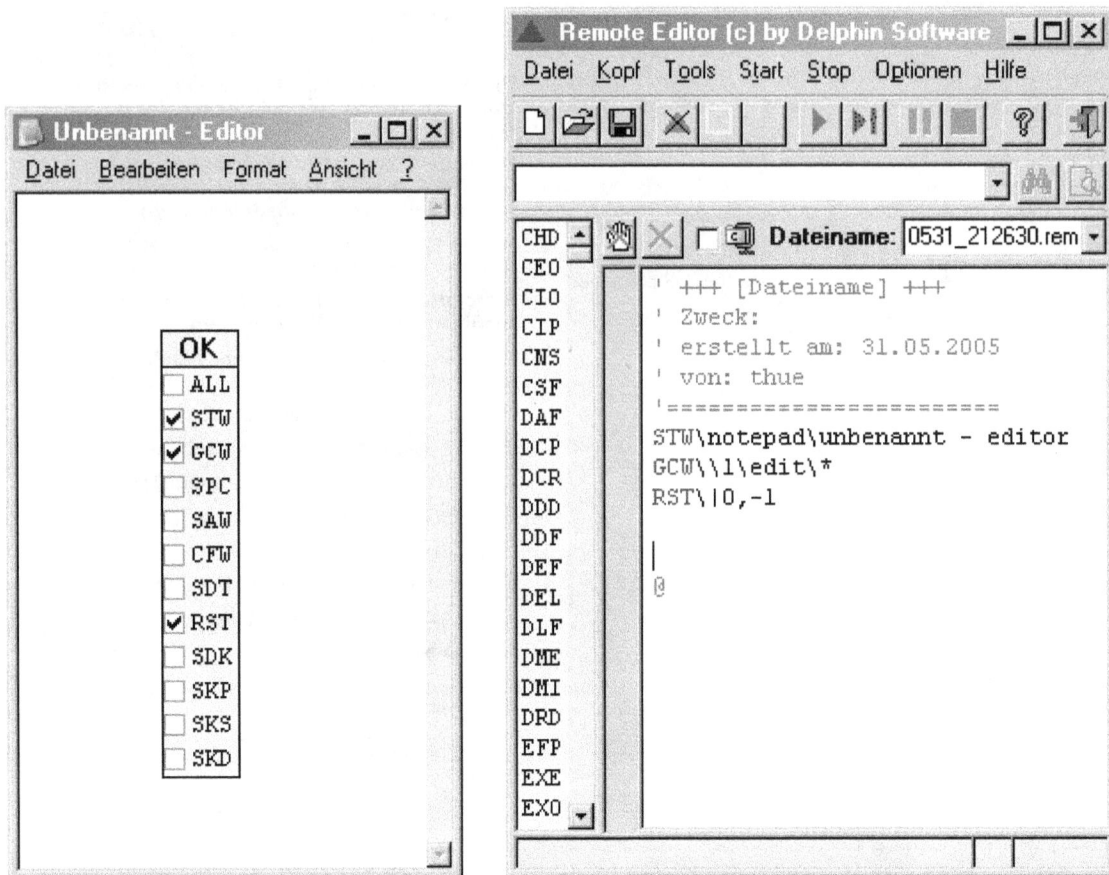

Die „gelbe Liste" in Aktion. Der eingebaute „Experte" wählt bereits die wahrscheinlichsten Befehle für Sie aus, zumeist müssen Sie nur noch auf OK klicken, um den fertigen Code in den Editor einzufügen!

Der Hintergrund-Check

Nach dem Klick auf „OK" prüft der Editor, ob die gewählten Lokalisierungsbefehle auch das richtige Zielfenster finden.

Die interne Autokorrektur

Ist das nicht der Fall, weil vielleicht eine sehr komplexe Fensterstruktur vorliegt, wird automatisch der "ALL"-Modus eingeschaltet, d.h. es werden alle Fensterebenen zur Lokalisierung benutzt.

Und noch ein interner Check …

Führt auch das nicht zum Ziel, erscheint eine Messagebox, die auf diesen Sachverhalt hinweist. Sie sollten dann versuchen, in einer getrennten WinRobots-Skript Datei durch manuelle Modifizierung der Suchbefehle zum Ziel zu kommen und dann das Ergebnis in die aktuelle WinRobots-Skript Datei zu übertragen.

Und was, wenn das Fenster verschwindet?

Diese Hintergrundprüfung läuft natürlich in Fehler, wenn das aufgezeichnete Fenster sofort nach der Aufzeichnung verschwindet. Bei bekannten Fenstern/Klassen, die bei Klick in die gelbe Liste (Fokuswechsel) verschwinden (z.B. Menüs), wird die Prüfung automatisch übersprungen.

© Theo Gottwald 2008

Strg-Taste schaltet Hintergrundprüfung temporär aus

Manuell kann die Hintergrundprüfung temporär ausgeschaltet werden, wenn beim Klick auf "OK" in der „gelben Liste" die "Strg"-Taste gedrückt ist.

Wenn ich strg drücke kommt aber gar keine „gelbe Liste"?

Auch das ist in Ordnung so. Beim Drücken von strg wird die „gelbe Liste" ausgeschaltet, und sie erhalten das normale Kontextmenü.

Wenn Sie also nur die Hintergrundprüfung temporär nicht haben möchten, dann dürfen Sie erst dann auf strg drücken, wenn die „gelbe Liste" bereits auf dem Bildschirm ist.

Kann ich die Farben im WR-Editor ändern?

Im WinRobots-Installations-Verzeichnis finden Sie die Datei **Remedit.ini.** In dieser Datei finden Sie viele Voreinstellungen des WR-Editors.

Diese Datei enthält auch eine Sektion, in der alle Farben im Hex-Format angegeben sind. Sie können diese ändern, oder die vorhandenen Einträge mit diesen hier überschreiben um das Standard-Farbschema zu erhalten.

Im Anhang in Band 2 finden sie eine detailliertere Erläuterung zur „Remedit.ini" und vielen weiteren möglichen Eisntellungen.

```
; Standard-Colours
[Colors]
Instruction=&HFF0000&
Variable=&H800080&
Comment=&H8000&
Query=&HC4&
Label=&HFF00FF&
LblEnd=&HFF&
Arrow=&HFF0000&
Folder=&H60F0&
SysVar=&H808080&
GoTo=&H4080&
Compiler=&HF0A000&
SpecVar=&H808080&
Constant=&HFF0080&
```

Die Menüoptionen im WR-Editor

Mit dem Menüpunkt "Optionen" lassen sich verschiedene Modi einstellen, die insbesondere beim Aufzeichnen von Benutzeraktivitäten mit der "gelben Liste" oder auch in der Einarbeitungsphase nützlich sein können.

Immer im Vordergrund

Wenn dieser Menüpunkt ausgewählt ist, ist das Editorfenster immer über allen anderen Fenstern sichtbar und kann nicht verdeckt werden (es sei denn durch aktive Fenster mit der gleichen Priorität).

Protokollieren

Wenn Sie diese Option ausgewählt haben, wird beim jedem Einfügen von Code über die "gelbe Liste" gleichzeitig ein Screenshot vom aktuellen Fenster angefertigt und eine Textdatei geschrieben, in der die Fensterstruktur des aktuellen Fensters sowie weitere Informationen enthalten sind. Diese Informationen sind notwendig, wenn Sie bei Unstimmigkeiten (Fenster wird nicht gefunden, obwohl vorhanden etc.) eine

Supportanfrage

stellen wollen. Klicken Sie dazu nach dem Protokollieren auf "Supportanfrage". Dann werden diese Dateien zusammen mit der aktuellen WinRobots-Skript Datei in eine "Support_Datum_Uhrzeit.exe" verpackt und auf dem Desktop abgelegt. Senden Sie diese Datei an WinRobots, wenn Sie Unterstützung benötigen.

HINWEIS:
Wenn es sich nicht um WinRobots-Fehler handelt, ist der Support nach Absprache kostenpflichtig!

Befehlsbezeichnung

sollten Sie evtl. in der Einarbeitungsphase auswählen. Dann erhalten Sie für jeden Befehl in der darüber liegenden Zeile als Kommentar die Langbezeichnung eingetragen. Die Einträge werden wieder entfernt, wenn Sie den Menüpunkt abwählen.

Zeitaufzeichnung

sorgt dafür, dass bei jedem Fenstersuchbefehl, der über die gelbe Liste eingefügt wird, am Ende des Datenteils ein "|wxx" angehängt wird, womit die standardmäßig eingestellte Wartezeit bei der Fenstersuche von 30 sec überschrieben wird. In der Sektion

```
[TimeRec]
Maxtime = 360
Mintime = 30
Factor  = 3
```

der "remedit.ini" sind der Standardwert, der Maximalwert und ein Faktor angegeben. Mit letzterem wird die Zeit zwischen den OK-Klicks in die gelbe Liste multipliziert und als Wartezeit an den Suchbefehl angehängt.

ANMERKUNG:
Dieses Feature ist nur dann notwendig, wenn ein Fenster wegen sehr langer Programmoperationen erst nach der Standardzeit erscheint. Das kann insbesondere bei Installationen oder ähnlichen Aufgaben der Fall sein.
Wenn das Fenster vor Ablauf der Wartezeit gefunden wird, läuft das WinRobots-Programm sofort weiter.

Alternativ können Sie das Feature

Pausenaufzeichnung

auswählen. Dann wird vor jeden Codeblock die Zeile "CAS\n" eingefügt, wobei n die Zeit in sec darstellt, die seit dem letzten OK-Klick in die gelbe Liste vergangen ist.
Die Option

Aufzeichnung & Test

sorgt dafür, dass die erste Zeile des neu eingefügten Blocks (in der Regel ein "STW\...") mit einem Einsprungpunkt ("grüner Punkt") gekennzeichnet wird. Dadurch können Sie den neuen Block sofort zum Test abspielen.

Die Musterlupe

Die Musterlupe wird im Zusammenhang mit dem Befehl IPF\ und WFP\ eingesetzt. Damit können graphische Bereiche des Bildschirms „fotografiert" und später mit einem Skript wieder gefunden werden. Details dazu bei den genannten Befehlen.

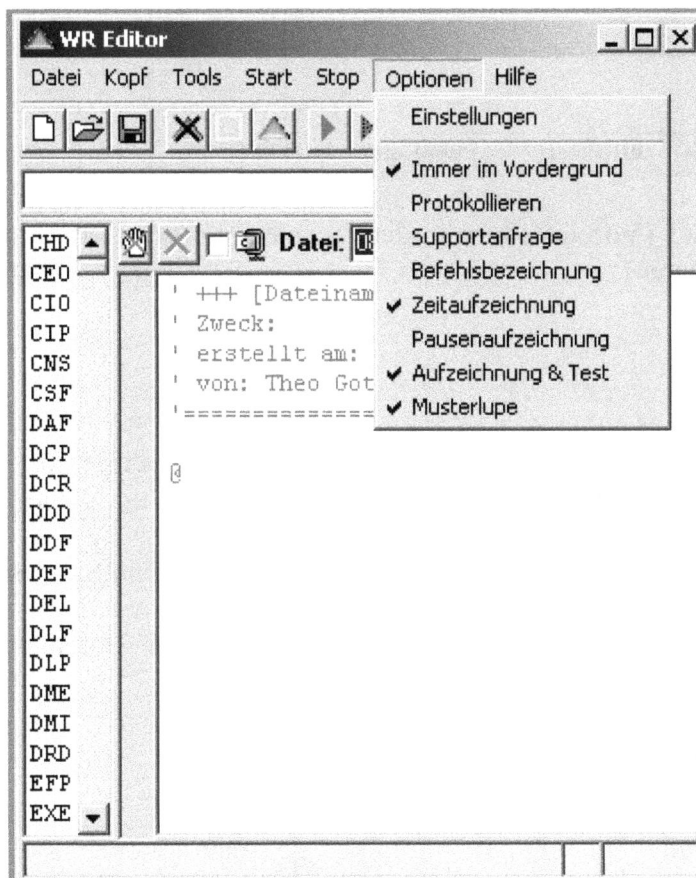

Das Optionen-Menü im WR-Editor.

Hinweise zum Windows-Analyzer

Das Haupt-Anzeigefeld des Windows-Analyzer

Der im Bild dargestellte Analyzer zeigt für die Mausposition die Hierarchie der unter dem Cursor befindlichen Fenster an, beginnend mit dem Top-Window (der Desktop wird nicht aufgelistet) als erstem Listeneintrag bis hin zum in der Hierarchie niedrigsten Fenster als letztem Eintrag. Die Anzeige erfolgt in der Zeile nach folgendem Schema:

```
Handle\Nr.\Klassenname\Beschriftung, Text oder Property "Number"
bzw.
Handle\ID \Klassenname\Beschriftung, Text oder Property "Number".
```

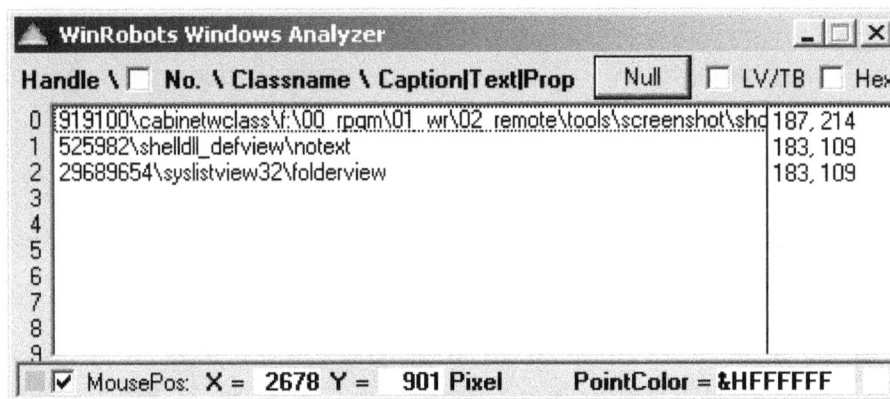

Die Anzeige der Handles kann dezimal (Voreinstellung) oder hexadezimal erfolgen (für letztere ist die Checkbox "Hex" zu aktivieren).

Die Fenster-Ebenen

Eine Nummer (No.) wird angezeigt, wenn es auf einer Ebene mehrere Fenster gleicher Klasse gibt. Dann enthält der Eintrag die windowsinterne Position des Fensters in der Fensterliste. Diese Nummer kann bei den Befehlen "SPC\" und "SWC\" verwendet werden, um gezielt eines von mehreren identisch gleichen Fenstern anzusprechen.
Alternativ können Sie die Control-ID (ID) der Steuerelemente anzeigen lassen, wenn Sie das Kontrollkästchen aktivieren. Diese ID dient im Zusammenhang mit dem übergeordneten Fenster der eindeutigen Kennzeichnung eines Steuerelements und kann bei den Befehlen "SWC\" und "IEC\" vorteilhaft eingesetzt werden:

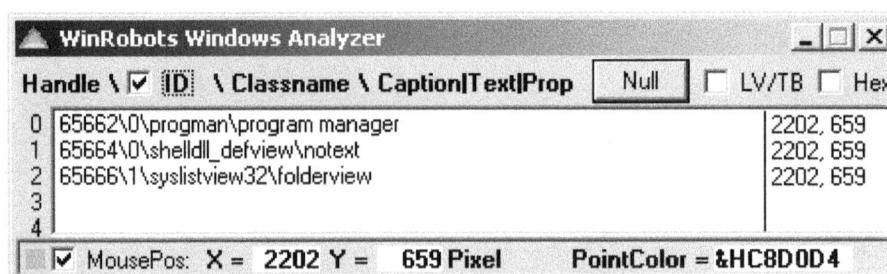

Die Fenster-Beschriftung

Die Beschriftung entspricht bei Top-Fenstern in der Regel dem, was Sie in der Titelleiste sehen. Bei Kindfenstern können Sie den Text nicht immer sehen. Existiert kein solcher Text, wird für Standardsteuerelemente der Inhalt angezeigt (Textbox, Edit, RTFBox, Static) bzw. der erste Eintrag in einer Liste (Listbox, Combobox) bzw. der aktuell selektierte Eintrag. Die Anzeige erfolgt in Kleinbuchstaben und ist begrenzt auf 50 Zeichen.

Die Anzeige der Windows-Property

Wenn ein Steuerelement mittels der API-Funktion "SetProp()" mit einer Windows-Property "Number" versehen wurde, wird deren Wert mit vorgestelltem "##" angezeigt. Das ist hilfreich, wenn mehrere gleichartige Steuerelemente ohne Beschriftung (z.B. Bildfelder) eindeutig gekennzeichnet werden sollen. Das WinRobots-Programm kann eine solche Kennzeichnung ebenfalls lesen.

Die Checkbox „Mauskoordinaten"

Wenn Sie die CheckBox "Mauskoordinaten" aktivieren, was unbedingt zu empfehlen ist, werden die aktuellen Mauskoordinaten in Pixel angezeigt. Ebenso wird der Farbwert des Punktes unter dem Cursor als Hex-Wert angezeigt.

Der Button „NULL"

Gleichzeitig wird der Button "Null" sichtbar. Mit diesem können Sie die Anzeige an einer beliebigen Position auf Null stellen. Dann werden anschließend die auf die Nullposition bezogenen relativen Koordinaten angezeigt. Diese Eigenschaft ist hilfreich zum "Ausmessen" von Fenstern oder Abständen. Der Null-Button wird mit der Enter- oder Leertaste bedient. Wenn der Button nicht den Focus hat, bewegen Sie den Mauszeiger darüber. Wenn Sie den Mauszeiger über das Listenfeld bewegen, wird der Analyzer zum aktiven Fenster und der Focus auf die Liste gesetzt.

Die (Kind-)Fenster-Koordinaten(-Liste)

Gleichzeitig erscheint im rechten Teil des Fensters eine Liste, in welcher die Koordinaten des Mauszeigers bezogen auf die linke obere Ecke des jeweiligen Steuerelements bzw. Fensters als X- und Y-Wert eingetragen sind. Das ist hilfreich, wenn Sie aus irgendwelchen Gründen exakte Koordinaten zur relativen Positionierung benötigen.

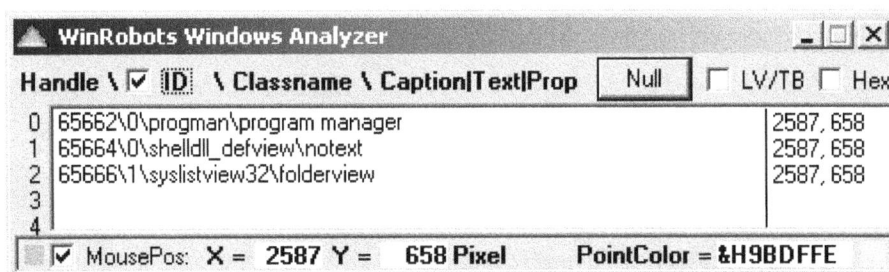

Einfügen vom Analyzer in das Windows-Clipboard

Wenn die Fensterliste den Focus hat, können Sie mit den vertikalen Pfeiltasten die Listeneinträge markieren und mit der **Entertaste** die markierten Einträge (ohne Handle) in die Zwischenablage kopieren.

Einfügen vom Analyzer in den WR-Editor (ohne gelbe Liste)

Ist der WR-Editor gestartet, können die Listeneinträge mit der Taste **"E"** direkt in den Editor an die aktuelle Caret-Position kopiert werden. Dabei wird je nach Position des Eintrags automatisch ein "STW\" bzw. "SPC\" vorangestellt.

Das „Locken" des Analyzers (Anzeige einfrieren/auftauen)

Alternativ können Sie zu jeder Zeit mit der Tastenkombination **"Ctrl"+"L"** den in der Liste angezeigten Stand einfrieren (Sie sehen das an dem kleinen roten Viereck links unten; im Normalbetrieb ist das Viereck grün) und anschließend die gewünschten Einträge mit der Maus selektieren. Mit der gleichen Tastenkombination stellen Sie den Normalzustand wieder her.

Weitere Features des Analyzer

Ergänzend zur "gelben Liste" können Sie bei aktivem Analyzer und eingeschalteter Mauspositionsanzeige

„A" – Fensterstruktur/Baum komplett übernehmen

mit der Taste "A" die aktuelle Fensterstruktur in den Editor an der Caret-Position einfügen,

„M" – Mauskoordinaten übernehmen

mit der Taste "M" die Struktur und die Zeile "OPR\x,y" (Mauskoordinaten relativ zum aktuellen Fenster) und

„W" – WCC\ - einfügen

mit der Taste "W" die Struktur und die Zeile "WCC\o\0|x,y|Color",

„C" – Color einfügen

mit der Taste "C" die Mausposition und die Farbe unter dem Mauszeiger in der Form "x,y|Color" in die Zwischenablage kopieren und
mit den Tasten "C+Strg" nur die Farbe (Farbe immer als Hex-Wert &H......).

„F12" – nur Mauskoordinaten übernehmen

Wenn Sie die Anzeige von Maus-Koordinaten aktiviert haben, können Sie die Mauskoordinaten in Form einer Zeichenfolge "x,y" im Editor an der Caret-Position einfügen, indem Sie die Taste **"F12"** drücken.

Nummer von Toolbar-Buttons ermitteln

Sie können den Analyzer auch einsetzen, um die interne Nummer eines Toolbar-Buttons bzw. eines ListView-Items zu ermitteln. Aktivieren Sie dazu die Checkbox "LV/TB", setzen Sie den Mauszeiger auf den Button bzw. das ListView-Item, und die Nummer erscheint als

ToolTip. Diese können Sie in WinRobots-Skript Dateien für die Befehle "TBB\..."; "TBP\...";
"LVI\..." benutzen.

Was tun wenn das Fenster sich verändert, wenn ich mit der Maus darüber fahre?

Grundsätzlich sollte das im Internet Explorer kein Problem sein, da WinRobots hier extra
einen Mechanismus verwendet, der diese Dinge unterbindet. Aber an anderer Stelle – zum
Beispiel Tooltips etc. kann es hier und da selten vorkommen.

Das ist jetzt nur für Advanced User interessant. Nehmen wir mal an, Sie wollen die
Fensterklasse von einem Objekt ermitteln, das sich verändert oder verschwindet wenn die
Maus darüber fährt.

```
Im folgenden also ein Trick, der dann weiterhilft:
- Starten Sie den Analyzer (solo; nicht aus dem Editor)
- Ermitteln Sie die Koordinaten von dem Punkt, von dem Sie die
Fensterinformationen haben wollen.
- Tragen Sie diese für X und Y in den untenstehenden Code ein
- Wenn Sie den oberen Teil starten, zeigt der Analyzer unabhängig von der
Mausposition die Fenster-Werte für den Punkt X, Y an und wird gleichzeitig
"gelockt".
- mit dem unteren Teil wird er wieder "entlockt".

' +++ 0814_122626.rem +++
' Zweck: Ermittelt Fensterdaten von einem dynamischen Objekt
' erstellt am: 14.08.2008
' von: Theo Gottwald
'==========================
CAS\5     '# Falls Mausaktivitäten notwendig sind
IEW\#32770\$anacb$
 PWM\&H8000+7|417|793
EEW\
@


IEW\#32770\$anacb$
 PWM\&H8000+9||
EEW\
@
```

Die „gelbe Liste" des WR-Editors

Was ist die „gelbe Liste"?

Die „gelbe Liste" ist eines der herausragenden Features von WinRobots. Es ermöglicht Ihnen mit einer ungeschlagenen Schnelligkeit zum Beispiel automatische Installationen oder jede andere Art von Automatisierungen aufzuzeichnen. Die „gelbe Liste" enthält dazu einen **eingebauten Automatisierungs-Experten (Expertensystem)** der bereits im Vorhinein diejenigen WinRobots-Befehle aussucht, die bei einem Klick auf das jeweilige Steuerelement Sinn machen. **Nur diese Befehle** erhalten Sie dann in einer Liste angezeigt!

Sie suchen einfach nur noch aus, was Sie genau machen möchten, die „gelbe Liste" fügt oftmals schon den fertigen Code in den WR-Editor ein!

Wie erhalte ich die „gelbe Liste"?

Die „gelbe Liste" erhalten Sie nu dann, wenn Sie den Analyzer aus dem WR-Editor heraus gestartet haben. Nur dann erscheint bei einem rechten Mausklick auf ein Steuerelement, z.B. einen Button, die "gelbe Liste" mit verschiedenen Befehlen.

Was bedeutet das OK in der „gelben Liste"?

Wenn Sie dann auf "OK" klicken, fügt die „gelbe Liste" bzw. das eingebaute Expertensystem zumeist fix und fertigen Code in den WR-Editor ein.

Dazu werden intern die zu dem Steuerelement gehörenden Einträge aus dem Analyzer in den Editor übertragen und mit weiteren selektierten Befehlen ergänzt.

Wenn der Analyzer zuviel Platz braucht?

Die „gelbe Liste" funktioniert auch bei minimiertem Analyzer.

Woher nimmt die „gelbe Liste" Ihre Informationen?

Die Befehlsliste ist getrennt nach typischen Fensterklassen im Abschnitt "[classes]" der Datei "remedit.ini" hinterlegt. Diese liegt im Stammverzeichnis des Editors. Sie kann auch von fortgeschrittenen Anwendern angepasst werden. Die Zahl hinter dem jeweiligen Befehl legt fest, ob der Befehl selektiert angezeigt wird (1) oder nicht (0).

Wie „der rechte Mausklick wird unterdrückt"?

Bei diesem Verfahren wird der rechte Mausklick für das Fenster, in dem er ausgeführt wird, unterdrückt. Diese Unterdrückung wird erst wieder aufgehoben, wenn der Analyzer geschlossen wird. Wenn sich der Mauszeiger in einem **Browserfenster** befindet ("internet explorer_server", "mozillawindowclass" oder ähnliche), wird standardmäßig auch die Wahrnehmung der Mausbewegung durch das Zielfenster unterdrückt, um bei der Aufzeichnung störende Animationen zu vermeiden.

Was ist wenn ich einen rechten Mausklick machen möchte?

Diese Unterdrückung können Sie mit der Tastenkombination **"Ctrl"+"F7"** aus- und wieder einschalten (der Analyzer muss dazu das aktive Fenster sein). Den ausgeschalteten Zustand erkennen Sie daran, dass das kleine Viereck links unten blau gefärbt ist.

Wenn sich der Mauszeiger in einem "owned" Fenster befindet, ist die Farbe des Vierecks magenta.

```
WR Editor                                    _ □ ×
Datei  Kopf  Tools  Start  Stop  Optionen  Hilfe

[toolbar icons]

[_____]  ▼  🔍 🔍

CHD ▲  ✋ ✕ ☐ 🖥 Datei: 0812_085917.rem  ▼
CEO
CIO      ' +++ [Dateiname] +++
CIP      ' Zweck:
CNS      ' erstellt am: 12.08.2008
CSF      ' von: Theo Gottwald
DAF      '========================
DCP      STW\0\rctrl_renwnd32\posteingang - microsoft outlook
DCR      SWC\103\afxwndw\*
DDD      SWC\1\wunderbar\wunderbar
DDF      SWC\0\nativehwndhost\nuidocumentwindow
DEF      SWC\0\netuihwnd\*
DEL
DLF      @
DLD
```

```
WinRobots Windows Analyzer                        _ □ ×
Handle \ ☑ ID \ Classname \ Caption|Text|Prop   Null  ☐ LV/TB ☐ He›
 0  854276\0\rctrl_renwnd32\posteingang - microsoft outlook  111, 302
 1  5441700\103\afxwndw\notext                               104, 226
 2  657612\1\wunderbar\wunderbar                             104, 226
 3  395424\0\nativehwndhost\nuidocumentwindow                104, 226
 4  526568\0\netuihwnd\notext                                104, 226
 5
 6
   ☑ MousePos: X = 2778 Y =  561 Pixel   PointColor = &HFFFFFF
```

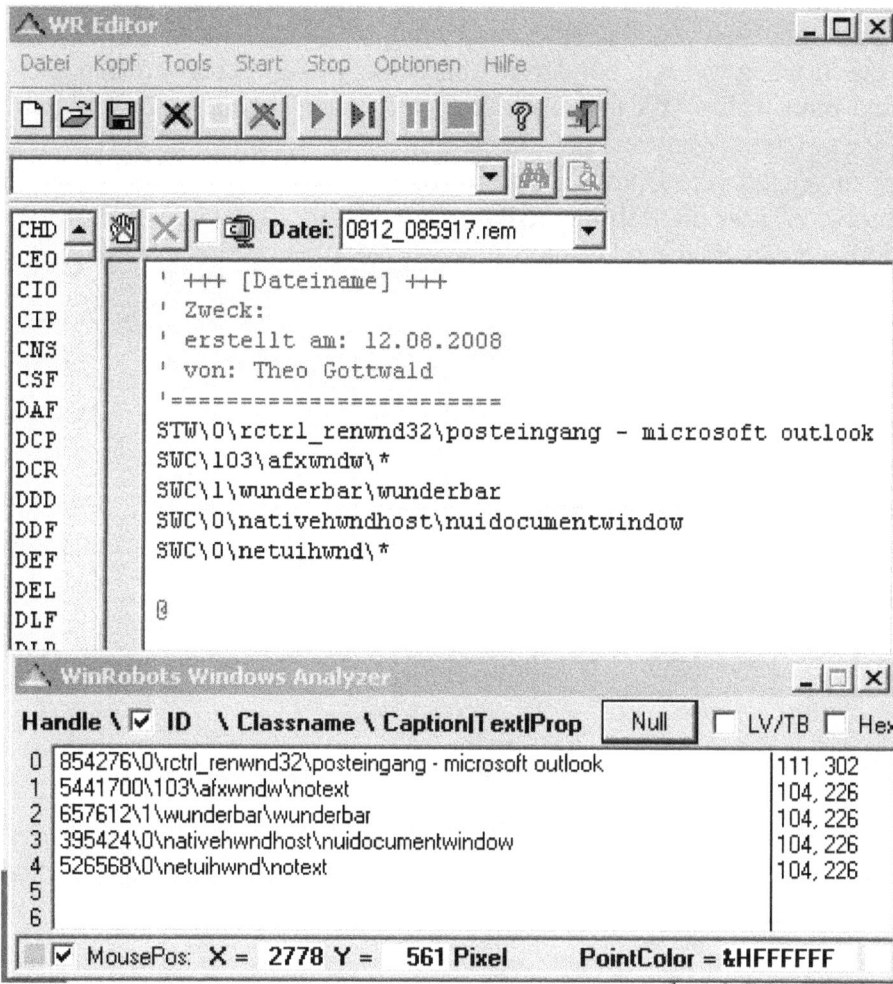

Übernahme des gesamten Fensterbaumes mit der Taste A. Der Analyzer muss dazu den Focus haben, also das aktive Fenster sein!

Die Option "Protokollieren" zur Support-Unterstützung

Bei der Erstellung von WinRobots-Skript Dateien kann es aus verschiedensten Gründen dazu kommen, dass Befehle geschrieben werden, bei deren Abarbeitung dann Fehler auftreten bzw. nicht der erwartete Effekt eintritt. Das gilt insbesondere, wenn unter Benutzung der "gelben Liste" (Rechtsklick bei gestartetem Analyzer) die Dateien quasi "zusammengeklickt" werden, ohne die Befehlsabfolge zu verifizieren. Daraus entstehen möglicherweise Supportfälle, deren Bearbeitung jedoch voraussetzt, dass die Rahmenbedingungen beim Erstellen der WinRobots-Skript Datei rekonstruiert werden können. Deshalb gibt es das Feature "Protokollieren" im Menü "Optionen" des Editors.

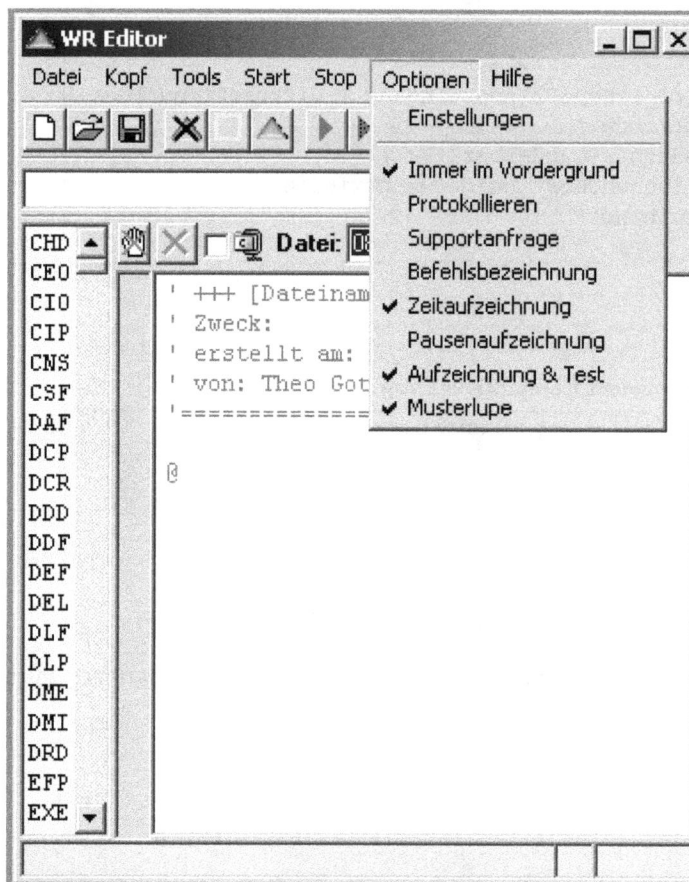

Die Option „Protokollieren" bewirkt dass der Editor beim Aufzeichnen mit der „gelben Liste" verschwindet und wieder erscheint. Dies dient dazu, dass der Editor bei dem Screenshot der erstellt wird nicht im Bild ist.

Wenn dieses ausgewählt ist, wird bei jedem Klick auf "OK" in der "gelben Liste" eine Art von Momentaufnahme des Zustands vom aktuellen bearbeiteten Topfenster angefertigt und in Form von Dateien abgespeichert. Im Einzelnen sind dies
- eine Textdatei, in welcher die komplette Fensterstruktur des Topfensters und seiner Kindfenster zum Zeitpunkt des Klicks abgebildet wird und
- ein Screenshot in Form einer "*.jpg"-Datei vom Topfenster.
Beide Dateien erhalten als Name die Bezeichnung "yymmdd_hhmmss" des momentanen Zeitpunkts, verbunden mit der entsprechenden Endung, so dass auch die zeitliche Abfolge ersichtlich ist.

Die Dateien werden in einem Unterverzeichnis angelegt, das im gleichen Verzeichnis wie die aktuelle WinRobots-Datei liegt und deren Namen trägt.

Wenn ein Supportfall eintritt, kann der Inhalt dieses Verzeichnisses mit einem Klick in das Menü "Supportanfrage" verpackt werden. Das geschieht in Form einer Exe-Datei, die auf dem Desktop abgelegt wird und dann per Mail an die Supportstelle geschickt werden kann.
Da der Speicherbedarf solcher Protokoll-Dateien mit der Zeit einen erheblichen Umfang annehmen kann, wird empfohlen, die Protokollordner nach erfolgreicher Testung der WinRobots-Skript Datei zu löschen.

Beispiel für eine Text-Datei (die letzte Zeile enthält die Einträge in der "gelben Liste" und deren Auswahlzustand (1=selektiert):

```
Level|Handle|CtrlID|Visible|Enabled|Class|Text

0|3343654|||1|1|regedt32|Registrierungs-Editor
 1|2753848|1|1|1|mdiclient|notext
  2|4195630|1004|1|1|registry_window|HKEY_LOCAL_MACHINE auf lokalem Computer
   3|2819122|1|1|1|tree_structure_view|notext
    4|2884654|2|1|1|listbox|*
   3|3081412|1|1|1|data_view|notext
    4|3540264|3|1|1|listbox|*
  2|3802146|1003|1|1|registry_window|HKEY_CURRENT_USER auf lokalem Computer
   3|2163768|1|1|1|tree_structure_view|notext
    4|2688114|2|1|1|listbox|*
   3|3146972|1|1|1|data_view|notext
    4|2491628|3|1|1|listbox|*
  2|4195394|1002|1|1|registry_window|HKEY_CLASSES_ROOT auf lokalem Computer
   3|2819188|1|1|1|tree_structure_view|notext
    4|1049868|2|1|1|listbox|*
   3|4195404|1|1|1|data_view|notext
    4|2098276|3|1|1|listbox|*
  2|3212372|1001|1|1|registry_window|HKEY_CURRENT_CONFIG auf lokalem Computer
   3|2753646|1|1|1|tree_structure_view|notext
    4|1639630|2|1|1|listbox|*
   3|3998900|1|1|1|data_view|notext
    4|1246474|3|1|1|listbox|*
  2|2032734|1000|1|1|registry_window|HKEY_USERS auf lokalem Computer
   3|2753604|1|1|1|tree_structure_view|notext
    4|2622508|2|1|1|listbox|*
   3|3212522|1|1|1|data_view|notext
    4|3409180|3|1|1|listbox|*

ALL0 STW1 GCW1 SPC0 MPO0 MMV0 LES1 LBE0 LBI0 SLE0 SLI0 BTC0 MEL0 MLI0 MLC0 MED0
MDI0
```

Hinweise zum Accessibility Analyzer

Der Accessibility Analyzer kann unter den Betriebssystemen Windows 95 und NT4 nicht genutzt werden!

1. Wozu gibt es den ACC-Analyzer

Der im Bild dargestellte Accessibility oder kurz ACC-Analyzer ist ein Hilfsmittel zur Analyse insbesondere von Programmoberflächen, deren Bedien- und Anzeigeelemente nicht in Form eigenständiger (Kind)Fenster vorliegen und deshalb für den Windows Analyzer nicht sichtbar sind.

Wie der Analyzer zeigt auch der ACC Analyzer für die aktuelle Mausposition die wesentlichen Eigenschaften vom darunter liegenden "Accessible Objects" an..

Grundlage dieser Informationen ist die "Microsoft Active Accessibility" (MAA; verfügbar ab Win98/2000), eine Technologie, mit deren Hilfe behinderten Personen die Bedienung von Computern ermöglicht bzw. erleichtert werden kann. Näheres siehe unter anderem auf http://en.wikipedia.org/wiki/Microsoft_Active_Accessibility und http://de.wikipedia.org/wiki/Barrierefreies_Internet.

Die Bedeutung der einzelnen Parameter wird unter "AFO\" erläutert.

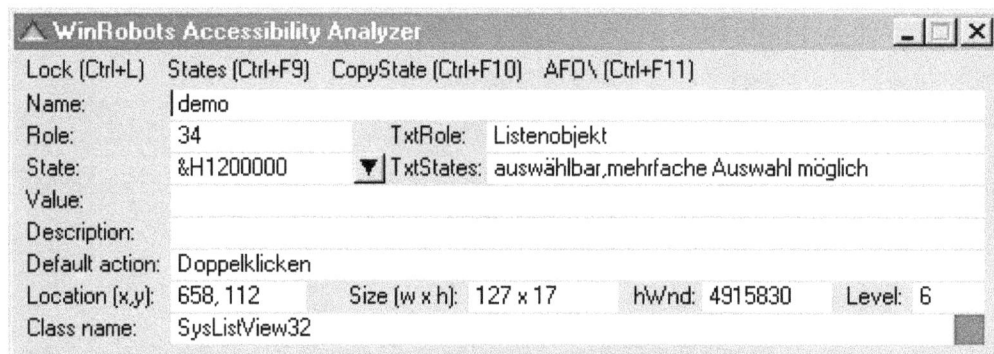

Sehr gut für Browser und für ASP-Anwendungen!

Für WinRobots spielt diese Technologie insbesondere im Zusammenhang mit der Bedienung von Browsern eine wesentliche Rolle. Webseiten oder allgemein HTML-Dokumente enthalten abgesehen von wenigen Ausnahmen keine Bedien- oder Anzeigeelemente in Form von separaten Fenstern.
Ein Lokalisieren dieser Elemente ist zuverlässig daher nur mit Hilfe der Accessibility möglich, wobei jedoch deren Unterstützung von den einzelnen Browsern nicht einheitlich realisiert wird.

Alle Browser? Nein – am besten den Internet Explorer!

Aus der Sicht der Automatisierung ist die Implementierung in die aktuellen Versionen des Microsoft Internet Explorer am besten; viele Aufgaben lassen sich auch im Mozilla Firefox durchführen. Die Aufzeichnung von "AFO\..."-Befehlen mit der "gelben Liste" des WR-Editors insbesondere für die Einträge in Listen und Kombinationsfeldern in Webseiten sowie der Befehl "FEE\" sind für den Microsoft Internet Explorer optimiert und werden von anderen Browsern nicht winrobots-kompatibel unterstützt.

Hier kommt Office …

Auch für die Automatisierung der Arbeit mit Microsoft Office Anwendungen (Word, Excel, ...) bietet die Accessibility für WinRobots neue Möglichkeiten.

Generell ist die Nutzung der Accessibility überall dort vorteilhaft, wo keine detaillierte Fensterstruktur vorliegt und die MAA-Technologie unterstützt wird. Mit Hilfe des hier beschriebenen Analyzers können Sie das auf einfache Weise feststellen.

So bediene ich den ACC-Analyzer

Als Bedienelemente stehen die Menüeinträge sowie die dort angegebenen Tastenkombinationen zur Verfügung. In der Regel werden Sie die Tastenkombinationen benutzen:

- Lock (Ctrl+L): Konserviert den aktuellen Inhalt der Anzeige (Reaktion auf Mausbewegung ist abgeschaltet). Der "gelockte" Zustand ist erkennbar am roten Viereck rechts unten; die Freigabe erfolgt ebenfalls wieder mit der gleichen Bedienung (grünes Viereck).

- States (Ctrl+F9): Hinweise zum Accessibility Analyzer

- AFO\-Insert (Ctrl+F11) kann dazu benutzt werden, die aktuellen Informationen in eine Befehlszeile zu packen und diese im WinRobots-Editor an der aktuellen Caret-Position einzufügen.

So erhalte ich die Statuswerte für AFO\

Mit dem ACC-Analyzer lassen sich die einzelnen Anteile des States-Wertes in einer DropDown-Liste anzeigen:

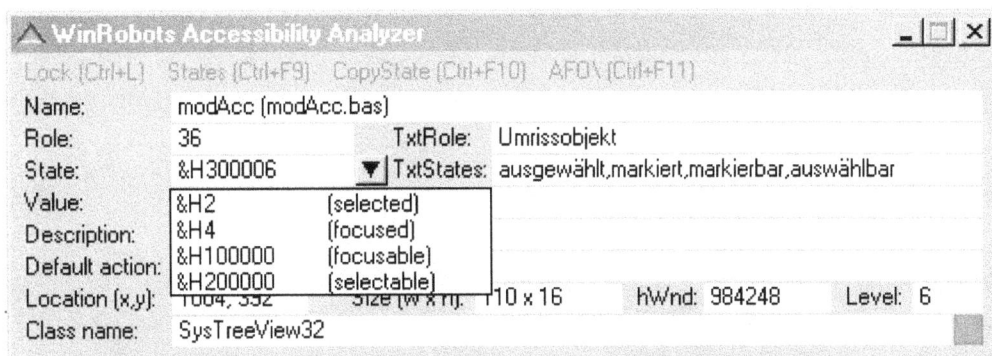

In diesem Zustand können Sie mit den Pfeiltasten (auf/ab) einen Listeneintrag markieren

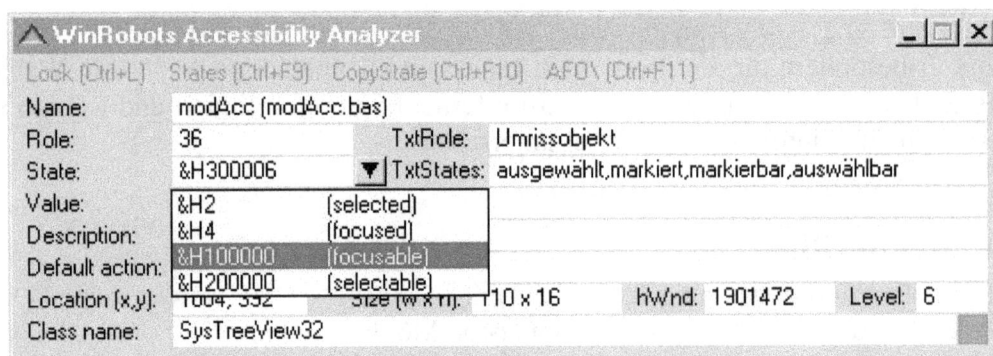

und anschließend den Zahlenwert mittels **CopyState (Ctrl+F10)** in die Zwischenablage kopieren, um ihn dann bei Bedarf an der entsprechenden Stelle in den Datenteil des "AFO\"- Befehls zu kopieren. Beachten Sie dabei, dass einige Anteile vom Aktivierungszustand des Elements abhängen; verwenden Sie deshalb bevorzugt solche Anteile, welche eine Möglichkeit beschreiben (in der Regel erkennbar an der Endung "...able").

AFO\ (Ctrl+F11) kann dazu benutzt werden, die aktuellen Informationen in eine Befehlszeile zu packen und diese im WinRobots-Editor an der aktuellen Caret-Position einzufügen. Diesen Weg sollten Sie jedoch nur in Ausnahmefällen gehen;.

Auch bei AFO\ gibt es die Hintergrundprüfung

Besser ist es, die Befehlszeile über die "gelbe Liste" einzufügen, weil dann im Hintergrund noch eine Überprüfung der Parameter erfolgt bzw. notwendige Korrekturen/Ergänzungen automatisch vorgenommen werden.

Kapitel 3.

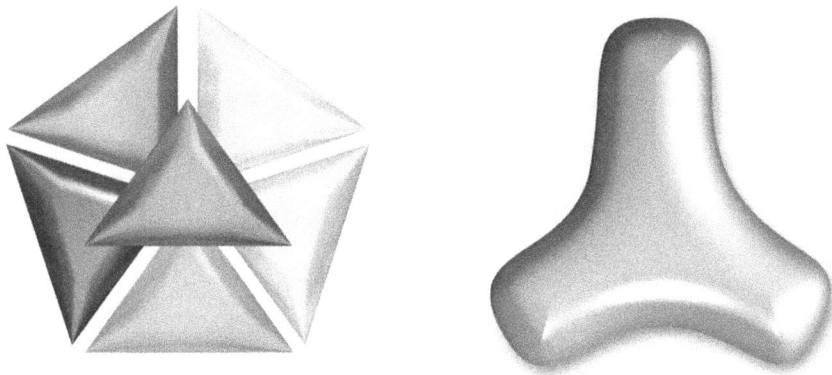

Der WinRobots-Compiler

und die

EXE-Erstellung

Erläuterungen zu den Optionen "Exe erstellen" und "Keyfile erstellen"

1. Wozu „Exe erstellen"

Mit der Option "Exe erstellen" können Sie eine einzelne Exe-Datei erstellen, die sämtliche zum Abspielen der aktuell geladenen WinRobots-Skript Datei notwendigen Komponenten enthält.

1.1 Was kann ich mit dieser EXE machen?

Diese **Exe-Datei** kann dann auf **beliebigen Rechnern**, auf denen ein Windows32-Betriebssystem installiert ist, **ausgeführt werden**. Dabei verhält sich die Exe genauso, als würde das WinRobots-Programm mit der entsprechenden WinRobots-Skript Datei als Befehlszeilenparameter gestartet.

1.2 Kann eine EXE einen Returncode/Errorlevel zurückgeben oder eine Kommandozeile bekommen?

Ja, verwenden Sie dazu den Befehl SRV\ .

Die übegebene Kommandozeile erhalten Sie mit der Systemvariable $ev2$.

```
Lauffähiges Beispiel-Skript:

IEX\
 VAR\$$CMD=$ev2$
 MBX\Diese Commandline wurde dem Skript übergeben: $$CMD
 SRV\0
ELSE
 MBX\Diese EXE muss zuerst kompiliert werden.
 SRV\1
EEX\
```

1.3 Ist die EXE ein natives Compilat?

Die EXE ist mehr ein Kompendium aus allen benötigten Dateien, die zu WinRobots gehören. Der Vorgang ähnelt eher einer „Blitz-Installation" von WinRobots auf dem Client-PC. Wenn die EXE gestartet wird, werden alle zum Skriptablauf nötigen Programme in einem temporären Ordner entpackt, auf den Sie innerhalb des Skriptes mit „?pfad\" zugreifen können. Dieser Ordner wird später, nach dem das Skript sich beendet hat, wieder restlos gelöscht. Aus Anwendersicht ergibt sich kein Unterschied zu einer gewöhnlichen EXE Datei, da der gesamte Vorgang aus Blitzinstallation, Skriptstart, Blitzdeinstallation unsichtbar abläuft und auch auf langsamen Rechnern dadurch keine merkbare Zeitverzögerung eintritt.

Sie können selbst bestimmen, welche Dateien mit in das „EXE-Paket" eingepackt werden sollen. Dies macht Sinn, um zum Beispiel Dateien und Verzeichnisse die zur Installation eines Programms benötigt werden, in das Paket mit aufzunehmen.

1.4 Was ist „?pfad\"?

?pfad\ ist immer der Pfad wo Ihre aktuelle WinRobots-Skript-Datei liegt. Das mag zur Entwicklungszeit in einem Projektordner sein. Zur Laufzeit einer EXE ist es zumeist ein temporärer Ordner auf dem Ziel-Client. In Ihrem Skript müssen Sie sich darum nicht kümmern, da Sie einfach auf „?pfad\" referenzieren.

Beispiel:
Ihr Projektordner ist in:

```
C:\programme\winrobots\remfiles\mysetup
```

Dort befindet sich Ihre WinRobots-Skript-Datei, diese heißt zum Beispiel:

```
MySetup-Skript.rem
```

Der ausgeschriebene Pfad zu dieser Datei wäre also:

```
C:\programme\winrobots\remfiles\mysetup\MySetup-Skript.rem
```

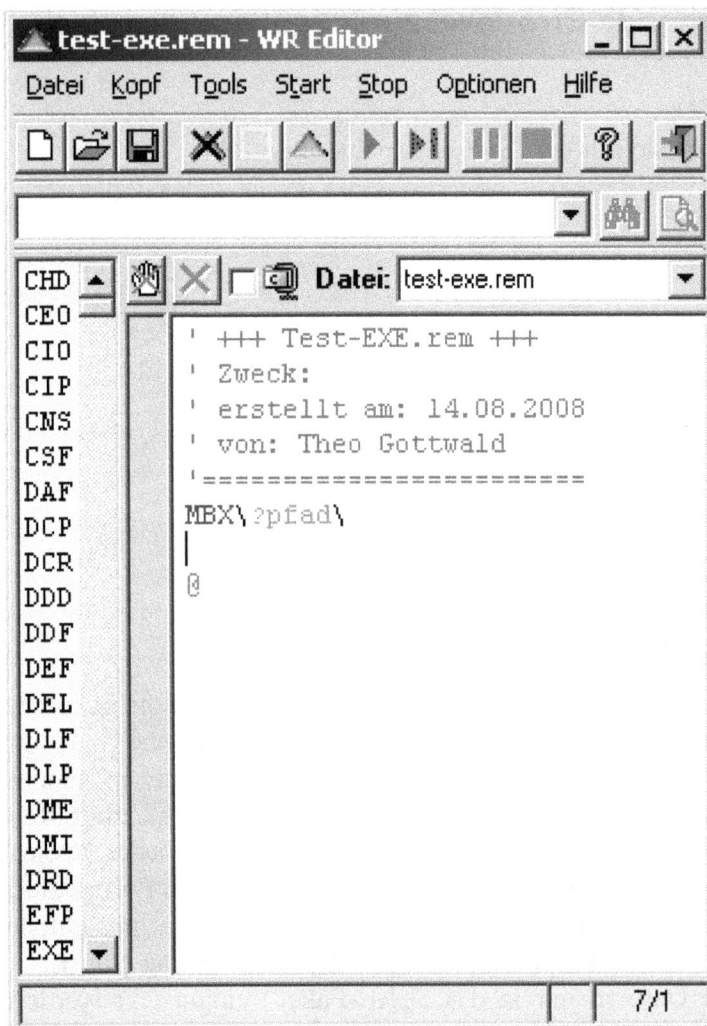

Starten Sie diese Datei vom Editor aus, und beachten Sie die Ausgabe.
Erstellen Sie dann eine EXE, diese erscheint auf dem Desktop.
Starten Sie diese auch und vergleichen Sie die Ausgaben..

Nun benötigen Sie in Ihrem Skript eine weitere Datei mit Namen:
`MYSetup.exe`

Diese soll von WinRobots gestartet und installiert werden. Wie kommt die Datei nun auf den Client? Das macht WinRobots automatisch für Sie. Sie gehen dazu in drei Schritten vor:

1. Kopieren Sie die Setup.Datei (MYSetup.exe) in das Verzeichnis, wo auch das WinRobots-Skript liegt, also nach „?pfad\".

2. Schreiben Sie einfach in Ihr Skript:

`'#INC:?pfad\MYSetup.exe`

3. Rufen Sie in Ihrem Skript die Setup-Datei so auf:

`EXE\?pfad\MYSetup.exe`

Dadurch wird **die Setup Datei** in Ihr Paket **mit eingepackt**. Ihr Skript können Sie nun vom Editor aus starten uns wird ganz genauso ablaufen, wie später als kompilierte EXE.

WinRobots wird diese Dateien dann unter „?pfad\" entpacken, und Sie können zur Laufzeit, also auf dem Zielsystem darauf zugreifen, als ob Sie die Dateien da selbst hinkopiert haben würden. Nach dem Entpacken der Komponenten startet WinRobots die Skriptdatei und die Vorgänge nehmen Ihren Lauf, wie Sie das im Skript vorgesehen haben.

In diesem Kapitel erfahren Sie nun, wie Sie auf den Kompiliervorgang (=EXE Erstellung), aber auch auf den Entpackvorgang im Zielsystem (nach dem Starten der EXE, aber bevor das WinRobots-Skript gestartet wird) Einfluss nehmen können. Dazu gibt es „Compiler Instruktionen" auf die wir im Folgenden näher eingehen.

1.4 Welche Rolle spielt dabei ein Virenscanner?

Sowohl beim Erstellen der Exe als auch beim Entpacken kann ein aktiver Virenscanner bei größeren Paketen (viele und/oder große Dateien) zu einer deutlichen Verlängerung des Prozesses führen!

1.5 Welche Features haben WinRobots EXE?

1. Sie haben eine interne Prüfsumme und sind dadurch weitgehend gegen Veränderung geschützt
2. Sie haben eine einstellbare Komprimierung vergleichbar mit einer ZIP-Kompression
3. Sie sind **sehr schnell** und haben eine **hohe Zuverlässigkeit**
4. es wird ein automatischer Mutex gesetzt der gegen versehentliche Mehrfach-Klicks (und Starts) derselben EXE schützt.
5. Dieser ist abschaltbar (sieh ‚#SPI:NoMutex)
6. Sie sind selbst sehr klein (< 900 KB)
7. Es sei denn, Sie fügen viele Dateien und Verzeichnisse hinzu, dann ist eine maximale Größe bis zu 2 GB möglich!
8. Es gibt eine umfangreiche Anzahl von „Compiler Instruktionen" zur Steuerung der EXE-Erstellung.

So sieht ein kompiliertes WinRobots-Skript (WinRobots-EXE) aus.
DieDateigröße ändert sich je nachdem welche Befehle verwendet wurden, und welche User-Daten (Setup-Dateien) mit in dieEXE eingebunden worden snd.

2. Die EXE-Erstellung

2.1. Automatisches Include:

Beim Erstellen der Exe wird die aktuell geladene WinRobots-Skript Datei nach weiteren notwendigen Dateien durchsucht (sowohl weitere "sekundäre" WinRobots-Skript Dateien als auch Text- und sonstige Dateien, die zur Ausführung des Skripts benötigt werden). Steht in der Datei zum Beispiel

```
EXX\?pfad\vob-ersetzen.exe
```

dann wird der Compiler versuchen, **die betreffende Datei** automatisch **der EXE hinzuzufügen**. Um das zu verhindern, gibt es die '#EXC:(Datei) - Anweisung. Alternativ kann man schreiben:

```
VAR\$$EXE=?pfad\vob-ersetzen.exe
EXX\$$EXE
```

Hierbei erfolgt **kein Auto-Include**. Um hingegen eine Datei oder ein ganzes Verzeichnis der EXE hinzuzufügen, gibt es die '#INC:-Anweisung.

2.2. automatische Prüfung

Gleichzeitig erfolgt in gewissem Umfang eine Syntax- und Befehlsüberprüfung mit entsprechenden Meldungen, wenn eine Unstimmigkeit festgestellt wird. Sie sollten jedoch unbedingt vorher testen, ob sich die zu "verpackende" WinRobots-Skript Datei auch vom Editor aus abspielen lässt.

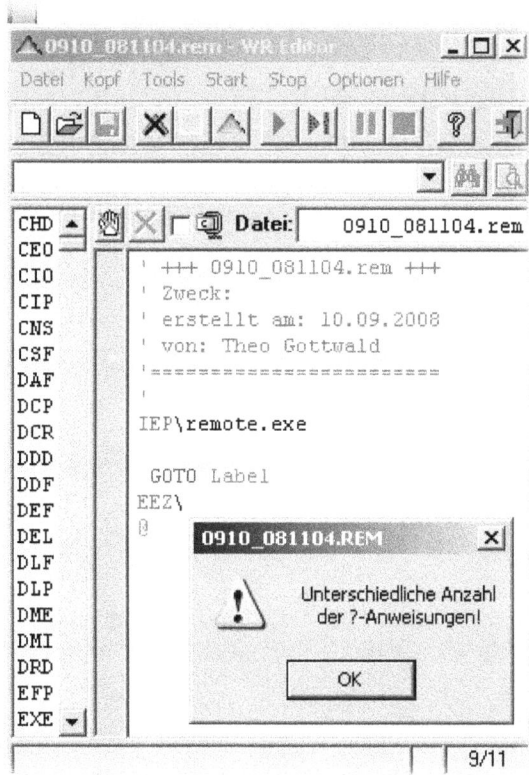

3. Compiler-Instruktionen

Warum gibt es hier keine Dialoge?

Um den Vorgang der EXE-Erstellung soweit wie möglich zu vereinfachen, erscheint beim Aufruf von "EXE erstellen" keinerlei Dialog. WR-EDITOR versucht, die erforderlichen Optionen selbst festzustellen.

Wie heißt meine fertige EXE und wo wird sie gespeichert?

Dabei gilt voreingestellt:
a) Der Name der EXE-Datei ist der Name der aktuell geladenen ".rem"-Datei.
b) Die fertige EXE-Datei erscheint auf dem Desktop.
c) War bereits eine Datei dieses Namens vorhanden, wird dem Namen eine Zahl angehängt.

Wie sage ich es dem Compiler? (Compiler-Direktiven)

Es gibt es eine Anzahl '#XXX:(Daten) - Befehle, mit denen dem EXE-Compiler vielfältige Optionen mitgeteilt werden können. Diese Optionen werden nur vom WR-EDITOR gelesen und später **bei der Skriptausführung von WinRobots ignoriert**. Deshalb ist diesen Compiler-Instruktionen die Zeichenfolge " '#" vorangestellt.

Wir unterscheiden hier prinzipiell die „Compile-Time", die „Start-Time" beim Starten der EXE, und die „Run Time". Die Compiler-Direktiven wirken sich in er Regel nur aus, auf die „Compile-Time" und der „Start-Time". Die herkömmlicehn WinRobots-Befehle werden hingegen nur zur Laufzeit ausgeführt („Run Time").

Die „Compiler-Instruktionen" die bestimmen, wie/wo die EXE erstellt werden soll sind:

#AOS: - Prüfen ob das Skript für dieses OS ausgelegt war

Diese Instruktion ("AllowedOperatingSystems") ermöglicht es, das Entpacken und Ausführen der Exe-Datei auf bestimmte Betriebssysteme zu beschränken. Nach dem Doppelpunkt können durch Komma getrennt die zugelassenen (Windows-) Betriebssysteme wie folgt angegeben werden:

```
95 = Windows 95
98 = Windows 98
ME = Windows ME
NT = Windows NT4
2K = Windows 2000
XP = Windows XP
S3 = Windows Server 2003
VI = Windows Vista
```

Außerdem ist es möglich, unter Verwendung der Zeichen "<" bzw. ">" Bereiche zu definieren:

```
'#AOS:>NT -> ab Windows 2000
'#AOS:<2K -> Windows 95 bis Windows NT4
```

#INC: - Dateien und Verzeichnisse zur EXE hinzufügen

Mit Hilfe dieser Instruktion ("INClude") können Sie Dateien (zum Beispiel Installationsdateien) mit in das Paket aufnehmen. Diese Dateien sollten sich im gleichen Verzeichnis wie das Skript befinden und werden über den „Spezialordner" **?pfad** adressiert. So ist gewährleistet, dass die Dateien auf der Zielseite auch wieder vom Skript gefunden werden können.

Was ist, wenn ich einen absoluten Pfad angebe statt „?pfad\"?

Dateien mit absoluter Pfadangabe oder Pfad außerhalb des WinRobots-Installations-Verzeichnisses (z.B. "?ws\...") werden auf dem Zielrechner an die gleiche Stelle entpackt, sofern das möglich ist.
Sie können aber auch einen Zielpfad für die aufzunehmende Datei angeben, indem Sie nach der Quelldatei die Zeichenfolge "->" und danach den (relativen) vollständigen Zielpfad unter Verwendung der Kürzel eintragen. Bei der Exe-Erstellung werden als relative Zielpfade nur die Kürzel "?pfad", "?exepfad", "?wi" und "?ws" unterstützt.

Kann ich auch komplette Verzeichnisse in die EXE einbinden?

Außer Einzeldateien können mit dieser Anweisung auch komplette Verzeichnisse eingebunden werden. In diesem Fall ist das einzubindende Verzeichnis mit abschließendem Backslash ("\")anzugeben. Dann werden alle Dateien des Verzeichnisses mit eingebunden.
Wenn ein Verzeichnis mit sämtlichen Unterverzeichnissen und deren Dateien eingebunden werden soll, ist das Verzeichnis mit abschließendem "@" anzugeben.

Warum sind die leeren Verzeichnisse auf dem Zielrechner nicht mehr da?

Leere Unterverzeichnisse werden dabei nicht berücksichtigt bzw. nicht eingepackt. Falls diese erforderlich sind, müssten Sie diese zur Laufzeit mit dem Befehl „MKD\ „ erzeugen..

Kann ich ein Zielverzeichnis explizit angeben?

Auch in diesem Falle kann ein Zielverzeichnis angegeben werden; es werden dann alle Dateien der Unterverzeichnisse in das Zielverzeichnis kopiert.

Beispiel:
```
'#INC:?pfad\autokor.txt->?wi\autokor.txt
```

Kann ich beliebig viele #INC: angeben?

Es können mehrere solcher Instruktionen angegeben werden.

Beispiel:
```
'#INC:?pfad\autokor.txt
'#INC:?pfad\winrobots-dateien\@
```

Benötigt eine WinRobots EXE bestimmte Dateien auf dem Zielsystem?

Hierbei muss man unterscheiden zwischen dem eigentlichen „Robot" und dem EXE-System. Um sich zu entpacken und den Robot zu starten sind keine Vorraussetzungen auf der Zielseite nötig.

Um dann das Robot-Skript zu starten, benötigt WinRobots dann die Runtime-Bibliothek von VB5 ("msvbvm50.dll"). Diese ist auf Windows-Betriebssystemen von Win98 bis XP standardmäßig vorhanden.

Was mache ich wenn diese Datei auf dem Zielsystem fehlt?

Auf Windows 95 oder Server-Systemen kann es sein, dass diese Voraussetzung nicht gegeben ist; unter Windows Vista ist sie generell nicht vorhanden. Dann können Sie mit der Anweisung

```
'#INC:vbrun
```

veranlassen, dass diese Bibliothek mit in die Exe-Datei eingebunden wird. Die EXE wird dadurch größer und läuft dann prinzipiell auf jedem Windows-System.

Was, wenn die „Rem"-Dateien komprimiert sind?

WinRobots-Skripte können komprimiert gespeichert weden. Das ist ein altes Feature, was heutzutage kaum Sinn macht. Beim EXE Erstellen werden die Dateien ohnehin nochmals gepackt, so dass diese „Skript-Kompression" hierbei unnötig ist.

Wenn das zu kompilierende Projekt komprimierte WinRobots-Skript Dateien enthält, werden diese daher automatisch dekomprimiert. Das ist deshalb zweckmäßig, weil damit vermieden wird, dass die zum Dekomprimieren erforderliche DLL mit in das Kompilat eingebunden wird, und weil die WinRobots-Skript Dateien im Prozess des Verpackens ohnehin komprimiert werden. Insgesamt wird dadurch die Exe-Datei um etwa 50 kB kleiner.

Auf dem Bild ist der Knopf, mit dem WinRobots-Skripte komprimiert gespeichert werden können, mit zwei gelben Marker-Pfeilen markiert.

#EXE: - so sagen Sie WinRobots wo die Ziel-EXE erstellt werden soll.

Standardmäßig erhält die Exe-Datei den Namen der WinRobots-Skript Datei, die abgespielt werden soll, und wird auf dem Desktop erzeugt. Wenn Sie diese Einstellung ändern wollen, haben Sie drei Möglichkeiten:

Sie geben nach der Instruktion nur den gewünschten Namen an (mit oder ohne ".exe"). Dann wird die Exe-Datei unter diesem Namen auf dem Desktop erzeugt.
Sie geben nach der Instruktion nur einen Verzeichnispfad an (mit oder ohne Kürzel, aber mit abschließendem Backslash ("\")). Dann wird die Exe-Datei mit dem standardmäßigen Namen in dem angegebenen Verzeichnis erzeugt.
Sie geben nach der Instruktion einen vollen Dateipfad inklusive Endung ".exe" an (mit oder ohne Kürzel). Dann wird die Exe-Datei mit diesem Pfad erzeugt.

```
Beispiel:
'#EXE:?pfad\IE-Quicksurfer.exe
```

#EXC: - Dateien vom automatischen Include ausschließen

Mit dieser Instruktion können Sie die Überprüfung der im Eintrag angegeben Datei verhindern. Das kann notwendig sein, wenn Sie in einer WinRobots-Skript Datei Bezug auf einen Pfad nehmen, der erst auf dem Zielrechner erstellt wird und auf dem Quellrechner nicht existiert. Der Eintrag kann sowohl einen absoluten Pfad als auch einen relativen (ggf. mit Kürzeln) enthalten.

Sie können die Instruktion auch verwenden, um ganze Verzeichnisse bzw. deren Inhalt auszuschließen. Geben Sie dazu das Verzeichnis (absolut oder relativ; ggf. mit Kürzeln) mit abschließendem Backslash in der Instruktion an. Wenn Sie den Backslash nicht angeben, werden alle Dateien ausgeschlossen, in deren Name die als Pfad eingetragene Zeichenfolge vorkommt.

Es können mehrere solcher Instruktionen angegeben werden.

```
'#INC:?exepfad\unzip.exe
'#EXC:?exepfad\bin\
'#EXC:?exepfad\help\
'#EXC:?exepfad\povlegal.doc
'#EXC:?exepfad\source-license.txt
'#EXC:?exepfad\readme.txt
```

#SPI: - Spezielle Instruktionen für den Compiler

Diese Instruktion ist für Spezialfälle vorgesehen. Gegenwärtig existieren folgende Spezialinstruktionen:

#SPI:NoKill – temporäre Dateien nicht automatisch entfernen

```
'#SPI:NoKill
```

Verhindert das Löschen der temporären Dateien nach dem Kompilieren;

#SPI:ForceWrite – bereits vorhandene EXE einfach überschreiben

```
'#SPI:ForceWrite
```

Ohne diese Instruktion wird beim Erstellen einer Exe-Datei geprüft, ob bereits eine solche existiert; wenn ja, wird die neue Exe-Datei mit nachgestelltem "_" und einer laufenden Nummer vor der Endung erzeugt. Wenn "forcewrite" gesetzt ist, wird eine bereits existierende Exe-Datei ohne Rückfrage überschrieben.

#SPI:NoEXE – keine EXE Datei erstellen

```
'#SPI:NoExe
```

Erstellt nur die temporären Dateien, aber kompiliert nicht. Das ist hilfreich, wenn nur die Einträge in der "dropship.ini" kontrolliert werden sollen. Diese Option macht für Normalanwender wenig Sinn.

#SPI:SelfDel – So löscht sich die EXE nach getaner Arbeit selbst

```
'#SPI:SelfDel
```

Mit dieser Option können Sie dafür sorgen, dass sich die Exe-Datei nach Ausführung selbst löscht. Das ist hilfreich, wenn die Exe-Datei für eine einmalige Ausführung vorgesehen ist, beispielsweise um ein Update auszuführen.

#SPI:Compress – if size matters

`#SPI:Compress=0/1/2`

"Compress=1" ist die Voreinstellung. Diese wird ohne einen Eintrag wirksam und ist in den meisten Fälle zu empfehlen.

"Compress=0" schaltet die Kompression für dieses Paket ab, was zu einer geringeren Prozessorauslastung beim Ver- und Entpacken führt.

"Compress=2" bewirkt eine stärkere Kompression beim Verpacken, benötigt dafür aber wesentlich mehr Zeit und sollte nur dann eingesetzt werden, wenn die Paketgröße (Exe-Datei) eine dominierende Rolle spielt.

Diese unterscheiden sich in:
- Größe der erzeugten Datei,
- Zeit die zum Erstellen benötigt wird,
- Zeit die beim Entpacken/Starten des Robots benötigt wird.

Am Beispiel eines typischen Setup-Programms mit **22.106.616 Bytes** (zgl. WinRobots-Dateien) ergeben sich beispielhaft* folgende Werte:

`'#SPI:Compress=0` - keine Kompression (schnellstes Verfahren), Paketgröße: 22.617.282 Bytes, Entpackzeit 1s

`'#SPI:Compress=1` - gute Kompression, fast genauso schnell wie ohne Kompression!, Paketgröße: 14.014.489 Bytes, Entpackzeit 1s

`'#SPI:Compress=2` - sehr gute Kompressionsrate, langsames Erstellen des Paketes, Paketgröße: 11.094.808 Bytes, Entpackzeit 4s

`'#SPI:Compress=3` - sehr gute Kompressionsrate, langsames Erstellen, doppelt so schnelle Startzeit wie in Stufe 2, Paketgröße: 11.414.666 Bytes, Entpackzeit 2s

`'#SPI:Compress=4` - sehr gute Kompressionsrate, sehr langsames Erstellen, Paketgröße: 11.415.552 Bytes, Entpackzeit 2s

`'#SPI:Compress=5` - gute Kompressionsrate, fast genauso schnell wie ohne! sehr schnelles Erstellen, Paketgröße: 14.013.636 Bytes, Entpackzeit 1 Sekunde.

Wichtig zu wissen:
Diese Werte hängen sehr stark ab, von der Zusammensetzung des Setup-Paketes und von der Größe des Paketes.

Installierte, laufende **Antivirus-Programme** können sowohl **die EXE-Erstellung** als auch **die Startzeit von Paketen erheblich verzögern** und führen bei Zeitmessungen dann natürlich auch zu Verfälschungen.

#SPI:STR - Welche .rem Datei soll gestartet werden?

```
#SPI:STR=MyStart.rem
```

Normalerweise ist die "*.rem"-Datei, von der aus kompiliert wird, auch die Datei, die in der EXE zuerst ausgeführt wird. Mit dem STR-Parameter kann man in Spezialfällen bestimmen, dass eine andere Datei als Startdatei verwendet wird.

#SPI:NoWait – CleanUp nach Skriptlauf ausschalten

```
#SPI:NoWait
```

Werden durch Ihr EXE-Paket Anwendungen gestartet, die ein Datei-Handle auf das EXE-Zielverzeichnis legen, wird dadurch unter Umständen verhindert, dass die EXE das temporäre Verzeichnis löschen und sich beenden kann. Die EXE wird dann erst ca. 6 Minuten nach Beendigung des WinRobots-Skripts beendet, und das Zielverzeichnis bleibt stehen. Mit der oben genannten Anweisung können Sie bewirken, dass sich die EXE sofort beendet, während das WinRobots-Skript im Zielverzeichnis noch läuft. Sie müssen dann jedoch selbst dafür sorgen, dass die erzeugten temporären Dateien gelöscht werden. Dazu können Sie z.B. die "killdir.exe" verwenden, die Sie im Remote-Unterverzeichnis "\Tools\" finden.

#SPI:TGF – temporären Pfad selbst bestimmen

```
'#SPI:TGF=<Ordnerpfad>
```

In seltenen Fällen funktionieren in EXE-Paketen enthaltene "Setup.exe"-Installationsprogramme nicht, weil der Pfad des Temp-Verzeichnisses zu lang ist. In solchen Fällen können Sie temporär ein eigenes Temp-Verzeichnis erstellen, welches an beliebiger Stelle liegen kann (Beispiel: '#SPI:TGF=c:\mytemp).
Um sicherzugehen, dass dieses Verzeichnis nicht bereits existiert, können Sie zusätzlich angeben:

#SPI:UTF – Unique Temp Folder
'#SPI:UTF=1
Wird zusammen eingesetzt mit TGF, wenn mehrere EXE der gleichen Art auf dem gleichen PC ablaufen sollen. Es wird dann innerhalb des angegebenen Zielverzeichnisses noch ein definiert einmaliges temporäres Verzeichnis angelegt.
Alternativ können Sie mit

#SPI:UseShortTmp – Kurzen Verzeichnispfad benutzen
'#SPI:UseShortTmp=1/2 festlegen, dass das Verzeichnis, in welchem die Remote.exe entpackt wird, entweder
- bei 1 das Wurzelverzeichnis desjenigen Laufwerks ist, von dem die Exe gestartet wird oder
- bei 2 das Wurzelverzeichnis desjenigen Laufwerks ist, auf dem sich das Windows-Verzeichnis befindet.

#SPI:NoMutex – Mehrere gleiche Robots erlauben

Normalerweise unterdrückt WinRobots weitere EXE, wenn eben diese EXE bereits auf dem System gestartet worden sind. Diesen Mechanismus nennt man „Mutex" weil hier ein systemweiter Mutex verwendet wird. Damit verhindert WR, dass Sie aus Versehen, das gleiche Skript mehrmals starten.

Ist dieser Effekt unerwünscht, soll also das gleiche Skript öfter als einmal gestartet werden, können Sie es entweder umbenennen, oder Sie verwenden diesen SPI.

```
'#SPI:NoMutex
'#SPI:NoVBCheck
'#SPI:ForceUpdate
'#SPI:Diskfree=<Zahl> (MB)
'#EXE:SATUpd8.exe
'#SPI:forcewrite
'#INC:?pfad\filesort.exe
'#EXC:?pfad\kompoter\
```

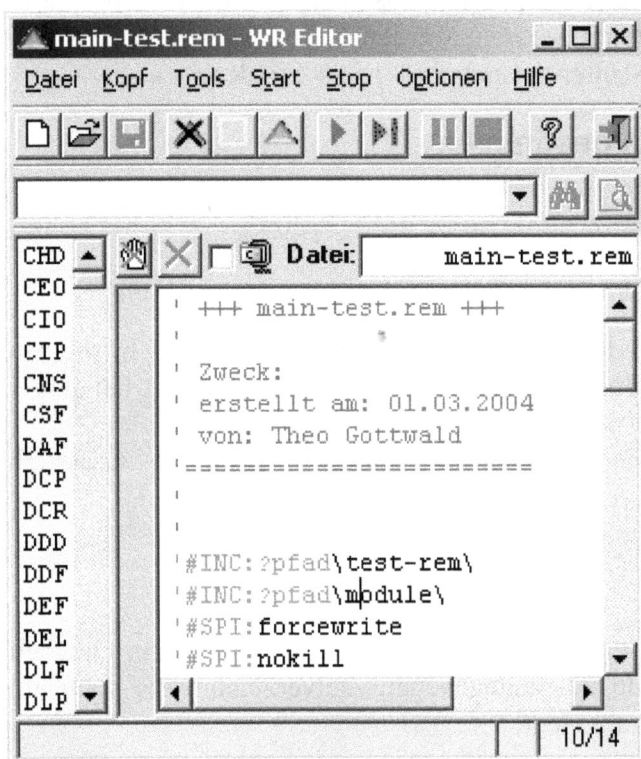

Beispiel für Compiler-Direktiven.

#CIL – direkter Eingriff in die Kompilierung

Mit Hilfe dieser Instruktion können Sie gezielt unmittelbar vor dem Erstellungsprozess einzelne Einträge in der "dropship.ini" ändern. Diese Datei wird temporär erstellt und beinhaltet die Anweisungen für den Compiler.

Der Text nach der Instruktion muss folgenden Aufbau haben:

Sektion|Eintragsname|Eintragswert.

Es können mehrere solcher Instruktionen angegeben werden.

Mit den folgenden Einträgen (Beispiel) können Sie während des Entpackens der Exe-Datei eine Anzeige erzeugen, welche den Fortschritt des Dekomprimierens darstellt (zweckmäßig, wenn die Exe-Datei größere Datenmengen enthält (~100 MB und mehr):

```
'#CIL:rempara|progressbox|1                      'Fortschrittsanzeige einschalten
'#CIL:rempara|progresstxt1|WinRobots Automation 'Überschrift
'#CIL:rempara|progresstxt2|Loading ...           'Hinweistext
'#CIL:rempara|progresstype|4                      'Anzeigestil (1...4)
```

Wenn nur die erste Zeile eingetragen ist, werden die anderen Werte so wie im Beispiel dargestellt ergänzt.

#RUN – Vorgänge automatisch ausführen nach der EXE-Erstellung

Wenn Sie nach der Instruktion die Zeichenfolge "exe" eintragen, wird nach dem Kompilieren sofort die neu erstellte Exe-Datei gestartet.

Wenn der Eintrag die Zeichenfolge ".rem" enthält, wird nach dem Kompilieren die angegebene WinRobots-Skript Datei ausgeführt. Wenn Sie in dieser WinRobots-Skript Datei die eben erstellte Exe-Datei anziehen wollen, tragen Sie an dieser Stelle in der WinRobots-Skript Datei die Zeichenfolge "?runexe" ein; diese wird dann durch den tatsächlichen Pfad zur neu erstellten Exe-Datei ersetzt.

In allen anderen Fällen wird der Eintrag nach Auflösung eventuell verwendeter Kürzel ohne weitere Bearbeitung an die "Shell()"-Funktion zur Ausführung übergeben.

Beispiele:

```
'#EXE:mytest
'#RUN:exe
'#EXC:?ws\shell32.dll
'#INC:d:\mytest\mytest.exe
'#INC:?exepfad\tools\anytool.exe
'#SPI:nokill
```

Zusätzliche Systemvariable (im EXE-Modus)

Auf die folgenden Parameter kann ausschliesslich im "EXE-Modus" zugegriffen werden:

```
$ev1$ = startrem            'Pfad der zu startenden WinRobots-Skript Datei
$ev2$ = Commandline         'Kommandozeilenparameter für die Exe-Datei
$ev3$ = EXEName             'Name der Exe-Datei
$ev4$ = EXEPfad             'Pfad der Exe-Datei
$ev5$ = Mutex1              '1 oder 0 (wurde EXE-Dateiname bereits gestartet?)
$ev6$ = Mutex2              '1 oder 0 (wurde EXE-Dateipfad bereits gestartet?)
$ev7$ = starttime           'Startzeit der Exe-Datei
$ev8$ = startdate           'Startdatum der Exe-Datei
$ev9$ = unpacktime
```

Auf die entsprechenden Werte können Sie in der WinRobots-Skript Datei mit den Zeichenfolgen "$ev1$" bis "$ev9$" (von oben nach unten) zugreifen.

4. Option "Keyfile erstellen"

Alternativ zur Exe-Datei können Sie mit der Option "Keyfile erstellen" ein Set von drei Dateien erzeugen, welche die Informationen enthalten, die notwendig sind, um eine oder mehrere WinRobots-Skript Datei(en) auf einem Rechner abzuspielen, auf dem mindestens die Starter Edition installiert ist.

Diese Dateien werden im Pfad der aktuellen WinRobots-Skript Datei abgelegt mit folgenden Namen:

1. keyfile_Name der WinRobots-Skript Datei.dat
2. keyfile_Name der WinRobots-Skript Datei.ini
3. start_Name der WinRobots-Skript Datei.ini

Nummer 1 dient als Keyfile für die aktuelle Aufgabe und muss bei Gebrauch in "keyfile.dat" umbenannt und ins gleiche Verzeichnis wie die WinRobots-Skript Datei(en) ("\Remfiles"; nicht ins WinRobots-Installations-Verzeichnis!) kopiert werden.

Nummer 2 enthält Informationen über die zum Abspielen erforderlichen Dateien, wird aber selbst zum Abspielen nicht gebraucht.

Nummer 3 enthält den Namen der aktuellen WinRobots-Skript Datei und muss bei Gebrauch in "start.ini" umbenannt werden. Sie sorgt dafür, dass bei Doppelklick auf die "Remote.exe" diese mit der aktuellen WinRobots-Skript Datei gestartet wird.

Wenn die in der "keyfile_....ini" aufgeführten Dateien zusammen mit der "start.ini" in einem Verzeichnis und die WinRobots-Skript Datei(en) mit der "keyfile.dat" im Unterverzeichnis "\Remfiles" abgelegt werden, kann durch Doppelklick auf die "Remote.exe" die aktuelle WinRobots-Skript Datei abgespielt werden im Rahmen der Rechte, welche das die Datei erzeugende WinRobots-Programm hat. Dieses Verfahren ist vorteilhaft in der Testphase bei der Exe-Erstellung oder für die Weitergabe einfacher WinRobots-Skript Dateien, die keine zusätzliche Dateien benötigen, an Rechner, die nur mit einer Starter Edition ausgestattet sind.

Kapitel 4.

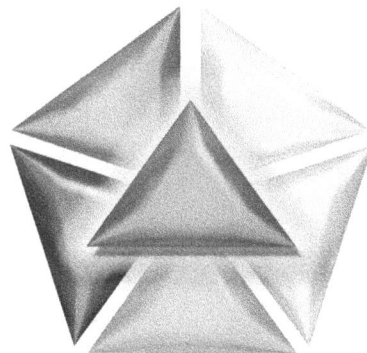

Die WinRobots-Roboter

Sprache

Alle Befehle Im Überblick

Allgemeine Hinweise zu den WinRobots-Befehlen

Wie viele Befehle hat WinRobots?

WinRobots hat aktuell ca. 776 verschiedene Befehle, je nach Edition. Viele davon haben Optionen, die bewirken dass der Befehl an sich universell einsetzbar ist. Viele Befehle ersetzen eigene kleine Programme.

Der Nachteil diese Vielseitigkeit ist eine Komplexität, der wir mit diesem Buch entgegentreten möchten. Das Ziel ist es, Ihnen zu helfen, den richtigen Befehl schnell zu finden.

Welche der ca. 776 WinRobots-Befehle sollte ich unbedingt wissen?

Wie in jeder Sprache gibt es Worte, die man häufig benötigt und andere, die man nur in speziellen Situationen braucht.

Natürlich hängt das stark vom Einsatz-Zweck ab. Wir gehen hier von einem Einsatz von WinRobots im Feld Softwareverteilung und Bedienung von Applikationen aus.

Im Folgenden teile ich die Befehle und Compiler-Direktiven in Klassen ein, so können Sie diese gezielt suchen und lernen. Prinzipiell gibt es

- Befehle die Fenster und Programm-Steuerelemente suchen.
- Befehle die Mausklicks und Tasteneingaben machen
- Befehle die Dinge abfragen und im Skript verzweigen je nach Ergebnis
- Enumerationsbefehlen (`FEX\`)
- Befehle die Programme starten
- Befehle zur Steuerung des Ablaufs (Pausen, Debug-Befehl) etc.
- Spezialbefehle (Hardware-Monitor etc.)

Am Ende dieses Abschnittes finden Sie eine Liste **mit allen Befehlen**, die Sie sich durchlesen können. Wenn Sie dann einen bestimmten Befehl benötigen, erinnern Sie sich daran.

Wir wollen hier die aus unserer Erfahrung wichtigsten Befehle für Sie zusammenstellen.

Denn unter den >770 Befehlen gibt es auch solche, die historisch gewachsen sind. Befehle, die heute kaum noch benutzt werden, weil es inzwischen etwas Besseres gibt. Zum Beispiel der `FCH\`-Befehl. Er ist obsolet und wird nur noch aus Kompatibilitätsgründen unterstützt. Umgekehrt gibt es Befehle, die finden sie in fast jedem Skript. Und mit diesen fangen wir an.

Hinweis:

Das WinRobots-Skript auf der nächsten Seite ermittelt die Anzahl der Befehle, die Ihre WinRobots Version hat.

```
' +++ befcount.rem +++
' Zweck: Dieses Skript zählt wie viele Befehle es in WinRobots gibt.
' erstellt am: 10.12.2005
' von: thue
'========================
'DED\1
'? RER=RegistryEntryRead
RER\hlm|software\delphin software\remote|installroot
'? VAR=Variable
VAR\$$rem=$v1$
'? IEF=IfExistsFile
IEF\$$rem\remhelp\remedit.txt '# "Befehlsliste"
'? VAR=Variable
 VAR\$$hlp=$$rem\remhelp
ELSE
'? VAR=Variable
 VAR\$$hlp=?pfad                '# auf meinen Rechnern
'? EEF=EndExistsFile
EEF\
'? VAR=Variable
VAR\$$cnt=0
'? DED=DisableEditorDisplay
DED\1
'-------------------------------
'? FEL=ForEachLine
FEL\$$hlp\remedit.txt|doit|$$lin
'-------------------------------
'? DED=DisableEditorDisplay
DED\
'DVV\1
'? CFI=CopyFromInifile
CFI\$$rem\remedit.ini|light|light>$$lin '# Specials
'? GSL=GetStringLenght
GSL\$$lin
'? VAR=Variable
VAR\$$len=$v1$
'? CAL=Calculate
CAL\$$len=$$len+1\4
'? CAL=Calculate
CAL\$$len=$$cnt-$$len
'? MBX=MessageBoX
MBX\Private: $$cnt$crlf$Starter:  $$len
@

:doit
'? STT=SetTempText
STT\$$lin
'? GFS=GetFromString
GFS\4,2>$$xxx
'? IVV=IfVariableValue
IVV\$$xxx=$sp$$sp$ '# 2 Leerzeichen nach dem Befehl
'? STT=SetTempText
 STT\$$lin
'? GFS=GetFromString
 GFS\2,1>$$yyy
'? IVN=IfVariableNumeric
 IVN\$$yyy
   GOTO ende
'? EVN=EndVariableNumeric
 EVN\
'? VIC=VariableInCrement
 VIC\$$cnt
'? EVV=EndVariableValue
EVV\
:ende
@
```

Klasse 1 Befehle:

Damit steigen Sie ein und könen dann schon viele Sachen machen (>50% ?).

```
STW\ - Sucht ein Top-Fenster (TF)
GCW\ - Sucht innerhalb des TF ein Kind-Fenster (KF)
GAC\ - Sucht direkt ein Kindfenster
MLC\ - Macht einen Klick mit der linken Maustaste
MEL\ - Macht einen Klick mit der linken Maustaste (unsichtbar)
BTC\ - setzt oder löscht ein Häckchen
SCI\ - Setzt einen Wert in einem Auswahlfeld
EXE\ - startet ein Programm
END\ - beendet das Skript
SKP\ - schreibt Text in ein Text-Eingabefeld
RST\ - sendet Text an ein Text-Eingabefeld
MRC\ - macht einen Klick mit der rechten Maustaste
DWP\ - zeigt an, was gerade in Ihrem Skript passiert
DBC\ - klickt auf auf überraschend aufpoppende Messageboxen,
ohne den Skriptablauf zu unterbrechen
SWP\ - positioniert ein Fenster und setzt die Fenstergröße
MMV\ - fährt mit der Maus an eine bestimmte Stelle
AFO\ - sucht alle möglichen Objekte
```

Compiler-Direktiven für Klasse 1:

```
#EXE:
#SPI:forcewrite
```

Studieren Sie den Abschnitt über die „EXE-Erstellung".

Mit diesen nur 17 Befehlen können Sie schon mal alle einfachen Sachen machen!

Sehen Sie sich also, wenn Sie neu bei WinRobots sind zunächst nur diese 16 Befehle an. Nehmen Sie sich etwas Zeit, experimentieren Sie damit. Das ist ein guter Einstieg!

Klasse 2 Befehle:

Mit den folgenden Befehlen erweitern Sie dann Ihren Horizont und haben dann schon die 2. WinRobots-Klasse erreicht!

```
MBX\ - zeigt eine Meldung in einer Messagebox an
SBT\ - zeigt eine Meldung als Bubbletext an
DIP\ - Verzögert die Skriptausführung
CAS\ - fügt eine Pause in das Skript ein
TDL\ - fügt eine kurze Pause in das Skript ein
IWF\ - prüft ob bestimmte Fenster existieren (IF !)
CPL\ - ruft Applets der Systemsteuerung auf
IAI\ - prüft ob ein Programm auf dem PC installiert ist
EXU\ - startet die Deisntallation eines Programmes
IAR\ - prüft ob ein Programm auf dem Rechenr registriert ist
EXO\ - startet Programme als ob man diese mit der Maus klickt
CAW\ - schliest bestimmte offene Fenster
CLW\ - schliest ein bestimtmes Fenster
DEL\ - löscht Dateien
FCP\ - kopiert Dateien
SMK\ - Bedient ein Menu via Shortcut
IPF\ - Sucht nach bestimmten Mustern
WFP\ - Wartet auf das Auftreten bestimmter Muster
```

Compiler-Direktiven für Klasse 2:

```
#INC:
#EXC:
#SPI: (weitere)
```

Sehen Sie sich den Abschnitt über „Spezialordner" an.

Klasse 3 Befehle:

Mit den folgenden Befehlen kommen Sie dann zu Verzweigungen, Sprüngen und bekommen Struktur in Ihr Programm.

```
GOTO\ - Springt an eine andere Stelle im Skript
GSB\ - Unterprogramm-Sprung, zusammen mit RET\
RET\ - kehrt an die Stelle nach dem GSB\ zurück
JNF\ - ruft ein selbstdefiniertes UnterSkript auf
VAR\ - definiert Variablen mit bestimmten Werten
IVV\ EVV\ - prüft eine Variable auf einen Wert und verzweigt
NVV\ EVV\ - negiertes IVV\
ELSE - unterteilt eine IF-Verzweigung, siehe IVV\
ANT\ - zum Anfahren schwer zugänglicher Elemente in Office und
Browser, zusammen mit AFO\, siehe Hilfe zu AFO\ und zu ANT\
MKD\ - Erstellt ein Verzeichnis
RMD\ - entfernt ein Verzeichnis
REN\ - benennt Dateien um
IPC\ EPC\ - Prüft einen Pixel/Farbe und verzweigt
WCC\ - warte bis ein Pixel eine bestimtme Farbe hat
NPC\ EPC\ - negiertes IPC\
IOS\ EOS\ - prüft die Betriebssystem-Version und verzweigt
CCC\ - Befehl zur Bedienung div. Common Controls
IEF\ - Prüft ob eine Datei existiert
NEF\ - negiertes IEF\
```

```
Sehen Sie sich die „Spezialordner und Spezialvariablen" an.
```

Compiler-Direktiven für Klasse 3:

```
#SPI: (weitere)
Compiler-Variablen: $ev1$ bis $ev9$
```

Klasse 4 Befehle:

Mit den folgenden Befehlen kommen Sie dann zu Enumerationsbefehlen und Sie lernen
Zusatzprogramme kennen die nur speziellen Zwecken dienen.

```
FEF\ - Arbeitet für jede Datei eines Ordners ein Skript ab
FEP\ - Arbeitet für jeden laufenden Prozess ein Skript ab
IEP\ EEP\ - prüft ob eine Prozess (Program) läuft*
HWM\ - Hardware-Check, prüft Temperatur, Lüfter und Spannungen
DLF\ - Download File, laden sie Dateien herunter
EXR\ - Starte registrierte Dateien zum Beispiel „.doc"
EXW\ - Starte ein Programm und warte bis es beendet ist
GWF\ - ermittle das Programm zu einem Fenster
CFW\ - liest Text aus einem Fenster/Textfeld
SDT\ - schreibt Text in eine Fenster/Textfeld
CTF\ - schreibt aus einer variable in eine Datei
ATF\ - fügt Text zu einer Datei hinzu
FEL\ - Arbeitet für jede Zeile einer Datei ein Skript ab
JIV\ - Springe wenn Variable einen bestimmten Wert hat
GSS\ - Hole einen definierten Teil einer Variablen
SBT\ - Hole einen delimitierten Teil einer Variablen
FEM\ - Enumeriere eine Liste in einer Variable
MIN\ - Minimiere ein Fenster
MRS\ - stelle ein Mini- oder Maximiertes Fenster wieder her
ENW\ - „Enabled" ein Steuerelement, deaktiviert oder
       ausgegraut ist.
```

Nachdem Sie diese Befehle studiert haben, sind Sie fit in WinRobots. Sie können fortan
fortan Skripte schreiben und werden auch jeweils den richten Befehl für Ihren Zweck finden.

Befehle speziell für Admins:

Mit den folgenden Befehlen (zusätzlich zu den oben) kommen Sie als Admin schneller zum Ziel. Als Privatanwender werden Sie diese Befehle nicht so oft benötigen.

```
OAU\ - Operate as User (Details s. Befehl)
RAU\ - Run as User
ACL\ - Vergebe Berechtigungen via SetACL
REB\ - Reboot
EVG\ - Befehle zum Setzen und lesen von Umgebungs-Variablen
SRV\ - Befehl um einen Errorlevel aus einer WinRobots-EXE
       zurückzugeben
ELR\ etc. - Befehle zum Lesen und schreiben der
     System-Eventlog
ENC\ - Befehl zum Ver- und Entschlüsseln von Dateien
JOE\ - Fehlerbehandlung
SID\ - Beende Skript wenn ein Fenster geschlossen wird
GFC\ - ermittle aktives Kindfenster
GWF\ - ermittle Ursprungsprogramm das zu einem Fenster gehört
FTP\ - übertrage Dateien via FTP\
SNF\ - erzeuge freigegebenes Netzlaufwerk
MND\ - Mappe ein Netzlaufwerk
RDM\ - Remove Drive Mapping
SCN\ etc. - Ermittle / Setze PC-Name
SVC\ - Starte, Stoppe System-Dienste
ISP\ - Frage Zustand von Diensten ab.
WIP\ - ermittle die WAN IP
LIP\ - ermittle die LAN IP
IPA\ - stelle fest ob ein Server-Port verfügbar ist
ISA\ - If Server avaialable Verzweigung
ICN\ - „If Computer Name" Verzweigung
IUN\ - „If User Name" Verzweigung
IUA\ - „If User is Admin" Verzweigung
GMA\ - Get MAC Adress
FEN\ - Enumeration der Netzwerk-Resourcen
RER\ etc. - Registry - Lese und Schreib-Befehle
RIN\ - Run INF-File
IFV\ - If File Version
OUF\ - Overwrite used File
MOV\ - Verschiebe Datei
RIO\ - Ersetze ältere Datei durch Neure Datei
SCF\ - Setze aktuelles Verzeichnis
WDL\ etc. - Wachtdog-Befehle
WSD\ - Windows Shut down
PTR\ - Prevent Task running
DUI   DisableUserInput
```

Und zusätzlich:

```
IEP\,  WPT\,  WRS\,  SUS\,  RIF\,  CTI\,  CFI\,  RTP\,  WFC\,  SFP\,
GWL\,  GRD\,  SCT\,  SKL\
```

Befehle die eher obsolet sind:

Die folgenden Befehlen werden entweder sehr selten verwendet oder sind nur aus Kompatibilitätsgründen noch vorhanden..

```
FCH\ - Obsolet, ersetzt durch JNF\ und GSB\
RPT\ - nur für Spezialanwendungen sinnvoll
KPH\ -  man kann hier HTV\ + Variable benutzen
```

Befehle die für Spezialaufgaben nützlich sind:

Die folgenden Befehlen werden für Spezialanwendungen bemnötigt:

```
WFV\ - Warte auf Message von anderer Anwendung/anderem Robot
PAS\ - ProcessAffinitySet (CPU's  den Prozessen zuweisen)
WUA\ - WatchUserActivity
DFP\ - DoForPixel (Add on für Grafikprogramme)
DTC\ - DateTimeCalculation
CLC\ -   CLipCursor (Bewegungsfreiheit der Maus einschränken)
GRD\ - GetRealDate (tatsächliches Datum ermitteln)
```

Was ist neu in Version 8 gegenüber WinRobots 7.5

An der Version 8 wurde sehr lange gefeilt, da eine komplett neue Technologie hinzugefügt worden ist, die Accessibility-Technologie (siehe AFO\, ANT\ etc.).

Für den bisherigen WinRobots-Anwender ist dies die größte Neuerung und auch die größte Herausforderung, da diesbezüglich zu den bisherigen Parametern:

- **Fensterklassen**

- **Fenstertext**

- **Fenster-ID**

- **Fenstertiefe** (ALL) etc.

Nun weitere hinzukommen, die zunächst nichts mit Fenster zu tun haben, sondern mit „Accesible Objects", d.h. **zugänglichen Objekten**. Diese haben nun **Eigenschaften** wie:

- **Role** (vergl. Fensterklasse/Control-Typ)

- **Name** (vergleichbar Fenstertext beim Topfenster)

- **Value** (Wert – vergleichbar Fenstertext beim Kindfenster/Control)

- **State** (Zustand, gecheckt, aktiv, bedienbar ...)

- **Nummer** (Spezialität, das wievielte gefundene Element gewünscht wird)

- Etc.

Nach diesen Eigenschaften wird dann gesucht, dies ist vergleichbar mit dem bisherigen System. Da der **Windows Analyzer** diese Eigenschaften nicht anzeigt, gibt es nun zusätzlich den **ACC-Analyzer**.

Dieser muss beim Aufzeichnen aber nicht mitlaufen, sondern dient nur der Information des Anwenders, beim erstellen von Skripten. Überall da, wo das was die „gelbe Liste" sowieso schon liefert nicht ausreicht.

Apropos „gelbe Liste". Hier wurde sehr viel Energie investiert um weiteres Know How einfließen zu lassen. Probieren Sie es aus, jetzt auch in Internet Explorer und Office!

Hier werden sich für den ambitionierten WinRobots-Anwender ganz neue Möglichkeiten bei der Automatisierung des Zugriffs auf Web-Sites zum Beispiel.

Beim **praktischen Test der neuen Möglichkeiten** auf Web-Sites muss man hier und da auch etwas Vorsicht walten lassen, wie beispielhaft die folgende E-Mail zeigt:

```
Sehr geehrter Herr Gottwald,

ich bin einer der Administratoren von openBC/XING. Gestern haben Sie auf
der Website mit einem automatisierten Skript mehrere tausend Profile
abgerufen.

Im Interesse des Datenschutzes setzen wir verschiedene Maßnahmen ein, um
Crawler-Aktivitäten zu verhindern. Wir werten externes Data-Mining als
schweren Missbrauch der Daten unserer Nutzer. Sie werden entsprechende
Hinweise auch in den AGB und Nutzerregeln finden, welchen Sie bei Ihrer
Anmeldung explizit zugestimmt haben.

Ich fordere Sie auf, die von Ihnen gesammelten Daten dauerhaft und
vollständig zu löschen. Bitte bestätigen Sie diese Löschung schriftlich.

Weiterhin fordere ich Sie auf, künftig auf Verwendung von automatisierten
Zugriffen auf openBC/XING zu verzichten.

Mit freundlichen Grüßen,

H* Z*
(Name gekürzt), Dipl.-Inform.

Ep*** GmbH
```

Dabei hatte ich natürlich keinerlei Daten gesammelt, sondern der Roboter hat nur nach logischen Gesichtspunkten tausende von Profilen angefahren und so war mein Aktivitätsindex bald ziemlich hoch.

Trotzdem wie gesagt, bei Verwendung der neuen Möglichkeiten sollte man – anders als ich hier – doch zunächst mal die AGB's lesen.

Diese Mail heb' ich mir trotzdem auf, sozusagen **als Beweis dass dass neue WinRobots Version 8 im Browser funktioniert.**

Dabei handelt es sich um das gleiche Verfahren, mit dem auch Blinden Web-Sites oder Office-Programme zugänglich gemacht werden.

Kommen wir zu einem **weiteren Highlight der Version 8**.

Ein Feature, das lange geplant war und nun bereits in der Version 8 fix und fertig funktioniert.

Die neue Möglichkeit der Hardware-Überwachung.

Die Überwachung von **Temperatur, Drehzahl und Spannung** der Hardware mittel WinRobots-Skripten.

Das ist eher im Server-Bereich ein Thema und oftmals werden dafür bisher WMI Skripte verwendet.
Am Ende geht es darum, festzustellen ob die Parameter im Bereich sind, und falls nicht muss etwas veranlasst werden.

Der neue Befehl heißt **HWM** und ermittelt die jeweiligen Werte,
die dann zum Beispiel mit den Abfragebefehlen **IVB** (If Variable between) oder IVV\
direkt im Skript bearbeitet werden können.

Ein einfacher Temperaturalarm kann dann zum Beispiel so aussehen:

Code:

```
HWM\3T1>$$hdd       'liefert den Wert für die Temperatur der Festplatte in
$$hdd
IVV\$$hdd>50            'Auswertung einer Überschreitung
 WPA\sirene.wav     'akustische Warnmeldung
  SBT\5\HDD!#            'Meldungsanzeige mit Bubble-Text.
EVV\
```

Was die Skriptlänge angeht ist WinRobots hier unbesiegbar.
Vergleichbare Skripte in WMI/VB-Skript sind systembedingt um eine vielfaches länger
und komplexer.
Die Version 8 ist fast fertig. Zwei Neuerungen betreffen die Hilfe und Prozesse. Schon
bisher konnte man bereits nach Stichworten suchen.
Aber wollte man zum Beispiel alle Hilfeseiten auf denen "Prozess" vorkommt und
"Fenster" nicht, konnte man das nicht formulieren.
Solche etwas komplexeren Suchanfragen unter Verwendung von **AND**, **OR** und **NOT**
kann die Hilfe nun auswerten. Für den Laien mag das nicht viel bringen, der Profi findet
damit den gesuchten Befehl noch schneller. Im Detail gibt es nun folgende Änderungen
an der Suche in der Hilfe (im Editor, Combobox).

Generell: Die Suche berücksichtigt keine Groß/Kleinschreibung.
Es können jetzt mehrere Suchbegriffe eingeben werden mit folgender Syntax/Bedeutung:

Über die breite Combobox können Sie in den Hilfedateien nach einem Begriff suchen
lassen (Groß/Kleinschreibung wird nicht berücksichtigt). Es können mehrere Suchbegriffe
mit Trennzeichen eingeben werden.

Trennzeichen und Bedeutung (Reihenfolge entspricht Auflösungsreihenfolge):
"!" vor Begriff   = Ausschluss. Wenn der String vorhanden ist, wird die Seite nicht
gelistet.
"|" vor Begriff   = Oder. Wenn der Begriff (Ganzwort) vorhanden ist, wird die Seite
gelistet.
"+" vor Begriff   = Und. Wenn alle mit "+" verbundenen Begriffe (Ganzwort)
vorhanden sind, wird die Seite gelistet.
Ausschlüsse (mit "!") müssen am Ende der Angabe stehen.

Defaulteinstellung:
Ganzwortsuche für die Begriffe, die vorhanden sein sollen; wenn nach dem reinen
Text(String) gesucht werden soll, muss der Begriff in "*" eingeschlossen werden:
Begriff = **Stringsuche**, nicht Ganzwort. Stringsuche (nicht Ganzwort) für Begriffe, die
ausgeschlossen werden sollen.

Beispiel:
asdfasdf el campa+ertzetz+*caramba*|*sdfgsdfg*|lsdgwer!asdfasdf!34563456!tzuitui
Nicht vorhanden sein dürfen:
asdfasdf als String,
34563456 als String,

tzuitui als String.

Vorhanden sein müssen:
lsdgwer als Ganzwort oder
sdfgsdfg als String oder
asdfasdf el campa als Ganzwort und ertzetz als Ganzwort und caramba als String.

Geben Sie die Begriffe in das Textfeld der Combobox ein und drücken Sie die "Enter"-
Taste. Dann erscheint nach kurzer Zeit eine Liste mit Befehlen, in deren Hilfedateien der
Begriff gefunden wurde, und Sie können anhand der Liste gezielt die einzelnen Dateien
öffnen, wobei die Stellen, an denen ein Begriff gefunden wurde, rot markiert sind. Mit
den Menütasten "<<" und ">>" des Hilfe-Fensters können Sie von einer Stelle zur
anderen springen.

Darüber hinaus wurde der Befehl SPP\ so erweitert, dass man nun auch Prozessen, die
fensterlos sind eine andere Priorität zuweisen kann. Zum Beispiel so:
Code:

```
'
' WinRobots bekommt hohe Priorität
RTP\5
VAR\$$PRO=XRender.exe
' Abfragen ob der Prozess läuft
IEP\$$PRO
' Prozess-Priorität senken
 SPP\2|$$PRO
EEP\
@
```

Damit erspart man sich im Fall des Falles den Aufruf des Taskmanager, Auswahl eines
Prozesses, Klick auch rechte Maustaste, Menü "Priorität"-> "Niedriger als normal". Eine
kleine Erweiterung, die die, die oft im Hintergrund rechenintensive Programme laufen
lassen zu schätzen wissen.

28.03.08   8.0.0.698/4.3.0.2686

- **geändert: SLC\, CSE**: Bei **CSE** können jetzt auch Wertebereiche angegeben
werden.
Hinweis: **SLC** (SELECT), **CSE** (CASE) ist die neue **Mehrfachauswahl** in WinRobots
Version 8.
Hier gibt es ab sofort auch **Wertebereiche**, also zum Beispiel "10 To 522", das sind
Zahlen von 10 bis 522.
Die einzelnen Werte können enthalten
- einzelne Zeichen(folgen),
- Bereiche von ... bis, die mit Wert1 To Wert2 anzugeben sind oder
- Bereiche in der Art < Wert oder <= Wert bzw. > Wert oder >= Wert.
Der Vergleich ist positiv, wenn einer der Einzelwerte zutrifft oder die Variable in einem
Wertebereich liegt.

- **geändert: IOL** (IfOnLine) berücksichtigt jetzt auch Online per Router oder ähnliche
Die Art der Verbindung kann über $v2$ abgefragt werden.
Hinweis dazu: IOL\ ist ein Relikt aus der Zeit, als man sich noch übers DFÜ-Netzwerk
einwählen musste.
Heute hat ja fast jeder einen Router und DSL. Man konnte zwar auch bisher feststellen,
ob man online ist, mit WIP\ oder IPA\, aber nun geht es direkt mit IOL\ und IOL\ sagt
auch gleich, **was für eine Verbindung** es ist (also DFÜ-Netzwerk oder Router). Das

steht nach dem Aufruf von IOL\ in der Systemvariablen $v2$.

- geändert: FET\, FES\, FEB\: Es sind jetzt auch die Koordinaten des aktuellen Items
        in der "abzuarbeitenden WinRobots-Skript Datei" verfügbar. Auch der aktuelle
Punkt
        wird auf das jeweilige Item gesetzt.
Die Befehlsgruppe "FE..X" (FOR EACH ... ITEM) dienen der **Enumeration von System-
Items**.
Die Änderung selbst ist eine Konsequenz aus der neuen Version 8 Anweisung **FEA**, mit
der man zum Beispiel Items mit bestimmten Eigenschaften auf einer Website zählen,
anfahren, auslesen oder bearbeiten kann.
Da bei FEA\ nun der aktuelle Punkt auf das Objekt gesetzt wird, geschieht das ab sofort
auch bei den äquivalenten Anweisungen, die aber auch schon unter Version 7.5
vorhanden waren.

- geändert: CFW\: Kopiert jetzt auch **den Inhalt von Listboxen.**

und last not least eine Fehlerkorrektur bei **WIP\ :** (Probleme auf englischem Windows
beseitigt)
Hinweis: **WIP** ist ein WinRobots-Befehl, der die "**WAN-IP Adresse**" ermittelt.

Dann gab es eine Änderung bei BCS\, dabei werden mit dem neuen Befehl **AFO**
ermittelte Koordinaten ab sofort auch berücksichtigt.
Hinweis: **BCS** (ButtonClickSpezial) ist ein Befehl, der hauptsächlich bei
automatisierten Installationen für **Ablaufsicherheit** und Synchronisation sorgt. Er
ist eigentlich nicht gedacht für Zielobjekte der Version 8, kann aber auch bei Office und
Browser verwendet werden, daher diese kleine Änderung.
- Fehlerkorrektur bei JIV\, IVV\, IVA\, VIC\, VDC\ (Fehler bei gebrochenen Zahlen
beseitigt)
Anmerkung: Bei gebrochenen Zahlen schreiben manche Anwendungen "2.5" statt "2,5"
egal was in den Systemvoreinstellungen steht. Regulär versucht WR sich an die Vorgaben
des Systems (Ländereinstellungen) zu halten.
Es wurden nun aber noch zusätzliche Sicherungen eingebaut, da einige Anwendungen
sich nicht an die Systemeinstellungen halten.

Das **Folgende** betrifft ausschließlich die Version 8, da die Version 7.5 nicht mehr
weiterentwickelt wird.
Zeitlich ist es nicht mehr ganz **brandaktuell**, aber da es dazu noch keine News hier gab
nehme ich es dazu:

- Neu: WUA (WatchUserActivity)
Hinweis:
Mit "**WUA\...**" können Sie die **Tastatur- und/oder Mausaktivitäten** des Benutzers
dahingehend überwachen, ob über **längere Zeit keine solche Aktivität erfo**lgt ist, und
bei Eintreten dieses Zustands mittels einer zweiten Instanz des WinRobots-Programms
eine bestimmte Rem-Datei ausführen lassen. Gleichzeitig wird beim Eintreten des
Zustands die Überwachung wieder zurückgestellt und beginnt erneut.

Neues Tool: WR Hardware Monitor
Neue Version 8 Befehle:
- Neu: **HWM** (HardWareMonitor - überwacht Temperatur, Spannung, Lüfterdrehzahl)
- Neu: **MOV** (Move - Verschiebe Dateien)
- Neu: WKB\ (WatchKeyBoard - ermöglicht das schreiben von Keyboard-Shortkey-
Makros)
  Mit "WKB\..." können Sie die **Tastatureingaben** (Zeichen) für eine **bestimmte
Anwendung** oder **systemweit** quasi **protokollieren.**
- Neu: GKS\ (GetKeyString)
  Mit "GKS\$$xyz" können Sie die (via WKB\) gespeicherte Zeichenfolge jederzeit

abrufen und an eine im Datenteil anzugebende Variable übergeben. Die interne Variable wird dabei wieder geleert.

- Neu: **JOF** (JumpOnFailed)
Pedant zu **IIF**, kann verwendet werden zum Beispiel um bei AFO\ festzustellen ob ein solches Element gefunden wurde.
Man hat nun also die Wahl zwischen eine IF-Block mit IIF\ --- EIF\ oder man nimmt eben einen Einzeiler JOF\ und springt in den entsprechenden Programmteil.

- Neu: SHK\ (SetHotKey)
Wenn Sie nur Tasten zum Unterbrechen, Fortsetzen oder Beenden der aktuellen WinRobots-Skript Datei einrichten wollen, können Sie den einfacheren Befehl "SHK\" verwenden.

- Neu: GLF\ (GetLastForegroundwindow)
Mit "GLF\" ermitteln Sie **das beim Start des WinRobots-Programms aktive Topfenster**. Dabei werden die entsprechenden programminternen Variablen mit dessen Kennziffer belegt, so dass Sie anschließend weitere Befehle wie "SPC\..." oder "SWP\..." verwenden können, so als hätten Sie das Fenster per "STW\..." lokalisiert.

- **geändert: GIP**: Möglichkeit zur unsichtbaren Eingabe mit wählbarem Zeichen
Hinweis: Das ist das neue **Passwort-Eingabefeld** mit den **Sternchen**.

- **geändert: Alle FEX**-Befehle (ForEach...) können jetzt auch mit Sprungmarken verschachtelt werden.
Hinweis: Das war bisher nicht möglich.

- **geändert: GSB\, JNF**: Die Anzahl der übergebenen Variablen wird in $v6$ hinterlegt.
Hinweis: Damit kann das Unterprogramm nun abfragen, wie viele Parameter es bekommen hat und entsprechend diese alle auswerten.

- **geändert: FTP**: FTP\|... zum Auflisten von Dateien/Verzeichnissen hinzugefügt
- geändert: FTP\: FTP\p|... zum Setzen von Berechtigungen bei Upload hinzugefügt
- geändert: FTP\: FTP\s|... zum Senden spezieller Kommandostrings hinzugefügt
- geändert: FTP\: FTP\r   zum Abfragen der Serverantwort hinzugefügt

- geändert: GSR\: Erweiterung der Rückgabeparameter
Hinweis:
Die Befehle "GSC\", "GSR\" und "GSF\" ermitteln Farbtiefe, Bildschirmauflösung bzw. die Bildschirmfrequenz und speichern die jeweiligen Werte als Zeichenfolge in einer programminternen Variablen, auf die Sie mit der Zeichenfolge "$v1$" zugreifen können.
Bei "GSR\" wird "$v1$" mit der Breite und "$v2$" mit der Höhe des Bildschirms belegt; wenn Sie den Datenteil leer lassen, werden die Werte für den primären Monitor zurückgegeben; wenn Sie im Datenteil "a" eintragen, die Werte für den gesamten virtuellen Bildschirm, außerdem in $v3$ und $v4$ Breite und Höhe des primären Monitors sowie in $v5$ und $v6$ Breite und Höhe des zweiten Monitors.

DUAL-Screen-Betrieb:
Mit "**GMN**" lässt sich die Anzahl der angeschlossenen Monitore ermitteln. Für Win95 und NT4 ist dieser Wert immer 1.

- **geändert: IEF\, FEF**: Funktioniert nun auch bei Verwendung von Wildcards ("*", "?")

Geändert Remedit:
- **Neue Features bei der Suche**; siehe "Benutzung des WR-Editors".
(Hierzu gibt es einen Extra-Thread)

- **Neu: Musterlupe** für das Aufziehen von Musterrahmen (IPF\ etc.) unter Menü

Optionen;
 Parameter (Durchmesser, Vergrößerung) einstellbar in "remedit.ini", Sektion "Settings",
 mag_diameter=(Pixel) und mag_zoom=(Faktor).

Sowie weitere kleinere Änderungen und Korrekturen (vom 06.02.08):
- Korrektur bei Option "mit maximaler Höhe öffnen"
- Korrektur bei der Fensterlokalisierung für "IPF\", "WFP\"; außerdem können jetzt die
  Rahmen mit den Pfeiltasten verändert werden; die Rahmenfarbe mit "Bild ab/auf".
- Shortkeys für Editor-Hilfe vervollständigt
- Reihenfolge der "LastRems" im Dateimenü vertauscht; letzte Datei ist jetzt oben.

Wer die Kraft von 2,4 oder 8 Kernen in seiner CPU hat, der wird sich manchmal
wünschen, diese Kraft individuell aufzuteilen.

Zum Beispiel kann es Sinn machen, zeitkritischen Anwendungen, die von sich aus nur
Single-threaded sind, fix auf einen Kern zu legen.
Single-threaded heißt, dass diese Programme **nacheinander abgearbeitet** werden
müssen und dadurch von Windows **nicht parallel** auf mehreren CPU-Kernen ausgeführt
werden können.

Solche Anwendungen sind zum Beispiel **Echtzeit-Maschinensteuerungen** (Beckhoff),
wo es darum geht, dass der Echtzeitkern möglichst "Im Cache" einer CPU bleibt und
regelmäßig seine Rechenzeit-Quantums vom OS bekommt.
Die Isolation des Beckhoff-Systems auf eine CPU verbessert die Stabilität des
Gesamtsystems, wenn auf dem gleichen PC noch eine andere CPU-intensive Anwendung
wie zum Beispiel eine Bildverarbeitung läuft.

Auf der Seite haushaltsüblicher Anwendungen gehören dazu aber genauso auch
Spielprogramme, wo es einfach nur um jeden Frame geht und um **flüssiges Spielen**.
Isoliert man das Spiel auf einen Kern, dann verwenden alle Windows-Programme, Anti-
Virus, Firewall etc. den anderen Kern. Dadurch kann das Spielprogramm zumeist im
Cache der CPU verbleiben, was auch hier für flüssiges Spielen und für einen
Stabilitätsgewinn sorgt.

Hier konnte man auch bisher schon WinRobots einsetzen, wobei WinRobots dabei die
automatisierte Bedienung von Fremdprogrammen übernahm, die dann die CPU's
entsprechend aufteilten.

Aktuell sind MultiCore CPU's defacto Marktstandard. Daher hat WinRobots **ab der
Version 8** nun auch **Befehle zum Zuweisen von Programmen an einzelne CPU-
Kerne**. Und auch einen Befehl, um abzufragen, wie die aktuelle Zuweisung ist.

In Verbindung mit dem Befehl FEP\ und IEP\ kann man damit nun auch **Programme auf
einen Kern isolieren**, was bei besagten Anwendungen zu einem Stabilitäts- und oft
auch **Performancegewinn** führt. In jedem Fall stellt man fest, dass zum Beispiel bei
Spielen das gelegentliche **"Ruckeln" im Spielverlauf verschwindet** und **flüssiges
Spielen möglich** ist, wenn man vor dem Spiel mittels WinRobots die CPU's entsprechend
zuweist.

Auf der Seite der Maschinensteuerungen kann man nun die Anwendungen via WinRobots
starten und wird einen **Stabilitätsgewinn im Dauerbetrieb** feststellen. Und dies sind
nur zwei Beispielanwendungen für die neuen Befehle.

Die WinRobots-History der Version 8:

Date   Version of Remote.exe/Version of Remedit.exe

22.08.08   8.0.0.1208/4.3.0.2781
Geändert Remote:
- Neu: TFP\ (TopwindowFromPoint)
Damit erhält man das Fensterhandle, Klasse und Text eines Fensters an einem bestimmten Punkt.

- Neu: RLV\ (RemoveLinefromVariable)
Das benötigt man, wenn man eine Textdatei in eine Variable eingelesen hat und nun einzelne Zeilen daraus entfernen möchte.

- Neu: VGF\ (VariableGetFilter)
Ein Befehl, der dazu dient Benutzereingaben sicher zu filtern. Dabei werden aus einer Variablen nur die Zeichen nicht entfernt, die explizit angegeben werden.

- geändert: WKS\: Für "ToDo" können jetzt Sprungmarken für eine permanente
            Überwachung eingetragen werden.

- geändert: FTP\: Umbenennen ergänzt sowie neue Parameter für Download/Upload/
            Anlegen/Löschen von Dateigruppen und kompletten Verzeichnissen.

- geändert: GIP\: Ergänzung für Bedeutung des Wertes "Modal"

- geändert: RLF\: Negative Zeilennummern bedeuten "vom Ende"

- geändert: IVC\: Es kann jetzt binäre Prüfung vorgegeben werden.

- geändert: SKD\: Sondertasten können jetzt wie bei "SKP\" angegeben werden.

Auch bei SKP\ hat es intern viele Änderungen gegeben, im Zusammenhang mit der Automatisierung von Web-Seiten. Dazu gibt es auch den neuen Befehl:

- DNC\ der benötigt wird, wenn man sich über „seltsames Verhalten" von SKP\ in Browserfenstern wundert. Ein DNC\3 stellt dann das ursprüngliche Verhalten her, Details s. Hilfe zu DNC\.

Geändert Remote:
- Neu: JOE\ (Jump On Error)

Geändert Remote:
- Neu: FEJ\ (ForEachJumper für Tabcontrol-Registerkarten)

Geändert Remote:
- Neu: ALC\, BLC\ (After/BeforeLastCharacter)
- Neu: TTB\ (TextToByte)
- Neu: TTB\ (TextToByte)
- Neu: GPR\ (GetPatternRect)
- Neu: IWP\ (IfWindowParams)
- geändert: FEX\: Änderung der Möglichkeiten für GOTO und GSB\ im FEX-Code.
- geändert: LIP\: Neben der IP werden noch weitere Informationen bereitgestellt.
- geändert: WMA\: Kriterium für Änderung kann angegeben werden.
- geändert: WFE\: Erweiterung um fensterbezogene Ereignisse
- geändert: ENC\: Jetzt kann ein einzeiliges Ergebnis beim Verschlüsseln
            gefordert werden.
- geändert: FEX\: Änderung bzgl. Aussprung aus FEX-Schleife mit GOTO Label

Geändert Remote:

- Neu: FEN\ (ForEachNetResource)
- geändert: SNF\: Die Beschränkung auf NT-basiertes Windows ist aufgehoben.
- geändert: RPL\: Für die Parameter 2 und 3 können jetzt auch Variable benutzt werden.

Geändert Remote:
- Neu: I64\ (If64BitOS)

Geändert Remote:
- Fehlerkorrektur bei IEF\...\. Auf Netzwerkfreigaben wurde der Ordner nicht gefunden.
- Fehlerkorrektur bei WIP\ (auf englischem Windows keine IP-Adresse)
- geändert: SLC\, CSE: Bei CSE\ können jetzt auch Wertebereiche angegeben werden.
- geändert: IOL\ berücksichtigt jetzt auch Online per Router oder ähnliche Die Art kann über $v2$ abgefragt werden.
- geändert: FET\, FES\, FEB\: Es sind jetzt auch die Koordinaten des aktuellen Items in der "abzuarbeitenden WinRobots-Skript Datei" verfügbar. Auch der aktuelle Punkt wird auf das jeweilige Item gesetzt.

Geändert Remote:
- Neu: PAG\, PAS\ (ProcessAffinityGet/Set)

12.03.08   8.0.0.675/4.3.0.2682
Geändert Remote:
- geändert: CFW\: Kopiert jetzt auch den Inhalt von Listboxen.
- Fehlerkorrektur bei BCS\ (AFO-Koordinaten wurden nicht berücksichtigt)

24.02.08   8.0.0.644/4.3.0.2679
Geändert Remote:
- geändert: RPL\: Kann jetzt auch für Texte verwendet werden.

20.02.08   8.0.0.639/4.3.0.2679
Geändert Remote:
- geändert: GLN\: Kann jetzt auch für Texte verwendet werden.
- Fehlerkorrektur bei JIV\, IVV\, IVA\, VIC\, VDC\ (Fehler bei gebrochenen Zahlen)
- Neu: WUA\ (WatchUserActivity)

06.02.08   8.0.0.588/4.3.0.2668
Neues Tool: WR Hardware Monitor
Geändert Remote:
- Neu: HWM\ (HardWareMonitor)
- Neu: MOV\ (Move)
- Neu: WKB\ (WatchKeyBoard)
- Neu: GKS\ (GetKeyString)
- Neu: JOF\ (JumpOnFailed)
- Neu: SHK\ (SetHotKey)
- Neu: GLF\ (GetLastForegroundwindow)
- Fehlerkorrektur bei RER\, RDR\, RBR\: Variablen wurden nicht aufgelöst.
- geändert: STP\, SPP\: Kann jetzt zur Ermittlung der aktuellen Werte verwendet werden.
- geändert: GIP\: Möglichkeit zur unsichtbaren Eingabe mit wählbarem Zeichen
- geändert: Alle FEX\-Befehle (ForEach...) können jetzt auch mit Sprungmarken verschachtelt werden.
- geändert: GSB\, JNF\: Die Anzahl der übergebenen Variablen wird in $v6$ hinterlegt.
- geändert: FTP\: FTP\l|... zum Auflisten von Dateien/Verzeichnissen hinzugefügt
- geändert: FTP\: FTP\p|... zum Setzen von Berechtigungen bei Upload hinzugefügt
- geändert: FTP\: FTP\s|... zum Senden spezieller Kommandostrings hinzugefügt
- geändert: FTP\: FTP\r   zum Abfragen der Serverantwort hinzugefügt
- geändert: GSR\: Erweiterung der Rückgabeparameter
- geändert: IEF\, FEF\: Korrektur bei Verwendung von Wildcards ("*", "?")
Geändert Remedit:
- Neue Features bei der Suche; siehe "Benutzung des WR-Editors".
- Neu: Musterlupe für das Aufziehen von Musterrahmen (IPF\ etc.) unter Menü Optionen; Parameter (Durchmesser, Vergrößerung) einstellbar in "remedit.ini", Sektion "Settings",

mag_diameter=(Pixel) und mag_zoom=(Faktor).
- Korrektur bei Option "mit maximaler Höhe öffnen"
- Korrektur bei der Fensterlokalisierung für "IPF\", "WFP\"; außerdem können jetzt die
  Rahmen mit den Pfeiltasten verändert werden; die Rahmenfarbe mit "Bild ab/auf".
- Shortkeys für Editor-Hilfe vervollständigt
- Reihenfolge der "LastRems" im Dateimenü vertauscht; letzte Datei ist jetzt oben.

03.12.07   8.0.0.344/4.3.0.2545
Geändert Remote:
- Neu: SCM\ (SetCurrentMonitor)
- Neu: DIW\ (DisplayInputWindow)
- Neu: BST\ (BrowserSelectText)
- Neu: FST\ (FindandSelectText)
- Neu: GLS\ (GetListSelection) als Ergänzung zu GUS\
- Neu: PSB\ (PatternSetBounds) für IPF\ und WFP\ zur Bereichsfestlegung.
- Neu: IVA\ (IfVariableAnd)
- Neu: IAV\ (IfAccessibilityVariable)
- Neu: AED\ (AccessibilityEnsureDistance)
- Neu: BSL\, BSU\, BSR\, BSD\ (BrowserScrollLeft/Up/Right/Down)
- Neu: BAS\ (BrowserActivateScrolling)
- Neu: FOR\ (For), NXT\ (Next), CON\ (Continue), LFN\ (LeaveForNext),
      LAF\ (LeaveAllFor)
- Neu: SLC\ (SeLectCase), CSE\ (Case), CEL\ (CaseElse), ESL\ (EndSeLect)
- geändert: SHG\: Es kann jetzt auch die Anzeigegröße der Grafik vorgegeben werden.
- geändert: GUI\, GUS\: Es wurden zusätzlich zur bisherigen Gestaltung von Eingabe-
  und Auswahlmasken einfache Formen implementiert, die mit dem neuen Tool "dialog.exe"
  auf einfache Weise erstellt werden können.
- geändert: ANT\: Es kann jetzt auch eine individuelle Schrittweite und eine
  maximale Suchstrecke angegeben werden.
- geändert: IPF\: Es kann jetzt die Richtung für die Mustersuche
  (horizontal, vertikal) vorgegeben werden.
- Fehlerkorrektur bei VTH\: Bei nachgestelltem "&" wurde nicht konvertiert.
- Fehlerkorrektur bei SNT\: Der neue Text wurde nicht neu zentriert.
Geändert Remedit:
- Die Suche in der Hilfe (Eingabe in Combobox -> "Enter") ist jetzt standardmäßig
  Ganzwortsuche. Um nach der reinen Zeichenfolge zu suchen, muß "Shift+Enter"
  betätigt werden.
- Neues Tool "Dialog" im Tools-Menü zur Erstellung einfacher Eingabe/Auswahlmasken.
- Variablenauflösung für DWP\2 jetzt auch bei ISV\ und IAV\.
- Unter Hilfe->Über... werden jetzt die Versionen von Remote und Editor angezeigt.
- Die Größe des Hilfe-Fensters wird jetzt gespeichert und beim Start wiederhergestellt,
  ebenso die Position, wenn nicht "Hilfefenster und Editor nebeneinander anordnen"
  unter "Einstellungen" ausgewählt ist.
- Bei der Suche wird jetzt auch die Befehlsübersicht durchsucht.

10.10.07   8.0.0.9/4.3.0.2398
Geändert Remote:
- Implementierung der Active Accessibility zur Lokalisierung von Elementen in
  Browserfenstern oder ähnliche mit den Befehlen
  ADA\ (AccessibilityDefaultAction)
  ADS\ (AccessibilityDisplayStates)
  ADV\ (AccessibilityDisplayVariable)
  AFM\ (AccessibilityFindMenu)
  AFO\ (AccessibilityFindObject)
  AGP\ (AccessibilityGetPosition)
  ANT\ (AccessibilityNavigateTo)
  AOC\ (AccessibleObjectCollapse)
  AOE\ (AccessibleObjectExpand)
  AOP\ (AccessibleObjectfromPoint)
  FEA\ (ForEachAccessibleobject)
  IAS\ (IfAccessibilityState)

- Neu: ACL\ (AccessControlList) mit der Funktionalität des bekannten Tools
  "SetACL.Exe" von Helge Klein zur Rechteverwaltung.
- Neu: WMC\ (WaitMapConstant)
- Neu: BOP\ (BrowserOpenPage)
- Neu: WSC\ (WebSiteComplete)
- geändert: IPR\: Dieser Befehl kann jetzt auch zur Prüfung der Mausposition
  eingesetzt werden.
- geändert: FEF\: Es können jetzt mehrere Dateien/Dateigruppen angegeben werden.

Geändert Remedit:
- Zusätzliches Tool "AccAnalyzer", das analog zum "Windows Analyzer" die Eigenschaften
  eines "Accessible Objects" unter dem Mauszeiger sichtbar macht (siehe Hilfe->Inhalt->
  Der Accessibility Analyzer).
- Die "gelbe Liste" erkennt jetzt automatisch die Notwendigkeit der Nutzung von
  Active Accessibility und fügt den entsprechenden Code ein bzw. bietet die
  entsprechenden Befehle zur Auswahl an.
  Die Lokalisierungsprüfung vor Einfügen des Codes kann durch Drücken der "Ctrl"-Taste
  während "OK"-Klick übergangen werden.
- Erleichterung bei der Aufzeichnung von Koordinaten eines Rechtecks für
  MWR\, WMA\, WMC\, RFG\, IPR\.
- Mausradunterstützung für Editor-Hilfe

WinRobots – komplette Liste aller Befehle

Datei- und Verzeichnisoperationen

In diesem Bereich finden Sie fast alles was mit Dateien, Volumes und Datenträgern zu tun hat. Sie können:

- Kopieren
- Synchronsieren
- Umbenennen
- Verschieben
- Dateien laden und ausführen
- Attribute setzen
- Log-files lesen und schreiben
- Etc.

Und hier finden Sie die passenden Befehle dazu:

```
CHD    CHangeDirectory
SCF    SetCurrentFolder

CTI    CopyToIniFile
CTF    CopyToFile
ATF    AppendToFile

CEO    CopyifExistsandOlder
CIO    CopyIfOlder
CIP    CopyIfPossible
DCP    DirCoPy
FCE    FileCopyifExists
SAS    SynchronizeAllSubdirectories
SES    SynchronizeExistingSubdirectories
SFP    SpecialFolderPath
SYN    SYNchronizeDirectory
UEF    UpdateExistingFiles


FCP    FileCoPy
FCT    FileCount
MOV    Move
OUF    OverwriteUsedFiles
REN    REName


EFP    ExecuteFromPrograms
EXE    EXEcute
EXO    EXecuteOpen
EXR    EXecutefromRegistry
EXS    EXecuteShell
```

```
EXU   EXecuteUninstall
EXW   EXecuteWait
EXX   EXecute eXtended

CNS   CreateNewShortcut
CSF   CollectSomeFiles
FDT   FileDateTime

DEF   DeleteExeFolder
DEL   DELete
DAF   DeleteAllFiles
DCR   DeleteCurrentRemfile

DDD   DisplayDialogDirectories
DDF   DisplayDialogFiles

DLF   DownLoadFile
DLP   DownLoadPage

DME   DriveMediaEject
DMI   DriveMediaInsert

DRD   DuplicateRemoteDirectory

FED   ForEachDrive
FEF   ForEachFile
FEI   ForEachInientry
FEL   ForEachLine
LFF   LineFromFile

RPL   RePlaceLine
RLF   RemoveLinesfromFile
RIF   ReplaceInFile
RIO   ReplaceIfOlder

GCR   GetCurrentRemfile
GPP   GetPathfromPrograms
GSI   GetShortcutInfo
GSP   GetShortPath

RIN   Run .INf-File

MKD   MaKeDirectory
RMD   ReMoveDirectory

VGI   VolumeGetInfo
VGL   VolumeGetLetter
VGS   VolumeGetSpace
VSL   VolumeSetLabel

ZIP   Zip
UNZ   UnZip
```

```
GDI   GetDirInfo
GEP   GetExePath
GFA   GetFileAttributes
GFI   GetFileInfo
GFL   GetFileLanguage
GFN   GetFileNumber
GFT   GetFileToken
GFV   GetFileVersion
GLN   GetLineNumber
GLP   GetLongPath
GLT   GetLanguageText

RFA   RemoveFileAttributes
SFA   SetFileAttribute
```

Mausoperationen

Mit diesen Befehlen simulieren Sie Klicks mit der linken oder rechten Maustaste oder mit dem Mausrad. Sie finden hier auch die zwei Parallel-Robots WBC\ und DBC\ zur Behandlung von sporadisch aufpoppenden Dialoge.

```
MLC    MouseLeftClick
MDC    MouseDoubleClick

MLI    MouseLeftclickInvisible
MDI    MouseDoubleclickInvisible

MEL    MouseEventLeftclick
MED    MouseEventDoubleclick

MRC    MouseRightClick
MRI    MouseRightclickInvisible
MER    MouseEventRightclick

MRD    MouseRightDown
MRU    MouseRightUp

MDE    MouseDownEvent
MUE    MouseUpEvent

MLU    MouseLeftUp
MLD    MouseLeftDown

MMV    MouseMoVe
MPO    MousePOsition

MWM    MouseWheelMove

BCS    ButtonClickSpecial

DBC    DialogButtonClick
WBC    WindowButtonClick
```

Steuerelementunabhängige Positionierungen

Diese Befehlen lokalisieren Fenster-Ziele, die keine lokalisierbaren Windows-Steuerelemente sind. Es sind auch Befehle dabei zu Umrechnen von Koordinaten (Desktop-> Fenster-relativen Koordinaten und umgekehrt).

GOP   GetOriginPoint

SYB   SYstemButton
TIB   TItleBar
CHB   ContextHelpButton
MAB   MAxButton
MIB   MInButton
MTC   MousepointerToClosebutton
MTE   MousepointerToExitbutton

FRL   FRameLeft
FRR   FRameRight
FRT   FRameTop
FRB   FRameBottom

LCP   Localize CurrentPoint

MCP   MoveCurrentPoint

OPR   OriginPointRelative

PTP   PointToPoint

SAP   SetActuPoint

SIP   SetItemPoint

Steuerelementunabhängige Funktionen

In dieser Gruppe finden Sie Befehle die Fenster schliessen, maximieren, minimieren oder unsichtbar machen und so manches andere. Sie können Fenster als „TopMost" setzen, dann sind diese vor allen anderen (nicht-TopMost) Fenstern. Sie finden hier zudem den WDC\-Parallelrobot, der definierte Fenster sofort bei Ihrem auftauchen schliesst.

```
MAF    MinimizeAllFolder
CAF    CloseAllFolders
RAF    RestoreAllFolder

CAW    CloseAllWindows
CLW    CLoseWindow
WDC    WinDowsClose

CLA    CLoseApplication
HAA    HideAllApplications
SAA    ShowAllApplications
MAA    MinimizeAllApplications
RAA    RestoreAllApplications

MIN    Minimize Window
MAX    Maximize Window
MRS    Restore Window

MWI    MakeWindowInvisible
MWV    MakeWindowVisible

SAW    SetActiveWindow
SFW    SetForegroundWindow

SHL    ScrollHorizontalLeft
SHR    ScrollHorizontalRight
SVB    ScrollVerticalBottom
SVD    ScrollVerticalDown
SVT    ScrollVerticalTop
SVU    ScrollVerticalUp

WTM    WindowTopMost
WBO    WindowBOttom
WDH    WinDowHide
WDS    WinDowShow
WNO    WindowNOrmal
```

Steuerelementabhängige Positionierungen und Funktionen

Hier sind die Befehle, mit denen Sie Steuerelemente auslesen, ändern oder den aktuellen Punkt auf eine bestimmte Position in dem Steuerelement setzen können, um es später anzufahren oder zu klicken.

Die Steuerelemente die hier direkt verfügbar sind, umfassen:
- CommonControls (etliche …)
- Combo-Box (Dropdown Feld)
- Treeview
- Listview
- Listbox
- Trackbar
- Toolbar
- TabControl (Reiter)

Weitere sind via AFO\ direkt steuerbar.

```
BSD    BrowserScrollDown
BSL    BrowserScrollLeft
BSR    BrowserScrollRight
BSU    BrowserScrollUp
BST    BrowserSelectText

BTC    ButtonCheck
GDB    GetDefaultButton

CCC    CommonControlCommand

CDD    ComboDropDown
SCI    SelectComboItem

FEB    ForEachButton
FEE    ForEachEntry
FEJ    ForEachJumper
FES    ForEachSyslistviewItem
FET    ForEachTreeviewItem

LBC    ListBoxCheck
LBE    ListBoxEntry
LBI    ListBoxItem
LES    ListEntrySelect
LIN    ListItemNumber
LIS    ListItemSelect
LIT    ListItemText
LSI    ListviewSelectedItems
LVE    ListViewEditlabel
LVI    ListViewItem
LVL    ListViewLine
LVS    ListViewStyle
LVV    ListViewView
```

```
SLE   SearchListEntry
SLI   SelectListItem

SPH   ScrollPositionHorizontal
SPV   ScrollPositionVertical

TBB   ToolBarButton
TBD   ToolbarButtonDisable
TBE   ToolbarButtonEnable
TBP   ToolbarButtonPress
TBT   ToolbarButtonText

TBC   TaBControl
TCP   TabControlPage
TCS   TabControlpageSelect
TGN   TabcontrolGetNumber
TGS   TabcontrolGetSelection
TGT   TabcontrolGetText

TPG   TrackbarPositionGet
TPS   TrackbarPositionSet

TIC   TreeviewItemCollapse
TIN   TreeviewItemNumber
TIT   TreeviewItemText
TV1   TreeViewSymbol1
TV2   TreeViewSymbol2
TV3   TreeViewSymbol3
TVE   TreeViewEditlabel
TVI   TreeViewItem
TVN   TreeViewNode
TVS   TreeViewitemSelect
```

Ablaufsteuerung allgemein

In dieser Sektion finden Sie Sprungbefehle, die Mehrfach-Auswahl, Unterprogrammsprünge, die Buttonleiste (Plugin01), Fehlerbehandlung und vieles mehr. Und Sie finden hier Befehle um zu warten bis Prozesse laufen, oder nicht mehr laufen, sowie um diese zu beenden.

```
SLC    SeLectCase
CEL    CaseElse
CSE    Case
ESL    EndSeLect

EFE    ExitForEach
EID    EndIfDestroyed
EIE    EndIfError
END    End(Remote)
FCH    FileChange

FOR    For
NXT    Next
CON    Continue
LAF    LeaveAllFor
LFN    LeaveForNext

GSB    GoSuB
RET    RETurn
JNF    JumptoNewFile

JIE    JumpIfError
JIF    JumpIfFilled
JIN    JumpIfNonzero
JIS    JumpIfSystemvariable
JIT    JumpIfTimeout
JIV    JumpIfValue
JIZ    JumpIfZero

JOE    JumpOnError
JOF    JumpOnFailed
JWM    JumpifWrongMode

PBC    PluginButtonCaption
PBD    PluginButtonDisable
PBE    PluginButtonEnable
PBN    PluginButtonNumber
PBR    PluginButtonRemfile
PBT    PluginButtonTooltip
PCC    PluginColorChange
PCI    PluginCheckInstruction
PCR    PluginColorRestore
PDP    PluginDockingParameter
PIC    PlugInClose
```

```
PID    PlugInDock
PIH    PlugInHide
PIL    PlugInLaunch
PIM    PlugInMinimize
PIS    PlugInShow
PIT    PlugInTopmost
PWC    PluginWindowCaption


SAB    ShowActionButton
SEB    ShowExitButton
SEC    ShowExitCommandbutton


SBF    StandByFlag


WCT    WaitforClipboardText


WDL    WatchDogLaunch
WDM    WatchDogMessage


WFC    WaitForChange
WFF    WaitForFile


WFI    WaitForInstruction


WFM    WaitForMedia


WFD    WindowsForceDown
WLO    WindowsLogOff
WRS    WindowsReStart
WSD    WindowsShutDown
WFS    WaitForShutdown


WII    WaitforInputIdle


WMA    WaitMapAltered
WMC    WaitMapConstant


WSC    WaitforSiteComplete


SUS    SuspendPC
WSP    WaitforSusPend
WWU    WaitforWakeUp


WWA    WaitforWindowActivation
WWC    WaitforWindowsCursor
WWF    WaitforWindowFocus
WWP    WaitforWindowPoint


TPC    TerminateProcess
WPR    WaitProcessRunning
WPT    WaitProcessTermination
```

```
BRK   Break
RPT   RePeaT
CBH   CallBackHandle
CBM   CallBackMessage
```

Ablaufsteuerung mit Abfragen

Sie können mit WinRobots fast alle Systemzustände abfragen. Je nach dem Ergebnis der Abfrage können sie im Skriptablauf verzweigen. WinRobots bietet die Möglichkeit der zweifachen Auswahl, es gibt also jeweils auch die Möglichgkeit ELSE zu verwenden, um eine Alternative Auswahl anzugeben.
Sie können auch fast immer aus dem „I" der untenstehenden Abfragen ein „N" machen, und so erhalten Sie die jeweilige negierte Abfrage (NOT IXX\).

Beispiel zur Negierung:
I64\ -> N64\ oder IAI\ -> NAI\


```
I64    If64BitOS
IAC    IfActiveChild
IAI    IfAppInstalled
IAR    IfAppRegistered
IAV    IfAccessibilityVariable
IAW    IfActiveWindow
IAX    IfAppXP
IBC    IfButtonChecked
IBI    IfButtonIndex
IBS    IfBackSignalled
IBV    IfBrowserVersion
ICD    IfCD-ROM
ICE    IfChildEnabled
ICI    IfCheckedIs
ICM    IfCollectionMember
ICN    IfComputerName
ICS    IfCheckboxSelected
ICT    IfCurrentText
ICV    IfChildVisible
ICW    IfChildWindow
IDB    IfDefaultButton
IDT    IfDriveType
IEA    IfExistsAnychild
IEB    IfExitButton
IEC    IfExistsChildwindow
IED    IfExistsDrive
IEE    IfExistsEnvironmentvariable
IEF    IfExistsFile
IEI    IfExistsItem
IEK    IfExistsKey
IEM    IfExistsMenu
IER    IfExistsRemote
IEP    IfExistsProcess
IES    IfEndSignalled
IET    IfExistsToolbar
```

```
IEV   IfExistsVariable
IEW   IfExistsWindow
IEX   IfEXemode
IFA   IfFontAvailable
IFF   IfFileFound
IFL   IfFileLanguage
IFM   IfFEXMode
IFO   IfFileOlder
IFU   IfFileUsed
IFV   IfFileVersion
IHD   IfHardDrive
IIC   IfItemChecked
IIF   IfInstructionFailed
IIH   IfInputHas
IIP   IfInput
IIW   IfIsWindow
IJM   IfJumpMode
IKA   IfKeyAscii
IKC   IfKeyChar
ILC   IfLineColor
ILI   IfLanguageID
IMA   IfMapAltered
IMB   IfMessageBox
IMC   IfMenuChecked
IMV   IfMutedVolume
IOF   IfOperateFailed
IOL   IfOnLine
IOP   IfOSProperty
IOS   IfOperatingSystem
IPA   IfPortAvailable
IPC   IfPixelColor
IPF   IfPatternFound
IPR   IfPointinRect
IPS   IfPingSuccess
IRC   IfRectColor
IRD   IfRemovableDrive
IRE   IfRegistryEntry
IRF   IfRunFailed
IRL   IfRemeditLaunched
ISA   IfServerAvailable
ISB   IfStandBy
ISC   IfScreenColordepth
ISD   IfShutDown
ISF   IfScreenFont
ISI   IfSystemItem
ISM   IfSubMenuentry
ISP   IfServiceProperty
ISR   IfScreenResolution
ISV   IfSystemVariable
ITC   IfTextContains
ITM   IfTopMenuentry
ITO   IfTimeOut
```

```
ITS    IfTabSelected
ITV    IfTempVar
IUA    IfUserIsAdmin
IUN    IfUserName
IVA    IfVariableAnd
IVB    IfVariableBetween
IVC    IfVariableContains
IVM    IfVMWare
IVN    IfVariableNumeric
IVL    IfVariableLike
IVO    IfVersionOlder
IVV    IfVariableValue
IWC    IfWindowClass
IWE    IfWindowEnabled
IWF    IfWindowFound
IWI    IfWindowIconic
IWM    IfWindowMissing
IWN    IfWindowsNumber
IWP    IfWindowParams
IWT    IfWindowTitle
IWV    IfWindowVisible
IWZ    IfWindowZoomed
IXP    IfXPstyle
```

Ablaufsteuerung zeitlich

Mit diesen Befehlen können Sie zeitlich auf die Ablaufgeschwindigkeit Ihres Skriptes Einfluss nehmen. Sie können auch Skripte Dinge zu bestimmten uhrzeiten tun lassen.

Oder den Skriütablauf zwischen den Befehlen alle X Sekunden unterbrechen um ein Unterprogramm auszuführen (DAS\).

```
TDL   TimeDeLay
CAS   ContinueAfterSeconds

CAT   ContinueAtTime
CAR   ContinueAtRelativeTime
PAR   PlayAtRelativeTime
PAT   PlayAtTime

DAS   DoAfterSeconds

GTD   GetTimeDifference
GST   GetStartTime

DIP   DelayInstructionProcessing
STF   STepFactor
CSP   CursorSPeed

TIO   TImeOut
```

Allgemeine Such- und Bedienfunktionen

Hier finden Sie die ganzen Befehle zur Lokalisierung von Top- und Kindfenstern. Egal ob diese Erscheinen oder Verschwinden sollen. Sie finden hier Befehle zur Behandlung von Top- und Sub-Menüs unde etliches mehr (SID\ ..).

```
SID    ShutdownIfDestroyed

CFH    ClassFromHandle
TFH    TitleFromHandle
ECH    ExCludeHandle

MAC    MissingAnyChild
MCW    MissingChildWindow
MSC    MissingSpecialChild
MTW    MissingTopWindow

FTW    FindTopWindow
GFW    GetForegroundWindow
GLF    GetLastForegroundwindow
GPW    GetProcessWindow
GTW    GetTopWindow
WFT    WaitForTopwindow
WFW    WaitForWindow
SCW    SetCurrentWindow
GAC    GetAnyChild
GCT    GetChildsTopwindow
GCW    GetChildWindow
LTW    LocalizeThisWindow
SAC    SearchAnyChild
GFC    GetFocusChild
SPC    SearchParentsChild
SST    SearchSpecialTopwindow
STC    SearchTopwindowsChild
STW    SearchTopWindow
SWC    SearchWindowsChild

WMS    WindowMemberShip

WPC    WaitforParentsChild

GWI    GetWindowInfo
GWN    GetWindowNumber

SNP    SetNewParent

SWN    SetWindowsNumber

TFP    TopwindowFromPoint
```

```
TMC   TopMenuClick
TMP   TopMenuPosition
TMS   TopMenuSelect
SMH   SetMenuHook
SMC   SubMenuClick
SMP   SubMenuPosition
SMS   SubMenuSelect
```

Anzeige- und Eingabefunktionen

Hier finden Sie Befehle, die Informationen, Texte, Bilder etc. auf dem Bildschirm anzeigen. Egal ob für Debugging oder für Präsentationen – es gibt vielfältige Möglichkeiten.

```
MBX   MessageBoX
SBT   ShowBubbleText

CDM   ConfirmDecisionMessage
CFM   ConFirmMessage
CHK   Check

DCG   DesktopColorGet
DCS   DesktopColorSet
DTW   DeskTopWallpaper


DCL   DrawColorLine
DFR   DrawFrameRect
DIR   DrawInvertedRect

DDC   DisplayDialogColor
DIV   DisplayInputValue
DIW   DisplayInputWindow
DNE   DisplayNetworkError
DPC   DisplayPropertiesChange
DPI   DisplayInfo
DPF   DisplayFile
DPM   DisPlayMessage
DPP   DisplayProperties
DPT   DisplayText

DST   DisplayScrollingText
PST   PrepareScrollingText

DTI   DisplayTrayIcon

EMT   ErrorMessageText
GIP   GetInput
GKS   GetKeyString
GLS   GetListSelection
GMT   GetMessageText
GUI   GetUserInput
GUS   GetUserSelection
GOM   GoOnMessage
GPS   GetPictureSize
HDB   HiDeBoth
HPM   HideProgMan    (Desktop)
SPM   ShowProgman    (Desktop)
```

```
HTB   HideTaskBar
STB   ShowTaskBar

KDW   KeepDisplayWindow
MRE   MinimizeWR-Editor
MWT   MakeWindowTransparent

SBG   ShowBackGround
SCC   ShowColorCover
SDM   ShowDecisionMessage
SFT   ShowFormattedText
SHC   SHowCover
SHI   SHowInformation
SHF   SHowFrame
SHG   SHowGraphics
SHM   SHowMessage
SHP   SHowPicture
SHT   SHowText
SHW   ShowHiddenWindows
SIT   ShowInfoText
SNT   ShowNewText
SPT   ShowPureText

SRC   SetReference to Cursor
SRP   SetReferencePoint
SRO   SetReference to Origin

SSD   ScreenSaverDisable
SSM   StopShowMessage
SSP   StopShowPicture
SSS   SimulateScreenSize

WKB   WatchKeyBoard
```

Datenübermittlung

Diese Befehle ermöglichen das Simulieren von Tastatureingaben, es gibt hier OCR-Befehle (WRT\) und Befehle zur Kommunikation mit anderen Robots bzw. Anwendungen (TWM\, WFV\).

```
DNC    DoNotClick
CFC    CopyFromClipboard
CFF    CopyFromFile
CFI    CopyFromInifile
CFW    CopyFromWindow
CLR    CLoseRemote
CTC    CopyToClipboard

CTW    CopyToWindow
GIS    GetIniSections

KYD    KeyDown
KYU    KeyUp

PFC    PasteFromClipboard
PWM    PostWindowMessage

WRT    WindowReadText
RFG    ReadFontGet
RFS    ReadFontSet

FST    FindandSelectText

SLT    SeLectText

RST    ReplaceSelectedText
SCH    SendCHaracterset
SDF    SenDFiletext
SDK    SenDKeys
SDT    SenDText
SKA    SendKeyAscii
SKD    SendKeyDOS
SKP    SendKeyPress
SKS    SendKeysStepwise
SMK    SendMenuKey

SWM    SendWindowMessage
TWM    TextWindowMessage
WFV    WaitForVariable

TTC    TextToClipboard
```

Debugfunktionen

Hier sind vor allem die ersten 2 Befehlsblöcke zum Debugging nützlich, die übrigen werden weniger häufig benötigt.

```
DWP   DisplayWorkingProgress
DVV   DisplayVariableValue

DED   DisableEditorDisplay
USM   UseSilentMode

HRE   HideWR-Editor
SRE   ShowWR-Editor
CRE   CloseWR-Editor

DBM   DeBugMode

CDF   CD-Flag

DBP   DebugPrint
SDW   ShowDebugWindow

SRT   ShowRemTarget

XRE   ShowRegEntry
XSH   ShowHandle
XSC   ShowClassName
XSR   ShowRect
XST   ShowText
XSV   ShowVariable
XTT   ShowTempText
```

Registrierung

Diese Befehle ermöglichen den Lesenden und Schreibenden Zugriff auf die Registry, oder das Importieren einer „.reg"-Datei.

```
FEK   ForEachKey
FER   ForEachRegentry

RBR   RegistryBinaryRead
RBW   RegistryBinaryWrite

RCA   RegistryChangesApply

RCO   RegisterCOMObject
UCO   UnregisterCOMObject

RDR   RegistryDWordRead
RDW   RegistryDWordWrite
RED   RegistryEntryDelete
RER   RegistryEntryRead
REK   RegistryEnumKeys
REV   RegistryEnumValues
REW   RegistryEntryWrite

RSR   RegistryStandardRead
RSW   RegistryStandardWrite

RKC   RegistryKeyCreate
RKD   RegistryKeyDelete

REG   Register *.REG-File
```

Event-Log

Diese Befehle ermöglichen den lesenden und schreibenden dem Zugriff auf die Ereignis-Anzeige (Event-Log).

```
ELE   EventLogEmpty
ELR   EventLogRead
ELW   EventLogWrite
IEL   IfExistsLogentry
```

Funktionen für Zeichenfolgen

Sie wollen einen String zerlegen, verschlüsseln oder eine Prüfsumme berechnen? Nutzen sie diese Funktionen hier.


```
ALC    AfterLastCharacterset
BLC    BeforeLastCharacterset

ASC    ASCII
CHR    Character

ENC    ENCrypt
GMD    GetMessageDigest

FMT    Format
GCC    GetCharCount
GFS    GetFromString
GSL    GetStringLenght
GSS    GetSplitString

JOC    JumpOnCancel

LFT    LineFromText
RIT    ReplaceInText
SBD    StringBetweenDelimiter

STR    String
VAL    Value

STT    SetTempText

TTB    TextToByte

TTL    TextToLowercase
TTP    TempTextPrefix
TTR    TempTextReplace
TTS    TempTextSuffix
TTU    TextToUppercase
```

Funktionen für Variable

Diese Befehle stellen Funktionen für Variablen und für Berechnungen zur Verfügung.
Es sind ebenso die Funktionen VVS\ und VVR\ verfügbar, die Unterprogramm-lokale
Variablen ermöglichen.

```
CAL    Calculate
VGF    VariableGetFilter

DVV    DisplayVariableValue

RLV    RemoveLinesfromVariable

VAR    Variable
VSV    VariableSwapValues
VAV    VariableAssignValue

VBT    VariableBothTrim

VCL    VariableClear
VRM    VariableReMove

VDC    VariableDeCrement
VIC    VariableInCrement

VLT    VariableLeftTrim
VRT    VariableRightTrim

VTD    VariableToDecimal
VTH    VariableToHexadecimal

VTL    VariableToLowercase
VTU    VariableToUppercase
VTN    VariableToNumbers

VVK    VariableValueKeep
VVR    VariableValuesRestore
VVS    VariableValuesSave

STV    SetTemp_Var
```

Netzwerk, DFÜ, Internet, Services

Über diese Sektion freut sich der Admin. Es gibt hier Befehle zur Dienste-Steuerung, zum Verbinden und entfernen von Netzlaufwerken, es kann die LAN- oder WAN-IP ermittelt werden. Zudem finden sich hier „Run as User" und „Operate as User" was bei automatisierten Setup's interessant ist.

```
SVC   SerViceCommand

SNF   ShareNetworkFolder
MND   MapNetworkDrive
RDM   RemoveDriveMapping

FEN   ForEachNetresource
FTP   FTP

GCN   GetComputerName
SCN   SetComputerName

GMA   GetMACAddress
GUN   GetUserName

LIP   LAN-IP
WIP   WAN-IP

RAU   RunAsUser
OAU   OperateAsUser
PWD   Password

CDC   CloseDialupConnection
CND   CreateNewDialup
DDP   DisplayDialupconnectionProperties
```

Accessibility / zugängliche Objekte

Mittels der Acc-Befehle können auch Objelkte lokalisiert und gelesen werden, die via Fenster-Lokalisierung nicht zugänglich sind, die also keine Kindfensterstruktur haben.
Dies trifft insbesondere auf Browser-, ASP und Office-Programme zu.

```
AED    AccessibilityEnsureDistance

AFM    AccessibilityFindMenu

AFO    AccessibilityFindObject

AGP    AccessibilityGetPosition

ANT    AccessibilityNavigateTo

AOC    AccessibleObjectCollapse
AOE    AccessibleObjectExpand

AOP    AccessibleObjectfromPoint

FEA    ForEachAccessibleobject

IAS    IfAccessibilityState
WAC    WaitAccessibilityChange

ADA    AccessibilityDefaultAction
ADS    AccessibilityDisplayStates
ADV    AccessibilityDisplayVariable
```

Systemeinstellungen

Mittels CPL\ können Sie auf alle Applets der Systemsteuerung direkt zugreifen.
Auch die anderen befehle tun genau das, was man von Ihnen erwartet.

```
CPL    ControlPanel

GBV    GetBrowserVersion

GMN    GetMonitorNumber

GRD    GetRealDate
SCD    SetComputerDate
SCT    SetComputerTime


GSC    GetScreenColordepth
GSF    GetScreenFrequency
GSR    GetScreenResolution
SSC    SetScreenColordepth
SSF    SetScreenFrequency
SSR    SetScreenResolution

GWL    GetWindowsLanguage
GLI    GetLanguageID

GOS    GetOperatingSystem

MPS    MonitorPowerState

SCM    SetCurrentMonitor

ANF    AddNewFont

SKL    SetKeyboardLayout
```

Sonstige Funktionen

Hier sind alle Befehle, die sonst nirgends gepasst haben.


```
ALB   AfterLastBackslash
BLB   BeforeLastBackslash

BOP   BrowserOpenPage
BAS   BrowserActivateScrolling

CAI   CollectionAddItem
CDL   CollectionDeLete
CGC   CollectionGetCount
CGI   CollectionGetItem

CLC   CLipCursor
CFD   CheckForDisk

CKS   CheckKeyStroke

CRI   CollectionRemoveItem
CSN   CollectionSetNumber
DFP   DoForPixel
DTC   DateTimeCalculation
DTF   DateTimeFormat
DTR   DeskTopRestore
DTS   DeskTopSave
DUI   DisableUserInput
ENW   EnableWindow

ESE   EnvironmentStringExpand
ESG   EnvironmentStringGet
ESS   EnvironmentStringSet
EVG   EnvironmentVariableGet
EVS   EnvironmentVariableSet

FEC   ForEachCollectionitem
FEM   ForEachMember
FEP   ForEachProcess
FEW   ForEachWindow

GCL   GetCommandLine

GCP   GetCursorPos

GDD   GetDateDay
GDM   GetDateMonth
GDW   GetDateWeek

GPC   GetPixelColor
```

```
GPI  GetProcessID

GPR  GetPatternRect
GTP  GetTimeParams

GWC  GetWindowsCursor

GWF  GetWindowsFile

GWR  GetWindowRectangle

WRC  WaitRectColor
WLC  WaitLineColor

HDC  HiDeCursor

HTV  HandleToVariable

KBN  KeyBoardNormal

KBS  KeepButtonState

KCP  KeepCurrentPoint
KPH  KeepParentHandle

KRM  KillReMote

KRS  KeyboardRepeatSpeed

KTH  KeepTopHandle
KWH  KeepWindowHandle

LID  LanguageID

LNR  LaunchNewRemfile

MID  MIDi-File play

MIW  MouseInWindow

MSB  MessageBeep

MWR  MapWindowRect

OPT  Optional Settings

PAG  ProcessAffinityGet
PAS  ProcessAffinitySet

PRM  ProtectReMote
PSB  PatternSetBounds
```

```
PTR   PreventTaskRunning
RBS   RestoreButtonState

RCP   RestoreCurrentPoint
RND   Randomize

RPH   RestoreParentHandle
RSM   RemoveSystemMenu

RTH   RestoreTopHandle
RWH   RestoreWindowHandle

REB   REBoot

RTP   RemoteThreadPriority

SCP   SetCursorPos
SCS   SCreenShot

SHK   SetHotKey
SND   Sound

SPP   SetProcessPriority
SRV   SetReturnValue

STP   SetThreadPriority
SWH   ScreenshotWidthHeight
SWO   SetWindowsOwner
SWP   SetWindowPosition
SWS   SetWindowSize
SWT   SetWindowText
TSR   ThreadSuspendResume

VCG   VolumeControlGet
VCM   VolumeControlMute
VCS   VolumeControlSet
WCC   WaitColorChange
WFE   WaitForEvent
WFP   WaitForPattern
WKS   WatchKeyStroke

WPA   Wave Play Asynchron
WPS   Wave Play Sychron

WUA   WatchUserActivity
```

Hardwareüberwachung von Spannung, Drehzahl und Temperatur

```
HWM   HardWareMonitor
```

Funktionen zur Rechte-Steuerung

Dieser Befehl ermöglicht die Zugriffsrechte im kompletten System zu regeln.
Bitte beachten Sie dazu die Hinweise auf den folgenden Seiten.

```
ACL  AccessControlList
```

Erläuterungen zum Einsatz des Befehls "ACL\".

Vorbemerkung:
Der Befehl "ACL\" verwendet intern die "SetACL.dll" von Thomas Krause (TK Software). Diese basiert auf dem Quellcode von Helge Klein.
(http://setacl.sourceforge.net) für das gleichnamige Kommandozeilentool.

Die Parameterliste wurde unverändert übernommen, d.h. die Angabe im Datenteil des Befehls "ACL\" muß genauso erfolgen wie für die Kommandozeile der "SetACL.exe".

Eine Übersicht über die Optionen und Parameter ist nachstehend aufgeführt. Weitere Erläuterungen und Beispiele finden Sie auf den Webseiten
http://setacl.sourceforge.net/html/doc-reference.html
http://setacl.sourceforge.net/html/examples.html

Der Befehl unterstützt "IIF\".

OPTIONEN:

-on	ObjektName
-ot	ObjektTyp
-actn	Aktion
-ace	"n:Trustee;p:Permission;s:IsSID;i:Inheritance;m:Mode;w:Where"
-trst	"n1:Trustee;n2:Trustee;s1:IsSID;s2:IsSID;ta:TrusteeAction;w:Where"
-dom	"n1:Domain;n2:Domain;da:DomainAction;w:Where"
-ownr	"n:Trustee;s:IsSID"
-grp	"n:Trustee;s:IsSID"
-rec	Rekursion
-op	"dacl:Protection;sacl:Protection"
-rst	Wo
-lst	"f:Format;w:What;i:ListInherited;s:DisplaySID"
-bckp	Dateiname
-log	Dateiname
-fltr	Schlüsselwort
-clr	Wo
-silent	
-ignoreerr	

PARAMETER:

Objektname:	Name des zu bearbeitenden Objekts (z.B. 'c:\mydir')
ObjektTyp:	Typ des Objekts:

	file:	Verzeichnis/Datei
	reg:	Registrierungsschlüssel
	srv:	Service
	prn:	Drucker
	shr:	Netzwerkfreigabe

```
Action:          Durchzuführende Aktion(en):
                 ace:       Bearbeite ACEs spezifiziert durch Parameter '-ace'
                 trustee:   Bearbeite Trustee(s) spezifiziert durch Parameter
                            '-trst'.
                 domain:    Bearbeite Domäne(n) spezifiziert durch Parameter
                            '-dom'.
                 list:      Liste Rechte auf. Eine Backup-Datei kann angegeben
                            werden durch Parameter '-bckp'. Wird ausgelöst durch
                            Parameter '-lst'.
                 restore:   Stelle alle Security DeSkriptors wieder her, die mit
                            der list Funktion gesichert wurden. Mit dem Parameter
                            '-bckp' muß eine Backup-Datei angegeben werden.
                            Die Liste muß im SDDL Format vorliegen.
                 setowner:  Setze den Eigentümer auf den Trustee, der mit
Parameter
                            '-ownr' spezifiziert wird.
                 setgroup:  Setze die primäre Gruppe auf den Trustee, der mit
Parameter
                            '-grp' spezifiziert wird.
                 clear:     Lösche alle nichtgeerbten ACEs aus der ACL. Der
                            Parameter '-clr' legt fest, ob das für die DACL, die
SACL
                            oder beide zu tun ist.
                 setprot:   Setze das Flag 'Erlaube die Weitergabe vererbbarer
Rechte
                            vom Elternobjekt auf dieses Objekt' für den mit
                            Parameter '-op' angegeben Wert.
                 rstchldrn: Setze die Rechte aller Unterobjekte zurück und
erlaube
                            die Weitergabe geerbter Rechte. Der Parameter '-rst'
legt
                            fest, ob das für die DACL, die SACL oder beide zu tun
ist.

TrusteeAction:   Aktion für den angegeben Trustee:
                 remtrst:   Entferne alle ACEs, die zum angegebenen Trustee
gehören.
                 repltrst:  Ersetze Trustee 'n1' durch 'n2' in allen ACEs.
                 cpytrst:   Kopiere die Rechte für Trustee 'n1' auf 'n2'.

DomainAction:    Aktion für die angegebe Domäne:
                 remdom:    Entferne alle ACEs, die zu Trustees der angegeben
Domäne
                            gehören.
                 repldom:   Ersetze Trustees der Domäne 'n1' durch gleichnamige
                            Trustees aus Domäne 'n2' in allen ACEs.
                 cpydom:    Kopiere die Rechte von Trustees der Domäne 'n1' auf
                            gleichnamige Trustees der Domäne 'n2' in allen ACEs.

Trustee:         Name des SID eines Trustee (Benutzer oder Gruppe). Format:
                 a) [(computer | domain)\]name
                 Where:
                 computer:  DNS- oder NetBIOS-Computername -> 'name' muß ein
                            lokaler Account des Computers sein.
                 domain:    DNS- oder NetBIOS-Domänenname -> 'name' muß ein
                            Domännennutzer oder eine Nutzergruppe sein.
                 name:      Benutzer- oder Gruppenname.

                 Wenn kein Computer- oder Domänenname angegeben ist, versucht
                 SetACL einen SID für 'name' in folgender Reihenfolge zu finden:
                 1. "built-in" Accounts und "well-known" SIDs
                 2. lokale Accounts
                 3. primäre Domäne
                 4. trusted Domänen

                 b) SID-String

Domain:          Name einer Domäne (NetBIOS- oder DNS-Name).
```

Permission: Typ	Zu setzende Rechte. Die Gültigkeit der Rechte hängt vom Objekt- ab (s.u.). Angabe als komma-separierte Liste. Beispiel: 'read,write_ea,write_dacl'
IsSID:	Ist der Trustee-Name ein SID? y: Yes n: No
DisplaySID:	Trustee-Namen als SIDs anzeigen? y: Ja n: Nein b: Beides (Namen und SIDs)
Inheritance:	Vererbungs-Flags für den ACE. Das kann eine komma-separierte Liste mit folgendem Inhalt sein: so: Sub-Objekte sc: Sub-Container np: Keine Weitergabe io: Nur erben Beispiel: 'io,so'

Mode:
 	
existierenden
	Zugriffsmode für den ACE:
	a) DACL:
	set: Ersetze alle Rechte für den Trustee durch die
	              angegebenen.
	grant: Füge die angegebenen Rechte zu den bereits
	
	              Rechten des Trustees.
	deny: Verweigere die angegeben Rechte.
	revoke: Entferne die angegebenen Rechte aus den existierenden
	              Rechten des Trustees.
	b) SACL:
	aud_succ: Füge einen "audit success" ACE hinzu.
	aud_fail: Füge einen "audit failure" ACE hinzu.
	revoke: Entferne die angegebenen Rechte aus den existierenden
	              Rechten des Trustees.

Where:	Wende die Einstellungen auf DACL, SACL oder beide an (komma-separierte Liste): dacl sacl dacl,sacl
Recursion:	Rekursions-Einstellungen, abhängig vom Objekt-Typ: a) Dateien: no: Keine Rekursion. cont: Rekursion, erfasse nur Verzeichnisse. obj: Rekursion, erfasse nur Dateien. cont_obj: Rekursion, erfasse Verzeichnisse und Dateien. b) Registrierung: no: Keine Rekursion. yes: Rekursion.

Protection:	Setzt das Flag 'Erlaube die Weitergabe vererbbarer Rechte
	              vom Elternobjekt auf dieses Objekt':
	nc: Keine Änderung der aktuellen Einstellungen.
	np: Objekt ist nicht geschützt, d.h. erbt vom
	              Elternobjekt.
	p_c: Objekt ist geschützt; ACEs des Elternobjekts
	              werden kopiert.
	p_nc: Objekt ist geschützt; ACEs des Elternobjekts
	              werden nicht kopiert.

Format:	Zu verwendendes Listenformat: sddl: Standardisiertes SDDL-Format. Nur Listen in diesem Format können wiederhergestellt werden.

```
                  csv:          SetACL's CDV Format.
                  tab:          SetACL's Tabellenformat.

What:         Welche Komponenten des Security Deskriptors sollen in die
              Liste aufgenommen werden (komma-separierte Liste):
              d:            DACL
              s:            SACL
              o:            Eigentümer
              g:            Primäre Gruppe

              Beispiel:     'd,s'

ListInherited:  Geerbte Rechte auflisten?
              y:            Ja
              n:            Nein

Filename:     Name einer (Unicode) Datei, die für "list/backup/restore"
              Operationen oder als Log-Datei benutzt werden soll.

Keyword:      Schlüsselwort zum Filtern von Objektnamen. Names, die dieses
              Schlüsselwort enthalten, werden nicht beabeitet.


ANMERKUNGEN:

Erforderliche Parameter (alle anderen sind optional):
                  -on           (Objektname)
                  -ot           (Objekttyp)

Parameter, die mehr als einmal angegeben werden können:
                  -actn         (Aktion)
                  -ace          (Access Control Entry)
                  -trst         (Trustee)
                  -dom          (Domäne)
                  -fltr         (Filter-Schlüsselwort)

Nur Aktionen, die mit Parameter(n) '-actn' angegeben sind, werden ausgeführt,
unabhängig davon, welche anderen Optionen gesetzt sind.

Reihenfolge, in welcher mehrfache Aktionen ausgeführt werden:
                  1.            restore
                  2.            clear
                  3.            trustee
                  4.            domain
                  5.            ace, setowner, setgroup, setprot
                  6.            rstchldrn
                  7.            list


GÜLTIGE RECHTE:

a) Standard-Rechte (Kombinationen aus speziellen Rechten)
Datei / Verzeichnis:
                  read:         Lesen
                  write:        Schreiben
                  list_folder:  Ordnerliste
                  read_ex:      Lesen, Ausführen
                  change:       Ändern
                  profile:      Ändern + "write_dacl"
                  full:         Voller Zugriff

Drucker:
                  print:        Drucken
                  man_printer:  Drucker verwalten
                  man_docs:     Dokumente verwalten
                  full:         Voller Zugriff

Registrierung:
                  read:         Lesen
```

```
            full:         Voller Zugriff

Service:
            read:         Lesen
            start_stop:   Start / Stop
            full:         Voller Zugriff


Freigabe:
            read:         Lesen
            change:       Ändern
            full:         Voller Zugriff
```

b) Spezielle Rechte
Dateien / Verzeichnisse:

```
            traverse:     Verzeichnis durchlaufen / Datei ausführen
            list_dir:     Verzeichnisse auflisten / Daten lesen
            read_attr:    Attribute lesen
            read_ea:      Erweiterte Attribute lesen
            add_file:     Dateien erzeugen / Daten schreiben
            add_subdir:   Verzeichnisse erstellen / Daten ergänzen
            write_attr:   Attribute schreiben
            write_ea:     Erweiterte Attribute schreiben
            del_child:    Unterverzeichnisse und Dateien löschen
            delete:       Löschen
            read_dacl:    Rechte lesen
            write_dacl:   Rechte schreiben
            write_owner:  Eigentümer werden
```

Registrierung:

```
            query_val:     Wert abfragen
            set_val:       Wert setzen
            create_subkey: Unterschlüssel anlegen
            enum_subkeys:  Unterschlüssel enumerieren
            notify:        Benachrichtigen
            create_link:   Verknüpfung erstellen
            delete:        Löschen
            write_dacl:    Rechte schreiben
            write_owner:   Eigentümer werden
            read_access:   Zugriff lesen
```

Kapitel 5.

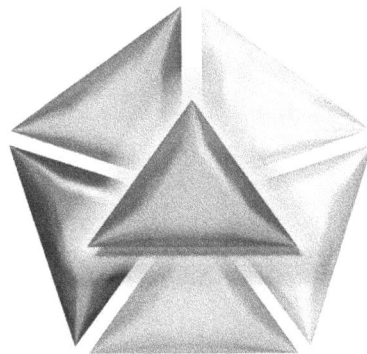

Die WinRobots-Roboter

Sprache

Referenz-Karten

Google ⌐ [   ] [Google Se

```
0812_085917.rem - WR Editor                    _ □ ×

Datei  Kopf  Tools  Start  Stop  Optionen  Hilfe

[icons]

[                              ] ▼ 🔍 📄

CHD ▲  🖐 + ☐ 📋 Datei: [0812_085917.rem ▼]
CEO         ' Zweck:                                    ▲
CIO         ' erstellt am: 12.08.2008
CIP         ' von: Theo Gottwald
CNS         '=========================
CSF         '
DAF
DCP
DCR    ●    STW\ieframe\internet explorer|w27354
DDD         SPC\internet explorer_server\*|w27354
DDF         AFO\40\Google&&\http://209.85.129.99/\notext\11\\*0,
DEF
DEL                                                     ▼
DLF ▼  ◀                                         ▶

                                              7/1
```

```
WinRobots Accessibility Analyzer              _ □ ×

Lock (Ctrl+L)   States (Ctrl+F9)   CopyState (Ctrl+F10)   AFO\ (Ctrl+F11)

Name:       [                    ]
Role:       [10      ]        TxtRole:  [Client            ]
State:      [&H0     ] ▼      TxtStates: [normal           ]
Value:      [                    ]
Description: [                   ]
Default action: [               ]
Location (x,y): [2569, 416]  Size (w x h): [40 x 19]  hWnd: [263516]  Level: [3]
Class name:  [ThunderRT5PictureBox]
```

Ärzteblatt (Ärzte-Zeitung)   Medizin.de - News   Medizin 2000

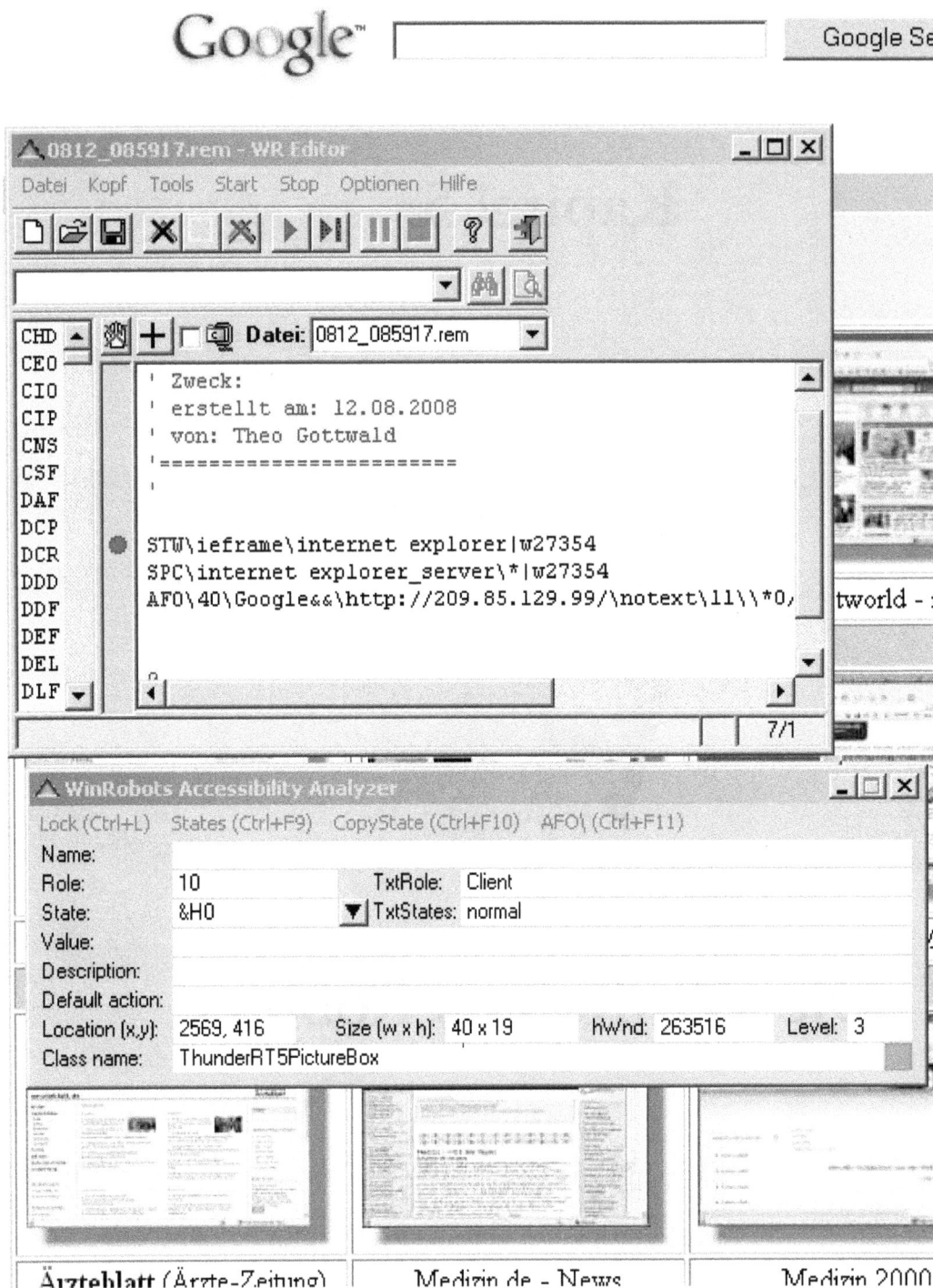

Mit AFO\ kann man ganz einfach das Google-Logo anfahren. Handarbeit ist nicht angesagt, die „gelbe Liste" zeichnet den kompletten Code für die Lokalisierung auf. Was man noch hinschreiben muss, ist ein MMV\ oder ein MLC\ oder ein SKP\ je nach dem ob man nur mit der Maus dahinfahren, oder da klicken oder schreiben will.

Wichtig: der **ACC-Analyzer** muss zum Aufzeichnen mit der „gelben Liste" **nicht** laufen. Der **Windows-Analyzer** jedoch **muss laufen**. Und zwar muss er auch hier aus dem jeweiligen Editor heraus gestartet worden sein.

"AFO\[Daten]" für "AccessibilityFindObject",

Siehe auch "Accessibility".
Siehe auch "BAS\", "BSD\".

HINWEIS:
Die hier erläuterten Befehle stehen erst ab WinRobots Version 8.0., jedoch nicht unter den Betriebssystemen Windows 95 und NT4 zur Verfügung!

Der Befehl "AFO\" dient dazu, Elemente zur Interaktion mit Programmoberflächen (User Interface, UI) zu lokalisieren, die keine eigentlichen Fenster sind, sondern nur den Eindruck solcher erwecken. In vielen Programmen, insbesondere HTML-Seiten und Microsoft Office Anwendungen, sind diese Elemente als "Accessible Object" ausgebildet, die man mit Hilfe spezieller Funktionen lokalisieren kann.
Unter dem Aspekt der Accessibility haben die (Bedien)Elemente eine Reihe von Eigenschaften (insgesamt 20), von denen hier nur die wichtigsten beschrieben werden sollen:

Role   (Zahl)= Art des Elements,
Name   (Text)= (meist) Beschriftung,
Value   (Text)= Inhalt des Elements;
Description(Text)= Zusatzinformation für das Element,
Level   (Zahl)= Ebene des Elements,
State   (Zahl)= aktueller Zustand des Elements (ggf. Kombination aus mehreren Zuständen),
Size   (cx,cy)= Größe (Width, Height) des Elements (Pixel),
Position   (x,y) = linke obere Ecke des Elements (Left, Top) in Bildschirmkoordinaten (Pixel).

Außerdem kann es wichtig sein, bei mehreren gleichen Objekten vorgeben zu können, das wievielte gesucht wird (Default = 1). Dazu dient der Parameter

Number   (Zahl)= das wievielte Objekt von mehreren gleichen wird gesucht.
Für die Suche nach einem Element sind insbesondere die ersten fünf wichtig; ggf. können auch die anderen berücksichtigt werden. Demgemäß lautet die Syntax des Befehls wie folgt:

```
AFO\Role\Name\Value\Desc\Level\State\Number\Size\Position
```

Alle Parameter sind **optional**; die Trennzeichen "\" **müssen** bis vor dem letzten belegten Wert eingetragen werden!
Numerische Parameter können als Dezimalwert (z.B. "2097152") oder als Hex-Wert (z.B. "&H200000") eingetragen werden.
Als **Role** können auch zwei per "||" getrennte Werte im Sinne von "oder" angegeben werden.
Für die **textuellen** Parameter **Name**, **Value** und **Desc** gelten die gleichen Vorschriften wie für Fensterklasse und -beschriftung, d.h. es können zwei Teilstrings angegeben werden, um die Suche zu präzisieren (siehe "Suchbegriffe").
Wenn einer dieser Parameter einen Backslash ("\") enthält, muss dieser in eine Variable ("$$xyz") verpackt werden (siehe "VAR\").
Wenn einer dieser Parameter **keinen Text** enthalten darf und dies für die Lokalisierung wichtig ist, tragen Sie an der entsprechende Stelle "**notext**" ein; leerer Raum zwischen zwei Backslashs ("...\\...") wird als "beliebiger Wert" interpretiert!

Bei **State** ist die Grundeinstellung so gewählt, dass ein angegebener Wert (Vorgabe) im tatsächlichen State enthalten sein muss. Alternativ haben Sie die Möglichkeit, durch ein der Zahl vorgestelltes "=" festzulegen, dass der tatsächliche State dem Vorgabewert gleich sein muss bzw. mit vorgestelltem "!", dass der State den Vorgabewert nicht enthalten darf. **Beachten** Sie jedoch, dass State eine dynamische Eigenschaft ist, die z.B. davon abhängen kann, ob das enthaltende Anwendungsfenster aktiv ist oder nicht oder ob ein Element selektiert ist oder nicht. Verwenden Sie State nur dann, wenn Sie absolut sicher sind und es keine andere Möglichkeit gibt, das gesuchte Element eindeutig zu identifizieren.

Wenn ein Element gefunden wird, sind die einzelnen Anteile des State in in "**$as1$**" bis "**$as9$**".

Als Vorgabewerte für eine Suche können Sie nur den State selbst oder einen dieser Anteile benutzen. Die Anzahl der Anteile kann unterschiedlich sein, deshalb ist die Anzahl in "**$as0$**" hinterlegt.

Mit dem Befehl "ADS\" können Sie sich die Anteile und deren Bedeutung anzeigen lassen.

Wenn die Befehlszeile über die "**gelbe Liste**" in den Editor eingefügt wird, sind die Angabe "Size" und "Position" vorhanden, aber auskommentiert. Die eingetragene Position ist jedoch umgerechnet auf relative Koordinaten bezogen auf den Ursprung des zuletzt lokalisierten (Kind)Fensters und würde beim "Abspielen" anhand der dann aktuellen Position des Fensters zurückgerechnet, so dass ein gesuchtes Element auch nach Verschieben z.B. des Internet Explorers gefunden wird.

Grundsätzlich gilt, dass ein Element nur bei Übereinstimmung mit den Vorgabeparametern gefunden wird. Wenn ein Parameter keine Rolle spielt oder Sie nicht sicher sind, lassen Sie den Wert frei. Das kann allerdings unter Umständen eine längere Suchzeit zur Folge haben.

Beim Einfügen erfolgt eine automatische Überprüfung der Lokalisierung. Bei mehreren gleichen Elementen auf der gleichen Ebene wird automatisch die richtige "Number" ergänzt. Dieser Vorgang kann einige Sekunden dauern; während dieser Zeit ist das kleine Feld in der unteren Leiste des Editors gelb gefärbt. Nach Abschluss des Vorgangs nimmt das Feld wieder seine ursprüngliche Farbe an.

Wenn Sie die Angaben "Size" und "Position" bei der Suche berücksichtigen wollen (Kommentarzeichen entfernt), müssen Sie eine evtl. eingetragene "Number" entfernen. Statt der "Number" kann vom Editor auch eine spezielle Information (Suchpfad) eingetragen werden; dann ist das erste Zeichen zwischen den beiden Backslashs ein "*". Mit dieser Information wird das gesuchte Element in der Regel schneller gefunden, allerdings lässt sich die Information nicht manuell ermitteln.

Wie die Fenstersuchbefehle **wartet** der Befehl "AFO\" max. 30 Sekunden auf das Erscheinen des gesuchten Elements. Diese **Wartezeit** in Sekunden können Sie **verändern**, indem Sie am Anfang des Datenteils und abgetrennt durch einen Senkrechtstrich ("|") einen individuellen Wert (**max. 999**) eintragen:

```
AFO\wait(s)|Role\Name\Value\Desc\Level\State\Number\Size\Posit
ion
```

Beachten Sie: Bei der Suche wird immer ein Suchvorgang beendet und bei Misserfolg mit geänderten Parametern wiederholt. Es kann durchaus vorkommen, dass ein (erfolgloser) Suchvorgang länger dauert als die von Ihnen vorgegebene Wartezeit. Das ist abhängig von Komplexität und Struktur des Gesamtobjekts (z.B. Website) sowie den Hardwareeigenschaften des Rechners.

Wenn der Befehl erfolgreich ausgeführt wurde, wird der "aktuelle Punkt" auf die Mitte des gesuchten Elements gesetzt, und Sie können dann die entsprechende (Maus)Operation ausführen. Mit "LCP\" oder "MCP\" können Sie den aktuellen Punkt verschieben.

Wenn das Element gefunden wird, sind alle 20 Eigenschaften in Variablen hinterlegt, auf die Sie mit "$av01$" bis "$av20$" zugreifen können:

```
$av01$ = Name
$av02$ = Role
$av03$ = Roletext
$av04$ = State
$av05$ = Statetext
$av06$ = Value
$av07$ = DeSkription
$av08$ = Left
$av09$ = Top
$av10$ = Width
$av11$ = Height
$av12$ = Defaultaction
$av13$ = Windowclass
$av14$ = Windowhandle
$av15$ = Shortcut
$av16$ = Visible (1/0)
$av17$ = Enabled (1/0)
$av18$ = Number of children
$av19$ = ChildID
$av20$ = Level
```

"ADV\" für "AccessibilityDisplayVariable"

Verwenden Sie den Befehl "ADV\", um sich über Bedeutung und Wert der einzelnen Eigenschaften zu informieren.

Der Befehl unterstützt "IIF\" und "ITO\"; damit können Sie feststellen, ob das Element (innerhalb der angegebenen Wartezeit) gefunden wurde oder nicht.

HINWEISE:
* **Vor** diesem Befehl müssen Sie mit den üblichen **Suchbefehlen** ("STW\", "SPC\", "SWC\", "GCW\" etc.) das (Kind)**Fenster lokalisieren**, in welchem das gesuchte Element liegt, und zwar zweckmäßig die **niedrigste Ebene** (je näher am Element, um so kürzer ist die Suchzeit). Beim Einfügen über die "**gelbe Liste**" erfolgt das automatisch.

* Accessibility-Elemente, die außerhalb vom **sichtbaren Bereich des Trägerfensters** liegen, werden nach Möglichkeit in den Sichtbereich gescrollt. Der Aktuelle Punkt wird dabei entsprechend angepasst. Sie können das Scrollen aber mit dem Befehl "AED\" temporär verhindern.

* Wenn Sie sicherstellen wollen, dass das Element nach der Suche einen **Mindestabstand zur nächstgelegenen Fensterkante** hat, können Sie **VOR** der "AFO\"-Zeile den Befehl "**AED**\ verwenden.

Das kann notwendig sein, wenn Sie nach "AFO\" mit "ANT\" zu einem vertikal oder horizontal benachbarten Element navigieren wollen, welches dazu im sichtbaren Bereich liegen muss.

* Es kann insbesondere im Zusammenhang mit sich **aufbauenden Webseiten** vorkommen, dass Sie ein Element finden und später dessen Koordinaten verwenden, die aber dann im Moment der Verwendung falsch sind. Das liegt daran, dass nach der Etablierung des gesuchten Elements im Teil der Webseite über dem Element im Zuge des Aufbaus noch Veränderungen erfolgten, die das **Element verschoben** haben. Sie müssen dann in Ihrem Code dafür sorgen, dass die Suche erst nach vollständigem Aufbau der Webseite erfolgt (siehe "WSC\").

"AED\" für "AccessibilityEnsureDistance",

Mit "AED\..." können Sie sicherstellen, dass das mit "AFO\" gefundene Element einen Mindestabstand zu einer Fensterkante einhält, sofern die jeweilige Dimension des Elements nicht zu groß ist.

Im Datenteil ist die Richtung anzugeben, in welcher der Abstand eingehalten soll; es gelten die gleichen Vorschriften wie bei "ANT\" mit dem Unterschied, dass "a" für "ALL" nicht gültig ist. Nach der Kennung für die Richtung ist der Abstand in Pixel anzugeben:

AED\d20 bedeutet, dass das gesuchte Element mit seiner Unterkante mindestens 20 Pixel über der unteren Fensterbegrenzung liegen muss. Das kann im Zusammenhang mit "ANT\" notwendig sein, um die mit diesem Befehl zu suchenden Elemente in den Sichtbereich zu holen.

Wenn Sie verhindern wollen, dass beim nachfolgenden "AFO\"-Befehl gescrollt wird, tragen Sie "!" im Datenteil ein. Das kann z.B. zweckmäßig sein, wenn Sie ein zur Zeit unsichtbares, weit außerhalb liegendes Bedienelement mit "ADA\" betätigen wollen (bei "ADA\" muss das Element nicht im Sichtbereich liegen). Ohne den Befehl würde dann zunächst zu dem Element gescrollt werden und nach der Betätigung möglicherweise wieder zurück.

"ADS\" für "AccessibilityDisplayStates"

Mit dem Befehl "ADV\" können Sie sich die einzelnen Eigenschaften für das gefundene Element anzeigen lassen, entweder im Variablen-Fenster des Editors oder im Fortschrittsfenster (siehe "DWP\"). Da der Befehl die gleichen Anzeigeelemente benutzt wie "ADS\", können Sie "ADV\" und "ADS\" nicht unmittelbar hintereinander verwenden.

"AOC\" für "AccessibleObjectCollapse"

"AOE\" für "AccessibleObjectExpand"

Die Befehle "AOC\" und "AOE\" wirken nur auf solche Elemente, die aus/einklappbar sind (die Elemente haben dann in der Regel ein "+" oder "-" Zeichen links daneben; Beispiel: EMail-Ordnerhierarchie in Outlook 2003). Sie müssen entweder einen Statusanteil von &H200 (Expanded) oder &H400 (Collapsed) haben. Ist der jeweilige Status bereits gesetzt, bleibt der Befehl wirkungslos, ansonsten wird der Status hergestellt. Das gewünschte Element muss vorher mittels "AFO\..." lokalisiert worden sein.

"ADA\" für "AccessibilityDefaultAction"

Mit "ADA\" lässt sich - sofern vorhanden - die "Default Action" für das zuletzt lokalisierte Accessibility-Element ausführen. Welche das ist bzw. ob vorhanden, kann mit dem AccAnalyzer festgestellt werden
Der Befehl unterstützt "IIF\".

"IAS\" für "IfAccessibilityState", "EAS\"

Mit "IAS\" können Sie den weiteren Ablauf der WinRobots-Skript Datei davon abhängig machen, ob das zuletzt ermittelte Acc-Element einen bestimmten Status enthält oder nicht. Im Datenteil ist der Dezimal- oder Hex-Wert des Statusanteils einzutragen. Die Befehle bis "EAS\" werden nur dann ausgeführt, wenn dieser Wert im tatsächlichen Status enthalten ist. Sie können auch mehrere durch "|" getrennte Werte angeben; dann ist die Bedingung erfüllt, wenn einer der Werte im Status enthalten ist.

"IAV\" für "IfAccessibilityVariable",

Mit dem Befehl "IAV\..." können Sie die Werte der Accessibilityvariablen "$av01$" ... "$av20$" direkt mit Vorgaben vergleichen. Es gelten die gleichen Vorschriften wie bei "IVV\..." mit dem einzigen Unterschied, dass im Datenteil an erster Stelle statt des Variablennamen die Ziffer aus der Accessibilityvariablen (1 ... 20) anzugeben ist. Die zwischen "IAV\..." und "EAV\" stehenden Befehle werden nur dann ausgeführt, wenn die Vergleichsbedingung erfüllt ist.

"AGP\" für "AccessibilityGetPosition",

Der Befehl "AGP\" ist nur auf Webseiten/in Browsern einsetzbar und erlaubt es, die Größe der Verschiebung einer Webseite beim Scrollen zu ermitteln. Wenn Sie den Befehl mit leerem Datenteil verwenden, werden programmintern Referenzvariable für die x- und y-Position belegt. Wenn Sie im Datenteil **einen** Variablennamen ("$$xyz") angeben, wird diese Variable mit dem Wert der **vertikalen** Verschiebung gegenüber dem Referenzzeitpunkt belegt. Geben Sie danach durch Leerzeichen oder Komma getrennt oder ohne Zwischenraum eine **zweite** Variable an, so wird diese mit dem Wert der **horizontalen** Verschiebung gegenüber dem Referenzzeitpunkt belegt.
Die Werte beinhalten die Verschiebung in Pixel; negative Werte bedeuten, daß die Seite nach oben bzw. nach links verschoben wurde.

"WAC\[Daten]" für "WaitAccessibilityChange".

Mit "WAC\..." können Sie darauf warten, daß sich eine Eigenschaft des aktuell mit "AFO\" lokalisierten Objekts ändert oder einstellt. Die Befehlssyntax lautet:

```
WAC\Parameter|[!]Value[|TimeOut (sec)]
[]=optional Parameter
```

Ziffer, die für folgende Eigenschaften steht:

```
1=Name
2=Value
3=DeSkription
4=State
5=Visible
6=Enabled
Value
```

Prüfkriterium für den jeweiligen Parameter. Bei den textuellen Parametern (1...3) können Sie die Werte angeben wie bei AFO oder generell den Suchbefehlen (siehe auch "Suchbegriffe"). Bei State (4) wird geprüft, ob der angegebene Wert im tatsächlichen State enthalten ist. Geben Sie die Werte so an, wie sie in der Liste des AccAnalyzers zu sehen sind. Wenn Sie bei Parameter=4 (State) ein "!" als erstes Zeichen für Value eintragen, wird darauf gewartet, daß der in Value angegebene Wert nicht (mehr) im State enthalten ist.
Bei "Visible" und "Enabled" sind nur die Werte 0 und 1 zugelassen.
TimeOut
Das Programm wird fortgesetzt, wenn die Wartebedingung erfüllt ist oder ein evtl. angegebenes TimeOut (Anzahl der maximal zu wartenden Sekunden) abgelaufen ist. Letzteres läßt sich mit "ITO\" ermitteln (siehe auch "JIT\"). Beispiel siehe unten.

AFO-Beispiel (für Webseite www.bahn.de, Stand Juli 2007):

```
IAR\iexplore
 VAR\$$exe=$vl$
 NEW\ieframe\[DB]
  EXX\$$exe|www.bahn.de
 EEW\
 STW\ieframe\[DB]
 SPC\internet explorer_server\*
 'AFO\42\von:&&                   '# Findet Zeichenfolge "von:" vor Textfeld für
Reisestartpunkt
 AFO\15|42\von:&&\\Start    '# Findet Textfeld für Reisestartpunkt (max. Wartezeit
15 sec)
 IIF\
  MBX\Objekt nicht gefunden!
  @
 EIF\
 MMV\
 ADV\
EAR\
@
```

EMail-Fenster im Outlook 2003: Ordner "Posteingang" aufklappen, falls nicht aufgeklappt:

```
STW\rctrl_renwnd32\microsoft outlook
```

```
GCW\\4\netuihwnd\*
AFO\36\Posteingang\1 ungeles&&Nachricht\notext\13\\1\'80,16\35,208
NAS\&H200              '# wenn nicht aufgeklappt
 ADA\                  '# aufklappen (expand, erweitern)
EAS\
@
```

"Treeview" im Setup von Office 2007, Anpassen/Customizing:

```
STW\setupexe\microsoft office enterprise 2007
GCW\\2\netuihwnd_catalystflexui\*
AFO\36\Microsoft Graph\notext\notext\11\\1\'138,19\85,191
IAS\&H200              '# Ist Element aufgeklappt (expanded, eingeblendet)?
 WPS\tada              '# ja
ELSE                   '# nein ->
 MED\                  '# aufklappen
EAS\
'...
```

Auflisten aller Bundesanleihen auf der Seite
http://www.kbl.boerse-stuttgart.de/online/kb/list.php?node=223
und Schreiben einer Textdatei:

```
VAR\$$txt=
STW\ieframe\internet explorer
SPC\internet explorer_server\*
VAR\$$afo=42\Bund!&&republik    '# Role 42; "Name" muß "Bund" enthalten, nicht
"republik"
FEA\$$afo|7|dofea|$$ret         '# 7 = Name + Value + DeSkription
CTF\?desktop\FEA.txt<$$txt      '# Textdatei schreiben
MBX\fertig
@
:dofea
VAR\$$txt=$$txt$$ret$crlf$      '# Einzeltexte zusammenfügen mit Zeilenschaltung
@
```

```
Beispiel für "WAC\": Starten der "testapp.exe" und warten darauf, daß "Option2"
selektiert wird.
NEW\#32770\sample
 EXE\?exepfad\testapp.exe
EEW\
STW\#32770\sample
AFO\45\Option2
WAC\4|&H10|20
ITO\
 WPS\ende
ELSE
 WPS\tada
ETO\
@
```

"FEA\[Daten]" für "ForEachAccessibleobject"

Mit dem Befehl "FEA\" können Sie Objekte einer Webseite durchlaufen, die durch Angaben im Datenteil beschrieben werden. Als Ergebnis des Durchlaufs können Sie die textuellen Eigenschaften Name, Value und/oder Description(siehe "AFO\") in einer Collection erhalten, die dann mittels der Rem-Datei/des Rem-Codes weiterverarbeitet wird.

Die Befehlssyntax lautet:

```
FEA\AFO-Variable ($$xyz)|Art der
Rückgabe|auszuführende Rem-Datei|Variablenname für
jedes Item
```

AFO-Variable: Enthält eine Beschreibung der aufzulistenden Elemente analog zum Datenteil von "AFO\".

Rückgabe: Legt fest, welche textuellen Parameter des Elements zurückgeliefert werden sollen.

> 1 = Name,
> 2 = Value,
> 4 = DeSkription.
> Es kann einer dieser Werte oder eine beliebige Kombination angegeben

werden.

Auszuführende WinRobots-Skript Datei:
Name einer WinRobots-Skript Datei, wenn sich diese im Verzeichnis der aktuellen WinRobots-Skript Datei oder in einem übergeordneten Verzeichnis befindet; ansonsten vollständiger Pfad zu der Datei. Diese WinRobots-Skript Datei wird dann mit allen gefundenen Elementen ausgeführt. Alternativ zur "Auszuführenden WinRobots-Skript Datei" können Sie auch den Namen einer

Sprungmarke in der aktuellen WinRobots-Skript Datei angeben und nach dieser Sprungmarke die Befehle eintragen, die ansonsten in der "Auszuführenden WinRobots-Skript Datei" stehen würden. Dieser Teil ist dann mit dem Ende-Zeichen ("@") abzuschließen. Das gestaltet unter Umständen den Inhalt der WinRobots-Skript Datei übersichtlicher und erspart den Sprung in weitere Dateien.

GOTO Label können Sie sowohl benutzen, um im ForEach-Codeteil zu einer Sprungmarke zu springen oder zu einer Sprungmarke außerhalb dieses Teils. Im letzteren Fall wird die ForEach-Schleife verlassen; intern wird in diesem Fall zusätzlich die Anweisung "EFE\" ausgeführt.
Sprünge zu Marken innerhalb anderer ForEach-Blöcke sind nicht zulässig.

Variablenname:
Name einer Variablen, die für jedes gefundene Element verwendet werden soll, z.B. "$$ace". In der auszuführenden WinRobots-Skript Datei muß dieser Name für das jeweilige Element verwendet werden. Die Variable enthält bei der Abarbeitung je nach "Rückgabe"-Einstellung einen, zwei oder drei der verfügbaren Parameter Name, Value und Descriptionund ist immer wie folgt aufgebaut:

- **Suchpfad**
- **Name**
- **Value**
- **DeSkription**

Die Trennzeichen
(=Chr$(7); zu erzeugen z.B. mit CHR\7>$$TZ7) sind immer vorhanden; je nach "Rückgabe" sind die einzelnen Parts ausgefüllt oder leer.
Gleichzeitig werden bei der Abarbeitung folgende Systemvariable belegt:

```
$v1$ = Name des Elements
$v2$ = Value des Elements
$v3$ = Descriptiondes Elements
$v4$ = Suchpfad des Elements

$il$ = Linkskoordinate des Elements
$it$ = Obenkoordinate des Elements
$iw$ = Breite des Elements
$ih$ = Höhe des Elements
```

Auf diese Variablen können Sie in der "auszuführenden Rem-Datei" mit den jeweiligen $..$-Zeichenfolgen zugreifen.

HINWEISE:

- Die Zusammenstelung der Collection erfolgt wie bei allen FEX-Befehlen **vor** dem Beginn der Abarbeitung. Aufgrund der Besonderheit dieses Befehls kann die Zusammenstellungsphase je nach Seitengröße/inhalt und Objektspezifizierung **einige 10 sec** dauern!

- Wenn Sie eine **größere Anzahl von Objekten mit vergleichbaren Eigenschaften** nicht nur analysieren, sondern auch behandeln, d.h. lokalisieren wollen, haben Sie zwei Möglichkeiten:

* Sie verwenden den Befehl AFO\..." mit der entsprechenden "**Number**" für jedes Element. Das hat den Nachteil, daß die Suche nach einem Element jedesmal wieder bei Number 0 beginnt und mit steigender Number entsprechend länger dauert.

* Sie ermitteln und speichern zunächst mittels "FEA\..." die **Suchpfade** aller Elemente (FEA\... -> $v4$) und verwenden diese dann in einer AFO\-Schleife für die Lokalisierung. Diese Verfahrensweise ist deutlich schneller als die Number-Lokalisierung (ca. Faktor 10).

```
' +++ main_FEA_02.rem +++
' Zweck:
' erstellt am: 23.10.2007
' von: Theo Gottwald
'========================
' Trennzeichen erzeugen
CHR\7>$$TZA

BOP\http://www.idealo.de/preisvergleich/ProductCategory/3792F198887.html

STW\ieframe\internet explorer
SPC\internet explorer_server\*
VAR\$$afo=42\,00 EUR
FEA\$$afo|1|jjj|$$ooo
MBX\fertig
END\
:jjj
SBD\|$$ooo|$$TZA|1
VAR\$$aaa=$v1$
MBX\$v1$
@
```

```
' +++ flags_direkt.rem +++
' Zweck: Speichern aller Flaggen als Bilddateien * FEA-Demo
' erstellt am: 13.03.2008
' von: thue
'=========================
DWP\3
DED\1


NEW\ieframe\insignia&&internet explorer
 VAR\$$LNK=http://commons.wikimedia.org/wiki/National_insignia
 BOP\$$LNK
 WSC\
EEW\
GTD\1|$$aaa           '# Start Enumeration
VAR\$$txt=Bitte warten!
VAR\$$val=http://commons.wiki&&image
STW\ieframe\insignia&&internet explorer
SWP\1,0|823,1237
HTV\$$MYW
IBV\IE6
 VAR\$$lvl=9
ELSE
 VAR\$$lvl=11
EBV\
SPC\internet explorer_server\*
HTV\$$MYC


'# Variable für Enumeration (FEA\) bereitstellen
VAR\$$afo=40\notext&&\$$val\notext\$$lvl\
SIT\0\$$txt#


VAR\$$cnt=0
VAR\$$dir=?pfad\Flags  '# Verzeichnis für die Bilder


VAR\$$pfd=
VAR\$$txt=


DEL\$$dir\*.*         '# Verzeichnis leeren
'# Enumerieren der Suchpfade aller Flaggen
FEA\$$afo|2|dofea|$$res


EXE\$$dir             '# Verzeichnis öffnen
MBX\Enum: $$aaa sec$crlf$Store: $$bbb min.
CLW\1                '# IE schließen
@


:dofea
'# Einträge für Ini-Datei zusammenstellen
VIC\$$cnt
IVV\$$cnt>364
 SCW\$$MYC
 AFO\40\notext&&\$$val\notext\$$lvl\\*$v4$
 JOF\noflag
 MMV\
 WII\
 SMH\In neuem fenster
 MRC\
 CAS\3
 SCW\$$MYW
 ECH\
 IWF\180
  STW\ieframe\*|x
 ELSE
  GOTO noflab
 EWF\
 HTV\$$TMP
 WSC\
```

```
AFO\30|40\Image||.svg
JOF\noflab
GSB\save
CAS\2
:noflab
ECH\0
SCW\$$TMP
CLW\1
SCW\$$MYC
:noflag
EVV\
@


:save
MRC\                    '# rechter Mausklick
GTW\#32768\*
AFM\99\Bild speichern unter...&&
MLC\                    '# Speichern
STW\#32770\Bild
 '# Wenn "Eigene Bilder" zum Speichern eingestellt ist,
 '# ändern in das oben definierte Verzeichnis
IEC\combobox\eigene
 SPC\edit\*
 CFW\$$dat
 VAR\$$dat=$$dir\$$dat
 RST\$$dat|0,-1
EEC\
SPC\button\speichern
MEL\


RET\
```

"AOP\([Daten])" für "AccessibleObjectfromPoint"

Mit dem Befehl "AOP\" können Sie ermitteln, welches Objekt/Element sich an einem Punkt auf dem Bildschirm befindet, und zwar aus der Sicht eines Benutzers, d.h. es werden nur die obenliegenden, sichtbaren Elemente berücksichtigt. Geben Sie im Datenteil durch Komma getrennt die Bildschirmkoordinaten des entsprechenden Punktes (in Pixel) ein (**x,y**). Wenn Sie den Datenteil leer lassen, werden die Koordinaten des "aktuellen Punktes" verwendet, in der Regel also der Mittelpunkt des zuletzt lokalisierten Fensters. Sie können aber auch Koordinaten relativ zum Ursprung (linke obere Ecke) des aktuellen Fensters angeben; dann ist vor die Koordinatenangabe die Zeichenfolge "o\" zu setzen.
Die Eigenschaften des gefundenen Elements werden in "**$av01$**" bis "**$av20$**" abgelegt.
Details zu deren Bedeutung finden Sie in der Hilfe bei "AFO\";

Alternativ können Sie auch den Befehl "ADV\" verwenden, um sich über Bedeutung und Wert der einzelnen Eigenschaften zu informieren.

Der Befehl unterstützt "IIF\" um festzustellen, ob die Operation erfolgreich war, oder ob Fehler aufgetreten sind..

```
$av01$ = Name
$av02$ = Role
$av03$ = Roletext
$av04$ = State
$av05$ = Statetext
$av06$ = Value
$av07$ = DeSkription
$av08$ = Left
$av09$ = Top
$av10$ = Width
$av11$ = Height
$av12$ = Defaultaction
$av13$ = Windowclass
$av14$ = Windowhandle
$av15$ = Shortcut
$av16$ = Visible (1/0)
$av17$ = Enabled (1/0)
$av18$ = Number of children
$av19$ = ChildID
$av20$ = Level
```

Beispiel-Code (nicht lauffähig)e Syntax-Demo).

```
:check
MMV\L3
MMV\R3
AOP\
VAR\$$NAM=$av01$
SBT\1|$$NAM=$$L02
TDL\100
VBT\$$NAM
VBT\$$L02
NVC\$$NAM|$$L02
 GOTO failed
EVC\
```

"AFM\[Daten]" für "AccessibilityFindMenu

"AFM\" ist ein spezieller Befehl für **Menüleisten** mit Untermenüs. Als Menüleisten gelten "echte" Menüs (keine eigene Fensterklasse), Menüs in Toolbars (Fensterklasse "Toolbarwindow32") und in MS Office/Visual Studio-Anwendungen (Fensterklasse "MSOCommandbar"). Er dient dazu, gezielt einen Eintrag im Hauptmenü oder einem beliebig tiefen Untermenü aufzuklappen, den aktuellen Punkt dort zu positionieren und ggf. (in Verbindung mit "MLC\") anzuklicken. Im Datenteil werden der Level des Hauptmenüeintrags, danach ein Backslash und anschließend die Menüeinträge beginnend vom Hauptmenü bis zum letzten Untermenü und abgetrennt durch "|" angegeben:

```
AFM\Level\Menu1|Menu2|Menu3|Menu4...
```

Bei echten Menüs muß als Level "99" eingetragen werden und bei Toolbar-Menüs "98".
Um den Befehl mit der "gelben Liste" im Editor zu erzeugen, starten Sie aus dem Editor den Analyzer, klappen das Menü mit der linken Maustaste bis zum gewünschten Untermenü auf, setzen den Mauszeiger auf den gewünschten Menüeintrag und klicken dort mit der rechten Maustaste. Nach "OK" in der gelben Liste wird die Befehlszeile mit vorgestellten Fenstersuchbefehlen in den Editor eingefügt.

Wenn die Menüeinträge Shortcuts besitzen (Zugriffstasten; der Buchstabe im Eintrag ist unterstrichen), können Sie alternativ auch den Befehl "SMK\" verwenden, der in der "gelben Liste" ebenfalls angeboten wird. Dieser Befehl bewirkt letztlich das gleiche über Tastaturkürzel und ist schneller; allerdings wird dann die Befehlsfolge sofort ausgeführt, während bei "AFM\" der Klick auf das (letzte Unter)Menu erst mit "MLC\" erfolgt.

Der Befehl kann auch für Kontext-Menüs verwendet werden (Menüs, die bei Rechtsklick erscheinen). Führen Sie zum Aufzeichnen folgendes durch:
- Starten Sie den Analyzer aus dem Editor,
- führen Sie den Rechtsklick an der entsprechenden Stelle bei gedrückter "Strg"-Taste aus,
- klappen Sie das erschienene Kontextmenü bis zur gewünschen Ebene auf,
- führen Sie auf dem gewünschten Eintrag einen Rechtsklick aus und
- klicken Sie "OK" in der gelben Liste.

Der Befehl unterstützt "IIF\".

Beispiel-Code (nicht lauffähig)e Syntax-Demo).

```
STW\ieframe\2000 etiketten für textilien, stoffe und ähnlichem|w30
SWC\workerw\notext|w30
SWC\rebarwindow32\notext|w30
SWC\3\toolbarwindow32\notext|w30
AFM\98\Bearbeiten&&|Suchen (aktuelle Seite)...
MLC\
```

"ANT\[Daten]" für "AccessibilityNavigateTo"

Der Einsatz von "ANT\" ist dann notwendig, wenn Sie ein Element lokalisieren möchten, dessen Beschreibung nicht eindeutig ist, das aber in einer bestimmten Beziehung zu einem benachbarten und eindeutig beschreibbaren Objekt steht. Mit dem Befehl können Sie von einem bestimmten Punkt/Element ausgehend zu einem anderen Element navigieren, dessen Beschreibung Sie im Datenteil angeben, wobei die Vorgabe der Suchrichtung möglich ist. Die Syntax lautet:

ANT\[Richtung|][Schrittweite[,Max. Weite|]]Role\Number\Name\Value\Desc\Level\State

Mit dem Parameter "Richtung" kann die Suchrichtung vorgegeben werden:

```
l = Left
u = Up
r = Right
d = Down
a = All
```

Für die Angabe der Parameter "Role" bis "State" gelten die gleichen Vorschriften wie bei "AFO\" mit dem Unterschied, daß für "Role" nur *ein* Wert angegeben werden kann.

Die Suche beginnt beim aktuellen Punkt, der entweder durch vorangegangene Lokalisierungen oder mittels "SAP\" festgelegt wurde. Bei "All" oder fehlender Richtungsangabe incl. "|" werden alle Richtungen durchsucht in der oben angegebenen Reihenfolge. Die Suche erfolgt vom Ausgangspunkt bis zu den Begrenzungen des aktuell lokalisierten Fensters. Wenn ein der Vorgabe entsprechendes Element gefunden wurde, wird das Ergebnis wie bei "AFO\" in den entsprechenden Parametern hinterlegt, der aktuelle Punkt gesetzt und die Suche beendet. Einen Mißerfolg (kein entsprechendes Element gefunden) können Sie mit "IIF\" abfragen.

"ANT\" prüft ausgehend vom aktuellen Punkt in Schritten von 3 Pixel das Element am neuen Punkt und vergleicht es mit der Vorgabe. Das kann bei längeren Wegen einige Zeit in Anspruch nehmen. Deshalb gibt es die Möglichkeit, die **Schrittweite** individuell einzustellen, wobei zu beachten ist, daß diese kleiner als die Breite/Höhe des gesuchten Elements sein muß, damit dieses nicht übersprungen wird. Wenn die Länge der Suchstrecke begrenzt werden soll, können Sie diese nach der Schrittweite und durch Komma abgetrennt eintragen (**Max. Weite**). Das Komma muß auch eingetragen werden, wenn keine Schrittweite abgegeben werden soll (entspricht Defaultwert = 3 Pixel).

Wie bei "AFO\" sind alle Parameter **optional**; die Trennzeichen "\" **müssen** bis vor dem letzten belegten Wert eingetragen werden!
Numerische Parameter können als Dezimalwert (z.B. "2097152") oder als Hex-Wert (z.B. "&H200000") angegeben werden.

HINWEISE:
* Das **Element**, zu dem navigiert werden soll, muß sich bei Befehlsaufruf **im Sichtbereich** befinden.
* Wenn das Bezugselement mit "AFO\" lokalisiert wurde, liegt der **Ausgangspunkt in der Mitte des Bezugselements**. Das gesuchte Element muß dann (zumindest teilweise) auf senkrechten oder waagerechten Verbindungslinien vom Ausgangspunkt liegen. Falls nötig, können Sie den Ausgangspunkt mit dem Befehl "MCP\..." vor "ANT\..." verschieben.

* Wenn Sie "ANT\\..." nach Lokalisierung des Bezugselements **mehrfach hintereinander** benutzen (z.B. in einer FOR\\...NXT\\-Schleife), wird mit jedem **gefundenen Element** der Bezugspunkt neu gesetzt. Sie dürfen also die "Number" in diesem Falle nicht erhöhen, sondern müssen immer nach der nächsten Übereinstimmung suchen ("Number=1"; Defaultwert).

```
' +++ Test.rem +++
' Zweck:
' erstellt am: 01.11.2007
' von: Theo Gottwald
'=========================
STW\ieframe\internet explorer|w69
SWP\1,0|907,883


STW\ieframe\internet explorer|w90
SPC\internet explorer_server\*|w90
AFO\42\Achtung! Hier finde&& Ihrer Suchanfrage.\notext\notext\6\\1\'379,13\36,531
MPO\
MMV\L162,0


ANT\d|3,200|42\\\\\7
MMV\


VAR\$$NAM=$av01$


ANT\r|3,200|42\\\\\7
VAR\$$NAM=$$NAM-$av01$
MBX\$$NAM
    @




STW\tscreenwindow\notext|w78
SPC\internet explorer_server\*|w78
AFO\42\Artikelnummer: 150179140055&&\notext\notext\12\\1\'176,16\775,169
MPO\
MMV\L25.0
ANT\d|15||42\3
MMV\
VAR\$$VEK=$av01$
@




' Sicherheitscodenummern aus ABN-Live Login ermitteln
AFO\42\Ziffern
ANT\r|42\\\\\\1
VAR\$$ZIA=$av01$
ANT\r|42\\\\\\2
VAR\$$ZIB=$av01$
ANT\r|42\\\\\\2
VAR\$$ZIC=$av01$
STT\$$SEC
GFS\$$ZIA,1>$$ZIA
GFS\$$ZIB,1>$$ZIB
GFS\$$ZIC,1>$$ZIC


VAR\$$ZIF=$$ZIA$$ZIB$$ZIC
RET\
```

"BOP\[Daten]" für "BrowserOpenPage"

Mit "BOP\..." können Sie den aktuell eingetragenen Browser mit dem im Datenteil angegebenen URL starten oder einen bereits laufenden Browser auf den neuen URL umnavigieren. Standardmäßig wird mit dem Befehl ein neuer Browser mit dem URL gestartet. Wenn ein bereits geöffneter Browser auf den URL umnavigiert werden soll, geben Sie nach dem Befehl und vor dem URL das Zeichen "!" ein.

In beiden Fällen wird automatisch das aktuelle Topfenster auf das Browserfenster gesetzt, so als wäre es mit "STW\" lokalisiert worden. Sie können also unmittelbar nach "BOP\" den Befehl "WSC\" verwenden, um den vollständigen Aufbau der Seite abzuwarten, und/oder weitere (Kind)Fenstersuchbefehle anschließen.

```
CAW\ieframe\theo gottwald
BOP\www.fa2.de
WSC\


' +++ Login DIBA.rem +++
' Zweck: Schönes Beispiel wie man BOP\ einsetzt!
' erstellt am: 11.08.2008
' von: Theo Gottwald
'============================

CAW\ieframe\internetbanking
VAR\$$URL=https://banking.ing-diba.de/OnlineBanking/index.html

VAR\$$000=0965483665{TAB}12673

BOP\https://banking.ing-diba.de/OnlineBanking/index.html
WSC\
WII\1
HTV\$$MYW
TIB\
MEL\

SCW\$$MYW
SWP\0,55|1032,916
SPC\internet explorer_server\*|w144
AFO\42\Kontonummer / Depotnummer&&\*\notext\14\\1\
WII\2
DNC\3
SKP\$$000
```

"SRV\[Daten]" für "SetReturnValue".

Der Befehl "SRV\" kann nur **im Exe-Modus** verwendet werden. Im Datenteil ist eine Ziffer oder Ziffernfolge anzugeben, deren Wert dann als Rückgabewert ("Errorlevel", "Exitcode") von der Exe-Datei verwendet wird.
Dieser kann von einem die Exe-Datei startenden Programm bzw. einer Batch-Datei ausgewertet werden kann.

```
' +++ tt-sib-config.rem +++
'
' Zweck:
' Serie:
' Bemerkungen:
'
' erstellt am: 22.10.2004
' von:
'==========================
'

'#SPI:forcewrite
'#EXE:?pfad\
''#INC:?pfad\configFiles\@

USM\1
SRV\1

FCP\?pfad\configFiles\ttsib.ini->?wi\system
FCP\?pfad\configFiles\sql.ini->?wi\system
RER\HLM|SYSTEM\CurrentControlSet\Control\Session Manager\Environment|path
VAR\$$spv=?REntry

VAR\$$t01=$$spv
VTL\$$t01
NVC\$$spv|m:\baysis\ttsib\deploy
 VAR\$$spv=$$spv;m:\baysis\ttsib\deploy
EVC\

REW\HLM|SYSTEM\CurrentControlSet\Control\Session Manager\Environment|path|$$spv|1
USM\0
SRV\0

@
```

"ALB\[Daten]" für "AfterLastBackslash"

"BLB\[Daten]" für "BeforeLastBackslash"

Siehe auch: "GFT\", "GFS\", "VAR\".

Mit den ersten beiden Befehlen können Sie vom Datenteil den Teil separieren, der in einem Text nach ("ALB\") bzw. vor ("BLB\") dem letzten Backslash steht (wenn das letzte Zeichen der Daten ein Backslash ist, wird dieser vorher abgetrennt).

Im Datenteil können Variable, Kürzel oder reiner Text eingetragen werden. Die Befehle sind hilfreich beim Umgang mit Ordnern, wenn unbekannt ist, welche Anzeige bezüglich der Titelzeile eingestellt ist und im Zusammenhang mit speziellen Ordnern.

Der abgetrennte Teil wird "$v1$" zugewiesen.

```
ALB\?pfad                    'eigener Verzeichnisname ohne Pfad
SBT\5|Der Wert ist: $v1$
STW\cabinetwclass\$v1$        'eigener Ordner


BLB\?pfad       '$v1$ enthält das übergeordnete Verzeichnis der aktuellen Rem-Datei
MBX\$v1$
```

"ALC\[Daten]" für "AfterLastCharacterset"

"BLC\[Daten]" für "BeforeLastCharacterset"

Siehe auch: "GFT\", "GFS\", "VAR\".

Bei "ALC\" und "BLC\" können Sie ein(e) Zeichen(folge) festlegen, nach bzw. vor deren letzten Vorkommen der String aus einem Text geliefert werden soll. Das Zeichen/die Zeichenfolge ist im Datenteil nach dem String und abgetrennt durch einen Senkrechtstrich ("|") einzutragen. Wenn der Text und/oder die Zeichenfolge selbst einen Senkrechtstrich enthalten, müssen sie in Variable ("$$yxz") verpackt werden.

Der abgetrennte Teil wird "$v1$" zugewiesen.

Standardmäßig ist **das Zeichen/die Zeichenfolge** nicht Bestandteil des abgetrennten Teils. Wenn **das Zeichen/die Zeichenfolge** mit aufgenommen werden soll(en), ist der Datenteil mit einem "+" abzuschließen.

Standardmäßig wird **Groß/Kleinschreibung nicht berücksichtigt**; soll das berücksichtigt werden, fügen Sie an den Datenteil ein Ausrufezeichen ("!") an.

Die Reihenfolge von "+" und "!" ist beliebig. Wenn das letzte Zeichen der Zeichenfolge ein "+"-Zeichen oder ein "!" ist, muß die Zeichenfolge in einer Variablen ("$$yxz") verpackt werden.

Beispiele:

```
VAR\$$txt=12345678901234567890

ALC\$$txt|45        '$v1$ enthält "67890"
SBT\5|Der Wert ist: $v1$

ALC\$$txt|45+       '$v1$ enthält "4567890"
SBT\5|Der Wert ist: $v1$

BLC\$$txt|45        '$v1$ enthält "1234567890123"
SBT\5|Der Wert ist: $v1$

BLC\$$txt|45+       '$v1$ enthält "123456789012345"
MBX\$v1$
```

"ANF\[Daten]" für "Add New Font".

Mit diesem Befehl können Sie eine neue Schriftart auf einem Rechner installieren. Im Datenteil ist der Pfad zu einer Schriftartendatei (Endung *.FON, *.FNT, *.TTF oder *.FOT) anzugeben. Die Datei sollte zweckmäßig vorher in das für Schriften vorgesehene Verzeichnis kopiert werden (i.allg. "c:\windows\fonts\"; siehe auch unter "Spezialordner" in der Hilfe).

```
'Beispiel:
CIO\?pfad\arial.ttf->?fonts                'Kopieren der Datei
ANF\?fonts\arial.ttf                        'Installieren der Schrift
```

"GCR\" für "GetCurrentRemfile"

"GCR\" speichert den vollständigen Pfad der aktuell ausgeführten WinRobots-Skript Datei in "$v1$".

```
GCR\
' Resultat ins Clipboard legen.
CTC\$v1$
@
```

"BRK\([Daten])" für "Break".

Siehe auch "SEC\", "SEB\".

Dieser Befehl unterbricht die Abarbeitung einer WinRobots-Skript Datei und zeigt gleichzeitig in der rechten unteren Ecke des Bildschirms ein Fenster an mit zwei Button (rot mit "X" für Abbrechen und grün mit ">" für Fortsetzen). Mit

Daten = 2 wird der Cursor automatisch auf dem Fortsetzen-Button plaziert, und mit
Daten = 1 erhält der Button den Focus, so daß mit Enter- oder Leertaste weitergeschaltet werden kann.

Defaultmäßig wird das Fenster in der rechten unteren Ecke des Bildschirms angezeigt. Sie können jedoch auch eine bestimmte Position vorgeben. Tragen Sie dazu nach dem Befehl und abgetrennt durch einen Senkrechtstrich ("|") die Position (x,y) in Pixel ein, gerechnet von der oberen linken Bildschirmecke:
BRK\2|200,400

```
' +++ loop.rem +++
'
' Zweck:
' erstellt am: 15.02.2004
' von: Theo Gottwald
'==========================
'
VAR\$$CNT=4
' Dekrementiert $$CNT und springt nach Loop, falls der Wert in $$CNT nicht 0 ist.
:Loop
BRK\2
JIN\$$CNT<Loop
MBX\Ende
@
```

"BTC\[Daten]" für "Button Check".

Siehe auch: "KBS\", "TVI\".

Mit diesem Befehl kann ein vorher lokalisiertes Kontrollkästchen oder ein OptionButton definiert auf "ausgewählt" (checked) oder "nicht ausgewählt" (unchecked) gesetzt werden. Die Auswahl kann entweder nur per Code (unsichtbar) oder verbunden mit einer Mausbewegung erfolgen (ggf. mit akustischen Mausklick; s.u.). Dazu existieren folgende Möglichkeiten über die Angabe im Datenteil:

Daten= "0": Button ist nicht ausgewählt (unchecked), keine Mausbewegung;
Daten= "1": Button ist ausgewählt (checked), keine Mausbewegung;
Daten= "2": Button ist nicht ausgewählt (unchecked), Mausbewegung;
Daten= "3": Button ist ausgewählt (checked), Mausbewegung.

Wenn vorher "SND\1" gesetzt wurde, erfolgt auch ein akustischer Mausklick, wenn der Mauscursor bewegt wird (Daten = 2 oder 3); die Einstellung selbst erfolgt jedoch immer über Code.

Sie können den Befehl auch verwenden, um Kontrollkästchen in Listboxen, ListViews oder TreeViews definiert zu setzen. Dann stehen nur die Optionen "0" und "1" zur Verfügung, und der Befehl muß unmittelbar hinter demjenigen stehen, welcher das Item auswählt ("LVI\", "TVI\", "LBE\" oder "IEI\").

Beispiel für eine TVI\ - BTC\ Anwendung (ein Beispiel mit Verbreiterung des Treeview finden sie unter "TVI\"):

```
CPL\ordner
STW\#32770\ordneroptionen
GCW\\1\systabcontrol32\*
TCS\ansicht
STW\#32770\ordneroptionen
GCW\\2\systreeview32\*
TVI\*\ordner
BTC\0
MBX\ Achtung!
TVI\*\ordner
BTC\1
@
```

"MAF\" für "Minimize All Folders"

Siehe auch: "MAA\", "RAA\".

"MAF\" minimiert alle offenen Ordner, Bei Programmende werden die minimierten Folder automatisch wiederhergestellt. Wenn Sie bei "MAF\" im Datenteil ein Pluszeichen angeben ("MAF\+"), bleiben die Ordner auch nach Programmende minimiert.

"RAF\" für "Restore All Folders".

Siehe auch: "MAA\", "RAA\".

"RAF\" stellt alle minimierten Ordner wieder her.

"CAF\" für "Close All Folders"

"CAF\" schließt alle offenen Ordner,

```
' Beispielcode (nicht lauffähig!)

MAF\    'MinimizeAllFolder
HRE\    'HideWR-Editor
HDB\    'Hide taskbar & desktop

'Select *.dpt file for "DPI\".
'Font parameters are stored in the
'"sample" section of "dpiparam.ini"
DPF\sample

'*******************
:new
SHF\a\80,60|10|$$col@
SHF\a\70,50|10|$$col@
SHF\a\60,40|10|$$col@
SHF\a\50,30|10|$$col@
SHF\a\40,20|10|$$col@
GTD\2|$$tim|$$dif
JIV\$$dif<3:new   'jump back until 3 sec reached
'JIN\$$cnt<new    'Decrement counter; if > 0,
                 'jump back to :new

SSM\        'StopShowMessage
RAF\        'RestoreAllFolder
@
```

"VAL\[Daten]" für "Value";

Mit dem Befehl "VAL\..." können Sie den (ganzzahligen) numerischen Wert eines Ziffernblocks in einem String/einer Variablen ermitteln, z.B. in "asr0089jkti" würde der Befehl 89 ergeben.

Wenn der String mehrere Ziffernblöcke enthält, können Sie nach dem String/der Variablen und abgetrennt durch einen Sekrechtstrich ("|") angeben, den Wert welches Blocks Sie ermitteln möchten (die Angabe erfolgt durch die Nummer beginnend links mit 1)
Das Resultat wird als Ziffernfolge in "$v1$" abgelegt.

Alternativ können Sie das Resultat direkt einer benutzerdefinierten Variablen ("$$xyz") zuweisen, indem Sie am Ende des Datenteils das Zeichen ">" und danach den Variablennamen angeben (siehe auch "VAR\").

```
' Wert nach $v1$ ablegen
VAL\$$ABB

' Wert direct in $$RES speichern
VAL\$$ABB>$$RES

VAR\$$LET=123ABC456de789-333
VAL\$$LET|3>$$ERG
MBX\$$ERG
' $$ERG wäre hier 789 da der dritte Zifernblock genommen wird.
```

"VIC\[Name]" für "VariableInCrement"

"VDC\[Name]" für "VariableDeCrement";

Die Befehle "VIC\" und "VDC\" erhöhen bzw. erniedrigen die im Datenteil anzugebende (numerische) Variable jeweils um einen bestimmten Wert. Wenn im Datenteil nur der Variablenname angegeben ist, beträgt der Wert = 1. Wenn Sie einen anderen Wert einsetzen wollen, geben Sie diesen anschließend und abgetrennt durch einen Senkrechtstrich an :


```
VIC\$$ABB          'erhöhen um 1

VDC\$$ABB|2   'erniedrigen um 2
```

"IVV\[Daten]" für "IfVariableValue", "EVV\" für "EndVariableValue";

Mit dem Befehl "IVV\..." können Sie die weitere Abarbeitung der WinRobots-Skript Datei davon abhängig machen, ob die im Datenteil angegebene Variable bestimmten anzugebenden Bedingung genügt oder nicht.

Sie können die Vergleichsoperatoren::

```
<=   kleiner oder gleich
>=   größer oder gleich
<, >  größer, kleiner, gleich
!, <> beides sind „ungleich Operatoren"
```

sowohl für numerische Werte als auch für einen Textvergleich einsetzen. Dabei ist folgende Schreibweise einzuhalten:

```
IVV\$$16a=20
'...
EVV\

IVV\$$16a<20
'...
EVV\

IVV\$$16a>=20
'...
EVV\

IVV\$$16a<>abc 'oder IVV\$$16a!abc
'...
EVV\
```

Wenn die Variable $$16a den Wert 20 hat (erstes Beispiel) bzw. kleiner als 20 ist (zweites Beispiel), werden die Befehle zwischen "IVV\..." und "EVV\" ausgeführt. Sie können nach dem Vergleichsoperator auch eine andere Variable einsetzen, z.B.

```
IVV\$$16a<=$$11a
'...
EVV\
```

!WICHTIG!
Bei Prüfung auf Gleichheit werden immer die Zeichenfolgen verglichen; Sie können diese Abfrage also auch für nichtnumerische Variablen verwenden, z.B.:

```
IVV\$$16f=blabla
'...
EVV\

VAR\$$132=blabla
IVV\$$16t=$$132
'...
EVV\
```

Bei allen anderen Prüfungen bestimmt der Term nach dem Befehl, welche Art von Vergleich durchgeführt wird. Wenn das ein numerischer Wert ist, wird vom Vergleichswert ebenfalls ein numerischer Wert gebildet (bei allen Zeichen außer den Ziffern 1 - 9 immer Null) und mit diesem verglichen. Wenn Sie also einen reinen Textvergleich zwischen Zeichenfolgen und numerischen Werten durchführen wollen, muß der Term nach dem Befehl die Zeichenfolge enthalten!

Außerdem können Sie im Datenteil mehrere durch "|" getrennte Vergleichswerte angeben. Die Bedingung ist dann erfüllt, wenn einer der Vergleichswerte mit der Vorgabe übereinstimmt. Gleichzeitig wird dieser Wert in eine programminterne Variable geschrieben, auf die Sie mit der Zeichenfolge "$v1$" zugreifen und bei Bedarf an eine benutzerdefinierte Variable übergeben können (siehe "VAR\").

```
IVV\$$16a=$$11a|wert|$$var|dsef
'...
EVV\
```

Die Befehle zwischen "IVV\..." und "EVV\" werden auch dann nicht ausgeführt, wenn die als erstes Argument angegebene Variable gar nicht existiert. Sie können also mit "IVV\..." implizit die Existenz einer Variablen überprüfen; allerdings ist auch dann immer ein (beliebiger) Vergleichswert mit anzugeben:

```
IVV\$$16f=0   '# Wenn $$16f nicht existiert, werden die Befehle bis "EVV\" nicht
ausgeführt.
'...
EVV\
```

Wenn Sie auf Gleichheit mit Leerzeichen prüfen wollen, müssen Sie diese durch die Zeichenfolge "sp" ersetzen:

```
IVV\$$xyz=$sp$$sp$   'Vergleich mit zwei Leerzeichen
'...
EVV\
```

Beispiel:

```
IVV\$$fnd=1      '# Maus war drin
 GOTO repeat     '# gleichen Bereich prüfen
ELSE
 VAR\$$cnt=0
EVV\
```

"ISV\[Daten]" für "IfSystemVariable", "ESV\" für "EndSystemVariable"

Mit dem Befehl "ISV\..." können Sie die Werte der Systemvariablen "$v1$" ... "$v6$" direkt mit Vorgaben vergleichen.

Es gelten die gleichen Vorschriften wie bei "IVV\..." mit dem einzigen Unterschied, daß im Datenteil an erster Stelle statt des Variablennamen die Ziffer aus der Systemvariablen (1 ... 6) anzugeben ist. Die zwischen "ISV\..." und "ESV\" stehenden Befehle werden nur dann ausgeführt, wenn die Vergleichsbedingung erfüllt ist.

Sie können die Vergleichsoperatoren::

```
<=  kleiner oder gleich
>=  größer oder gleich
<, >  größer, kleiner, gleich
!, <> beides sind „ungleich Operatoren"
```

sowohl für numerische Werte als auch für einen Textvergleich einsetzen. Dabei ist folgende Schreibweise einzuhalten:

Beispiel:

```
VAR\$$fnd=0      '# Hilfsvariable
ISV\1>=$$_01
 ISV\1<=$$_02
  ISV\2>=$$_03
   ISV\2<=$$_04
    VAR\$$fnd=1
    VIC\$$cnt
    IVV\$$cnt>$$num
     VAR\$$cnt=0
     GOTO $$_05
    EVV\
   ESV\
  ESV\
 ESV\
ESV\
```

"JIS\[Daten]" für "JumpIfSystemvariable"

Mit "JIS\" können Sie durch Auswertung des Inhalts einer Systemvariablen ("$v1$" ...
"$v6$") einen Sprung veranlassen. Die Befehlssyntax lautet wie folgt:
JIS\SysVarNummer[|]VergleichsoperatorVergleichswert|Sprungmarke oder
JIS\SysVarNummer[|]VergleichsoperatorVergleichswert:Sprungmarke ([|] = optional).
SysVarNummer: 1 ... 6 für "$v1$" ... "$v6$"
Vergleichsoperator: möglich sind <=, >=, <, >, =, !, <> (! und <> = ungleich);
     einsetzbar für numerische Werte und auch für Stringvergleich.
Vergleichswert: String oder numerischer Wert (Ziffer(nfolge))

Beispiel siehe "RND\"-Beispiel.

```
Beispielcode (nicht lauffähig):

 '# Sortieren
 :sort
 VSV\$$002<$$001

 VSV\$$003<$$002
 JIS\3=1:sort

 VSV\$$004<$$003
 JIS\3=1:sort

 VSV\$$005<$$004
 JIS\3=1:sort

 VSV\$$006<$$005
 JIS\3=1:sort

 SHI\7\rnd.txt#

@
```

"JIZ\[Daten]" für "JumpIfZero"

"JIN\[Daten]" für "JumpIfNonzero",

"JIF\[Daten]" für "JumpIfFilled"

"JIV\[Daten]" für "JumpIfValue",

Bei Schleifen ist es bequemer, statt der Abfrage einen der "JI?\"-Befehle zu verwenden, der dann bei erfüllter Abfragebedingung direkt zu einer Sprungmarke führt. Die Syntax lautet:

```
JI?\Variable[|]Sprungmarke bei "JIF\", "JIN\" und "JIZ\"

JIV\Variable[|]VergleichsoperatorVergleichswert|Sprungmarke

JIV\Variable[|]VergleichsoperatorVergleichswert:Sprungmarke
([|] = optional).
```

Bei "JIZ\" wird der Sprung ausgeführt, wenn die Variable leer ist oder einen Wert $<= 0$ (Null) hat.

Bei "JIN\" dann, wenn der numerische Wert der Variable größer als 0 ist.

Bei "JIF\" dann, wenn die Variable nicht leer ist (wenn sie Zeichen enthält).

"JIN\" und "JIZ\" werden häufig in **Schleifen** benötigt, wobei **vor** der Auswertung der Sprungbedingung **ein Dekrementieren oder Inkrementieren des Variablenwertes** erfolgt.

Die dazu erforderliche Befehlszeile können Sie einsparen, indem Sie in der "JI?\..."-Befehlszeile zwischen dem Variablennamen und der Sprungmarke den entsprechenden Operator angeben:

```
JIN\$$abc<neu 'Variable $$abc wird vor der Auswertung um 1 dekrementiert
JIZ\$$abc>neu 'Variable $$abc wird vor der Auswertung um 1 inkrementiert
```

Mit Hilfe von "JIV\" können Sie die Sprungbedingung genauer spezifizieren. Sie können die Vergleichsoperatoren <=, >=, <, >, =, !, <> (! und <> = ungleich) sowohl für numerische Werte als auch für einen Stringvergleich einsetzen.

Beispiele:

```
VAR\$$aaa=10
VAR\$$bbb=b
JIV\$$aaa|<12|ende
JIV\$$bbb<c:start
```

"CAL\[Daten]" für "Calculate"

Siehe auch: "VAR\", "IEV\", "TTR\", "TTL\", "TTU\".
Siehe auch: "Abfragen".

Mit dem Befehl "CAL\..." haben Sie die Möglichkeit, einfache, klammerlose Berechnungen durchzuführen. Und zwar

```
- (+) Addition,
- (-) Subtraktion,
- (*) Multiplikation,
- (/) Division,
- (\) Ganzzahldivision,
- (%) Modulo-Operator,
- (^) Potenzieren,
- (a) Absolutwert,
- (r) Quadratwurzel,
- (s) Sinus,
- (c) Cosinus und
- (t) Tangens.
```

Dabei ist immer eine Ergebnisvariable anzugeben, und anschließend werden die einzelnen Terms aneinandergereiht nach folgendem Schema (ausgenommen Quadratwurzel, Absolutwert und Winkelfunktionen):

```
CAL\$$var=[Wert1][Operator1][Wert2][Operator2][Wert3][Operator
3][Wert4]...
```

Für die Werte können Variable, Zahlenwerte oder Hex-Werte (&H...) angeben werden, z.B.:

```
CAL\$$11a=$$12a+100*223/$$abc
CAL\$$11a=$$12a+100*223/&HFA
```

Die Ergebnisvariable muß vorher nicht definiert und auch nicht belegt werden; sie wird intern vom Programm deklariert.

!WICHTIG!
* Die **Berechnung** des Ausdrucks erfolgt **von links nach rechts**, d.h. das Ergebnis aus `[Wert1][Operator1][Wert2]` bildet den linken Operanden für den Operator2. Die **Regel** "Punktrechnung vor Strichrechnung" **gilt nicht**, und **Klammern** sind **nicht** gestattet.
* Wenn Sie das **Endergebnis** als **Integer-Wert** in der Ergebnisvariablen haben möchten, tragen Sie in der Befehlszeile als letztes Zeichen "|i" ein.
* Ergebniswerte **< 0,1** werden in **Exponentialschreibweise** dargestellt (0,095 -> 9,5E-02). Sie können aber die Ergebnisvariable mittels "FMT\..." in die übliche Dezimalschreibweise konvertieren:

```
DVV\1
CAL\$$sin=s5,7grd          '9,93197497436389E-02
CAS\2
FMT\$$sin|0.0000000000     '0,0993197497
```

Quadratwurzel, Absolutwert und **Winkelfunktionen** lassen sich **nicht** zusammen **mit anderen Operatoren** verwenden. Diese Operationen müssen immer **in einer getrennten Zeile** ausgeführt werden. Bei **Winkelfunktionen** wird das Argument standardmäßig als

Bogenmaß interpretiert; soll der Winkel in **Grad** angegeben werden, ist die Zeichenfolge ("**grd**") anzuhängen:

```
CAL\$$abs=a$$abs
CAL\$$sqr=r25
CAL\$$sin=s72grd
CAL\$$cos=c1,334

Ausführbares Beispiel:

HAA\
MAF\
HDB\
VAR\$$col=blue
VAR\$$dck=35
CAL\$$2dk=$$dck*2
CAL\$$xxx=$sw$\2
CAL\$$yyy=$sh$\2
SAP\$$xxx,$$yyy
SRP\1
CAL\$$aaa=$sh$-$$2dk
:neu
SHF\a25\$$aaa,$$aaa|$$dck|$$col@
VDC\$$aaa|10
JIN\$$aaa:neu
@
```

"IVB\[Daten]" für "IfVariableBetween", "EVB\" für "EndVariableBetween";

Mit dem Befehl "IVB\..." können Sie feststellen, ob der Wert einer Variablen in einem bestimmten Bereich liegt. Dazu ist im Datenteil zunächst der Name der Variablen anzugeben und danach - jeweils durch Senkrechtstrich ("|") getrennt - die Untergrenze und die Obergrenze (für beide Angaben gilt "einschließlich"). Bei numerischen Angaben erfolgt die Prüfung des Zahlenwertes, bei Zeichenfolgen anhand der Sortierreihenfolge der jeweiligen Codepage. Die zwischen "IVB\" und "EVB\" liegenden Befehle werden nur ausgeführt, wenn die Bedingung erfüllt ist.

```
VAR\$$123=5
IVB\$$123|2|7'# Bedingung ist erfüllt.
'...
EVB\
VAR\$$abc=n
IVB\$$abc|b|p'# Bedingung ist erfüllt.
'...
EVB\
```

"IVA\[Daten]" für "IfVariableAnd", "EVA\" für "EndVariableAnd";

Mit der Abfrage "IVA\..." können Sie feststellen, ob eine **numerische** Variable einen bestimmten **numerischen** Wert enthält im Sinne eines binären "AND". Dazu ist im Datenteil zunächst der Name der Variablen anzugeben und danach durch ein Ampersand ("**&**") abgetrennt der zu prüfende Wert als Ziffernfolge oder Variable. Die zwischen "IVA\..." und "EVA\" stehenden Befehle werden nur dann ausgeführt, wenn die Prüfbedingung erfüllt ist.

```
VAR\$$aaa=9
IVA\$$aaa&8          '# Bedingung ist erfüllt.
'...
EVA\
IVA\$$aaa&1          '# Bedingung ist erfüllt.
'...
EVA\
IVA\$$aaa&2          '# Bedingung nicht erfüllt.
'...
EVA\
```

"IVN\[Daten]" für "IfVariableNumeric", "EVN\" für "EndVariableNumeric";

Mit dem Befehl "IVN\..." können Sie prüfen, ob die Zeichenfolge einer im Datenteil anzugebenden Variablen ausschließlich numerische Zeichen (Ziffern) enthält. Die zwischen "IVN\..." und "EVN\" stehenden Befehle werden nur dann ausgeführt, wenn das der Fall ist.

```
IVN\$$xyz
'...
EVN\

 :again
 JNF\b_53|Startcount
 NVV\$$RET=X0
  VAR\$$L00=$$RET
  IVN\$$L00
   JIV\$$L00=:new
   VIC\$$L00
   JNF\b_52|Startcount|$$L00
  ELSE
   GOTO new
  EVN\
 ELSE
  GOTO new
 EVV\
@
```

"CAR\[Daten]" für "ContinueAtRelativeTime"

Siehe auch: "CAS\", "CAT\", "GST\", "PAT\".

Mit "CAR\..." läßt sich die Weiterführung der Abarbeitung einer WinRobots-Skript Datei zeitlich steuern.

Im Gegensatz zu "CAT\..." wird bei "CAR\..." das Programm dann fortgesetzt, wenn seit dem Programmstart, genauer gesagt seit dem Befehl "GST\" (GetStartTime) mindestens die Zeit vergangen ist, die im Datenteil des Befehls angegeben ist. Die Angabe der Zeitspanne muß nach folgenden Schema erfolgen:

"CAR\44" oder "CAR\327", wenn nur Sekunden als Zeitspanne angegeben werden,
"CAR\3:44", wenn Minuten und Sekunden als Zeitspanne angegeben werden bzw.
"CAR\1:03:44", wenn Stunden, Minuten und Sekunden als Zeitspanne angegeben werden.
Das Programm wird sofort weiter abgearbeitet, wenn der Zeitpunkt bereits erreicht oder überschritten ist bzw. solange angehalten, bis der Zeitpunkt erreicht ist.

Mit diesem Befehl läßt sich ein exakter zeitlicher Ablauf beispielsweise eines Vortrags festlegen, wobei trotzdem noch individuelle Variationsmöglichkeiten zwischen den Befehlen gegeben sind; mit "CAR\..." kann sozusagen der zeitliche Rahmen vorgegeben werden.

CAR\ orientiert sich bei Befehlsaufruf an der aktuellen **Systemzeit**. Deshalb darf diese während eines Wartezustands **nicht verstellt** werden!

"PAR\[Daten]" für "PlayAtRelativeTime"

Mit "PAR\..." können Sie zur angegebenen Zeit (Zeitangabe siehe "CAR\") eine zweite Instanz des WinRobots-Programms mit einer im Datenteil anzugebenden WinRobots-Skript Datei starten, während die Abarbeitung der aktuellen WinRobots-Skript Datei fortgesetzt wird. Die andere WinRobots-Skript Datei wird dann zum angegebenen Zeitpunkt parallel zu und unabhängig von der aktuellen WinRobots-Skript Datei abgearbeitet, sofern der angegebene Zeitpunkt nicht bereits überschritten ist:

```
GST\
PAR\223|test.rem
PAR\2:30|test.rem
PAR\1:20:00|test.rem
```

PAR\ orientiert sich bei Befehlsaufruf an der aktuellen **Systemzeit**. Deshalb darf diese während eines Wartezustands **nicht verstellt** werden!

"CAS\[Daten]" für "ContinueAfterSeconds" und das %%-Feature

Siehe auch: "CAT\", "CAR\", "GST\", "TDL\", "WKS\".

Die nach "CAS\..." folgenden Zeilen werden erst nach Ablauf der im Datenteil anzugebenden Sekundenzahl ausgeführt. Der Befehl orientiert sich an der Systemzeit und kann innerhalb einer WinRobots-Skript Datei beliebig oft eingesetzt werden. Dadurch kann die straffe Zeitgliederung eines Ablaufs, z.B. für Vorträge oder Demos erreicht werden.
Beipiel:
```
CAS\5
```

HINWEIS:
Bei Demos, Präsentationen etc. wird "CAS\" sehr oft eingesetzt, bläht dadurch die WinRobots-Skript Dateien unnötig auf und macht sie weniger gut lesbar. Deshalb ist es möglich, die **Wartezeit** auch im **vorhergehenden Befehl** zu setzen, und zwar mittels der **Zeichenfolge "%%"** und anschließend der **Wartezeit** in sec **am Ende des Datenteils jedes beliebigen Befehls**. Da es jedoch bei einer Übernahme von Daten aus Fremdfenstern durchaus passieren könnte, daß die oben genannten Zeichenfolge ungewollt in der Befehlszeile auftritt, ist dieses **Feature** standardmäßig ausgeschaltet, und wenn Sie es benutzen wollen, müssen Sie es vorher **aktivieren**. Das geschieht **über** den **Befehl "OPT\1"**.

!WICHTIG!
CAS\ orientiert sich beim Eintritt in den Wartezustand an der aktuellen **Systemzeit**. Deshalb darf diese während eines Wartezustands **nicht verstellt** werden!

Beispiel:
```
OPT\1
'...
STW\$$edi
SPC\$$btn\##3
SRP\1
MMV\%%2
DPI\5\save\0,0,41%%1
CAS\5
```

"DAS\[Daten]" für "DoAfterSeconds".

Mit "DAS\..." können Sie einen Befehl nach Ablauf einer bestimmten Zeit quasi in den Abarbeitung einer WinRobots-Skript Datei "einschieben". Im Datenteil ist zunächst die Anzahl der Sekunden anzugeben, nach welcher der Befehl ausgeführt werden soll - bezogen auf den Zeitpunkt, zu dem der Befehl gelesen wird. Danach folgt - abgetrennt durch einen Backslash - die übliche Befehlszeile für den einzuschiebenden Befehl. Der Befehl wird dann zum nächstmöglichen Zeitpunkt nach Erreichen der Vorgabezeit abgearbeitet, d.h. der bei Erreichen der Vorgabezeit laufende aktuelle Befehl wird in jedem Falle erst beendet (das gilt analog für "WKS\"). Wenn es sich bei dem aktuellen Befehl um einen Warte-Befehl zum Warten auf die Änderung an einem Fenster (z.B. "WFW\", "MTW\" oder ähnliche) handelt, wird der einzuschiebende Befehl erst nach Ablauf der Wartezeit ausgeführt. Bei zeitbezogenen Wartebefehlen ("CAS\", CAR\" etc.) wird der Befehl innerhalb der Wartezeit eingeschoben.

Eingeschobene Befehle werden in der Fortschrittsanzeige ("DWP\") mit einem vorgestelltem ">" gekennzeichnet.

Wenn Sie einen Befehl periodisch einschieben wollen, geben Sie nach der Sekundenanzahl für die Verzögerungszeit ein "p" oder "P" an für "periodic". Dann wird nach Abarbeitung des Befehls erneut die Sekundenzahl gesetzt und der Befehl nach dieser Zeit wieder ausgeführt. Das setzt sich bis zum Beenden der WinRobots-Skript Datei fort.

Normalerweise wird eine WinRobots-Skript Datei mit dem Endezeichen ("@") beendet, auch wenn noch einzuschiebende Befehle mit einer längeren Wartezeit anstehen. Wenn Sie jedoch erreichen wollen, daß ein solcher Befehl in jedem Falle nach der angegebenen Zeit ausgeführt wird, tragen Sie nach der Sekundenzahl "a" oder "A" ein (für "always"). Periodische Befehle werden nach dem "offiziellen" Beenden der WinRobots-Skript Datei nicht mehr ausgeführt.

Eine Kombination von "periodic" und "always" ist nicht möglich.

Wenn Sie Anzeigebefehle mit Verzögerung einschieben wollen (z.B. "SHI\-5\..."), wird diese Angabe entfernt. Statt dessen müssen Sie die Zeitangabe nach "DAS\" entsprechend setzen. Die Option "+" bei Anzeigebefehlen (sofortige Weiterbearbeitung der WinRobots-Skript Datei) kann jedoch auch im Zusammenhang mit "DAS\" genutzt werden.

Sie sollten diesen Befehl nur in Ausnahmefällen benutzen; generell ist die Einordnung von Befehlen an entsprechender Stelle der WinRobots-Skript Datei zu bevorzugen.

Beispiele:
```
DAS\4\SHI\2\working.txt#        '# Einmalig nach 4 sec
DAS\5p\SHI\2\working.txt#       '# Periodisch nach jeweils 5 sec
DAS\25a\SHI\2\working.txt# '# Einmalig garantiert

 ' +++ das.rem +++
 ' Zweck: Sample
 ' erstellt am: 28.07.2002
 ' von: thue
 '==========================
DWP\1
VAR\$$cnt=0
VAR\$$max=15
SHG\0\she.jpg
DAS\3p\SHI\2\working.txt#
DAS\25a\WPS\tada
:new
IVV\$$cnt<$$max
 TDL\300
 VIC\$$cnt
 GOTO new
EVV\
@
```

"CAT\[Daten]" für "ContinueAtTime",

Siehe auch: "CAS\", "CAR\", "GST\", "PAR\".

Mit "CAT\..." läßt sich der Start oder die Weiterführung der Abarbeitung einer WinRobots-Skript Datei zeitlich steuern. Die nach diesem Befehl folgenden Zeilen werden erst bei Erreichen einer bestimmten Zeit ausgeführt. Diese Zeit ist im Datenteil als Zeichenfolge **"hhmm"** anzugeben, also beispielsweise mit "1345" für 13:45 Uhr. Die Genauigkeit der Abarbeitung bezogen auf die Systemzeit beträgt standardmäßig 30 sec. Sie können diese Genauigkeit beeinflussen, indem Sie nach der Zeitangabe im Datenteil die gewünschte Genauigkeit in sec angeben, abgetrennt durch einen Senkrechtstrich "|", (z.B. "CAT\1824|5").

```
' +++ swd_error.rem +++
'
' Zweck: Fehleranzeige
' erstellt am: 24.11.2003
' von: thue
'=============================
IEW\thunder&&form\$display$
 END\
 EEW\
 WDL\
 SHM\swd_error.txt
' hier findet um 0:10 der Reboot statt (Reboot.exe)
CAT\0200
@
```

"PAT\[Daten]" für "PlayAtTime".

Mit "PAT\..." können Sie zur angegebenen Zeit (Zeitangabe siehe "CAT\") eine zweite Instanz des WinRobots-Programms mit einer im Datenteil anzugebenden WinRobots-Skript Datei starten, während die Abarbeitung der aktuellen WinRobots-Skript Datei fortgesetzt wird. Die andere WinRobots-Skript Datei wird dann zum angegebenen Zeitpunkt parallel zu und unabhängig von der aktuellen WinRobots-Skript Datei abgearbeitet, sofern der angegebene Zeitpunkt nicht bereits überschritten ist:

```
PAT\2213|test.rem
PAT\2213|5|test.rem
```

"CBH\[Daten]" für CallBackHandle.

Siehe auch: "CBM\".

Mit diesem Befehl senden Sie das Handle des aktuell lokalisierten Fensters zurück an ein steuerndes Programm. Voraussetzung für die Verwendung dieses Befehls ist, daß das steuernde Programm vorher das Handle des "Empfängerfensters", an welches die Message übermittelt werden soll, dem WinRobots-Programm mitgeteilt hat (siehe dazu "Das WinRobots-Programm als Zusatzsoftware").
Anmerkung:
Die Übermittlung des Handles erfolgt immer mit vorgestelltem "#" zur Unterscheidung von Rückmeldungen, die mit "CBM\" verschickt werden.

"CBM\[Daten]" für CallBackMessage

Siehe auch: "CBH\".

Mit "CBM\..." senden Sie die im Datenteil angegebene Zeichenfolge zurück an ein steuerndes Programm. Voraussetzung für die Verwendung dieses Befehls ist, daß das steuernde Programm vorher das Handle des "Empfängerfensters", an welches die Message übermittelt werden soll, dem WinRobots-Programm mitgeteilt hat (siehe dazu "Das WinRobots-Programm als Zusatzsoftware").
Anmerkung:
Die Auswertung der Zeichenfolge ist nicht casesensitiv. Es wird empfohlen, Ziffernfolgen zur Übermittlung zu verwenden.

"CCC\[Daten]" für "CommonControlCommand".

Siehe auch: "LVI\", "TVI\", "TCP\", "TBB\".

Für die häufiger eingesetzten Steuerelemente aus der "Common Controls"-Sammlung von Windows gibt es spezielle Befehle wie unter "siehe auch" angegeben. "CCC\..." ist eine Art Sammelbefehl für folgende Common Controls:

```
1=sysdatetimepick32
2=sysmonthcal32
3=sysipaddress32
4=msctls_updown32
5=msctls_progress32
```

Mit dem Befehl können Sie die aktuellen Werte der vorher lokalisierten Steuerelemente auslesen und einstellen. Die allgemeine Syntax lautet:

CCCNo|g/s|Param1[|Param2|Param3]

No = Zahl, die das jeweilige Steuerelement kennzeichnet (siehe oben; wird beim Benutzen der "gelben Liste" automatisch eingefügt),
"g" für "Get" oder alternativ "s" für "Set",
Param1...Param3 = steuerelementeabhängige Anzahl von Parametern, die beim Einstellen angegeben werden können (s.u.).

Beim Lesen werden die Ergebnisse in Variablen gespeichert, auf die Sie mit den unten angegebenen Zeichenfolgen zugreifen können.

SysDateTimePick32
lesen:
```
$v1$=gesamte Zeichenfolge der Einstellung
$v2$ bis $v4$/$v5$  bei Zeitanzeige Stunde, Minute, Sekunde
                    bei Datumsanzeige Jahr, Monat, Tag, Wochentag
```
einstellen:
```
Bei Zeitanzeige    Param1=Stunde, Param2=Minute, Param3=Sekunde,
bei Datumsanzeige  Param1=Jahr, Param2=Monat, Param3=Tag
```

SysMonthCal32
lesen:
```
$v2$ bis $v4$ Jahr, Monat, Tag
```
einstellen:
```
Param1=Jahr, Param2=Monat, Param3=Tag
```

SysIPAddress32
lesen:
```
$v1$=gesamte Zeichenfolge der Einstellung
$v2$ bis $v5$ Inhalt der Felder 1 bis 4
```
einstellen:
```
Param1=Feld1,Feld2,Feld3,Feld4 oder Feld1.Feld2.Feld3.Feld4
```

MSCtls_UpDown32
lesen:
```
$v1$=aktuelle Einstellung
```
einstellen:
```
Param1=Einstellwert
```

MSCtls_Progress32
lesen:
$v1$=aktueller Wert

```
' +++ CCC-IP Control.rem +++
' Zweck:
' erstellt am: 25.10.2005
' von: Theo Gottwald an TEOS
'==============================

STW\#32770\microsoft control spy - ip address|w30
GCW\0\2\sysipaddress32\*|w30
CCC\3|s|10.0.0.0

STW\#32770\microsoft control spy - ip address|w30
GCW\0\2\sysipaddress32\*|w30
CCC\3|s|10.20.0.0

STW\#32770\microsoft control spy - ip address|w30
GCW\0\2\sysipaddress32\*|w30
CCC\3|s|10.20.30.0

STW\#32770\microsoft control spy - ip address|w30
GCW\0\2\sysipaddress32\*|w30
CCC\3|s|10.20.30.40

' Progressbar Wert auslesen
STW\#32770\ - progress bar|w243
GCW\0\2\msctls_progress32\*|w243
CCC\5|g
MBX\$v1$

@
```

"WCT\[Daten]" für "WaitforClipboardText"

Mit dem Befehl "WCT\" können Sie darauf warten, daß
- in der Zwischenablage ein bestimmter Text erscheint oder daß
- in der Zwischenablage ein bestimmter Text nicht mehr vorhanden ist oder daß
- sich der Textinhalt der Zwischenablage ändert.
Die Befehlssyntax lautet:

```
WCT\[Timeout in sec|]Text[|*][!]
```

Wenn Sie kein Timeout angeben, wird ein Defaultwert von 30 sec verwendet.
Der Parameter Text enthält den Vorgabetext. Es wird geprüft, ob dieser
- gleich ist mit dem Inhalt der Zwischenablage, wenn "|*" fehlt, oder
- im Inhalt der Zwischenablage enthalten ist ("|*" ist angegeben).
Beide Prüfungen sind nicht casesensitiv!

Wenn auf eine Änderung oder das Verschwinden eines Vorgabetextes gewartet werden soll, ist als letztes Zeichen in der Befehlzeile ein "!" einzutragen. Bei Eintreten der Änderung innerhalb der Timeout-Zeit wird dann der neue Text in "$v1$" gespeichert.

Um auf eine Änderung des Inhalts der Zwischenablage zu warten, lassen Sie den Parameter "Text" leer.

Wenn der Text nicht innerhalb der Timeout-Zeit erscheint bzw. die Änderung nicht eintritt, wird ein Timeout-Flag gesetzt, welches Sie mittels "ITO\" abfragen können.

```
' +++ wct.rem +++
' Zweck: Sample
' erstellt am: 22.04.2003
' von: thue
'=========================
DVV\1
'# Copy text to clipboard
CTC\Old Text!
CFC\$$old
'# After 5 sec change text
DAS\5\CTC\New Text!
'# Wait for change 30 sec
WCT\!
'# Display changed text
VAR\$$txt=$v1$
@
```

"CFC\(Daten)" für "Copy From Clipboard"

Siehe auch: "CTC\", "CFW\", "CTW\", "CFF\", "CTF\", "PFC\", "STT\", "VAR\", "ITO\".

Der Befehl "CFC\" liest einen in der Zwischenablage vorhandenen Text und speichert diesen
- in "$v1$" gespeichert, wenn Sie den Datenteil leer lassen, oder
- in einer Variablen, wenn Sie im Datenteil den Namen einer Variablen angeben. Diese
Variable muß nicht vorher definiert werden.

Die Stringvariable kann dann folgendermaßen weiterverarbeitet werden:

- mit dem Befehl "CTW\ " (Copy To Window),
- mit dem Befehl "CTF\..." (Copy To File) oder
- im Datenteil eines Befehl durch Einsetzen von "TempText" bzw. der Variablen für den
kopierten Inhalt.

Anmerkung:
Sie können die Variable "TempText" auch mehrmals im Datenteil eines Befehl verwenden
oder auch einer selbstdefinierten Variablen zuweisen (siehe auch "VAR\").
Den Inhalt von "TempText" können Sie sich im Editor mit dem Befehl "XTT\" und einem
Haltepunkt anzeigen lassen.

```
' +++ 0302_150326.rem +++
' Zweck:
' erstellt am: 02.03.2007
' von: Theo Gottwald
'=========================

STW\xlmain\microsoft excel - mappe1.xls|w273
GCW\\1\xldesk\*|w273
OPR\73,297
MLC\
CFC\$$TXT
GSL\$$TXT
VAR\$$LEN=$v1$
VAR\$$CNT=1

:Lop
VAR\$$STA=$$CNT
VAR\$$STE=$$CNT
VIC\$$STE

GSS\$$STA,$$STE|$$TXT
VAR\$$CHR=$v1$
ASC\$$CHR>$$NUM
VAR\$$LIN=$$LIN $$NUM $crlf$
VIC\$$CNT
JIV\$$LEN>$$CNT|Lop
MBX\$$LIN
@
```

"CFD\[Daten]" für "Check for Disk". (oder Check For File)

Siehe auch: "IEF\".

Dieser Befehl prüft die Existenz der im Datenteil angegebenen Datei (des Laufwerks) und führt zu einer Fehlermeldung, wenn die Datei existiert. Er ist das Gegenstück zu "WFF" und wird z.B. genutzt, um zu prüfen, ob der Benutzer eine Diskette oder CD wirklich entnommen hat (vgl. auch "WFF\").
Die im Fehlerfall anzuzeigende Textdatei hat den Namen "isdisk.txt" und muß sich im Programmpfad befinden. Ist eine solche nicht vorhanden, wird eine globale Messagebox angezeigt.

"CFF\[Daten]" für "Copy From File"

Siehe auch: "LFF\", "CFC\", "CFW\", "CTW\", "CTF\", "CTC\", "PFC\", "STT\", "VAR\".
Siehe auch: "Spezialordner".

Der Befehl "CFF\..." liest den Inhalt oder Teile davon aus der im Datenteil spezifizierten (ASCII)Datei. Wenn Sie im Datenteil nur den Dateipfad angeben, wird der Datei-Inhalt in der programminternen Stringvariablen "TempText" hinterlegt und in "$v1$".

Die Datei muß mit vollständigem Pfad angegeben werden. Wenn Sie den Inhalt erst **ab einer** bestimmten Zeile kopieren wollen, geben Sie am Ende des Datenteils und abgetrennt durch einen Senkrechtstrich ("|") entweder

- die **Zeilennummer** (beginnend mit 1) und vorher das Zeichen "#" an **oder**
- den vollständigen Text der Zeile (nicht casesensitiv).

Wenn Sie den Inhalt nur **bis zu einer** bestimmten Zeile kopieren wollen, geben Sie am Ende des Datenteils, nach der Beginnbegrenzung und abgetrennt durch einen Senkrechtstrich ("|") entweder

- die **Zeilennummer** (beginnend mit 1) und vorher das Zeichen "#" an **oder**
- den vollständigen Text der Zeile (nicht casesensitiv).

Die Begrenzungen wirken inklusive, d.h. die angegebene Zeile wird mit kopiert. Sie können aber auch

- bei Beginnbegrenzung durch ein nachgestelltes "+" festlegen, daß erst nach der angegebenen Zeile kopiert wird bzw.
- bei Endebegrenzung durch ein nachgestelltes "-" festlegen, daß nur bis zur Zeile vor der angegebenen kopiert wird.

Wenn Sie den Inhalt von der ersten bis zu einer bestimmten Zeile kopieren wollen, müssen Sie zwei Trennzeichen ("|") davorsetzen.
Die Stringvariable kann dann folgendermaßen weiterverarbeitet werden:

- mit dem Befehl "CTC\ " (Copy To Clipboard),
- mit dem Befehl "CTF\..." (Copy To File) oder
- im Datenteil eines Befehl durch Einsetzen von "TempText" bzw. "$v1$" für den kopierten Inhalt.

Wenn Sie den kopierten Inhalt unmittelbar an eine Variable übergeben wollen, tragen Sie nach dem Dateipfad ">" und den Variablennamen ein.

Ein Beispiel mit CFF\ finden Sie auf den folgenden seiten.

© Theo Gottwald 2008

```
' +++ makehelp.rem +++
' Zweck: Hilfedateien zusammenstellen
' erstellt am: 03.12.2005
' von: Theo Gottwald/thue
'============================
'#SPI:forcewrite
'#EXE:Helpfiles.exe
'DWP\2
SEC\1
' Get Path to Remhelp, EXE-Safe
RER\HLM|SOFTWARE\Delphin Software\Remote|InstallRoot
VAR\$$PFA=$v1$
' If WR is not installed END
IVV\$$PFA=
 END\
EVV\

'Wordpad suchen
GPP\wordpad.lnk
VAR\$$RES=$v1$
IVV\$$RES=
 MBX\Wordpad muss im Startmenü sein!
 END\
EVV\
'Variable $$RES enthält jetzt den Pfad zu Wordpad

STR\30*-
VAR\$$TRN=$v1$
VAR\$$RCT=0
VAR\$$HTX=0
VAR\$$TRM=$crlf$$$TRN$crlf$
VAR\$$TMP=?temp\mytmp.rtf

'# Editor-Einstellung speichern
RER\HLM|SOFTWARE\Delphin Software\Remedit|CanMove
VAR\$$RCM=$v1$
REW\HLM|SOFTWARE\Delphin Software\Remedit|CanMove|0
'# Auswahlmaske anzeigen
SSS\600,400
GUS\h_choose.txt|m
IBI\2
 GOTO always
EBI\
'---------------------------------
'# Checkboxen auswerten und entsprechende Aktion ausführen
'---------------------------------
ICS\1
 VAR\$$PFB=$$PFA\remhelp\
 NEF\$$PFB.
  MBX\Remhelp-Folder not found.
  END\
 EEF\
 VAR\$$TAR=?desktop\WR-Helpfiles.rtf
 DEL\$$TAR
 VAR\$$fil=*.rtf_
 GSB\action
ECS\
CAS\2
ICS\2
 VAR\$$PFB=$$PFA\remfiles\
 VAR\$$TAR=?desktop\WR-Remfiles.rtf
 DEL\$$TAR
 VAR\$$fil=*.rem
 VAR\$$RCT=1
 VAR\$$PFB=$$PFA\remfiles
 GSB\action
```

```
ECS\
ICS\3
 VAR\$$PFB=$$PFA\remhelp\
 VAR\$$TAR=?desktop\WR-Textfiles.txt
 DEL\$$TAR
 VAR\$$fil=*.txt
 VAR\$$CNT=0
 GSB\action
ECS\
CAS\2
'-------------------------------

:always
DEL\$$TMP
REW\HLM|SOFTWARE\Delphin Software\Remedit|CanMove|$$RCM
@
'======================= ENDE ===========================

:action
GTD\1|$$MIT
VAR\$$CNT=0
IVV\$$fil!*.txt
 GSB\wordpad
EVV\
:neu
'-----------------------------------------
FEF\$$PFB|$$fil|Forf|$$ftx
'-----------------------------------------
'# Bei Rem-Dateien ins zweite Verzeichnis springen
IVV\$$RCT=1
 VIC\$$RCT
 VAR\$$PFB=$$PFA\remhelp\samples\remfiles
 GOTO neu
EVV\
'# Bei Textdateien keine Anzeige
IVV\$$fil=*.txt
 GOTO always
EVV\

SSM\
RTH\MWP
TMS\Datei||File
SMS\Speichern unter||Save as

BLB\$$TAR
VAR\$$TAB=$v1$
STW\#32770\speichern unter||save as
SPC\edit\*
WII\
RST\$$TAB|0,-1
WII\
SKP\~
WII\
SKP\$$TAR
WII\
SPC\button\speichern||save
BCS\
TDL\300
'# Haupt-Wordpad schließen
RTH\MWP
CLW\1
GTD\2|$$MIT
IVV\$$CNT>0
 CAL\$$FIL=$$MIT/$$CNT
EVV\
FMT\$$FIL|0.00
VAR\$$TEX=Vorgang über $$CNT Dateien in $$MIT Sekunden beendet.
VAR\$$TEX=$$TEX$crlf$Schnelligkeit: $$FIL Sekunde(n) per Datei.
SIT\5\$$TEX#
```

```
RET\

:forf
' Dateien hinter dem IVC werden übersprungen
IVC\$$ftx|$04|$sp$|hilfe|konserve|license
 GOTO over
EVC\

' Bei den Textdateien direkt arbeiten
IVV\$$fil=*.txt
 VIC\$$CNT
 ALB\$$ftx
 ' Dateinamen und Trenner zusammenstellen
 VAR\$$GES=$$TRMNr.$$CNT: $v1$$$TRM$crlf$
 CFF\$$ftx>$$ttt
 VAR\$$ttt=$$GES$$ttt$crlf$
 ATF\$$TAR<$$ttt
 GOTO over
EVV\

' Zu kleine Dateien überspringen
GFI\$$ftx
VAR\$$SIZ=$v1$
JIV\$$SIZ<128:over

VIC\$$CNT

IVV\$$fil=*.rtf_
 DEL\$$TMP
 UNZ\$$ftx->$$TMP
 GFI\$$TMP
 VAR\$$SIZ=$v1$
ELSE
 VAR\$$TMP=$$ftx
EVV\

ALB\$$ftx
VAR\$$nam=$v1$
VAR\$$msg=Reading: $$nam ($$SIZ Bytes)
SSM\0
SHI\1+\h_show.txt#

' Dateinamen und Trenner zusammenstellen
VAR\$$GES=$$TRMNr.$$CNT: $$nam$$TRM$crlf$
CTC\$$GES
' und einfügen
IVV\$$CNT>1
 GSB\scroll
EVV\
RTH\MWP
TMS\Bearbeiten||edit
SMS\Einfügen||paste
'Ans Ende scrollen
GSB\scroll

IVV\$$fil=*.rtf_
 GSB\get_rtf  '# RTF-Text über Clipboard holen
EVV\
IVV\$$fil=*.rem
 GSB\get_rem  '# REM-Text über Clipboard holen
EVV\

' und einfügen
RTH\MWP
TMS\Bearbeiten||edit
SMS\Einfügen||paste
GSB\scroll
'# WR-Editor schließen
IVV\$$fil=*.rem
```

```
  RTH\RED
  CLW\1
EVV\
:over
@

:get_rtf
' Starte zweites Wordpad mit neu geladener HilfeDatei
EXX\$$RES|"$$TMP"
STW\wordpadclass\- wordpad
SWP\351,3|303,280

' Alles markieren, kopieren ...
WII\
TMS\Bearbeiten||edit
SMS\Alles markieren||select

WII\
TMS\Bearbeiten||edit
SMS\Kopieren||copy
WII\
CLW\1
MTW\
RET\

:get_rem
VAR\$$exe=?exepfad\remedit.exe
EXX\$$exe|$$ftx?351,3
WII\
STW\thunder&&form\editor (c)
KTH\RED
SPC\richtextwndclass\*
SAW\
SKP\^{HOME}
SKP\+^{END}
SKP\^{INSERT}
WDH\
RET\

:wordpad
' Main WordPad starten
EXX\$$RES
WMS\Pexe
STW\wordpadclass\- wordpad
SWP\25,3|296,280
' Topfensterhandle merken
ECH\
KTH\MWP
WMS\
RET\

:scroll
RTH\MWP
GCW\\1\richedit&&w\*
WII\
OPR\
MEL\
SKP\^{END}
WII\
```

"CFI\[Daten]" für "Copy From IniFile",

Der Befehl "CFI\..." liest entweder eine komplette Sektion oder den Wert (Zeichenfolge) aus, der einem Eintrag in einer Ini-Datei zugeordnet ist.

Wenn Sie einen **einzelnen Wert** lesen wollen, müssen sowohl die Ini-Datei mit vollständigem Pfad als auch die Sektion, in welcher der Eintrag zu suchen ist, und die Bezeichnung (der Name) des Eintrags angegeben werden nach folgendem Schema:

```
CFI\Dateipfad|Sektion|Eintragsname
```

Die einzelnen Terms sind durch "|" (Senkrechtstrich) voneinander zu trennen wie im folgenden Beispiel dargestellt:

```
CFI\e:\test\test.ini|Testsektion|Testeintrag
```

Der ausgelesene Wert (Zeichenfolge) wird wie bei "CFF\..." entweder in die Variablen "TempText" und "$v1$" übertragen oder bei Angabe von ">" und einem Variablennamen direkt an eine Variable übergeben:

```
CFI\e:\test\test.ini|Testsektion|Testeintrag>$$tst
```

Wenn im Werteteil des Ini-Eintrags ein ";" (Semikolon) enthalten ist, wird nur der Teil links von diesem zurückgegeben, verkürzt um evtl. vor dem Semikolon eingebrachte Leerzeichen oder Tabulatoren.

Wenn Sie eine **komplette Sektion** lesen wollen, geben sie im Datenteil nur den Dateipfad und den Sektionsnamen an, danach ggf. einen Variablennamen zur Aufnahme der Einträge (s.o.), und abschließend (ohne weiteren Trennstrich) das Zeichen "%" oder "#", wenn die Sektion als durch Zeilenschaltung getrennte Einträge gespeichert werden soll, oder das Zeichen "**&**", wenn der gesamte Inhalt als durch Nullzeichen (Chr$(0)) separierter String mit abschließendem Doppel-Nullzeichen gespeichert werden soll. Letzteres ist erforderlich, wenn Sie die gelesene Sektion mittels "CTI\" in eine andere Ini-Datei schreiben wollen.

Wenn in den einzelnen Einträgen Trennzeichen ("|") vorkommen, müssen Sie das Ergebnis zur Weiterverarbeitung einer benutzerdefinierten Variablen ("$$xyz") zuweisen:

```
CFI\?exepfad\remedit.ini|help>$$ini&
CTI\?exepfad\mytest.ini|Help|$$ini
@
```

Beim Lesen mit "%" am Ende werden gleichzeitig alle Einträge der Sektion in einer Collection gespeichert, die den Namen der Sektion als Bezeichnung erhält. Mit "FEC\" können Sie dann alle Einträge durchlaufen und weiter bearbeiten, z.B.:

```
CFI\?exepfad\remedit.ini|help%
FEC\help|doit|$$col
@
:doit
DPM\$$col
TDL\500
@
```

Beachten Sie jedoch, daß Sie die Collection mit "CDL\..." wieder löschen, wenn sie nicht mehr benötigt wird (standardmäßig ist maximale Anzahl = zehn, es sei denn, Sie hätten sie mittels "CSN\" erhöht).

In beiden Fällen wird die Anzahl der Einträge in der Sektion in "$v2$" hinterlegt.

```
' +++ get_from_ini.rem +++
' Zweck:
' erstellt am: 03.04.2006
' von: Theo Gottwald
'===============================
' $ev4$ ist nur im EXE-Mode definiert,
' also wenn das Skript compiliert wurde und als EXE läuft.
' Siehe „Die Option EXE erstellen"
'
VAR\$$INI=$ev4$\parameters.ini
NEF\$$INI
 VAR\$$INI=?pfad\parameters.ini
EEF\
NEF\$$INI
 MBX\Parameter-INI-Datei wird nicht gefunden.
 END\
EEF\

VAR\$$DEP=32
VAR\$$FRE=60

' Display-Override auslesen
VAR\$$SEC=Parameters
VAR\$$ENT=Display
VAR\$$DOV=
CFI\$$INI|$$SEC|$$ENT>$$DOV

' Rotation auslesen
VAR\$$SEC=Parameters
VAR\$$ENT=Rotation
CFI\$$INI|$$SEC|$$ENT>$$RAD

' X-Resolution auslesen
VAR\$$SEC=Parameters
VAR\$$ENT=XRes
CFI\$$INI|$$SEC|$$ENT>$$ALX

' Y-Resolution auslesen
VAR\$$SEC=Parameters
VAR\$$ENT=YRes
CFI\$$INI|$$SEC|$$ENT>$$ALY

' Bits per Pixel auslesen
VAR\$$SEC=Parameters
VAR\$$ENT=BitPP
CFI\$$INI|$$SEC|$$ENT>$$DEP

' Frequenz auslesen
VAR\$$SEC=Parameters
VAR\$$ENT=Frequenz
CFI\$$INI|$$SEC|$$ENT>$$FRE

' EXE die gestartet werden soll
VAR\$$SEC=Parameters
VAR\$$ENT=RunAfter
CFI\$$INI|$$SEC|$$ENT>$$REX

@
```

"CTI\" für "Copy To Inifile"

Mit dem Befehl "CTI\..." können Sie gezielt entweder eine komplette Sektion oder einen einzelnen Eintrag in eine INI-Datei schreiben. Wenn Sie einen einzelnen Eintrag schreiben wollen, sind im Datenteil folgende Parameter anzugeben (jeweils durch Senkrechtstrich "|" getrennt):

CTI\Pfad|Sektion|Name|Wert

Pfad = vollständiger Pfad zur Ini-Datei,
Sektion = Bezeichnung der Sektion,
Name = Name des Eintrags,
Wert = Zeichenfolge für den Eintrag.

Existiert das dem Pfad zugrundeliegende Verzeichnis noch nicht, wird es angelegt.
Für die einzelnen Komponenten können Sie auch Variable einsetzen.
Wenn Sie einen Eintrag löschen wollen, tragen Sie in den Teil "Zeichenfolge für Eintrag" die Zeichenfolge "del" ein.

Um eine komplette Sektion zu schreiben, müssen die einzelnen Einträge (Name=Wert) durch Nullzeichen (Chr$(0)) getrennt und am Ende mit Doppel-Nullzeichen abgeschlossen werden. Sie können dies durch Verwendung der entsprechenden Ersetzungsbefehle ("TTR\", "RIT\" etc.) in Verbindung mit der Zeichenfolge "nul" erreichen. Wenn Sie eine mit "CFI\" gelesene Sektion in eine andere Datei schreiben wollen, müssen Sie bei "CFI\" am Ende des Datenteils das Zeichen "**&**" angeben.

Im Datenteil sind folgende Parameter anzugeben, jeweils durch Senkrechtstrich ("|") abgetrennt:

CTI\Pfad|Sektion|Inhalt
Pfad = vollständiger Pfad zur Ini-Datei,
Sektion = Name der Sektion und
Inhalt = Variable bzw. Systemvariable mit dem Inhalt der Sektion.

Wenn Sie eine komplette Sektion löschen wollen, tragen Sie statt der (System)Variablen die Zeichenfolge "del" ein.

```
Beispiele:
CTI\c:\windows\system.ini|boot|shell|explorer.exe oder
CTI\?ws\system.ini|boot|shell|explorer.exe
CTI\c:\test.ini|section|Testeintrag|del
CTI\c:\test.ini|section|del
@

CFI\?exepfad\remedit.ini|help>$$ini&     ' Sektion "Help" lesen
CTI\?exepfad\mytest.ini|Help|$$ini       ' Sektion "Help" schreiben
@
```

"GMT\[Daten]" für "GetMessageText".

Der Befehl "GMT\" ist quasi eine modifizierte Variante von "CFI\" und dient ebenfalls dazu, einen Text aus einer Ini-Datei zu lesen. Es wird jedoch vorausgesetzt, daß der Pfad zur Ini-Datei vorher in der Variablen "$$ini" abgespeichert wurde. Weiterhin wird nach dem Lesen das Zeichen "*" automatisch durch eine Zeilenschaltung ersetzt. Auf diese Weise lassen sich bequem Anzeigetexte oder Meldungstexte in einer Textdatei unterbringen, ohne die WinRobots-Skript Dateien aufzublähen, und außerdem mehrsprachig gestalten.

Im Datenteil sind Sektion und Eintragsname des gewünschten Textes anzugeben, getrennt durch einen Senkrechtstrich ("|"). Wenn Sie keine Sektion und keinen Trennstrich angeben, wird vorausgesetzt, daß der Name der Sektion vorher in der Variablen "$$sec" gespeichert wurde.

Der gelesene Text wird in "$v1$" hinterlegt.

Die Länge des Textes/der Einträge ist auf 500 Zeichen begrenzt.

Beispiele:

```
CFF\c:\test.txt                    'kopiert Inhalt in "TempText" und "$v1$"
CFF\c:\test.txt>$$txt              'kopiert Inhalt in "$$txt"
CFF\c:\test.txt>$$txt|#5           'kopiert ab Zeile 5
CFF\c:\test.txt>$$txt|#5+          'kopiert ab Zeile 6
CFF\c:\test.txt>$$txt|:marke       'kopiert ab der Zeile, die ":marke" enthält
CFF\c:\test.txt>$$txt|:marke+      'kopiert nach der Zeile, die ":marke" enthält
CFF\c:\test.txt>$$txt|[text]+|@    'kopiert nach Zeile mit "[text]" bis einschl. "@"
CFF\c:\test.txt>$$txt|[text]+|@-   'kopiert nach Zeile mit "[text]" bis vor "@"
CFF\c:\test.txt>$$txt||[text]-     'kopiert bis vor Zeile, die "[text]" enthält
'_____
VAR\$$ini=?exepfad\msg.ini
GMT\1031|1
MBX\$v1$|||1
@
'_____
VAR\$$ini=?exepfad\msg.ini
GLI\
VAR\$$lid
IVV\$$lid=1031
 VAR\$$sec=1031
ELSE
 VAR\$$sec=9999
EVV\
GMT\1
MBX\$v1$|||1
@

In der Ini-Datei:
[1031]
1=Das ist eine*Test-Meldung!
;...

[9999]
1=This is a*test message!
;...
```

© Theo Gottwald 2008

"CFW\(Daten)" für "Copy From Window"

Siehe auch: "CFC\", "CFW\", "CTW\", "CFF\", "CTF\", "PFC\", "STT\".

Der Befehl "CFW\" liest - sofern vorhanden - den Text des aktuellen Fensters und speichert diesen
- in der programminternen Stringvariablen "TempText" sowie in "$v1$", wenn Sie den Datenteil leer lassen, oder
- in einer Variablen, wenn Sie im Datenteil den Namen einer Variablen angeben. Diese Variable muß nicht vorher definiert werden.
Wenn das Fenster **keinen Text** enthält, wird "**notext**" zurückgegeben.
Wenn Sie den Datenteil mit dem Zeichen "#" abschließen, wird - sofern vorhanden - der selektierte Text des aktuellen Fensters gelesen.
Die Stringvariable kann dann folgendermaßen weiterverarbeitet werden:

- mit dem Befehl "CTC\"   (Copy To Clipboard),
- mit dem Befehl "CTF\..." (Copy To File) oder
- durch Zuweisung an eine Variable mit dem nachfolgenden Befehl "VAR\..." oder
- im Datenteil eines Befehl durch Einsetzen von "TempText" bzw. der Variablen für den kopierten Inhalt.

Bei **Listboxen** werden die einzelnen (selektierten) Listeneinträge mittels Zeilenschaltung getrennt aneinandergereiht. Wenn kein Eintrag selektiert ist, wird die gesamte Liste übernommen; bei selektierten Einträgen auch dann, wenn am Ende des Datenteils das Zeichen "+" eingetragen ist. Wollen Sie nur eine bestimmte Anzahl an Einträgen vom Ende der Liste kopieren, so geben Sie dies am Ende des Datenteils mit ">Anzahl" an, analog bei einer bestimmten Anzahl vom Beginn der Liste mit "<Anzahl".
Beim **Statusbar**-Steuerelement ("msctls_statusbar32") werden die Inhalte der einzelnen Panels in programminterne Variable geschrieben wie folgt:
- Der Text des ersten Panels wird in "TempText" und "$v1$" hinterlegt. Wenn Sie im Datenteil eine Variable angegeben haben, wird diese mit dem Text des ersten Panels belegt.
- die Texte der Panels 2 - 4 werden in die Variablen "$v2$" bis "$v4$" geschrieben, und
- "$v5$" enthält die restlichen Texte, jeweils durch Senkrechtstrich ("|") getrennt. Die Einzeltexte können Sie dann bei Bedarf mittels "SBD\" separieren.

Anmerkung:
Sie können die Variable "TempText" auch mehrmals im Datenteil eines Befehl verwenden oder auch einer selbstdefinierten Variablen zuweisen (siehe auch "VAR\").
Den Inhalt von "TempText" können Sie sich im Editor mit dem Befehl "XTT\" und einem Haltepunkt anzeigen lassen.

```
EXR\$$M09
IWF\90
 STW\*\- $$M13
 CFW\$$M07
ELSE
 MBX\Cannot localize your Picture-Editor. This button does not work on your
system.$crlf$Try to register Ulead Photoimpact for BMP to make it work.
 GOTO err
EWF\
```

"FST\[Daten] für "FindandSelectText",

Siehe auch: "CFC\", "CFW\", "CTW\", "CFF\", "CTF\", "PFC\", "STT\".

Mit "FST\" können Sie in einem vorher lokalisierten Textfenster nach einer Zeichenfolge suchen und diese optional markieren/selektieren.

```
FST\Suchwort[|Nummer][!][+]    []=optional
```

Suchwort = Zeichenfolge, nach der gesucht werden soll,
| = Trennzeichen vor einer Nummer,
Nummer = laufende Nummer ab 1, wenn das Suchwort mehrfach vorkommt,
! = Standardmäßig wird Groß/Kleinschreibung berücksichtigt; bei "!" nicht.
+ = wenn gefunden, soll das Suchwort selektiert werden.

Wenn gefunden, wird der aktuelle Punkt auf das Suchwort gesetzt, so daß man es mit "MMV\" anfahren kann.
Der Befehl unterstützt "IIF\"; Beispiel siehe unten.

HINWEIS:
Der Befehl funktioniert nur in **echten Textfeldern**, nicht im Browser oder Office-Dokumenten oder ähnliche Als Orientierung können Sie den Analyzer benutzen; wenn dieser im Fenster sinnvollen Text anzeigt, können Sie "FST\" verwenden.

```
 :view_03
 IWF\0
 SPC\$$rtf\*
 FST\@   ' Endezeichen lokalisieren
 MCP\,-13
 MLC\
 SRP\1
 MPO\%%2
 ' Meldung anzeigen
 DPI\5\write\0,0,41%%1
 ' Befehle eingeben
 GSB\view_01
 EWF\


 STW\wordpadclass\dokument - wordpad|w30
 GCW\\1\richedit20w\*|w30
 'RST\Neue Liste ab Nummer (66) |0,-1
 FST\Fragen
 MMV\
```

"WRT\[Daten] für "WindowReadText"

Siehe auch: "CFC\", "CFW\", "CTW\", "CFF\", "CTF\", "PFC\", "STT\".

Mittels des Befehls "WRT\" können Sie - mit gewissen Einschränkungen - **Text lesen** vergleichbar OCR, der mit anderen Befehlen nicht ermittelt werden kann.

Dies kommt in der Regel dann vor, wenn das entsprechende Fenster die dazu notwendigen Funktionen nicht unterstützt (z.B. Office-Dokumente). Der Befehl benutzt ein grafisches Verfahren und kann nur **einzeiligen Text lesen**; bei mehrzeiligem Text müssen Sie den Befehl wiederholt verwenden.

Im Datenteil sind relative Koordinaten (**x,y**) bezogen auf das aktuell lokalisierte (Kind)Fenster in der Weise anzugeben, daß Sie einen Punkt vor und oberhalb der Textzeile beschreiben. Wenn Sie keine diesbezüglichen Angaben machen, wird der durch eine vorhergehende Lokalisierung bestimmte aktuelle Punkt zugrundegelegt. Das kann durch Suchbefehle, eine Mustersuche oder Befehle wie "SAP\", "MCP\", "GOP\" oder ähnliche geschehen.

Der Punkt soll möglichst dicht an der Zeile liegen, darf aber keinesfalls mit seiner Projektion in die Zeile ragen. Beachten Sie bei der Festlegung die Tatsache, daß die Oberkante einer Textzeile um einige Pixel über dem Kopf von Großbuchstaben liegt. Der Punkt darf nach oben hin nicht in eine darüberliegende Zeile hineinragen, nicht mehr als eine Zeilenhöhe über der zu lesenden Zeile liegen und soll sich in einem freien Gebiet befinden, das nur die Hintergrundfarbe aufweist. Optional können Sie nach den Koordinaten und wiederum durch Komma abgetrennt noch die Länge in Pixel angeben, bis zu der ausgehend vom Startpunkt gelesen werden soll (oder nur diesen Wert, wenn Sie keine Koordinaten verwenden). Ist diese Länge nicht angegeben, versucht das Programm, das Zeilenende zu ermitteln (als Zeilenende wird ein freier Raum erkannt, der breiter ist als das breiteste Zeichen der Schriftart oder eine senkrechte Linie, z.B. Fensterkante).

Der gelesene Text wird in "$v1$" hinterlegt. Wenn Sie am Ende des Datenteils das Zeichen ">" und danach einen Variablennamen angeben, wird der Text direkt in diese Variable geschrieben.

Normalerweise wird ausgehend von den angegebenen Koordinaten zuerst versucht, den Textanfang (linke obere Ecke) zu finden. Das kann in manchen Fällen zu Problemen führen, insbesondere dann, wenn der Text unmittelbar unterhalb einer Kante liegt. Deshalb haben Sie die Möglichkeit, diese Suche auszuschalten, indem Sie am Ende des Datenteils (nach einer eventuellen Variablen) das Zeichen "<" eintragen. Dann müssen Sie allerdings die Suchlinie zumindest bezüglich der Obenkoordinate exakt angeben. Weiterhin kann es notwendig sein, das Suchfeld hinsichtlich der Höhe einzuschränken, wenn der Text unmittelbar unter einer Kante liegt. Geben Sie dazu nach dem "<" noch einen Pixelwert an, der die Schrift oben abschneidet und die Höhe verringert. Diese Zusatzmaßnahmen lassen sich sinnvoll nur experimentell ermitteln.

Um kontrollieren zu können, ob Ihre Koordinatenangabe korrekt ist, haben Sie die Möglichkeit, am Ende des Datenteils ein "!" anzuhängen. Dann erscheint vor dem eigentlichen Lesen eine Messagebox, und gleichzeitig wird in der linken oberen Ecke des Bildschirms ein schwarz umrandetes "Foto" des Lesebereichs sichtbar, wie er durch Ihre Angaben festgelegt wurde. Anhand des Fotos können Sie diese Angabe anpassen. Nach dem

Bestätigen der Messagebox verschwindet das Foto, und der Lesevorgang wird ausgeführt. Wenn Sie die korrekten Parameter ermittelt haben, entfernen Sie das "!".

```
Nicht lauffähiger Beispielcode


' +++ 0228_093324.rem +++
'
' Zweck:
' erstellt am: 28.02.2004
' von: Theo Gottwald
'=========================
'
SRF\@Arial Unicode MS|10|1||
STW\shimgvw:cpreviewwnd\screenshots_1.bmp - windows bild- und faxanzeige
GCW\\1\shimgvw:czoomwnd\*


WRT\346,16
MBX\$v1$
 @


' +++ wrt-test.rem +++
'
' Zweck:
' erstellt am: 19.08.2003
' von: Theo Gottwald
'=========================
'
MPO\
SRF\Times New Roman|10|||
WRT\174,150
MPO\
MBX\$v1$
 @



:weit
SRF\Arial|9|||


VAR\$$xsa=310
VAR\$$ysa=70
:try
WRT\$$XSA,$$YSA
VAR\$$ERG=$v1$
IVV\$$ERG=
 VIC\$$xsa
 IVV\$$XSA>320
  VAR\$$xsa=310
  VIC\$$ysa
  JIV\$$ysa>80:enx
  GOTO try
 EVV\
 GOTO try
ELSE
 MBX\Result:$$ERG
EVV\
:enx
MBX\!!
 @
```

"RFG\[Daten] für "ReadFontGet".

Siehe auch: "CFC\", "CFW\", "CTW\", "CFF\", "CTF\", "PFC\", "STT\".

Alternativ zur Vorgabe des Fonts können Sie diesen auch vom Programm ermitteln lassen. Dazu dient der Befehl "RFG\...".

Die Verwendung dieses Befehls setzt voraus, daß Sie vom zu lesenden Fenster einen Text(teil) kennen. Dann ist im Datenteil zunächst dieser Text (Groß/Kleinschreibung beachten) und anschließend - abgetrennt durch einen Senkrechtstrich - der Suchbereich relativ zum Ursprung des aktuellen Fensters anzugeben. Das geschieht mittels der Koordinaten x und y (obere linke Ecke des Suchbereichs) sowie Breite und Höhe des Suchbereichs, jeweils in Pixel und durch Komma getrennt. Der Suchbereich ist das Rechteck, in welchem der Vergleichsschriftzug liegt, und der durch die Koordinaten x und y beschriebene Punkt muß außerhalb der Schrift, aber möglichst dicht an dieser in einem freien Bereich liegen. Zwischen diesem Punkt und der Schrift dürfen keine Farbsprünge auftreten; der Punkt muß an einer Stelle liegen, welche die Hintergrundfarbe der Schrift hat. Die gleichen Bedingungen gelten für den Endpunkt, der durch Breite und Höhe vorgegeben wird.

Wenn Sie den Befehl im Editor eingeben, können Sie **die Koordinaten** wie bei "MWR\" **einfach durch Mausbewegung vorgeben** und in das Textfeld übertragen.

Um optisch zu überprüfen, ob die Parameter korrekt gewählt sind, geben Sie am Ende des Datenteils ein "!" an. Dann wird in der linken oberen Ecke des Bildschirms ein schwarz umrandetes "Foto" des Vergleichsschriftzugs sichtbar, und gleichzeitig erscheint eine Messagebox, so daß Sie in Ruhe das Foto auswerten können. Nach der Auswertung bestätigen Sie die Messagebox, und das Programm läuft weiter. Danach können Sie die Parameter ggf. korrigieren und nach erfolgter Korrektur das "!" wieder entfernen.

Wenn Sie diesen Befehl einsetzen, brauchen Sie den Befehl "RFS\..." nicht zu verwenden; die Parameter werden dann automatisch auf die gefundene Schrift gesetzt. Außerdem werden programminterne Variable mit Werten belegt, auf die Sie mit den nachstehenden Zeichenfolgen Zugriff haben:

```
$v2$ = Schriftname,
$v3$ = Schriftgröße,
$v4$ = Fett(True/False),
$v5$ = Kursiv(True/False),
$v6$ = Unterstrichen(True/False).

Beispiel:

DVV\1+
STW\codesys_frame\ac1131
SWP\0,0|525,270
SPC\codesys_statusbar\*
RFG\ONLINE|399,7,40,11
OPR\395,7
'RFS\$v2$|$v3$
WRT\120!
@


'_____

VAR\$$cnt=1
NEW\notepad\*
  EXS\notepad          '# Notepad starten
```

```
EEW\
STW\notepad\editor
SWP\20,20|200,300   '# Positionieren
SPC\edit\*
CFW\$$txt
IVV\$$txt=notext
 DED\1
 FOR\$$cnt|1|10     '# 10 x Zeichenfolge schreiben
  RST\Anton anton~
  RST\anton Anton~
 NXT\
 DED\
EVV\


:neu
FST\Anton|$$cnt+       '# Nach dem "$$cnt". "Anton" suchen (nicht "anton") und
markieren
IIF\
 WPS\ende              '# nach dem letzten Fund beenden
ELSE
 MMV\                  '# Mausbewegung zur Fundstelle
 TDL\300
 VIC\$$cnt             '# Nummer hochzählen
 GOTO neu              '# Wiederholen
EIF\
@
'----------------------
```

"RFS\[Daten] für "ReadFontSet",

Siehe auch: "CFC\", "CFW\", "CTW\", "CFF\", "CTF\", "PFC\", "STT\".

Da der Befehl einen grafischen Vergleich durchführt, ist es notwendig, dem Programm vorher die Parameter der Schrift mitzuteilen, mit welcher der Vergleich durchgeführt werden soll. Dazu dient der Befehl "RFS\". Defaultmäßig ist "MS Sans Serif" eingestellt mit einer Größe von 8,25 Pt, nicht fett, kursiv oder unterstrichen. Das ist die am häufigsten verwendete Schrift, und zum Lesen dieser brauchen Sie den Befehl "RFS\" nicht zu verwenden, sondern nur bei anderen Parametern. Wenn Sie im Editor "RFS\" eingeben, erscheint der Schriftarten-Dialog, und Sie können die Parameter auswählen. Nach Klick auf "OK" werden die Parameter in die Befehlzeile übernommen.

```
DVV\1+
STW\codesys_frame\ac1131
SWP\0,0|525,270
SPC\statusbar\*
OPR\395,7
RFS\Microsoft Sans Serif|8
WRT\120!
@
```

"CHD\[Daten]" für "Change Directory".

Siehe auch: "Spezialordner".

Dieser Befehl bewirkt den Wechsel des aktuellen Verzeichnisses in den im Datenteil angegebenen Pfad. Dieser muß vollständig mit Laufwerk angegeben werden.

```
CHD\C:\TMP22205526\
VAR\$$L18="-targa *.jpg"
VAR\$$L04=conv.exe
EXW\$$L04|$$L18|0,0|640,400
@

:shi
CHD\?wi
JNF\b_show|5|$$TX1
```

"CIE\[Daten]" für "CheckIfEmpty".

Mit "CIE\[Daten]" läßt sich überprüfen, ob das vorher lokalisierte Kind-Steuerelement leer ist, d.h. keine Beschriftung oder keinen Text hat. Wenn ja, wird die im Datenteil als Ziffer anzugebende Anzahl der nachfolgenden Befehle übersprungen.

Da der Inhalt des Steuerelements vorher nicht bekannt ist, muß das Steuerelement vorher auf andere Weise eindeutig lokalisiert werden.

Bei mehreren gleichartigen Steuerelementen auf einer Ebene ist zweckmäßig "SPC\x\Klasse*" anzuwenden, wobei "x" für die Ordinalnummer des Steuerelements steht, die im Windows Analyzer angezeigt wird.

Alternativ verwenden Sie einfach die ALL-Funktion der „gelben Liste".

"CIO\[Daten]" für "Copy If Older"

Siehe auch: "FCP\", "DEL\", "DCP\", "RMD\", "SYN\", "IFO\", "UEF\".
Siehe auch: "Spezialordner".

"CIO\..." kopiert eine einzelne im Datenteil angegebene Quelldatei oder eine Dateigruppe in eine ebenfalls im Datenteil anzugebende Zieldatei, Zieldateigruppe oder in ein Zielverzeichnis. Die Quelle muß mit vollständigem Pfad angegeben werden, ebenso das Ziel. Existiert das Zielverzeichnis nicht, wird es angelegt.

Bereits vorhandene Zieldateien gleichen Namens werden nur dann überschrieben, wenn sie älter sind als die Quelldatei, wobei das Datum der letzten Änderung ("Last Modified") herangezogen wird. Existiert die Zieldatei noch nicht, wird kopiert.

Quelle und Ziel sind durch die Zeichen "->" ohne weitere Leerzeichen voneinander zu trennen. Wenn als Ziel ein Verzeichnis angegeben ist, dessen Name einen **Punkt** (".") enthält, **muß** das Zielverzeichnis mit einem Backslash ("\") abgeschlossen werden!

Eine Quelldatei kann beim Kopieren auch umbenannt werden.

Als Platzhalter bei Dateigruppen wird nur der Stern ("*") unterstützt, keine Einzelzeichen ("**?**")!

```
VAR\$$DLL=?pfad\acl\setacl.dll
' Copy files
CIO\$$DLL->$$REMsetacl.dll
CIO\?pfad\acl\*.rtf_->$$REH
VAR\$$SIT=Die ACL-Erweiterung wurde erfolgreich installiert.
SIT\3\$$SIT#

INF\ws\vblist.dll
 CIO\$$tol\vblist.dll->ws
 RCO\ws\vblist.dll|vblist.Entry
EEF\
```

"CEO\[Daten]" für "Copy if Exists and Older"

"CEO\..." verhält sich genauso wie "CIO\" mit dem einzigen Unterschied, daß bei nicht existierender Quelldatei keine Fehlermeldung erscheint, sondern das Programm einfach fortsetzt.

```
'Keine Datei vorhanden
CEO\$$dt1->$$dt2
'CEO sollte hier einfach fortsetzen und nichts machen
IEF\$$dt1
 GOTO failed
EEF\
IEF\$$dt2
 GOTO failed
EEF\
```

```
' +++ Copy-Selftest.rem +++
'
' Zweck: Test von CEO\,CIO\,CIP\,FCP\
' erstellt am: 06.06.2004
' von: TK
'==========================
'
JNF\show|File-Ops:CEO, CIO, CIP ...
VAR\$$dt1=c:\remtest.txt
VAR\$$dt2=c:\rtcopy.txt
VAR\$$tx1=Dies ist ein Test
VAR\$$tx2=Dies ist der zweite Testtext

IEF\$$dt1
 DEL\$$dt1
EEF\
IEF\$$dt1
 GOTO failed
EEF\
IEF\$$dt2
 DEL\$$dt2
EEF\
IEF\$$dt2
 GOTO failed
EEF\


'Keine Datei vorhanden
CEO\$$dt1->$$dt2
'CEO sollte hier einfach fortsetzen und nichts machen
IEF\$$dt1
 GOTO failed
EEF\
IEF\$$dt2
 GOTO failed
EEF\
'Hier sollte eine Fehlermeldung kommen
VAR\$$°01= filecopy:\wieder&holen
DBC\$$°01

CIO\$$dt1->$$dt2
DBC\
IEF\$$dt1
 GOTO failed
EEF\
IEF\$$dt2
 GOTO failed
EEF\
'Sollte einfach weitermachen:
CIP\$$dt1->$$dt2
IEF\$$dt1
 GOTO failed
EEF\
IEF\$$dt2
 GOTO failed
EEF\
'Hier sollte eine Fehlermeldung kommen
DBC\copyfile:\ok
FCP\$$dt1->$$dt2
DBC\


IEF\$$dt1
 GOTO failed
EEF\
```

```
IEF\$$dt2
 GOTO failed
EEF\


'CTF sollte Datei 1 anlegen
CTF\$$dt1<$$tx1
NEF\$$dt1
 GOTO failed
EEF\
GLN\$$dt1 'Anzahl Zeilen ermitteln
IVV\$v1$<>1 'alle Zeilen
 GOTO failed
EVV\
IVV\$v2$<>1 'ohne Leerzeilen
 GOTO failed
EVV\
LFF\$$dt1|1#>$$tm1 'Zeile auslesen
IVV\$$tm1<>$$tx1
 GOTO failed
EVV\


'CEO sollte die Datei kopieren
CEO\$$dt1->$$dt2
NEF\$$dt2
 GOTO failed
EEF\
GLN\$$dt2
IVV\$v1$<>1 'alle Zeilen
 GOTO failed
EVV\
IVV\$v2$<>1 'ohne Leerzeilen
 GOTO failed
EVV\
LFF\$$dt2|1#>$$tm2 'Zeile auslesen
IVV\$$tm2<>$$tx1
 GOTO failed
EVV\
DEL\$$dt2 'Datei wieder löschen
IEF\$$dt2
 GOTO failed
EEF\


'CIO sollte die Datei kopieren
CIO\$$dt1->$$dt2
NEF\$$dt2
 GOTO failed
EEF\
GLN\$$dt2
IVV\$v1$<>1 'alle Zeilen
 GOTO failed
EVV\
IVV\$v2$<>1 'ohne Leerzeilen
 GOTO failed
EVV\
LFF\$$dt2|1#>$$tm2 'Zeile auslesen
IVV\$$tm2<>$$tx1
 GOTO failed
EVV\
DEL\$$dt2 'Datei wieder löschen
IEF\$$dt2
 GOTO failed
EEF\


'CIP sollte die Datei kopieren
CIP\$$dt1->$$dt2
NEF\$$dt2
 GOTO failed
EEF\
GLN\$$dt2
```

```
IVV\$v1$<>1 'alle Zeilen
 GOTO failed
EVV\
IVV\$v2$<>1 'ohne Leerzeilen
 GOTO failed
EVV\
LFF\$$dt2|1#>$$tm2 'Zeile auslesen
IVV\$$tm2<>$$tx1
 GOTO failed
EVV\
DEL\$$dt2 'Datei wieder löschen
IEF\$$dt2
 GOTO failed
EEF\

'FCP sollte die Datei kopieren
CIP\$$dt1->$$dt2
NEF\$$dt2
 GOTO failed
EEF\
GLN\$$dt2
IVV\$v1$<>1 'alle Zeilen
 GOTO failed
EVV\
IVV\$v2$<>1 'ohne Leerzeilen
 GOTO failed
EVV\
LFF\$$dt2|1#>$$tm2 'Zeile auslesen
IVV\$$tm2<>$$tx1
 GOTO failed
EVV\
DEL\$$dt2 'Datei wieder löschen
IEF\$$dt2
 GOTO failed
EEF\

DEL\$$dt1 'Erste Datei wieder löschen
IEF\$$dt1
 GOTO failed
EEF\

'Zweite Datei wird zuerst angelegt, damit älter als erste Datei
CTF\$$dt2<$$tx2
NEF\$$dt2
 GOTO failed
EEF\
GLN\$$dt2
IVV\$v1$<>1 'alle Zeilen
 GOTO failed
EVV\
IVV\$v2$<>1 'ohne Leerzeilen
 GOTO failed
EVV\
LFF\$$dt2|1#>$$tm2 'Zeile auslesen
IVV\$$tm2<>$$tx2
 GOTO failed
EVV\

CAS\3 'einige Sekunden Pause, damit Dateiuhrzeiten unterschiedlich sind

CTF\$$dt1<$$tx1
NEF\$$dt1
 GOTO failed
EEF\
GLN\$$dt1
IVV\$v1$<>1 'alle Zeilen
 GOTO failed
EVV\
IVV\$v2$<>1 'ohne Leerzeilen
```

```
 GOTO failed
EVV\
LFF\$$dt1|1#>$$tm1 'Zeile auslesen
IVV\$$tm1<>$$tx1
 GOTO failed
EVV\


'CEO sollte jetzt Datei 1 nach Datei 2 kopieren, da Datei2 älter ist
CEO\$$dt1->$$dt2
GLN\$$dt2
IVV\$v1$<>1 'alle Zeilen
 GOTO failed
EVV\
IVV\$v2$<>1 'ohne Leerzeilen
 GOTO failed
EVV\
LFF\$$dt2|1#>$$tm2 'Zeile auslesen
IVV\$$tm2<>$$tx1 'muß jetzt den Text von Datei 1 enthalten
 GOTO failed
EVV\


'Beide Dateien wieder löschen
DEL\$$dt2
IEF\$$dt2
 GOTO failed
EEF\
DEL\$$dt1
IEF\$$dt1
 GOTO failed
EEF\


'Zweite Datei wird zuerst angelegt, damit älter als erste Datei
CTF\$$dt2<$$tx2
NEF\$$dt2
 GOTO failed
EEF\
GLN\$$dt2
IVV\$v1$<>1 'alle Zeilen
 GOTO failed
EVV\
IVV\$v2$<>1 'ohne Leerzeilen
 GOTO failed
EVV\
LFF\$$dt2|1#>$$tm2 'Zeile auslesen
IVV\$$tm2<>$$tx2
 GOTO failed
EVV\


CAS\3 'einige Sekunden Pause, damit Dateiuhrzeiten unterschiedlich sind

CTF\$$dt1<$$tx1
NEF\$$dt1
 GOTO failed
EEF\
GLN\$$dt1
IVV\$v1$<>1 'alle Zeilen
 GOTO failed
EVV\
IVV\$v2$<>1 'ohne Leerzeilen
 GOTO failed
EVV\
LFF\$$dt1|1#>$$tm1 'Zeile auslesen
IVV\$$tm1<>$$tx1
 GOTO failed
EVV\


'CIO sollte jetzt Datei 1 nach Datei 2 kopieren, da Datei2 älter ist
CIO\$$dt1->$$dt2
GLN\$$dt2
```

```
IVV\$v1$<>1 'alle Zeilen
 GOTO failed
EVV\
IVV\$v2$<>1 'ohne Leerzeilen
 GOTO failed
EVV\
LFF\$$dt2|1#>$$tm2 'Zeile auslesen
IVV\$$tm2<>$$tx1 'muß jetzt den Text von Datei 1 enthalten
 GOTO failed
EVV\


'Beide Dateien wieder löschen
DEL\$$dt2
IEF\$$dt2
 GOTO failed
EEF\
DEL\$$dt1
IEF\$$dt1
 GOTO failed
EEF\


'Erste Datei wird jetzt zuerst angelegt, damit älter als zweite Datei
CTF\$$dt1<$$tx1
NEF\$$dt1
 GOTO failed
EEF\
GLN\$$dt1
IVV\$v1$<>1 'alle Zeilen
 GOTO failed
EVV\
IVV\$v2$<>1 'ohne Leerzeilen
 GOTO failed
EVV\
LFF\$$dt1|1#>$$tm1 'Zeile auslesen
IVV\$$tm1<>$$tx1
 GOTO failed
EVV\


CAS\3 'einige Sekunden Pause, damit Dateiuhrzeiten unterschiedlich sind

CTF\$$dt2<$$tx2
NEF\$$dt2
 GOTO failed
EEF\
GLN\$$dt2
IVV\$v1$<>1 'alle Zeilen
 GOTO failed
EVV\
IVV\$v2$<>1 'ohne Leerzeilen
 GOTO failed
EVV\
LFF\$$dt2|1#>$$tm2 'Zeile auslesen
IVV\$$tm2<>$$tx2
 GOTO failed
EVV\


'Jetzt dürfte CEO die Datei nicht kopieren, da Datei1 älter ist als Datei2 !
CEO\$$dt1->$$dt2
LFF\$$dt2|1#>$$tm2
IVV\$$tm2<>$$tx2 'Muß noch den alten Inhalt haben!
 GOTO failed
EVV\


'CIO darf die Datei ebenfalls nicht kopieren
CIO\$$dt1->$$dt2
LFF\$$dt2|1#>$$tm2
IVV\$$tm2<>$$tx2 'Muß noch den alten Inhalt haben!
 GOTO failed
EVV\
```

```
'FCP ist das Änderungsdatum egal
FCP\$$dt1->$$dt2
LFF\$$dt2|1#>$$tm2
IVV\$$tm2<>$$tx1 'Muß jetzt kopiert worden sein!
 GOTO failed
EVV\

'Dateien am Ende wieder löschen
DEL\$$dt1
IEF\$$dt1
 GOTO failed
EEF\
DEL\$$dt2
IEF\$$dt2
 GOTO failed
EEF\

:ok
VAR\$$RES=108
@

:failed
VAR\$$RES=666
MBX\!
@
```

"RIO\[Daten]" für "Replace If Older".

"RIO\..." verhält sich ähnlich wie "CIO\", ersetzt aber die Zieldatei nur dann, wenn sie bereits existiert und älter ist als die Quelldatei. Nicht existierende Zieldateien werden nicht kopiert.

Zusätzliche Überprüfungen und Präzisierungen können Sie wie folgt vornehmen:
- Vor dem Kopieren einer Datei daraufhin, ob eine evtl. vorhandene und demzufolge zu überschreibende Zieldatei die gleiche Länge hat wie die Quelldatei. Wenn sie abweicht, wird überschrieben, auch wenn Version und/oder Datum gleich sind.

- Vor dem Kopieren einer Datei daraufhin, ob eine evtl. vorhandene und demzufolge zu überschreibende Zieldatei die gleiche Prüfsumme hat wie die Quelldatei. Wenn sie abweicht, wird überschrieben, auch wenn Version und/oder Datum und Länge gleich sind (gilt nicht für "CIO\").
- Vor dem Kopieren einer Datei daraufhin, ob eine evtl. vorhandene und demzufolge zu überschreibende Zieldatei eine niedrigere Version besitzt als die Quelldatei. Kopiert wird immer, wenn die Version der Quelldatei höher ist als die der Zieldatei. Wenn keine Versionsangabe existiert, wird der Datumsvergleich benutzt.
- Nach dem Kopieren einer Datei daraufhin, ob die kopierte Datei die gleiche Prüfsumme hat wie die Quelldatei. Wenn sie abweicht, wird eine Fehlermeldung angezeigt

Die jeweiligen Überprüfungen können Sie durchführen lassen, indem Sie am Ende des Datenteils einen Senkrechtstrich und

- "1" für Längenüberprüfung,
- "2" für Prüfsumme vor dem Kopieren oder
- "4" für Prüfsumme nach dem Kopieren angeben.
- "8" für nur fehlende Dateien kopieren, wenn Sie nur Dateien kopieren wollen, die im Zielverzeichnis nicht vorhanden sind.
- "32" für die Verwendung eines Versionsvergleichs für die Entscheidung, ob kopiert werden soll oder nicht.

Die Werte können durch Addition beliebig kombiniert werden.

Beispiele:

```
CIO\e:\vb5\aprojekt\Geodll\vbgeo.dll->c:\Program Files       'oder
CIO\e:\vb5\aprojekt\Geodll\vbgeo.dll->?progs\geo.dll
CIO\?cdrom:\msvc\bin\beispiel.exe ->c:\
CIO\?cdrom:\rcd\lnks\remote.lnk->?desktop\Easy.lnk
CIO\c:\rcd\s\exe\wineject.exe->?wi\cdeject.exe
CIO\e:\remote\*.rem->g:\blabla          'kopiert alle *.rem-Dateien nach g:\blabla
CIO\e:\remote\*.rem->g:\blabla\*.txt     'benennt die Dateien um in *.txt
CIO\e:\remote\*.*->g:\bla.bla\          'kopiert alle Dateien nach g:\bla.bla
```

"CKS\[Daten]" für CheckKeyStroke

Siehe auch: "Abfragen".

Mit "CKS\..." können Sie eine **Überwachung der (nächsten) Tastatureingabe(n)** einschalten.

Das WinRobots-Programm wartet dann bis zum nächsten Tastendruck. Dessen Ergebnis wird in programminternen Variablen hinterlegt und kann mit IKA\ EKA\ und IKC\ EKC\ ausgewertet oder an Variable übergeben werden.

Im Datenteil sind folgende Angaben möglich:

"CKS\0":   Die Überwachung wird beendet; alle Einstellungen werden zurückgesetzt.

"CKS\1":   Die Überwachung wird eingerichtet und nach dem Tastendruck beendet.

"CKS\2":   Die Überwachung wird dauernd (bis "CKS\0" oder Programmende) eingerichtet.

"CKS\3":   Die Überwachung wird dauernd (bis "CKS\0" oder Programmende) eingerichtet.

Gleichzeitig wird verhindert, daß beim Nichtauffinden einer aus dem Tastendruck abgeleiteten WinRobots-Skript Datei im Befehl "JNF\" eine Fehlermeldung angezeigt wird (siehe unten).

"CKS\4":   Die Überwachung wird dauernd (bis "CKS\0" oder Programmende) eingerichtet.

Beim Nichtauffinden einer aus dem Tastendruck abgeleiteten WinRobots-Skript Datei im Befehl "JNF\" wird versucht, eine "keyerr.rem" auszuführen. Diese muß vorhanden sein und den üblichen Bedingungen genügen.

Wichtige Hinweise:

Nach dem Befehl wird die Abarbeitung der WinRobots-Skript Datei angehalten, bis eine Taste betätigt wird!

Solange die Tastenüberwachung eingerichtet ist, werden die Tastatureingaben an kein anderes Programm weitergeleitet!

Das Ergebnis des Tastendrucks wird programmintern zum einen als Zeichen hinterlegt und kann mittels der Zeichenfolge "$keychar$" in WinRobots-Skript Dateien weiterverwendet werden, zum anderen als numerischer Wert, der über die Zeichenfolge "$keyascii$" zugänglich ist. Beide Werte können auch zur Übergabe an Variable benutzt werden (siehe Beispiele).

Beispiel siehe IKA\ - EKA\

"IKA\[Daten]" für "IfKeyAscii", "EKA\" für EndKeyAscii,

"IKC\[Daten]" für "IfKeyChar", "EKC\" für EndKeyChar

Mit den Befehlen "IKA\", "IKC\" läßt sich die Tastatureingabe von CKS\ direkt auswerten. Die Ausführung der in der WinRobots-Skript Datei nachfolgenden Befehle ist dann davon abhängig, ob die gedrückte Taste dem Datenteil entspricht oder nicht:

Bei "IKA\[Daten]" werden die nachfolgenden Befehle nur ausgeführt, wenn der Tastendruck den im Datenteil als Ziffernfolge anzugebenden KeyCode geliefert hat; bei "IKC\[Daten]" nur dann, wenn die gedrückte Taste das im Datenteil angegebene Zeichen auslöst. Dabei sind im Buchstabenbereich nur Großbuchstaben ohne Umlaute erlaubt. Shift, Alt und Ctrl werden bei "IKA\" und "IKC\" nicht berücksichtigt; Sonderzeichen sollten nicht oder nur nach entsprechendem Test geprüft werden. Benutzen Sie den Keystroke Analyzer, um herauszufinden, welche Taste welchen KeyCode liefert.

Mit "EKA\" bzw. "EKC\" wird der Befehlsbereich abgeschlossen, der nur bedingt ausgeführt werden soll.

Bei Programmende wird die Überwachung automatisch wieder ausgeschaltet.

```
' +++ colouring.rem +++
' Zweck:
' erstellt am: 04.01.2008
' von: Theo Gottwald
'========================
VAR\$$FIL=?pfad\password.txt
STW\#32770\$sp$sample application|w2436
GCW\\1\edit\*|w2436
DED\1
CKS\2
IKA\64
 MBX\ A wurde geklickt!
EKA\
:b
SBT\1+|$$TXT
VAR\$$TXT=$keychar$
GOTO b

ATF\$$FIL<$$TXT|nolf
CKS\0
@
```

"WKS\[Daten]" für WatchKeyStroke

Mit "WKS\..." können Sie unabhängig vom Abarbeitungsstand einer WinRobots-Skript Datei auf bestimmte Tastatureingaben reagieren. Die Befehlssyntax lautet:

`WKS\ShortKey|hWnd|State|Discard|Wait|ToDo`

ShortKey: KeyCode (VCode) der ausgewählten Taste (siehe auch das Tool "Keystroke Analyzer") oder
eine Zeichenfolge als ShortKey. Diese darf nur Buchstaben und Ziffern enthalten, jedoch keine Umlaute und kein "**ß**". Die Länge der Zeichenfolge ist begrenzt (Default=10) und kann in der "remote.ini" unter
[shortkeys]
MaxChar=...
eingestellt werden.

hWnd: **0** oder **leer** für systemweite Überwachung oder ein **Fensterhandle**, wenn nur der Thread, zu dem das Fenster gehört, überwacht werden bzw. die Befehlszeile
nur ausgeführt werden soll, wenn der Thread mit dem Fenster den Focus hat.
Das Handle kann nach der Lokalisierung eines Fensters ("STW\" oder ähnliche) mittels
"HTV\" an eine Variable übergeben werden, welche dann für **hWnd** eingesetzt wird.

State: **0** oder **leer** für Überwachung der reinen Taste,
1 = Shift-Taste muß zusätzlich gedrückt sein,
2 = Ctrl- Taste muß zusätzlich gedrückt sein,
4 = Alt-Taste muß zusätzlich gedrückt sein.
8 = Der KeyCode betrifft einen Extended Key (wird bei Pfeiltasten etc. [KeyCode 33 bis 40] automatisch programmintern ergänzt).
Die Werte können durch Addition kombiniert werden.
Bei Zeichenfolgen als Shortkey wird die Angabe ignoriert.

Discard: **0** oder **leer** für Unterdrückung der Tastatureingabe für Überwachungsziel,
1 für Weiterleitung der Tastatureingabe nur an den Zielthread,
2 für generelle Weiterleitung der Tastatureingabe.
Bei Zeichenfolgen als Shortkey wird die Angabe ignoriert.

Wait: **0** oder **leer** für weitere Abarbeitung der WinRobots-Skript Datei nach "WKS\",
"**w**" oder "**W**" für "Wait". Dann wird die WinRobots-Skript Datei erst dann weiter
abgearbeitet, wenn die entsprechende Taste(nkombination) gedrückt wird.
Bei Zeichenfolgen als Shortkey wird die Angabe ignoriert.

ToDo: Aktion, die bei Tastendruck ausgeführt werden soll. Folgende Optionen:
         "**-**"   für Anhalten der Abarbeitung,
         "**+**"   für Fortsetzen der Abarbeitung,
         "**@**"   für normales Beenden der WinRobots-Skript Datei,
         "**!**"   für forciertes Beenden analog "END\",
         Befehlszeile, die bei Tastendruck ausgeführt werden soll (analog "DAS\").
Die Trennzeichen ("|") müssen immer alle vorhanden sein! Eine Befehlszeile für **ToDo** kann weitere Senkrechtstriche enthalten (z.B. bei "EXX\").
Der Befehl kann mehrfach mit verschiedenen Tastenangaben für verschiedene Fenster/Threads aufgerufen werden (ein KeyCode darf jedoch nur einmal verwendet werden);

eine Überwachung mit "**Wait**" wirkt jedoch nur einmalig; für ein erneutes Warten muß der Befehl erneut aufgerufen werden.

Der Befehl kann für eine bestimmte Taste (Keycode) mehrfach aufgerufen werden, um die anderen Parameter zu ändern. Es gelten immer die zuletzt angegebenen Parameter.

Werden Zeichenfolgen als ShortKeys gemeinsam mit Einzeltasten/kombinationen (KeyCode) benutzt, **müssen** die Befehle für die **Zeichenfolgen immer zuerst** in der WinRobots-Skript Datei stehen! **Zeichenfolgen werden immer an die aktive Applikation weitergeleitet**!

Eine threadbezogene Überwachung bzw. Ausführung der Befehle (Angabe von **hWnd**) funktioniert nur, wenn die zu überwachende Anwendung ständig läuft. Nach Schließen und Neustart der Anwendung arbeitet die Überwachung nicht mehr.

Die Funktionen zum Beenden und Fortsetzen wirken sofort, die zum Anhalten beim Aufruf des nächsten Befehls und die zur Ausführung einer Befehlszeile analog zu den Angaben bei "DAS\".

Mit "WKS\" wird jede Überwachung aufgehoben.

"SHK\[Daten]" für SetHotKey,

Wenn Sie nur Tasten zum Unterbrechen, Fortsetzen oder Beenden der aktuellen WinRobots-Skript Datei einrichten wollen, können Sie den einfacheren Befehl "SHK\" verwenden. Im Unterschied zu "WKS\" wird hier keine systemweite Überwachung mit Tastaturhook eingerichtet. Die Funktion wirkt nur für die aktuelle Remote-Sitzung. Die Befehlssyntax lautet:

SHK\ToDo|Key[|Shift] [] = optional

ToDo: Ziffer von 1 bis 4 mit den Bedeutungen

    1 für Anhalten der Abarbeitung,

    2 für Fortsetzen der Abarbeitung,

    3 für normales Beenden der WinRobots-Skript Datei,

    4 für forciertes Beenden analog "END\".

    Anmerkung: Wenn Sie eine Taste(nkombination) für 1 (Anhalten) einrichten, können Sie mit der gleichen Taste(nkombination) auch wieder fortsetzen

Key: Virtueller Tastencode der von Ihnen für die jeweilige Funktion ausgewählten Taste (siehe "KYD\"). Die Taste "**F12**" darf **nicht** genutzt werden.

Shift: Ziffer als Kombination (Summe) von Zusatztasten.

    1 = Shift (Umsch)-Taste muß zusätzlich gedrückt sein,

    2 = Ctrl (Strg)-Taste muß zusätzlich gedrückt sein,

    4 = Alt-Taste muß zusätzlich gedrückt sein.

Mit "SHK\" löschen Sie die Hotkeys wieder.

Beispiele:
```
SHK\1|&H78|2        '# Tasten "Strg+F9" zum Anhalten und Fortsetzen
SHK\3|121|1         '# Tasten "Umsch+F10" zum normalen Beenden
'--------------
SHK\1|19            '# Taste "Pause" zum Anhalten und Fortsetzen
SHK\3|27            '# Taste "Esc" zum normalen Beenden
```

Hinweis:

Im Gegensatz zu "WKS\" gibt es bei diesem Befehl keine Möglichkeit, die Tastatureingabe für andere Anwendungen zu unterdrücken, d.h. die zum Zeitpunkt des Tastendrucks aktive Anwendung (und Windows) erhalten ebenfalls die Tastatureingabe. Wählen Sie also Ihre Hotkeys so aus, daß keine unerwünschten Nebeneffekte auftreten können.

"WKB\[Daten]" für WatchKeyBoard,

Mit "WKB\..." können Sie die Tastatureingaben (Zeichen) für eine bestimmte Anwendung oder systemweit quasi protokollieren. Beim Befehlsaufruf wird ein Tastaturhook installiert, welcher dem WinRobots-Programm bei jedem nachfolgenden Tastendruck das jeweilige Zeichen liefert, welches dann programmintern gesammelt und gespeichert wird:

WKB\Where|Discard[|Limit][|w]   [] = optional

Where: "**w**", wenn nur die Überwachung der Anwendung erfolgen soll,
zu der das zuletzt lokalisierte Fenster gehört oder
ein Fensterhandle der zu überwachenden Anwendung als Ziffernfolge oder
"**s**" für eine systemweite Überwachung.

Discard: Ziffer für die Weiterleitung der Tastaturaktivität mit der Bedeutung
0 für uneingeschränktes Weiterleiten des Tastendrucks,
1 für Weiterleiten des Tastendrucks nur an den Zielthread,
2 für Unterdrücken des Tastendrucks.

Limit: Wenn kein Limit angegeben ist, wirkt die eingeschaltete Funktion bis
zum Aufruf von "WKB\" oder bis zum Programmende.
Sie können aber als Limit entweder
- eine Ziffer(nfolge) angeben für die Anzahl der Zeichen, nach der die
Maßnahme wieder aufgehoben wird oder
- ein Zeichen, bei dessen Eingabe die Maßnahme wieder aufgehoben wird.
In beiden Fällen wird die Folge der bis dahin eingegeben Zeichen an eine
programminterne Variable übergeben, auf die Sie mit der Zeichenfolge
"$v6$" zugreifen können.

w: Normalerweise läuft die Abarbeitung der WinRobots-Skript Datei nach dem
Befehlsaufruf weiter. Wenn Sie ein Limit vereinbart haben, können Sie
jedoch durch Angabe von "|w" am Ende des Datenteils dafür sorgen, daß
die Abarbeitung erst nach Erreichen des Limit fortgesetzt wird.

"GKS\[Daten]" für "GetKeyString",

Mit "GKS\$$xyz" können Sie die gespeicherte Zeichenfolge jederzeit abrufen und an eine im Datenteil anzugebende Variable übergeben. Die interne Variable wird dabei wieder geleert.
HINWEIS:
Wenn eine WinRobots-Skript Datei aus dem WR-Editor abgespielt wird, funktioniert die Erfassung der Tastendrücke nicht, solange der Editor sichtbar ist und den Fokus hat.

Beispiele:
```
CKS\1          'Überwachung einmalig einschalten
IKA\113        'Überprüfung, ob F2 (= Ascii-Code 113) gedrückt wurde
 JNF\F2.rem    'wenn  ja,  F2.rem  abarbeiten  (wenn  F2.rem  nicht  existiert,
Fehlermeldung)
EKA\


CKS\1          'Überwachung einmalig einschalten
IKC\H          'Überprüfung, ob Taste "H" gedrückt wurde
 JNF\H.rem     'wenn ja, H.rem abarbeiten (wenn H.rem nicht existiert, Fehlermeldung)
EKC\

Beispiel für die permanente Überwachung mit Abarbeitung spezieller WinRobots-Skript
Dateien bei jedem Tastendruck; ist die WinRobots-Skript Datei nicht vorhanden,
erfolgt ein akustisches Signal. Der Abbruch der Überwachung kann mit einer
speziellen Taste gekoppelt werden:

:neu
CKS\3                       'Überwachung      permanent      einrichten;      JNF-Fehler
unterdrücken

IKA\27                      'Escape-Taste zum Abbruch einrichten (KeyCode 27)
 GOTO ende
EKA\

VAR\$$key=$keyascii$        'Variable mit (Zeichenfolge des) KeyCode-Wert(es) belegen
'VAR\$$key=$keychar$        'Variable mit dem Zeichen belegen (Großbuchstabe)
JNF\$$key.rem              'entsprechende WinRobots-Skript Datei abarbeiten (wenn nicht
vorhanden, Beep)
                            'oder:
'JNF\$keyascii$.rem         'WinRobots-Skript Datei abarbeiten (wenn nicht vorhanden,
Beep)
'JNF\$keychar$.rem          'WinRobots-Skript Datei abarbeiten (wenn nicht vorhanden,
Beep)

GOTO neu                    'Sprung; wenn Überwachung bereits läuft, wird sie nicht
neu
                            'installiert

:ende                       'Mit "Escape" abgebrochen
CKS\0                       'Überwachung beenden
WPS\akkord                  'Abgesang
@

'Beispiel  für  die  Einrichtung  einer  Überwachung  zum  Anhalten,  Fortsetzen  und
Beenden  einer  WinRobots-Skript  Datei  mittels  '"WKS\..."  sowie  zum  Signalisieren,
wenn im Notepad-Editor die Zeichenfolge "doit" gedrückt wird:

CRE\
VAR\$$cnt=0
NEW\notepad\*
 EXS\notepad                '# Notepad starten
EEW\
STW\notepad\*
HTV\$$wnd
WKS\doit|$$wnd|||||WPA\tada '# Zeichenfolge als ShortKey        (nur Editor)
```

```
VRM\$$wnd                        '# Variable löschen
DVV\1                            '# Zählervariable anzeigen
WKS\189||2|||-                      '# Ctrl + "-"-Taste für Anhalten    (global;
unterdrücken)
WKS\187||2|||+                      '# Ctrl + "+"-Taste für Fortsetzen (global;
unterdrücken)
WKS\115||2|||!                     '# Ctrl + F4 -Taste für Beenden     (global;
unterdrücken)
WKS\69||2|||GOTO ende          '# Ctrl + "E"-Taste für Beenden und Notepad schließen
:neu
CAS\1
VIC\$$cnt
GOTO neu
@


:ende
IEW\notepad\*
 CLW\1
 IWF\1
  STW\#32770\editor||notepad
  SPC\button\nein||no
  MEL\
 EWF\
EEW\
DVV\0                            '# Fenster für Variablenanzeige schließen
@


'Beispiel für die Einrichtung einer Überwachung/Protokollierung der Eingaben in
Notepad solange,
'bis das Zeichen "§" eingegeben wird (max. aber 30 sec).
STW\notepad\*
DVV\1+
WKB\w|1|§
CAS\30
GKS\$$gks
@
```

"CLA\[Daten]" für "CloseApplication".

Siehe auch: "CLW\".

Mit "CLA\[Daten]" wird die im Datenbereich spezifizierte Anwendung per Code geschlossen, unabhängig davon, ob sie sichtbar ist oder nicht. Im Datenbereich sind die Fensterklasse der Anwendung (des Topfensters oder Mainmoduls) und die Beschriftung (der Titel) anzugeben, getrennt durch einen Backslash "\". Bei beiden Angaben genügt ein eindeutiges Fragment (siehe auch "Suchbegriffe"). Wenn Klasse oder Beschriftung für die Identifizierung ausreichen, kann für den anderen Teil ein Stern eingetragen werden.
Beispiel:

```
CLA\notepad\*          'schließt den Windows-Texteditor
CLA\opusapp\*          'schließt Word
CLA\*\microsoft word        'schließt Word
```

"CLC\[Daten]" für "ClipCursor".

Mit "CLC\1" wird ein Cursorclipping eingeschaltet, welches bewirkt, daß der Computer nicht mehr auf die Mausbewegungen des Benutzers reagiert. Es tritt aber erst dann in Kraft, wenn zum ersten Mal durch den Computer eine Mausbewegung simuliert wird.
Mit "CLC\0" kann das Cursorclipping vorübergehend wieder aufgehoben werden. Es schaltet sich jedoch sofort wieder ein, wenn Mausbewegungen durch den Computer simuliert werden.
Mit "CLC\2" kann das Cursorclipping generell aufgehoben werden.
Mit "CLC\3" wird das Cursorclipping nur während der Bewegung des Mauszeigers wirksam, wenn Sie entsprechende Befehle benutzen ("MLC\", "MMV\").
Bei Programmende oder Befehlen, die eine Benutzerreaktion erfordern (z. B. Mausklick auf OK-Button bei einer Meldung) wird das Clipping automatisch aufgehoben und - soweit erforderlich - anschließend wieder aktiviert.

"CLW\[Daten]" für "Close Window"

"CAW\[Daten]" für "CloseAllWindows".

Wenn bei "CLW\" kein Datenteil angegeben ist (nur "CLW\"), bewirkt dieser Befehl das Schließen des aktuell lokalisierten (Top)Fensters durch Klick auf den ControlButton (X) in der Titelleiste rechts.
"CLW\1" schließt das Fenster ohne Mausklick. Das ist hilfreich, wenn die zu schließende Anwendung keine Titelleiste hat.
Mit "CLW\2" können Sie ein aktuell lokalisiertes Kindfenster (z.B. ein Child in einer MDI-Anwendung) schließen. Diese Variante sollten Sie nur für solche Kindfenster einsetzen, die eine Titelleiste besitzen.

Mit "CAW\..." können Sie alle Fenster schließen, deren Beschreibung mit den Angaben im Datenteil übereinstimmt. Im Datenteil sind dazu Fensterklasse und -beschriftung wie bei den Suchbefehlen anzugeben (z.B. "STW\"). Dieser Befehl ist dann hilfreich, wenn sichergestellt werden soll, daß alle laufenden Instanzen einer bestimmten Anwendung geschlossen werden.
Manchmal lassen sich Fenster nicht schließen, weil gerade eine Messagebox angezeigt wird oder andere Gründe vorliegen. In einem solchen Falle würde "CAW\" ewig versuchen, das/die Fenster zu schließen. Um das zu verhindern, haben Sie die Möglichkeit, im Datenteil die Anzahl der Fenster/der Versuche zu begrenzen. Geben Sie dazu als erstes diese Anzahl gefolgt von einem Senkrechtstrich ("|") ein und danach die Fensterbeschreibung.

"CNS\[Daten]" für "Create New Shortcut"

"GSI\[Daten]" für "GetShortcutInfo".

Siehe auch: "Spezialordner".

Der Befehl "CNS\..." erstellt eine Verknüpfung, deren Parameter im Datenteil wie folgt anzugeben sind:
"Pfad und Name der Verknüpfung (ohne Endung ".lnk"!)" (für das Zielverzeichnis können die sprachunabhängigen Begriffe verwendet werden);
"Pfad und Name der (Exe)Datei, auf die die Verknüpfung weisen soll";
"Arbeitsverzeichnis";
"Befehlszeilenparameter";
"Pfad und Name einer Icon(haltigen) Datei für das Symbol" (Default = Verknüpfungsziel);
Icon-ID, wenn das Icon aus einer Datei extrahiert werden muß (Default = 0);
Zahl für Fenstergröße bei Start der Verknüpfung (Normal = 5, Maximiert = 3, Minimiert = 7; Default = 5).

Als Trennzeichen zwischen den einzelnen Parametern muß das Semikolon ";", das Komma "," oder der Senkrechtstrich "|" verwendet werden.
Außer Verknüpfungsname und -ziel sind alle Parameter optional; werden Parameter zwischendurch nicht belegt, so sind auf jeden Fall die Trennzeichen anzugeben.

Der Name der Verknüpfung läßt sich über eine Datei "natnames.txt" an Fremdsprachen anpassen, so daß nur eine WinRobots-Skript Datei mit den Befehlen zur Verknüpfungserstellung erforderlich ist. Diese Datei muß sich im Programmverzeichnis befinden und nach folgendem Schema aufgebaut sein:
1. (nichtleere bzw Nichtkommentar-)Zeile:
die deutschen Begriffe, abgetrennt durch einen Senkrechtstrich, z.B.
Rechnen|Schreiben|Malen|Spiele|...
Die weiteren Zeilen enthalten
Zeile n:
Language-ID
Zeile n + 1:
Die zur Language-ID gehörigen fremdsprachigen Äquivalente zu den deutschen Begriffen in der gleichen Reihenfolge, ebenfalls getrennt durch "|", z.B.
1033   '# England
calculate|write|paint|games|...
Leerzeilen und Kommentarzeilen (beginnend mit "'") sind erlaubt, ebenso Kommentare innerhalb der Zeilen, beginnend ebenfalls mit "'".

Mit "GSI\..." können Sie von einem Shortcut die zugehörigen Verknüpfungsparameter ermitteln. Im Datenteil ist der Pfad zur Verknüpfungsdatei ("*.lnk") anzugegeben, ggf. unter Verwendung von Kürzeln (siehe "Spezialordner"). Die Endung ".lnk" kann weggelassen werden. Im Ergebnis des Befehls werden programminterne Variable mit Werten belegt, auf die Sie wie folgt Zugriff haben:
$v1$ = Pfad der Verknüpfungsquelle (Exe-Datei, Ordner ...),
$v2$ = ggf. vorhandene Befehlszeilenparameter,
$v3$ = Arbeitsverzeichnis (working directory).
$v4$ = ggf. vorhandene Icon-Datei, wenn das Icon nicht aus der Quelle extrahiert wird.

$v5$ = Index des Icons, wenn es aus der Quelle extrahiert wird.

Beispiele:

```
CNS\?desktop\REMOTE;e:\projekte\remote\remote.exe;;@ ^        'oder
CNS\?desktop\REMOTE;?RemExe;;@ ^                  '"?RemExe"   verweist   auf   das
WinRobots-Programm
CNS\?desktop\REMOTE;?pfad\Setup.exe;;/s          'verweist auf ein Programm im ?pfad
CNS\?desktop\REMOTE;?pfad\..\Subfolder\beispiel.txt
CNS\?auto\RPG;?RemExe                            'Verknüpfung   für   Autostart   der
Remote.exe

GSI\?desktop\msnews          'liefert folgende Werte:
                             '$v1$=E:\Execute\remote.exe
                             '$v2$=msnews.rem
                             '$v3$=E:\Execute
                             '$v4$=C:\WINNT\system32\shell32.dll
                             '$v5$=13
```

"CPF\[Daten]" für "CoPy File".

Siehe auch: "CIO\", "DEL\", "DCP\", "RMD\", "SYN\", "IFO\".

Kopiert eine einzelne im Datenteil angegebene Quelldatei oder eine Dateigruppe in eine ebenfalls im Datenteil anzugebende Zieldatei, Zieldateigruppe oder in ein Zielverzeichnis. Die Quelle muß mit vollständigem Pfad angegeben werden, ebenso das Ziel. Existiert das Zielverzeichnis nicht, wird es angelegt. Bereits im Ziel vorhandene Dateien gleichen Namens werden überschrieben.

Das Zielverzeichnis kann ein abschließendes Backslash enthalten, muß aber nicht.

Quelle und Ziel sind durch die Zeichen "->" ohne weitere Leerzeichen voneinander zu trennen. Wenn eine Ziel**datei** angegeben wird, muß diese einen Punkt (".") enthalten. Dann kann die Quelldatei beim Kopieren auch umbenannt werden. Als Platzhalter wird nur der Stern ("*") unterstützt, keine Einzelzeichen ("?")! Wenn Sie eine Gruppe von Dateien beim Kopieren mit einer anderen Endung versehen möchten, können Sie dies auf folgendem Wege tun:

```
CPF\c:\beispiel\*.txt->d:\beispiel\*.doc
```

Wenn als Quelle das CD-Laufwerk dient, kann statt des Laufwerks<u>buchstaben</u> die Zeichenfolge "cdrom" angegeben werden.

Wenn als Quell- oder Zielverzeichnis der Desktop von Windows benannt ist, kann dafür die Zeichenfolge "?desktop\" eingesetzt werden.

Wenn als Quell- oder Zielverzeichnis das Windows-Verzeichnis oder eines seiner Unterverzeichnisse benannt ist, kann für das Windows-Verzeichnis die Zeichenfolge "wi\" eingesetzt werden. Die Verwendung der oben genannten Zeichenfolgen hat unter anderem den Vorteil, daß diese sprachenunabhängig sind (weitere Möglichkeiten siehe unter "Spezialordner").

Beispiele:
```
CPF\e:\vb4\aprojekt\Geodll\vbgeo.dll->c:\Program Files      'oder
CPF\e:\vb4\aprojekt\Geodll\vbgeo.dll->?progs\geo.dll
CPF\cdrom:\msvc\bin\beispiel.exe ->c:\
CPF\cdrom:\rcd\lnks\remote.lnk->?desktop\Easy.lnk
CPF\c:\rcd\s\exe\wineject.exe->?wi\cdeject.exe
CPF\c:\rcd\s\exe\*.exe->?wi
CPF\cdrom:\rcd\lnks\*.*->?desktop
```

"CPL\[Daten]" für "ControlPanel".

Mit "CPL\" öffnen Sie die Systemsteuerung. Einzelne Komponenten (die natürlich auch installiert sein müssen) können Sie gezielt starten, wenn Sie diese im Datenteil präzisieren. Die dafür in Frage kommenden Applets bzw. Dienste der Management-Konsole werden aufgelistet, wenn Sie im Editor den Befehl eingeben. Sie können den Inhalt der Liste anpassen, indem Sie die entsprechenden Einträge in den Dateien "remedit.ini" und "remote.ini" verändern/ergänzen
Wenn Sie ein Feature wählen, das nicht auf dem Zielrechner installiert ist, erfolgt bei der Abarbeitung der WinRobots-Skript Datei ein akustisches Signal, und die Abarbeitung wird ohne Fehlermeldung fortgesetzt.

Normalerweise sind viele CPL-Items vorgegeben, und wenn diese in der vorgegebenen Form vorhanden sind, werden sie direkt ausgeführt. Es ist aber nicht möglich vorherzusagen, welche Items auf einem Zielrechner vorhanden sind und welche nicht. Außerdem ist dieses Feature einer ständigen Änderung unterworfen. Deshalb gibt es die Möglichkeiten, entweder in der "remedi.ini" unter [cpl] ein neues Item hinzuzufügen in der Form "deutschsprachiger Begriff = englischsprachiger Begriff" - dann erscheint der Begriff in der Liste - oder einfach das gesuchte Item in der Rem-Datei nach "CPL\" einzutragen. Dann öffnet das WinRobots-Programm den Einstellungen-Ordner, prüft, ob das gesuchte Item existiert, und wenn ja, wird das Item geöffnet (Doppelklick). Anschließend wird das Einstellungs-Fenster wieder geschlossen. Wird das Item nicht gefunden, erfolgt ein "Beep", und das Programm läuft weiter.

Zusätzlich können Sie mit "DFÜ" oder "DFUE" den Ordner "DFÜ-Netzwerk" öffnen.

Beispiele:
```
CPL\                      'öffnet Ordner 'Systemsteuerung'
CPL\system                'startet Applet 'Eigenschaften für System'
CPL\hardware          'startet Applet 'Hardware-Assistent'
CPL\dfü                   'öffnet Ordner 'DFÜ-Netzwerk'


  CAW\#32770\ordneroptionen
  CAW\#32770\eigenschaften von anzeige

  IXP\
   CPL\Darstellung
   STW\#32770\eigenschaften von anzeige
   GCW\\2\combobox\*
   SCI\Windows - klassisch
   STW\#32770\eigenschaften von anzeige
   GCW\\1\button\ok
   MEL\
  EXP\
```

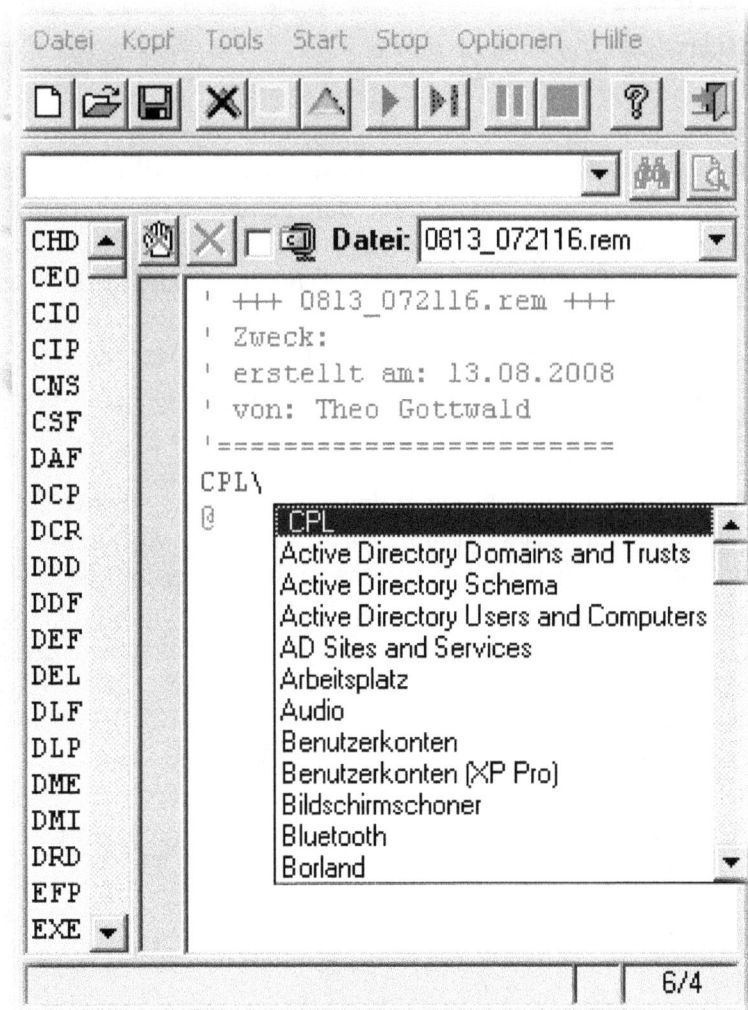

Bei der Eingabe von CPL\ erscheint im WR-Editor bereits eine Auswahl der möglichen, auf dem System vorhandenen Applets.

```
CPL\ordner

STW\#32770\ordneroptionen
GCW\\1\systabcontrol32\*
TCS\ansicht

STW\#32770\ordneroptionen
GCW\\2\systreeview32\*
TVI\*\ordner
BTC\0
IIC\
 MMV\
 MBX\!
ELSE
 MMV\
 MBX\?
EIC\
 @
```

"CTC\[Daten]" für "Copy To Clipboard"

Siehe auch: "CFC\", "CFW\", "CTW\", "CFF\", "CTF\", "PFC\", "STT\", "VAR\".

"CTC\" kopiert den Inhalt einer programminternen Stringvariablen in die Zwischenablage.
Die Stringvariable kann folgendermaßen mit Werten belegt werden:
- mit dem Befehl "STT\" (SetTempText),
- mit dem Befehl "CFW\" (Copy From Window) oder
- mit dem Befehl "CFF\" (Copy From File).
Wenn Sie im Datenteil einen Variablennamen ("$$xyz") angeben, wird der Inhalt dieser Variablen als Zeichenfolge in die Zwischenablage kopiert.
Mit "CTC\#" wird der Inhalt der Zwischenablage gelöscht.

"TTC\[Daten]" für "Text To Clipboard".

Siehe auch: "CFC\", "CFW\", "CTW\", "CFF\", "CTF\", "PFC\", "STT\", "VAR\".

"TTC\" kopiert den im Datenteil des Befehls angegebenen Text in die Zwischenablage. Wenn Sie im Datenteil eine programminterne Variable ("Temp_Var", "TempText") oder ein Kürzel für "Spezialordner" wie "?pfad" eintragen, wird deren Inhalt kopiert. Mit "PFC\" können Sie dann den Text in ein anderes Fenster einfügen.

Anmerkung zu "TTC\":
Normalerweise werden zum Eintragen von Texten in Bearbeitungsfelder (Textfelder) die Befehle "SDT\" oder "RST\" verwendet. Dies ruft aber in der Fremdanwendung nicht die gleiche Reaktion hervor wie das Einkopieren aus der Zwischenablage oder das direkte Eingeben per Tastatur - es erscheint lediglich der neue Text. Manchmal ist es aber erforderlich, eine Reaktion auszulösen (z.B. beim Eintragen der Bankleitzahl in das Überweisungsformular beim Onlinebanking; dann wird automatisch das zugehörige Kreditinstitut ergänzt). Verwenden Sie in solchen Fällen eine Kombination aus "TTC\" und "PFC\" oder "SDK\" und "SKP\".

Beispiel, lauffähig.

```
' +++ 0819_201824.rem +++
' Zweck:
' erstellt am: 19.08.2005
' von: Theo Gottwald an TEOS
'========================
'
EXX\?exepfad\testform.exe
WMS\Pexe
STW\*\*
HTV\$$WND
CTC\$$WND
MMV\
GPI\
VAR\$$PID=$v1$
VAR\$$TID=$v2$
MBX\$$PID/$$TID/$$WND
@
```

"CTF\" für "Copy To File"

"ATF\" für "Append To File"

Siehe auch: "CFC\", "CFW\", "CTW\", "CFF\", "CFI\", "LFF\", "CTC\", "STT\", "TTC\", "PFC\".
Siehe auch: "Spezialordner".

Die Befehle "CTF\..." und "ATF\..." schreiben den im Datenteil angegebenen Text, den Inhalt einer im Datenteil angegebenen Variablen oder einer programminternen Stringvariablen in die im Datenteil spezifizierte Datei. Diese muß mit vollständigem Pfad angegeben werden. Existiert das dem Pfad zugrundeliegende Verzeichnis noch nicht, wird es angelegt.

Im Datenteil ist zunächst der vollständige Pfad der Zieldatei anzugeben (ggf. mit Kürzeln; siehe "Spezialordner"). Danach können Sie - abgetrennt durch das Zeichen "<" - entweder den Klartext oder den Namen einer Variablen angeben, welche den Text enthält. Wenn Sie den Datenteil leer lassen, wird die Stringvariable "TempText" benutzt. Diese kann folgendermaßen mit Werten belegt werden:

- mit dem Befehl "CFC\" (Copy From Clipboard),
- mit dem Befehl "CFW\" (Copy From Window),
- mit dem Befehl "CFF\" (Copy From File) oder
- mit dem Befehl "STT\" (SetTempText),

Mit "CTF\" wird die Datei immer neu geschrieben und enthält nur den Text; bei "ATF\" wird der Text an den Dateiinhalt angefügt.

!WICHTIG!
Sowohl "CTF\..." als auch "ATF\..." beenden die eingefügte Zeichenfolge mit dem letzten Zeichen; es wird keine Zeilenschaltung angehängt. Wenn Sie dies jedoch wünschen, geben Sie am Ende des Datenteils die Kennung "|~" an:

```
STT\Das ist ein Test!
CTF\c:\test.txt|~
```
"ATF\..." fügt die Zeichenfolge standardmäßig beginnend mit einer neuen Zeile an. Wenn Sie das vermeiden wollen, geben Sie am Ende des Datenteils die Kennung "|**nolf**" an:

```
STT\Das ist ein Test!
VAR\$$txt=Das ist ein Test!
ATF\c:\test.txt|nolf
ATF\c:\test.txt|nolf~
ATF\c:\test.txt<$$txt
ATF\c:\test.txt<Das ist ein Test!|nolf~
```

Sie können "ATF\" auch einsetzen, um binäre Datei-Inhalte anzufügen. Geben Sie dazu im Datenteil als erstes die Kennung "**b|**", danach die Zieldatei bzw. eine Variable, die deren Pfad enthält, das Zeichen "<" und anschließend die anzufügende Datei bzw. eine Variable mit deren Pfad an:
```
DVV\1+
VAR\$$fil=c:\test\bigfile.dat        '# Datei, die angefügt werden soll
ATF\b|d:\bigfile\test.dat<$$fil      '# Zieldatei < Anzufügende Datei
GFI\d:\bigfile\test.dat
@
```

"CTW\([Daten])" für "Copy To Window".

Siehe auch: "CFC\", "CFW\", "CFF\", "CFI\", "TTC\", "PFC\", "SKP\", "STT\", "SDT\".

Dieser Befehl übermittelt den Inhalt einer Stringvariablen an das aktuelle Fenster. Wenn Sie den Datenteil leer lassen, wird der Inhalt der Variablen "TempText" übermittelt, ansonsten der Text im Datenteil, wobei Variablennamen durch den entsprechenden Inhalt ersetzt werden.
Der Befehl ist nur wirksam, wenn das aktuelle Fenster Text aufnehmen kann (Titelzeile bei Topwindows, Caption bei Static, Button..., Inhalt bei Edit, Textbox etc.).
Die Stringvariable "TempText" kann folgendermaßen mit Werten belegt werden:
- mit dem Befehl "CFC\" (Copy From Clipboard),
- mit dem Befehl "CFW\" (Copy From Window),
- mit dem Befehl "CFF\" (Copy From File),
- mit dem Befehl "CFI\" (Copy From Inifile) oder
- mit dem Befehl "STT\" (SetTempText).

HINWEISE:
- Wenn Sie mit diesem Befehl eine Zeichenfolge mit Leerzeichen am Ende oder nur Leerzeichen in ein Fenster kopieren wollen, müssen Sie für jedes dieser Leerzeichen "sp" eintragen.
- Dieser Befehl wirkt bei Texteingabefeldern nicht wie eine Tastatureingabe, sondern schreibt den Text lediglich optisch in das Feld. Ob die Eingabe ausgewertet wird, hängt vom jeweiligen Programm ab. Wenn Sie eine Texteingabe realisieren wollen, verwenden Sie besser "RST\", "SDT\", "SKP\" oder "PFC\".

"DBC\[Daten]" für "DialogButtonClick",

"WBC\[Daten]" für "WindowButtonClick"

"BCS\[Daten]" für "ButtonClickSpecial"

"WDC\[Daten]" für "WinDowsClose"

Siehe auch: "Suchbegriffe".

Mit dem Befehl "DBC\..." können Sie ein Hilfsprogramm starten, welches unabhängig vom WinRobots-Programm operiert und in der Lage ist, selbständig bei Auftauchen von Fenstern der Klasse "#32770" (Dialogfenster, in der Regel Messages des Systems oder ähnliche) auf einen der im Fenster vorhandenen Button ("OK", "Ja", "Nein" etc.) zu klicken. Sie können dies für beliebig viele Fenster "vorprogrammieren", indem Sie im Datenteil die Fensterbeschriftung (Titelzeile) und die jeweilige Button-Beschriftung angeben, wobei die Angabe die unter "Suchbegriffe" erläuterten Regeln nutzen kann, d.h. Sie können jeweils zwei Teilstrings benutzen, um eindeutige Angaben zu realisieren.

Da es vorkommen kann, daß mehrere Fenster mit gleichem Titel existieren, die sich nur durch zusätzlichen Text in einem "static"- oder "syslink"-Anzeigefenster unterscheiden, haben Sie die optionale Möglichkeit, noch diesen Text bzw. Teile davon (siehe "Suchbegriffe") als Suchkriterium anzugeben.

Weiterhin kann es vorkommen, daß verschiedene Anwendungen die gleichen Dialogfenster erzeugen (z.B. "Datei öffnen"), aber nur das einer bestimmten Anwendung "behandelt" werden soll. Für solche Fälle können Sie noch eine weitere Präzisierung vornehmen, indem Sie

- entweder eine Prozeß-ID (siehe auch "IEP\", "GPI\") oder
- den Namen einer Exe-Datei bzw. DLL (ohne Pfad, aber mit Endung) angeben.

Dann werden nur diejenigen Fenster "behandelt", deren Prozeß-ID bzw. Erzeugerdatei mit de Vorgaben übereinstimmt. Wenn Sie erreichen wollen, daß die so gekennzeichneten Fenster **nicht** behandelt werden, setzen Sie ein "!" (Ausrufezeichen) vor die Angabe.

Titelbeschriftung, Buttonbeschriftung, (optional) Static-Beschriftung und (optional) Präzisierung der Prozeßzugehörigkeit werden jeweils durch einen Backslash ("\") getrennt; wenn Sie keine Static-Präzisierung, jedoch eine Prozeß-Präzisierung vornehmen wollen, müssen vor der Prozeß-Präzisierung zwei Backslashs stehen. Die Angaben für die einzelnen Fensterparameter sind durch die Zeichenfolge "<>" zu trennen.

Die Prüfung der Fenster erfolgt in der im Datenteil angegeben Reihenfolge von links nach rechts, und wenn eine Beschreibung zutrifft, wird der Klick ausgeführt und die Suchschleife verlassen. Sie sollten also die Angabe der zu "behandelnden" Fenster nach absteigender Präzisierung sortieren.

Es kann im Zusammenhang mit der Ablaufsteuerung interessant sein zu wissen, wann, wie oft und welches Fenster "behandelt" wurde. Zu diesem Zweck stehen verschiedene Variable zur Verfügung, auf die Sie wie folgt zugreifen können:

```
$dbw$ = Titel des letzten Fensters,
$dbb$ = Beschriftung des letzten Buttons,
$dbs$ = Beschriftung des letzten Statics/Syslink,
$dbt$ = Zeitpunkt des letzten Klicks (kompatibel mit "GTD\"),
$dbc$ = Zählvariable, die größer 0 (Null) ist, wenn mehrmals hintereinander das
gleiche Fenster und der gleiche Button geklickt wurde, ansonsten 0 (Null).
```

Sie können diese Werte benutzerdefinierten Variablen zur Weiterverarbeitung zuweisen:

```
VAR\$$bc1=$dbw$
IVV\$$bc1=remote
'...
EVV\
```

Mit "DBC\vc" können Sie die gespeicherten Werte löschen.

Das Hilfsprogramm läßt sich nur einmal starten. Wenn Sie die Parameter ändern wollen, müssen Sie zuerst mittels "DBC\" das Hilfsprogramm schließen. Ohne diese Maßnahme bleibt das Hilfsprogramm bis zum Ende der Remote-Sitzung aktiv und wird beim Beenden des WinRobots-Programms ebenfalls beendet.

Sie können aber während des Laufs mit der gleichen Befehlssyntax **ein** zusätzliches Suchfenster angeben. Dieses wird dann mit in die Liste der "Suchfenster" aufgenommen und als erstes abgeprüft. Bei mehrmaligem Aufruf wird jeweils das vorhergehende überschrieben. Mit "DBC\DT" oder "DBC\dt" löschen Sie das temporäre Fenster wieder.

Mit "DBC\" beenden Sie das Hilfsprogramm gezielt. Beim Beenden des WinRobots-Programms wird es automatisch beendet.

Beispiele:

```
DBC\Remote||remedit\ok||Ja<>assist\next||weiter\\!iexplore.exe
DBC\Remote||remedit\ok||Ja\Bitte||Please<>assist\next||weiter\treiber||driver
```

Der Befehl "WBC\" ist prinzipiell identisch mit "DBC\", erfordert jedoch im Unterschied dazu als ersten Parameter in einer Fensterbeschreibung die Fensterklasse in der bei Suchbefehlen üblichen Form (siehe "Suchbegriffe"). Danach folgen dann - ggf. optional - die weiteren präzisierenden Parameter wie bei "DBC\" beschrieben. Auf diese Weise können auch Button in beliebigen Anwendungen "behandelt" werden.

"WBC\" wertet den Datenteil in gleicher Weise aus wie "DBC\", und auch bei diesem Befehl werden die bei "DBC\" angegebenen Werte in programminternen Variablen gespeichert; der Variablenname unterscheidet sich gegenüber "DBC\" dadurch, daß das "d" nach dem ersten "$"-Zeichen durch ein "w" zu ersetzen ist: dbw -> wbw = Titel des letzten Fensters etc.

Mit "WBC\" beenden Sie das Hilfsprogramm gezielt. Beim Beenden des WinRobots-Programms wird es automatisch beendet.

Beispiele:

```
WBC\thunder&&form\Adressen\Beenden
WBC\thunder&&form\adressen\beenden<>#32770\system\cancel
```

"DBC\" und "WBC\" arbeiten **unabhängig** voneinander und können **parallel** eingesetzt werden.

In seltenen Fällen kann es vorkommen, daß ein einzelner Buttonclick aufgrund der aktuellen Konstellation nicht ausreicht, um das gewünschte Ergebnis hervorzurufen, was sich dann auf den Programmablauf negativ auswirkt. Um solche Fälle abzufangen, wurde der Befehl "BCS\" implementiert. Er gestattet es, eine Mausaktivität (Klick) auf das aktuell lokalisierte Kindfenster (in der Regel ein Button) so lange zu wiederholen, bis entweder das gewünschte Ereignis eingetreten oder eine TimeOut-Zeit abgelaufen ist. Danach wird das Programm fortgesetzt. Dabei kann der Wiederholabstand eingestellt werden:

BCS\Click (Zahl)|Interval (ms)|Bedingung (Zahl)|Timeoutzeit (s)
Click:

```
1 = "MEL"
2 = "MER"
3 = "MED"
4 = "MLC"
```

```
5 = "MRC"
6 = "MDC"
7 = "MLI"
8 = "MRI"
9 = "MDI"
Defaultwert bei fehlender Angabe = 1.
```

Interval:

Zeitabstand zwischen den Wiederholungen in ms; bei fehlender Angabe greift der Defaultwert von 250 ms; Werte < 100 ms sind nicht zulässig.

Bedingung:

Das Programm wird immer fortgesetzt, wenn das aktuelle Topfenster oder das aktuelle Kindfenster nicht mehr existieren. Darüber hinaus können Sie folgende Bedingungen festlegen:

1 = Kindfenster muß unsichtbar werden,

2 = Kindfenster muß disabled werden oder

4 = Kindfensterbeschriftung muß sich ändern.

Der Wert für "Bedingung" kann eine beliebige Kombination dieser Werte sein; sie gilt dann als erfüllt, wenn eine der angegebenen Änderungen eingetreten ist. Wurde die Bedingung erfüllt, läuft das Programm weiter.

Wenn der Datenteil leer ist oder keine Angabe zur Bedingung vorliegt, gilt diese als erfüllt, wenn eine der oben genannten Veränderungen eingetreten ist (Default = 7).

Timeoutzeit:

Zeit in Sekunden, für die maximal die Wiederholung des Mausklicks erfolgt (Defaultwert bei fehlender Angabe = 15). Nach Ablauf dieser Zeit wird das TimeOut-Flag gesetzt, und das Programm läuft weiter. Mit "ITO\" können Sie abfragen, ob ein TimeOut vorlag.

HINWEIS:

Wenn Sie nur einen bestimmten Wert setzen wollen, müssen zumindest alle vorhergehenden Trennzeichen ("|") eingetragen sein. Für die restlichen Werte wird dann die Default-Einstellung wirksam.

Mit dem Befehl "WDC\" können Sie beliebige (Top)Fenster bei ihrem Erscheinen behandeln. Im Datenteil haben Sie die Möglichkeit, sowohl die zu überwachenden Fenster als auch die Art der Behandlung wie folgt zu präzisieren:

Für jedes Fenster müssen Sie Klasse und Beschriftung getrennt durch Backslash angeben wie bei den Suchbefehlen (siehe "Suchbegriffe"). Danach und abgetrennt durch einen Senkrechtstrich können Sie

- ein Kind- oder Enkelfenster angeben, welches im gesuchten Fenster vorhanden und sichtbar sein muß (die Beschreibung erfolgt wieder mittels Klasse und Beschriftung). Anschließend und wiederum abgetrennt durch einen Senkrechtstrich können Sie

- ein Kind- oder Enkelfenster angeben, welches im gesuchten Fenster nicht vorhanden oder zumindest nicht sichtbar sein darf (die Beschreibung erfolgt wieder mittels Klasse und Beschriftung). Schließlich müssen Sie noch - abgetrennt durch Senkrechtstrich

- die Art der Behandlung angeben. Dafür existieren folgende Möglichkeiten:

```
"c": Fenster schließen (Anwendung beenden),
"h": Fenster verstecken (unsichtbar machen),
"m": Fenster minimieren,
"r": Fenster restaurieren (minimiertes wieder anzeigen),
"s": Fenster wieder anzeigen, wenn unsichtbar,
"n": Fenster wieder anzeigen, aber nicht aktivieren.
```

Wenn Sie ein Kindfenster nicht angeben wollen oder müssen, tragen Sie nur einen Backslash an der entsprechenden Stelle ein; es müssen aber **immer alle Trennzeichen** (Senkrechtstriche) vorhanden sein. Es können beliebig viele Fenster angegeben werden; die einzelnen Einträge sind wie bei "DBC\" mittels der Zeichenfolge "<>" zu trennen.

Wie bei "DBC\" werden auch hier bei jeder Aktion bestimmte Parameter zwischengespeichert, auf die Sie wie folgt Zugriff haben:

```
$wcw$ = Beschreibung des letzten Fenster,
$wcy$ = Beschreibung des "muß"-Kindfensters vom letzten Fenster,
$wcn$ = Beschreibung des "darf nicht"-Kindfensters vom letzten Fenster,
$wct$ = Zeitpunkt des letzten Klicks (kompatibel mit "GTD\").
```

Mit "WDC\vc" können Sie die gespeicherten Werte löschen.

HINWEIS:

Manchmal werden Kindfenstereigenschaften erst während des Erstellungsprozesses des Elternfensters präzisiert oder geändert. Deshalb kann es notwendig sein, nach der Erkennung eines der Vorgabe entsprechenden Topfensters die **Prüfung der Kindfenster zu verzögern**, um sicherzustellen, daß diese auch ihre endgültigen Eigenschaften angenommen haben. Das ist möglich, indem Sie am **Ende des Datenteils** und abgetrennt durch das **Zeichen ("^")** eine **Verzögerungszeit in Millisekunden** angeben.

Beispiel:

```
DVV\1
WDC\notepad\*|edit\*|\|c<>thunder&&form\analyzer!&&process|\|\|c
CAS\1
EXS\notepad
CAS\1
VAR\$$aaa=$wcw$
VAR\$$bbb=$wcy$
VAR\$$ccc=$wcn$
VAR\$$ddd=$wct$
WDC\vc
@
```

Mit "WDC\" beenden Sie das Hilfsprogramm gezielt. Beim Beenden des WinRobots-Programms wird es automatisch beendet.

"DBE\", "DBA\" für "DeBug Ein", "DeBug Aus".
Siehe auch: "DWP\", "XSH\"."DVM\", "DWP\".

Mit DBE\, DBA\ kann der Debug-Modus des Programms ein- und ausgeschaltet werden. Im Debugmodus werden am linken Bildschirmrand die Inhalte von ausgewählten Variablen des Programms angezeigt, so daß sich der aktuelle programminterne Zustand ablesen läßt. Die Anzeige ist in jedem Falle sichtbar und kann nicht durch andere Programme überdeckt werden, da sie immer direkt auf den Screen geschrieben wird.

"DBM\[Daten]" für "DeBugModus Ein/Aus"

Mit "DBM\..." kann der Debug-Modus des Programms ein- und ausgeschaltet werden.
"DBM\1" schaltet den Modus ein und "DBM\0" schaltet den Modus aus.
Im Debugmodus werden am linken Bildschirmrand die Inhalte von ausgewählten Variablen des Programms angezeigt, so daß sich der aktuelle programminterne Zustand ablesen läßt. Die Anzeige ist in jedem Falle sichtbar und kann nicht durch andere Programme überdeckt werden, da sie immer direkt auf den Screen geschrieben wird.

"DBP\[Daten]" für DebugPrint,

Der Befehl "DBP\..." schickt die im Datenteil angegebenen Werte (Array von Strings oder Variablen) mittels "OutputDebugString()" an einen Debugger. Ist das Hilfsprogramm "wr_dbg.exe" vorhanden, wird dies automatisch mit den Werten (s.o.) "0,0,400,200" gestartet. Debug-Meldungen werden auch als Information zu bestimmten Fehlern ausgegeben, wenn die Fortschrittsanzeige mit "DWP\" nicht eingeschaltet ist. In solchen Fällen wird das Hilfsprogramm ebenfalls mit den genannten Parametern automatisch gestartet

"DVM\[Daten]" für "DevelopModus Ein/Aus".
Siehe auch: "DBM\".

Mit diesem Befehlen kann der Develop-Modus des Programms ein- und ausgeschaltet werden.
"DVM\1" schaltet den Modus ein und "DVM\0" schaltet den Modus aus.
Im Develop-Modus wird im Falle eines Fehlers ein Fenster sichtbar, das die Einträge der aktuellen WinRobots-Skript Datei anzeigt und in welchem diese bearbeitet werden können (vgl. dazu auch "Benutzung des WinRobots-Programms", Befehlszeilenparameter "~").

"SDW\[Daten]" für "ShowDebugWindow".

Siehe auch: "DWP\", "XSH\"."DVM\", "DWP\".

WinRobots verfügt über ein eigenes Hilfsprogramm zur Anzeige von Debug-Meldungen ("wr_dbg.exe"). Im Fenster des Programms werden laufende Nummer, Zeit, Prozeß-ID und Debug-Meldung angezeigt. Mit "SDW\" können Sie dieses Programm starten und optional im Datenteil den Startmodus festlegen:

SDW\x,y,w,h[|min oder max][top][tic]

x: Linkskoordinate des Fensterursprungs,
y: Obenkoordinate des Fensterursprungs,
w: Fensterbreite,
h: Fensterhöhe,
min: Fenster startet minimiert oder
max: Fenster startet maximiert,
top: Fenster ist TopMost (über allen anderen).
tic: Normalerweise wird die Zeit im Format "hh:mm:ss" angezeigt; mit der
        Option "tic" wird die Zeit in Millisekunden seit Systemstart dargestellt.

Alle Angaben sind optional; bei Position und Größe müssen jedoch immer alle vor dem ersten Wert liegenden Trennzeichen (",") angegeben werden. Die Reihenfolge der Angaben nach dem Senkrechtstrich spielt keine Rolle; die Angaben können unmittelbar hintereinander oder mit Leerzeichen getrennt geschrieben werden.
Wenn der Datenteil leer ist, startet das Programm sichtbar an einer von Windows abhängigen Position in einer Standardgröße.

Wenn keine Präzisierung der Art "min", max", "top" angegeben ist, erscheint das Fenster sichtbar, jedoch als unterstes Fenster (Bottom), und mit Ausnahme von "max" wird das Fenster nicht aktiviert.

Das Hilfsprogramm wird nach Abarbeitung einer WinRobots-Skript Datei **nicht beendet**. Beim erneuten Start einer WinRobots-Skript Datei mit Debug-Ausgaben sind die Parameter nach "SDW\" unwirksam; das Debug-Fenster verbleibt im letzten Modus, und die Meldungen werden zu den vorherigen hinzugefügt. Wenn Sie das nicht wünschen, müssen Sie vor dem Aufruf von "SDW\..." zunächst das Debug-Fenster mit "SDW\c" schließen.

HINWEIS:
Sie können die Anzeige von Debug-Meldungen generell ausschalten, indem Sie in der "remote.ini" im Installationsverzeichnis den Wert "debug" in der Sektion "[debug]" auf "0" setzen (Default=1).

Beispiel:
```
SDW\c
SDW\0,0,400,300|topticmin
```

"DWP\[Daten]" für "DisplayWorkingProgress".

Siehe auch: "DBM\[Daten]"

Mit diesem Befehl läßt sich in der rechten oberen Ecke des Bildschirms eine Liste einblenden, in welcher der Abarbeitungsstand des WinRobots-Programms verfolgt werden kann. Das ist insbesondere bei Erarbeitung und Analyse von WinRobots-Skript Dateien hilfreich.
"DWP\1" bis "DWP\5" blenden die Liste ein, und "DWP\0" oder "DWP\" blendet sie wieder aus; "DWP\9" blendet sie aus und löscht den Inhalt.

"DWP\1" zeigt in der Liste den Befehlsablauf (ohne Kommentare und Leerzeilen), so wie er in der jeweiligen WinRobots-Skript Datei eingetragen ist.

"DWP\2" stellt eine Kombination aus Fortschrittsanzeige und Variablenanzeige dar, d.h. es werden sowohl die jeweilige Befehlszeile als auch (in der Regel in eckigen Klammern) die aktuellen Variablenwerte angezeigt. Das ist hilfreich, wenn Sie viel mit Variablen und Sprungdateien (JNF\) arbeiten und das Verhalten einer WinRobots-Skript Datei ohne Benutzung des Editors analysieren wollen.

"DWP\3" ist identisch mit "DWP\2" bis auf die Tatsache, daß der Inhalt des Anzeigefensters beim Beenden des Programms auf dem Desktop als Textdatei "dwp3.txt" hinterlegt wird, so daß Sie die einzelnen Anzeigen im Nachhinein analysieren können. Wenn Sie nach der Kennziffer und abgetrennt durch einen Pfeil ("->") einen Dateipfad angeben, wird der Inhalt des Anzeigefensters in diese Datei geschrieben. Dann wird gleichzeitig die Messagebox mit dem Hinweis auf die Datei unterdrückt.
"DWP\31" schreibt nur die Datei ohne Anzeige.
Beispiele:
```
DWP\31->c:\log.txt
DWP\3->?desktop\$currem$.txt
```

"DWP\4" ist besonders im Zusammenhang mit verschachtelten Abfragen hilfreich. Im Gegensatz zu den obigen Varianten werden in der Liste alle Befehle angezeigt, auch die infolge negativer Abfrageergebnisse nicht abgearbeiteten. Die "aktiven" Befehle, d.h. diejenigen, die abgearbeitet wurden, sind durch ein Pluszeichen ("+") am Zeilenanfang gekennzeichnet, die "passiven", d.h. diejenigen, die übersprungen wurden, durch ein Minuszeichen ("-"). Weiterhin sind die einzelnen Befehle entsprechend der jeweiligen Abfrageebene eingerückt.

"DWP\5" ist identisch mit "DWP\4" bis auf die Tatsache, daß der Inhalt des Anzeigefensters beim Beenden des Programms auf dem Desktop als Textdatei "dwp5.txt" hinterlegt wird, so daß Sie die einzelnen Anzeigen im Nachhinein analysieren können.
"DWP\51" schreibt nur die Datei "dwp5.txt" ohne Anzeige.

Wenn während der Abarbeitung die aktuelle WinRobots-Skript Datei gewechselt wird, erscheint der Name im Anzeigefenster in einer separaten Zeile. Das erste Zeichen in dieser Zeile signalisiert, ob der Aufruf der aktuellen WinRobots-Skript Datei aus einer höheren Ebene erfolgte (">") oder durch Rückkehr aus einer darunterliegenden Ebene (abgearbeitete Sprungdatei oder FEX-Ebene, "<").

HINWEISE:

* Die Liste wird von einer separaten Exe-Datei angezeigt und bleibt auch nach Beenden des WinRobots-Programms sichtbar, so daß Sie die Einträge in aller Ruhe analysieren können. Aber auch während des Laufs können Sie die Anzeige zu jedem beliebigen Zeitpunkt "einfrieren", wenn Sie mit der linken Maustaste in die Liste klicken. Dann werden die **letzten 100 Einträge** stationär angezeigt. Mit erneutem Mausklick kehren Sie wieder zurück zur Normalanzeige.

Über das Kontextmenü (rechte Maustaste) sind verschiedene Möglichkeiten zum Kopieren oder Speichern des Listeninhalts verfügbar.

Wenn Sie beim Starten einer WinRobots-Skript Datei mit "DWP\?" eine "verwaiste" vorherige **Instanz der Exe-Datei löschen** wollen, tragen Sie im Datenteil als letztes ein "#" ein.

* Um den Ablauf von **mehreren verschachtelten Rem-Dateien** (JNF, FEX) **live** zu verfolgen, öffnen Sie die interessierenden Dateien in jeweils einer eigenen Instanz des WR-Editors. Dann werden nach Start der primären Rem-Datei aus dem Editor die **aktuell bearbeiteten Befehle** in den entsprechenden Editor-Instanzen **markiert**, und außerdem können Sie sich die Werte von **Variablen** ("$$xyz"), Systemvariablen ("$v?$") und Kürzeln **anzeigen** lassen, indem Sie den Mauszeiger auf den entsprechenden Namen bewegen.

Bei allen "DWP\"-Befehlen können Sie zusätzlich noch die Größe der Liste festlegen, indem Sie nach einem Senkrechtstrich ("|") als Trennung die Breite und Höhe der Liste getrennt durch Komma in Pixel angeben:

```
DWP\1|200,600
```

"DCP\[Daten]" für "DirCoPy"

"DRD\([Daten])" für "DuplicateRemoteDirectory".
Siehe auch: "FCP\", "CIO\", "DEL\", "RMD\", "SYN\", "UEF\".
Siehe auch: "Spezialordner".

Mit "DCP\..." läßt sich der Inhalt von kompletten Verzeichnissen (Unterverzeichnisse, Dateien) in ein beliebig angebbares neu anzulegendes oder bereits vorhandenes Zielverzeichnis kopieren. Das Zielverzeichnis muß mit demjenigen Pfad/Namen eingetragen werden, den es nach dem Kopieren besitzen soll. Wenn der Zielverzeichnispfad nicht existiert, wird er automatisch angelegt.
Quellverzeichnis und Zielverzeichnis müssen im Datenteil angegeben und durch die Zeichen "->" getrennt werden.
Beim Kopieren im Netzwerk ist das Zielverzeichnis wie folgt anzugeben:
\\ComputerName\Laufwerksbuchstabe\Zielverzeichnis

Zusätzliche Überprüfungen und Präzisierungen können Sie wie folgt vornehmen:
- Nach dem Kopieren einer Datei daraufhin, ob die kopierte Datei die gleiche Prüfsumme hat wie die Quelldatei. Wenn sie abweicht, wird eine Fehlermeldung angezeigt
Die Überprüfung können Sie durchführen lassen, indem Sie am Ende des Datenteils einen Senkrechtstrich und
- "4" für Prüfsumme nach dem Kopieren
angeben.
Wenn Sie nur Dateien kopieren wollen, die im Zielverzeichnis nicht vorhanden sind, tragen Sie
- "8" für nur fehlende Dateien kopieren ein.
Die Werte können durch Addition kombiniert werden.

Manchmal ist es zweckmäßig, eine zweite Instanz des Remotprogramms zu starten, aber mit einer räumlich getrennten "remote.exe". Dann kann vorher der Befehl "DRD\" benutzt werden, um den Inhalt des WinRobots-Installations-Verzeichnisses in ein anderes Verzeichnis zu kopieren. Dieses andere Verzeichnis wird immer als Unterverzeichnis vom WinRobots-Installations-Verzeichnis angelegt, und zwar
- mit dem Namen "clone", wenn Sie den Datenteil leer lassen, oder
- mit dem im Datenteil angegebenen Namen.
Sie können auch mehrere, durch "|" getrennte Namen angeben; dann wird das Verzeichnis mehrfach dupliziert.
Beim Dupliziervorgang werden alle Dateien im WinRobots-Installations-Verzeichnis sowie - soweit vorhanden - die Unterverzeichnise "remfiles", "text", "picture" und "wave" kopiert.

Beispiele:
```
'Kopiert den Inhalt (nicht das Verzeichnis!) von "d:\myDirectory" nach c:\
DCP\d:\myDirectory->c:\

'Kopiert das Verzeichnis "d:\myDirectory" nach c:\
DCP\d:\myDirectory->c:\myDirectory

'Kopiert das Verzeichnis "c:\programme\zubehör" zu "d:\Test1\Test2\Test3\Test4"
DCP\c:\programme\zubehör->d:\Test1\Test2\Test3\Test4

'Kopiert das Quellverzeichnis auf den Rechner "myserver"; dort als "d:\Test1\Test2"
DCP\c:\programme\zubehör->\\myserver\d\Test1\Test2
```

"DDF\[Daten]" für "DisplayDialogFiles",

Mit "DDF\..." können Sie die systemeigenen Dialogfenster "Datei öffnen" und "Datei speichern unter..." anzeigen und das Ergebnis der Benutzerauswahl/eingabe im weiteren Verlauf der WinRobots-Skript Datei auswerten.

Syntax:

```
DDF\Mode|Caption|Filename|Filter|DefDir|DefExt[|Position
(x,y)]
```

Mode: 1 = Datei öffnen, 2 = Datei speichern,
Caption: Beschriftung des Dialogfensters (Titel),
Filename: Dieser Name erscheint als Vorgabe im Eingabetextfeld,
Filter: Legt fest, welche Dateien zur Auswahl angezeigt werden sollen. Es können mehrere Dateiarten abgegeben werden. Jede Dateiart ist durch Beschreibung und Endung wie folgt zu kennzeichnen:
Beschreibung (*.Endung)=*.Endung; z.B: WinRobots-Skript Dateien (*.rem)=*.rem.
Die einzelnen Dateiarten sind durch Komma zu trennen. Die zuerst angeführte Dateiart erscheint als Vorauswahl in der entsprechenden Comboliste.

DefDir: Mit diesem Verzeichnis wird der Dialog geöffnet,
DefExt: Dateiendung (ohne Punkt!), die automatisch angehängt wird, wenn der Benutzer keine Endung angibt.
Position: (optional); fehlt die Angabe, wird das Dialogfeld in Bildschirmmitte abgezeigt, ansonsten an der angegeben Position (= linke obere Ecke des Dialogfeldes in Pixel).
Das Ergebnis der Benutzerauswahl wird in "$v1$" abgelegt .
Bei Abbruch ist $v1$ leer; Sie können "JOC\" zur Auswertung des Abbruchs benutzen.

Beispiel:

```
DDF\1|Bitte      Bild      auswählen:|neutral.bmp|Bitmap      (*.bmp)=*.bmp,JPEG
(*jpg)=*.jpg|?exepfad\picture|bmp|200,300
VAR\$$fil=$v1$
IVV\$$fil=
 MBX\Abbruch!
ELSE
 MBX\$v1$
EVV\
```

"DDD\[Daten]" für "DisplayDialogDirectories"

Mit "DDD\..." können Sie das systemeigene Dialogfenster "Ordner suchen" anzeigen und das Ergebnis der Benutzerauswahl/eingabe im weiteren Verlauf der WinRobots-Skript Datei auswerten.

Syntax:

```
DDD\Root|Caption[|Infotext][|Position (x,y)]
```

Root (UV): Legt fest, was im Auswahlfenster verfügbar ist.
U(0-9):
```
0 = My Computer
1 = Desktop
2 = (user)\Desktop
3 = My Documents
4 = Control Panel
5 = Network Neighbourhood
6 = (user)\nethood
7 = (user)\Local Settings
8 = Internet History
9 = (user)\SendTo
```
V(0/1):
```
0 = ohne Dateien
1 = mit Dateien
```

Caption: Beschriftung des Dialogfensters (Titel),
Infotext: (optional), zusätzlicher Erläuterungstext oberhalb des Auswahlfensters,
Position: (optional); fehlt die Angabe, wird das Dialogfeld in Bildschirmmitte abgezeigt, ansonsten an der angegeben Position (= linke obere Ecke des Dialogfeldes).

Das Ergebnis der Benutzerauswahl wird in "$v1$" abgelegt.Bei Abbruch ist die Variable leer. Sie können auch "JOC\" zur Auswertung des Abbruchs benutzen.

HINWEIS:
Es wird nur dann ein Ergebnis hinterlegt, wenn die Auswahl ein Objekt in einem realen Ordner (lokal oder Netz) darstellt. Bei Auswahl eines Objekts in einem virtuellen Ordner (Systemsteuerung, Internet-Verlauf, ...) ist die Variable ebenfalls leer.

```
' +++ rest.rem +++
'
' Zweck:
' erstellt am: 02.08.2003
' von: Theo Gottwald
'=======================
'
VAR\$$N07=Bitte wählen Sie das Quellverzeichnis.
VAR\$$N08=Alle Untergeordneten Verzeichnisse werden automatisch untersucht.
DDD\10|$$N07|$$N08
VAR\$$L40=$v1$
IVV\$$L40=
 END\
EVV\
@
```

"DDC\[Daten] für "DisplayDialogColor".

Mit "DDC\..." können Sie den systemeigenen Farbendialog anzeigen und das Ergebnis der Benutzerauswahl/eingabe im weiteren Verlauf der WinRobots-Skript Datei auswerten.

Syntax:

```
DDC\Mode|Caption[|Position (x,y)]
```

Mode: 1 = Standard, erweiterbar, 2 = Standard, nicht erweiterbar, 3 = erweitert,
Caption: Beschriftung des Dialogfensters (Titel),
Position: (optional); fehlt die Angabe, wird das Dialogfeld in Bildschirmmitte abgezeigt, ansonsten an der angegeben Position (= linke obere Ecke des Dialogfeldes).

Das Ergebnis der Benutzerauswahl (Farbwert) wird als Hex-Wert (Zeichenfolge) in "$v1$" abgelegt.Bei Abbruch ist die Variable leer. Sie können auch "JOC\" zur Auswertung des Abbruchs benutzen.

"FTP\" für FTP,

Der Befehl "FTP\" dient dazu, Dateien von einem FTP-Server auf den lokalen Rechner herunterzuladen oder vom lokalen Rechner auf einen FTP-Server hochzuladen. Voraussetzung ist ein etablierter Online-Zugang, d.h. eine bereits hergestellte DFÜ-Verbindung oder der permanente Zugang über DSL-Modem + ggf. Router oder ähnliche Vor einem Down- oder Upload muß zunächst die Verbindung hergestellt werden. Das geschieht mittels "FTP\o|..." (s.u.). Nach erfolgtem Down- oder Upload muß die Verbindung wieder getrennt werden mittels "FTP\c". Zwischen "Open" und "Close" können Sie beliebig oft mit der Verbindung arbeiten.

Die allgemeine Syntax für Einzeldateien lautet wie folgt:

FTP\o|Server|User|Password	= OpenConnection
FTP\d|RemoteFile->LocalDir[|Filename]	= Download
FTP\l [|RemoteDir][|FileExt]	= List
FTP\p|Permission	= Permission
FTP\r	= GetServerReply
FTP\s|Special	= SpecialCommands
FTP\u|LocalFile->RemoteDir[|FileName]	= Upload
FTP\c	= CloseConnection

Server: Name oder IP-Adresse des FTP-Servers
User: Benutzername für den Zugang zum Server
Password: Paßwort für den Zugang zum Server
RemoteFile: Pfad der Quelldatei auf dem Server
RemoteDir: Verzeichnis auf dem Server
FileExt: Datei-Endung (Default: "*.*") zur Eingrenzung einer Auflistung
LocalDir: Lokales Verzeichnis
LocalFile: Pfad der lokalen Datei
FileName: Name der Zieldatei, wenn abweichend von der Quelldatei

Wenn nur das Zielverzeichnis ("LocalDir" bzw. "RemoteDir") angegeben ist, wird die Zieldatei mit dem Namen der Quelldatei angelegt. Wenn Sie die Datei beim Down/Upload umbenennen wollen, müssen Sie noch den (neuen) Dateinamen angeben (LocalDir|Filename bzw. RemoteDir|Filename).

Sie können aber nicht nur einzelne Dateien, sondern auch Dateigruppen herunter- bzw. hochladen. Geben Sie dazu die Quelle (links vom "->") in der Form

```
FTP\d|RemoteDir|*.???->    bei Download bzw.
FTP\u|LocalDir|*.???->     bei Upload
```

an, wobei "*.???" die Dateigruppe beschreibt, z.B. "*.dll".
Mit "*.*" werden alle Dateien erfaßt.
Wenn Sie die Dateien dabei umbenennen, konkret mit einer anderen Endung versehen möchten, geben Sie diese auf der Zielseite (rechts vom "->") als "FileName" auch in der Form "*.???" an:

```
FTP\d|RemoteDir|*.ini->LocalDir|*.txt    bei Download bzw.
FTP\u|LocalDir|*.ini->RemoteDir|*.txt    bei Upload
```

© Theo Gottwald 2008

Permission: Dreistellige Ziffernfolge für die Zugriffsberechtigung auf die hochgeladene(n) Serverdatei(en) nach den Regelungen für "chmod". Damit lassen sich auf UNIX/LINUX-Servern Zugriffsberechtigungen für die Benutzergruppen "Eigentümer" (1.Ziffer), "Gruppe" (2. Ziffer) und "Sonstige" (3. Ziffer) für die drei Berechtigungen "Lesen" (Wert 4), "Schreiben" (Wert 2) und "Ausführen" (Wert 1) festlegen. Die jeweilige Ziffer ist die Summe aus den Werten der für die jeweilige Benutzergruppe zu setzenden Berechtigungen und kann demzufolge nur Werte von 1 bis 7 annehmen. Ein Standard-Zugriffswert ist 644 (Eigentümer darf lesen und schreiben, alle anderen nur lesen).

Wenn beim Upload **Berechtigungen** gesetzt werden sollen, muß der Befehl "FTP\p|XXX" immer **nach** "FTP\o|..." und **vor** "FTP\u|..." stehen. Er wirkt dann für alle mit "FTP\u|..." hochzuladenden Dateien während einer FTP-Verbindung, kann aber mit "FTP\p|0" oder "FTP\p|" jederzeit abgeschaltet werden.

Mit "FTP\l..." lassen Sie sich Dateien und Unterverzeichnisse auflisten. Wenn keine weiteren Infos übergeben werden, erhalten Sie eine Auflistung aller Dateien und Unterverzeichnisse von demjenigen Serververzeichnis, zu dem die Zugangsdaten führen. Sie können die Vorgaben aber auch präzisieren sowohl hinsichtlich des Pfades auf dem Server als auch der aufzulistenden Dateigruppen. Das Ergebnis der Auflistung erhalten Sie wie folgt:

```
In "$v1$" alle aufzulistenden Dateien als Zeilen mit "Name|Größe|Datum",
in "$v2$" alle aufzulistenden Unterverzeichnisse als Zeilen mit "Name|Größe|Datum",
in "$v3$" die Anzahl der aufgelisteten Dateien und
in "$v4$" die Anzahl der aufgelisteten Unterverzeichnisse.
```

Mit "FTP\r" fordern Sie während einer Verbindung eine Serverantwort an bzw. erhalten den aktuellen Status. Die Antwort wird als Text in **"$v6$"** hinterlegt.

"FTP\s|..." erlaubt es Ihnen, FTP-Kommandos an den Server zu schicken. Nach dem Trennstrich ("|") ist die Zeichenfolge für das gewünschte Kommando einzutragen. Zu den Kommandos, deren Bedeutung und Sytax siehe unter anderem "http://www.nsftools.com/tips/RawFTP.htm".

HINWEISE:
- Der Pfad zur WinRobots-Skript Datei wird in der Regel in der Form "Dir/[Subdir/...]Filename" angegeben, wobei "Dir" ein Unterverzeichnis derjenigen Verzeichnisebene ist, zu der die Zugangsdaten führen.
- Beachten Sie bitte, daß viele FTP-Server unter **UNIX, LINUX** oder ähnliche laufen und deshalb eine **Groß/Kleinschreibung** bei Verzeichnis- und Dateinamen **berücksichtigen**! Wenn die Remote-Daten nicht korrekt angegeben werden, schlägt der Befehl fehl.
Der Befehl unterstützt "IIF\".

Beispiele zu FTP auf der nächsten Seite.

```
' +++ colouring.rem +++
' Zweck:
' erstellt am: 17.08.2008
' von: Theo Gottwald
'=========================
DDP\netsurf
STW\#32770\netsurf
SPC\systabcontrol32\*
TCP\general
'...
TCP\server
'...
TCP\Skripting
'...
TCP\multilink
'...
SPC\button\ok
MEL\

DLF\http://megapov.inetart.net/megapov-1.1_windows.zip
DLF\megapov.inetart.net/megapov-1.1_windows.zip

DLP\www.winrobots.de
DLP\63.108.51.137>$$aaa
IIF\
 MBX\Failed!
ELSE
 CTF\?desktop\site.txt<$$aaa
EIF\

VAR\$$svr=97.108.52.157                        '# Server-IP
VAR\$$usr=admin_dsl                            '# Username
VAR\$$pwd=7!4tmvk3y                            '# Password
FTP\o|$$svr|$$usr|$$pwd                        '# Verbindung herstellen

FTP\l                                          '# alle Dateien und
Unterverzeichnisse auflisten
VAR\$$fil=$v1$                                 '# alle Dateien
VAR\$$dir=$v2$                                 '# alle Unterverzeichnisse

FTP\d|download/subdir/blabla.txt->c:          '# Originaldateiname
FTP\d|download/subdir/blabla.txt->c:\         '# Originaldateiname
FTP\d|download/subdir|*.txt->c:\              '# Originaldateinamen (alle
*.txt)
FTP\d|download/subdir/blabla.txt->c:\|bla.txt '# Umbenennen
FTP\d|download/subdir|*.txt->c:\|*.ini        '# Umbenennen (alle *.txt ->
*.ini)

FTP\u|c:\any.txt->upload/subdir               '# Originaldateiname
FTP\u|c:\any.txt->upload/subdir|blabla.txt    '# Umbenennen
FTP\u|c:\|*.txt->upload/subdir                '# Originaldateinamen (alle
*.txt)
FTP\u|c:\|*.txt->upload/subdir|*.ini          '# Umbenennen (alle *.txt ->
*.ini)

FTP\c                                          '# Verbindung trennen
```

"DDP\[Daten]" für "DisplayDialupProperties",

Mit dem Befehl "DDP\..." können Sie den Eigenschaftsdialog für eine existierende DFÜ-Verbindung anzeigen. Dazu ist im Datenteil der Name der DFÜ-Verbindung einzutragen, so wie er im Ordner "DFÜ-Netzwerk" angezeigt wird.

"CND\" für CreateNewDialUpConnection

Den Dialog für die Erstellung einer neuen DFÜ-Verbindung können Sie mit dem Befehl "CND\" anzeigen.

"IOL\" für "IsOnLine", "EOL\" für "EndOnLine",

Mit "IOL\" überprüfen Sie, ob eine aktive Online-Verbindung besteht. Die Befehle bis "EOL\" werden nur dann ausgeführt, wenn das der Fall ist.

Gleichzeitig wird in "$v2$" hinterlegt, ob die Verbindung als direkte DFÜ-Verbindung des Rechners oder über einen Router oder ähnliche etabliert ist.

"$v2$" hat den Wert "1" bei einer direkten DFÜ-Verbindung und "2" in anderen Fällen.

"CDC\" für "CloseDialupConnection",

Mit "CDC\" können Sie eine aktive Einwahl-Online-Verbindung beenden und damit trennen..

"DLF\[Daten]" für "DownLoadFile"

Mit "DLF\..." können Sie das Herunterladen einer Datei aus dem Internet per HTTP-Protokoll veranlassen. Im Datenteil ist der URL, d.h. der entsprechende Download-Link anzugeben (die Zeichenfolge "http://" wird automatisch vorangestellt, wenn sie nicht vorhanden ist). Es erscheint der (browser-/einstellungsabhängige) Download-Dialog, der dann mit nachfolgenden Befehlen bedient werden kann.

```
DLF\$$RES

' +++ main_Rapidget.rem +++
' Zweck: Dateien entlang einer Textdatei herunterladen
' erstellt am: 26.11.2006
' von: AFRO
'========================
VAR\$$TXF=?pfad\downloads.txt
FEL\$$TXF|DoIt|$$FIL
MBX\Alle Dateien heruntergeladen!

@

:DoIt:
DLF\$$DLF
 @
```

"DLP\[Daten]" für "DownLoadPage"

Mit "DLP\..." können Sie das Herunterladen des Inhalts einer Website (Quellcode, Rückgabestring) aus dem Internet per HTTP-Protokoll veranlassen.

Im Datenteil ist der URL, d.h. die entsprechende Web-Adresse oder alternativ die IP-Adresse anzugeben. Die Zeichenfolge "http://" wird automatisch vorangestellt, wenn sie nicht vorhanden ist.

Der Seiteninhalt wird alsText in "**$v1$**" abgelegt.

 Alternativ können Sie nach dem URL das Zeichen ">" und danach einen Variablennamen angeben ("$$xyz"); dann wird der Text direkt dieser Variablen übergeben (siehe auch "VAR\").

Dieser Befehl unterstützt "IIF\" um den Erfolg der Operation zu überprüfen..

```
' +++ colouring.rem +++
' Zweck:
' erstellt am: 17.08.2008
' von: Theo Gottwald
'=========================
DDP\netsurf
STW\#32770\netsurf
SPC\systabcontrol32\*
TCP\general
'...
TCP\server
'...
TCP\Skripting
'...
TCP\multilink
'...
SPC\button\ok
MEL\

DLF\http://megapov.inetart.net/megapov-1.1_windows.zip
DLF\megapov.inetart.net/megapov-1.1_windows.zip

DLP\www.winrobots.de
DLP\63.108.51.137>$$aaa
IIF\
 MBX\Failed!
ELSE
 CTF\?desktop\site.txt<$$aaa
EIF\
```

```
VAR\$$svr=17.08.05.17                       '# Server-IP
VAR\$$usr=admin                             '# Username
VAR\$$pwd=mypwd                             '# Password
FTP\o|$$svr|$$usr|$$pwd                     '# Verbindung herstellen

FTP\l                                       '# alle Dateien und
Unterverzeichnisse auflisten
VAR\$$fil=$v1$                              '# alle Dateien
VAR\$$dir=$v2$                              '# alle Unterverzeichnisse

FTP\d|download/subdir/blabla.txt->c:        '# Originaldateiname
FTP\d|download/subdir/blabla.txt->c:\       '# Originaldateiname
FTP\d|download/subdir|*.txt->c:\            '# Originaldateinamen (alle
*.txt)
FTP\d|download/subdir/blabla.txt->c:\|bla.txt   '# Umbenennen
FTP\d|download/subdir|*.txt->c:\|*.ini      '# Umbenennen (alle *.txt ->
*.ini)

FTP\u|c:\any.txt->upload/subdir             '# Originaldateiname
FTP\u|c:\any.txt->upload/subdir|blabla.txt  '# Umbenennen
FTP\u|c:\|*.txt->upload/subdir              '# Originaldateinamen (alle
*.txt)
FTP\u|c:\|*.txt->upload/subdir|*.ini        '# Umbenennen (alle *.txt ->
*.ini)

FTP\c                                       '# Verbindung trennen
```

"IPS\" für "IfPingSuccess", "EPS\" für "EndPingSuccess"

Siehe auch: "Abfragen".

Mit "IPS\" können Sie einen Ping auf eine Serveradresse ausführen. Die Befehle zwischen "IPS\" und "EPS\" werden nur dann ausgeführt, wenn der Ping erfolgreich war. Im Datenteil von "IPS\" ist entweder der Name des Servers oder seine IP-Adresse anzugeben.

In jedem Falle wird die IP-Adresse in **"$v1$"** hinterlegt. Im Fehlerfall enthält diese Variable das Zeichen "#".

"LIP\" für "LAN-IP"

Mit "LIP\" können Sie die IP-Adresse eines Netzwerkadapters im LAN ermitteln. Geben Sie dazu im Datenteil einen Begriff ein, der in der Bezeichnung des Netzwerkadapters enthalten ist. Wenn nur ein Adapter existiert, können Sie den Datenteil leer lassen.

Die IP-Adresse wird in **"$v1$"** hinterlegt.

Alternativ können Sie im Datenteil (ggf. nach dem Begriff) das Zeichen ">" und danach einen Variablennamen angeben ("$$xyz"); dann wird die IP-Adresse in dieser Variablen gespeichert.

Es werden ausserdem noch folgende Variablen belegt:

```
$v2$ = IP-Adresse vom Default-Gateway des Adapters,
$v3$ = IP-Adresse vom DHCP-Server des Adapters,
$v4$ = Beschreibung des Adapters.
```

"WIP\" für "WAN-IP" .

Mit "WIP\" können Sie die IP-Adresse ermitteln, unter welcher Ihr Rechner im WAN erscheint. Beachten Sie dabei, daß dies bei einem lokalen Netzwerk i.a. die Adresse des Routers ist.

Die IP-Adresse wird in **"$v1$"** hinterlegt. Alternativ können Sie im Datenteil das Zeichen ">" und danach einen Variablennamen angeben ("$$xyz"). dann wird die IP-Adresse in dieser Variablen gespeichert.

"DEL\[Daten]" für "Delete"

Siehe auch: "OUF\".
Siehe auch: "Spezialordner".

Der Befehl "DEL\..." verhält sich wie der DOS-Befehl **DEL**. Mit ihm können Sie Dateien oder Dateigruppen löschen, die nicht schreibgeschützt oder geöffnet sind, wobei die Platzhalter "*" für mehrere Zeichen und "**?**" für ein Zeichen unterstützt werden.
Wenn Sie die Datei(en) nicht vollständig löschen, sondern nur in den **Papierkorb** verschieben wollen, geben Sie am Ende des Datenteils die Zeichenfolge "**|p**" an.

```
DEL\?wi\typeometer.exe
```

"DAF\[Daten]" für "DeleteAllFiles",

Der Befehl "DAF\..." bewirkt, daß die im Datenteil angegebene Datei(gruppe) gelöscht wird. Diese muß dort mit vollständigem Verzeichnispfad angegeben und darf nicht in Anführungsstriche gesetzt werden. Es können **keine Platzhalter (?, *)** verwendet werden; statt dessen reagiert dieser Befehl auf **Matchcode**, d.h. "DAF\c:\text" löscht alle Dateien auf **c:**, in deren Name die Zeichenfolge "text" vorkommt, und "DAF\c:\." löscht alle Dateien auf "**c:**", in deren Name ein Punkt vorkommt (**auch schreibgeschützte, versteckte und Systemdateien!!!**).
Wcnn vcrsucht wird, eine geöffnete Datei zu löschen, wird dies programmintern aufgefangen. Wenn Sie die Fortschrittsanzeige über den Befehl "DWP\..." aktiviert haben, wird in der Liste ein entsprechender Vermerk eingetragen.
Wenn Sie die Datei(en) nicht vollständig löschen, sondern nur in den **Papierkorb** verschieben wollen, geben sie am Ende des Datenteils die Zeichenfolge "**|p**" an.

```
DAF\$$DIRtest
```

"DCR\" für "DeleteCurrentRemfile".

Mit "DCR\" können Sie die aktuell ausgeführte WinRobots-Skript Datei löschen. Der Befehl wirkt jedoch nur, wenn die WinRobots-Skript Datei nicht aus dem Editor gestartet wurde.

```
'--------------------------
'# Meldung an VM_FTP- bzw.
'# Sortierprogramm schicken
:always
IEW\#32770\$ftp$
 PWM\&H8000&+15|0|0
 CAS\3
EEW\
DCR\
@
```

"DFR\[Daten]" für "DrawFrameRect"

Siehe auch: "SHF\".

Mit "DFR\" können Sie auf dem Desktop einen rechteckigen Rahmen zeichnen und diesen wahlweise auch füllen.

Syntax:

DFR\[o\]x,y,sx,sy|FrameColor[|FrameWidth][|FillColor]

o\: (optional); wenn vorhanden, beziehen sich die Koordinaten auf den Ursprung des aktuell lokalisierten Fensters.

x,y: Koordinaten der linken oberen Ecke des Rechtecks in Pixel,

sx,sy: Breite und Höhe des Rechtecks in Pixel,

FrameColor: Farbe des Rahmens ,

FrameWidth: (optional); Rahmendicke; wenn nicht angegeben, beträgt sie 1 Pixel.

FillColor: (optional); Füllfarbe für den Innenbereich.

Wenn x2 = x1 und y2 = y1 sind, wird ein Punkt gezeichnet. Wenn die Rahmendicke > 1 ist, beschreiben die Angaben x, y, sx und sy das innere Rechteck; der Rahmen wird um dieses Rechteck herum gezeichnet.

Die Zeichnung wird unsichtbar, wenn die Zeichenfläche von einem anderen Programm oder von Windows refresht wird. Wenn Sie einen persistenten Rahmen zeichnen müssen, verwenden sie den Befehl "SHF\".

```
VAR\$$COL=&H$$hor$$hog$$hob
DFR\o\100,100,140,140|$$COL|$$COL
```

"DIR\[Daten]" für "DrawInvertedRect",

Mit "DIR\" können Sie die Farben in einem Rechteck auf dem Desktop invertieren. Ein erneuter Aufruf mit gleichen Parametern stellt den Ausgangszustand wieder her.
Syntax:
DIR\[o\]x,y,sx,sy

o\:   (optional); wenn vorhanden, beziehen sich die Koordinaten auf den Ursprung des aktuell lokalisierten Fensters.

x,y: Koordinaten der linken oberen Ecke des Rechtecks in Pixel,

sx,sy: Breite und Höhe des Rechtecks in Pixel.

```
VAR\$$M00=$$_01
VAR\$$M01=$$_02
VAR\$$M02=$$_03

CAL\$$M05=$$M02/2
CAL\$$M03=$$M00-$$M05
CAL\$$M04=$$M01-$$M05

DIR\o\$$M03,$$M04,$$M02,$$M02
@
```

"DCL\[Daten]" für "DrawColorLine".

Mit "DCL\" können Sie auf dem Desktop eine farbige Linie zeichnen.
Syntax:
DCL\[o\]x,y,sx,sy|LineColor[|LineWidth]

o\:   (optional); wenn vorhanden, beziehen sich die Koordinaten auf den Ursprung des aktuell lokalisierten Fensters.

x,y: Koordinaten des Ausgangspunktes der Linie in Pixel,

sx,sy: Breite und Höhe des umschreibenden Rechtecks der Linie in Pixel,

LineColor: Farbe der Linie,

LineWidth: (optional); Linienbreite; wenn nicht angegeben, beträgt sie 1 Pixel.

Wenn x2 = x1 und y2 = y1 sind, wird ein Punkt gezeichnet.

Hinweis:
Bei allen Befehlen lassen sich die gezeichneten Figuren wieder löschen, wenn Sie den Befehl mit leerem Datenteil aufrufen.

```
DCL\o\10,10,320,320|&H234|4
```

"DIM\" für "Do If Missing"

"EIM\" für "End If Missing".

Siehe auch: "IEW\", "IEC\", "ICE\", "MTW\", "MCW\".

Mit Hilfe dieser Befehle kann zunächst überprüft werden, ob ein gesuchtes Fenster bereits existiert oder nicht. Wenn nicht, können beispielsweise zwischen den Befehlen "DIM\" und "EIM\" weitere Befehle eingebaut werden, die das gesuchte Fenster erzeugen. Der Befehl "DIM\" muß vor einer Zeile stehen, die nach einem Topwindow sucht ("STW\..."). Diese Zeile dient dann nur der Überprüfung und hat keine weiteren Auswirkungen. Im Anschluß daran sind diejenigen Befehle zu ergänzen, die im Falle des Nichtvorhandenseins des gesuchten Fensters ausgeführt werden sollen und mit einem "EIM\" abzuschließen.
Die Befehle können nur im Zusammenhang mit Topwindows eingesetzt werden. Existiert das in der Zeile nach "DIM\" spezifizierte Topwindow bereits, werden die anschließenden Befehle bis zum "EIM\"-Befehl übersprungen.

Beispiel:

```
DIM\
STW\cabinetwclass\arbeitsplatz          'Prüfen, ob "Arbeitsplatz" geöffnet
STW\progman\program manager             'wenn nicht, öffnen mit Doppelklick
SWC\shelldll_defview\notext
SWC\syslistview32\onotext
MMA\1024-0768-0036-0021
MDC\
EIM\

STW\cabinetwclass\arbeitsplatz          '# Laufwerk "A:" formatieren:
SWC\shelldll_defview\onotexttab         '# Rechter Mausklick auf "A:"-Symbol
SWC\syslistview32\onotexttab  '# usw.
MMA\0240-0260-0053-0006
MRC\
```

"DPI\[Daten]" für "DisPlayInfo"

"DPT\[Daten]" für "DisPlayText",

"DPF\[Daten]" für "DisPlayFile"

"DPP\[Daten]" für "DisPlayProperties",

"DPC\[Daten]" für "DisplayPropertiesChange".

Siehe auch: "SBT\", "SHM\", "SHI\", "SFT\", "SHT\", "GUI\".

Für die Anzeige von Texten aus einzelnen Dateien benutzt man die Befehle "SHM\", "SHT\" oder "SHI\". Es ist jedoch auch möglich, anzuzeigende Texte in einer oder mehreren speziellen Dateien zu speichern. Das ist dann sinnvoll, wenn viele Texte für mehrere Komplexe anzuzeigen sind und diese jeweils ein gemeinsames Anzeigelayout haben sollen. Diese speziellen Dateien müssen die Endung "*.dpt" tragen und sich im Programm- oder Textverzeichnis befinden. Dann wird deren Inhalt bei Bedarf eingelesen und programmintern gespeichert. Vor dem eigentlichen Anzeigebefehl ("DPI\", "DPT\", "GUI\") muß in der WinRobots-Skript Datei zuerst definiert werden, in welcher *.dpt-Datei der Text zu suchen ist. Dazu dient der Befehl "DPF\...". Im Datenteil ist der Name der jeweiligen Textdatei (*.dpt-Datei) anzugeben (die Endung kann weggelassen werden).

In der *.dpt-Datei werden die einzelnen Texte blockweise nacheinander eingetragen; die Reihenfolge ist beliebig, denn der Zugriff auf die einzelnen Texte erfolgt über eine Kennung, die in der *.dpt-Datei wie folgt anzugeben ist:

<1
Textzeile
Textzeile
<3
Textzeile
Textzeile

Textzeile
<blabla
Textzeile
Textzeile
etc.

Das "<"-Zeichen signalisiert eine Kennung für die nachfolgenden Textzeilen, und die Zeichenfolge nach dem "<"-Zeichen ist die Kennung. Diese kann beliebig sein; es dürfen aber nicht zwei gleiche Kennungen innerhalb einer Datei auftreten.

Sie können in den Text auch Variable einbauen (siehe "VAR\...") und diese dann durch aktuelle oder aus einem Fenster gelesene Zeichenfolgen ersetzen.

Leerzeilen innerhalb der jeweiligenTextkörper werden bei der Anzeigeformatierung mit berücksichtigt!

Sie können die "*.dpt"-Datei auch mehrsprachig ausführen. Tragen Sie dazu vor dem Textblock die Language-ID der jeweiligen Sprachversion in eckigen Klammern ein. Außerdem muß dann **immer** ein Block existieren, der mit der ID "[9999]" beginnt. Dieser

© Theo Gottwald 2008

wird dann benutzt, wenn die auf dem System eingestellte Sprache von der Datei nicht unterstützt wird.
Beispiel:
```
[1031][2055]
<1
Das ist ein Beipieltext!
'...
[9999]
<1
This is a sample text!
'...
```

Im Datenteil der Anzeigebefehle ist zuerst die Anzeigedauer in sec und danach - abgetrennt durch Backslash - die Kennung einzutragen.
Beispiel:
```
DPF\beispiel.dpt      'oder
DPF\beispiel
DPI\5\3
DPI\7\Anzeige2
```

Da die "*.dpt"-Dateien nur die reinen Texte enthalten, müssen die Informationen zu den Schrift- und weiteren Anzeigeparametern an anderer Stelle abgelegt werden. Das geschieht
     - für Infotexte in der Datei "**dpiparam.ini**" und
     - für Anzeigetexte in der Datei "**dptparam.ini**".
Dazu ist für jede "*.dpt"-Datei in der jeweiligen INI-Datei eine Sektion nach folgendem Muster anzulegen (beim Befehl "DPT\..." werden die letzten drei Parameter ignoriert; beim Befehl "DPI\..." wird bei den Farben nur BackColor1 unterstützt; siehe Befehl "SHM\..."):

```
[Name der *.dpt-Datei ohne Endung]
Font=Parameter1|Parameter2|...
BackColor1=@Farbwert|Intensität oben|Intensität unten
BackColor2=@Farbwert|Intensität unten|Intensität oben       (optional)
EdgeRadius=Wert
PointerLong=Wert
PointerThick=Wert
```

Die letzten drei Parameter sind nur bei "DPI\..." relevant. Mit ihnen kann der Rundungsradius der "Sprechblase", die Länge der Zeigerzunge und deren Dicke variiert werden. Wenn diese Angaben fehlen, werden programminterne Defaultwerte wirksam.

Beispiel:
```
[tours]
font=arial|14|1
backcolor1=@&H00C0FFFF
backcolor2=
EdgeRadius=7
PointerLong=73
PointerThick=28

[shopper]
font=arial|12|1|1||3
backcolor1=@&H00C0FFCC
backcolor2=
EdgeRadius=7
PointerLong=73
PointerThick=28
```

Die Einträge in dieser Sektion sind dann für alle Texte der *.dpt-Datei wirksam, deren Name als Sektionsbezeichnung [Name] eingetragen ist. Eine individuelle Formatierung für einzelne Texte läßt sich mittels des Befehls "DPP\..." erreichen (siehe unten).
Für die Angabe der Parameter gelten die unter "SHM\..." dargestellten Vorschriften.

Bei dem Befehl "DPI\..." kann es wünschenswert sein, die Parameter EdgeRadius, PointerLong und PointerThick individuell und unabhängig von Inidatei-Einträgen zu varieren. Dafür steht der Befehl "DPC\..." zur Verfügung. Die aktuellen Werte für die oben genannten Parameter sind im Datenteil wie folgt anzugeben:
DPC\[EdgeRadius]|[PointerLong]|[PointerThick]   (Trennzeichen: Senkrechtstrich)
Der Befehl muß unmittelbar vor dem Befehl "DPI\..." stehen und ist dann nur für diesen einen DPI-Befehl wirksam; danach gelten wieder die globalen Einstellungen aus der Ini-Datei.

Die "*.dpt"-Dateien können sowohl Anzeige- als auch Infotexte enthalten; die Zuordnung der Anzeigeart erfolgt dann über den entsprechenden Befehl.
Für die Angabe von Größe, Position, Zeiger und Rand beim Befehl "DPI\..." gelten die unter "SHI\..." getroffenen Festlegungen.

Normalerweise wird durch das Programm geprüft, aus welcher *.dpt-Datei Texte angezeigt werden sollen, und anhand dessen wird das Layout über den korrespondierenden Eintrag in der jeweiligen INI-Datei ermittelt. Sie können aber auch ein von dieser globalen Einstellung abweichendes Layout festlegen. Dazu kann vor dem jeweiligen Anzeigebefehl ("DPI\", "DPT\"), aber nach dem Befehl "DPF\..." der Befehl "DPP\..." benutzt werden. Im Datenteil des Befehls muß eine beliebige gültige Sektion der zugehörigen INI-Datei angegeben werden, welche die entsprechenden Informationen über Schriftparameter, Farben und ggf. weitere Angaben enthält (siehe "DPC\"). Sie können also in der INI-Datei mehr Sektionen anlegen, als Textdateien vorhanden sind und somit ein individuelles Layout einzelner Texte ermöglichen. Dabei gilt dieses Layout solange, bis Sie es mit "DPP\..." explizit wieder zurücksetzen oder mit "DPF\..." eine neue Textdatei angeben.
Beispiel:
```
DPF\beispiel
DPI\2\4
DPI\10\hinweis
DPP\exotisch1 'Sondereinstellung; Sektion in INI-Datei muß vorhanden sein.
DPI\5\3            'Dieser Text wird mit den Parametern aus "exotisch1" angezeigt
DPP\beispiel       'Normaleinstellung wiederherstellen
DPI\7\Anzeige2
```

"DPM\[Daten]" für "DisPlayMessage"

Siehe auch: "DWP\", "DVV\", "DBM\", "DPI\", "SHI\".

Mit "DPM\..." können Sie eine benutzerdefinierte Message anzeigen lassen. Der Inhalt der Message kann aus einer Zeichenfolge gemischt mit Variablen bestehen und ist im Datenteil anzugeben. Nach dem Inhalt und abgetrennt durch einen Senkrechtstrich ("|") können Sie die Position (x, y) und die Breite in Pixel vorgeben (Defaultwert für die Breite: 330 Pixel). Die Höhe richtet sich immer nach der Breite und der Textlänge (der Text wird am rechten Rand des Fensters automatisch umbrochen). Die Werte sind durch Komma zu trennen.

Wenn der anzuzeigende Text das Trennzeichen "|" enthält oder enthalten kann, müssen Sie den Text vorher in einer benutzerdefinierten Variablen ("$$xyz") speichern und den Variablennamen im Datenteil eintragen.
Eine Anzeigedauer in Sekunden können Sie am Anfang des Datenteils mit nachfolgendem Backslash eintragen.

Das Anzeigefenster erscheint beim ersten Aufruf entweder in der linken oberen Bildschirmecke oder an der vorgegeben Position. Es kann verschoben, in der Größe verändert und über den Schließen-Button ausgeblendet werden. Bei einem erneuten Aufruf des Befehls erscheint das Fenster an der letzten Position und in der letzten Größe, sofern keine neuen Werte vorgegeben wurden.
Wenn in der Message eine Zeilenschaltung eingefügt werden soll, ist an der entsprechenden Stelle "$crlf$" einzutragen.

Mit "DPM\" können Sie das Fenster per Code ausblenden.
Wenn das Fenster nach Beenden der WinRobots-Skript Datei weiter angezeigt werden soll, fügen Sie als letztes Zeichen im Datenteil ein "#" an. Dann wird das Programm erst bei (manuellem) Schließen des Fensters beendet.

Beispiel:
```
VAR\$$123=aaa|bbb|ccc|123|456
VAR\$$xyz=Testmessage!
DPM\Message:$crlf$Das ist eine $$xyz
DPM\Message:$crlf$Das ist eine $$xyz|50,70
DPM\5\Message:$crlf$Das ist eine $$xyz|50,50,100
VAR\$$msg=Message:$crlf$$$123
DPM\$$msg|50,70#
```

"DTS\" "DesktopSave",

"DTR\" "DesktopRestore"
(benötigt "dsdsktop.dll")

Mit "DTS\" werden die Positionen der Desktop-Items in der Registrierung gespeichert und mit "DTR\" wiederhergestellt. Das ist hilfreich, wenn Sie die Bildschirmauflösung vorübergehend ändern müssen; in einem solchen Falle sollten Sie vor der Änderung den Befehl "DTS\" einsetzen und "DTR\", nachdem Sie die Auflösung wieder auf den urprünglichen Wert zurückgestellt haben.
Wenn die oben genannten DLL nicht im Programmpfad vorhanden ist, bleiben die Befehle wirkungslos.

"SSD\[Daten]" für "ScreenSaverDisable".

Mit "SSD\..." können Sie festlegen, ob ein evtl. vorhandener bzw. eingestellter Bildschirmschoner erscheinen darf oder nicht. Im Datenteil können die Werte 0, 1 oder 2 eingetragen werden:
```
0=Bildschirmschoner (wieder) erlaubt,
1=Bildschirmschoner generell nicht erlaubt,
2=Bildschirmschoner nicht erlaubt, wenn das aufrufende Programm die aktive
Anwendung ist.
```
Im Zusammenhang mit WinRobots macht der Wert 2 nur dann Sinn, wenn Anzeigefenster des Programms aktiv und im Vordergrund sind.
Nach "SSD\0" wird der Bildschirmschoner wieder erlaubt, bei Programmende automatisch.
Dieser Befehl beeinflußt nicht die Systemeinstellungen, sondern wirkt nur temporär.

"DTW\[Daten]" für "DeskTopWallpaper"

Mit "DTW\..." können Sie dem Desktop eine Hintergrundgrafik zuordnen. Geben Sie dazu im Datenteil den vollständigen Pfad zu einer Bitmap-Datei (*.bmp) an. Wenn Sie den Datenteil leer lassen, erscheint der Desktop einfarbig entsprechend der Systemeinstellung.

"DCG\[Daten]" für "DesktopColorGet",

"DCG\..." ermittelt die gegenwärtig eingestellte Hintergrundfarbe des Desktops und speichert diese intern ab. Außerdem wird der Wert als Ziffernfolge in "$v1$" hinterlegt.

"DCS\[Daten]" für "DesktopColorSet"

Siehe auch: "Spezialordner".

"DCS\..." stellt die im Datenteil angegebene Hintergrundfarbe für den Desktop ein. Als Farbe kann jeder beliebige als Farbe interpretierbare Wert angegeben werden.
Wenn Sie im Datenteil "oc" oder "OC" (für "OldColor") angeben, wird die bei "DCG\" ermittelte und gespeicherte Hintergrundfarbe wiederhergestellt.

"WUA\[Daten]" für "WatchUserActivity"

Mit "WUA\..." können Sie die Tastatur- und/oder Mausaktivitäten des Benutzers dahingehend überwachen, ob über längere Zeit keine solche Aktivität erfolgt ist, und bei Eintreten dieses Zustands mittels einer zweiten Instanz des WinRobots-Programms eine bestimmte Rem-Datei ausführen lassen. Gleichzeitig wird beim Eintreten des Zustands die Überwachung wieder zurückgestellt und beginnt von neuem. Die Syntax lautet:

WUA\Art|Intervall in min|Rem-Datei[|Endebedingung]   []=optional

Art: 0=Überwachung beenden,

1=Tastaturüberwachung,

2=Mausüberwachung,

3=beides.

Intervall: Anzahl der Minuten, bei deren Erreichen ohne Aktivität

das Starten der Rem-Datei ausgelöst wird.

Rem-Datei: Name oder Pfad einer Rem-Datei, die bei Eintreten des Zustands

gestartet wird. Sie muß im gleichen Verzeichnis liegen wie die

Datei mit dem Befehl "WUA\" oder im WinRobots-Installations-

Verzeichnis,

wenn nur der Name angegeben ist.

Endebedingung: Normalerweise wird die Abarbeitung der Rem-Datei nach dem Befehl "WUA\" fortgesetzt. Eine solche Überwachung macht aber eigentlich nur Sinn, wenn sie von einer selbständigen Instanz des WinRobots-Programms ausgeführt wird, die keine anderen Aufgaben erledigen muß. Dann können Sie als Endebedingung folgendes angeben:

- Das Zeichen "@". Dann endet die Abarbeitung an dieser Stelle, und das Programm überwacht endlos bzw. bis zum Beenden von Windows,

- eine Ziffer(nfolge) für eine Anzahl von Minuten. Dann wird das Programm nach Ablauf diese Minutenanzahl beendet. Die Rem-Datei wird jedoch weiter abgearbeitet; um die Abarbeitung an dieser Stelle abzubrechen, geben Sie als nächste Zeile "**BRK\@**" ein,

- eine Zeichenfolge für ein gültiges Datum mit Uhrzeit. Dann wird das Programm bei Erreichen dieses Zeitpunkts beendet. Die Rem-Datei wird jedoch weiter abgearbeitet; um die Abarbeitung an dieser Stelle abzubrechen, geben Sie als nächste Zeile "**BRK\@**" ein.

Wenn Sie eine solche Überwachung einrichten wollen, ist es zweckmäßig, dies in Form einer WR Exe-Datei zu tun

(siehe Hilfe -> Inhalt -> Die Option "Exe erstellen").

"DUI\[Daten]" für "DisableUserInput",

Mit "DUI\2" können Sie die Tastatur- und Mauseingaben für alle Programme unterbrechen (ausschalten), mit "DUI\1" nur für die Anwendung, zu der das vorher lokalisierte Fenster gehört, und mit "DUI\0" wieder einschalten. Dabei wird bei disableder Eingabe auch ein Cursorclipping gesetzt, d.h. der Benutzer kann den Mauszeiger nicht mehr bewegen (bzw. nur in einem Rechteck von 2 x 2 Pixel). Unter Win95/98/ME werden außerdem die Systemtasten und deren Kombinationen (z.B. Ctrl+Alt+Del) außer Kraft gesetzt; unter NT-basiertem Windows alle Tasten außer Ctrl+Alt+Del.

Der Benutzer kann jedoch den disableden Zustand jederzeit durch Betätigen der Escape-Taste abbrechen. Wenn Sie das verhindern wollen, tragen Sie am Ende des Datenteils das Zeichen "+" ein.

Diese Features sind hilfreich, wenn beispielsweise während einer Demo absolut verhindert werden muß, daß der Benutzer gewollt oder ungewollt störende Aktionen durchführen kann.

Der Einsatz dieser Befehle muß wohlüberlegt erfolgen und sollte nur während kurzer Zeitabschnitte wirksam sein. Außerdem sollten Sie den Benutzer über die Möglichkeit des Abbruchs mittels der Escape-Taste informieren.

Beim Beenden einer WinRobots-Skript Datei wird der Normalzustand automatisch wiederhergestellt.

Wenn der Benutzer die Escape-Taste zum Abbrechen betätigt, wird im StandBy-Betrieb die aktuelle WinRobots-Skript Datei beendet. Im Normalbetrieb wird das Programm beendet. Wenn eine RCF-Datei abgearbeitet wird, ist deren Abarbeitung an dieser Stelle beendet; nachfolgende WinRobots-Skript Dateien werden nicht mehr ausgeführt.

Mit "DUI\3" können Sie die Mausklicks in das zuletzt erzeugte Anzeigefenster für Text- oder Grafikanzeigen ("SHM\", SHI\", "SHP\" etc.) unterdrücken, um das Verschwinden der in diesem Fenster angezeigten weiteren Fenster zu verhindern. Diese Maßnahme wird bei Ausblenden des jeweiligen Fensters automatisch wieder aufgehoben.

Sie können "DUI\3" nacheinander für bis zu zehn Anzeigefenster aufrufen, jedoch wird beim Ausblenden eines dieser Fenster die gesamte Maßnahme für alle Fenster aufgehoben.

Wenn Sie nur die Mausbewegung unterdrücken wollen, verwenden Sie "DUI\4".

Um systemweit alle Mausaktivitäten zu unterdrücken, verwenden Sie "DUI\5". Dann wird gleichzeitig der Mauszeiger an der Stelle festgehalten, an der er sich bei Befehlsaufruf befindet.

Beide Maßnahmen können mit "DUI\0" wieder aufgehoben werden.

!WICHTIG!

Wenn eine WinRobots-Skript Datei per Escape-Taste quasi "unkontrolliert" beendet wird, kann es sein, daß eigentlich notwendige "Aufräumungsarbeiten" nicht durchgeführt werden und ein Zustand hinterlassen würde, der nicht akzeptabel ist. Um das zu verhindern, haben Sie die Möglichkeit, diejenigen Befehle, die in jedem Falle ausgeführt werden müssen, auch ausführen zu lassen. Setzen Sie dazu in Ihrer WinRobots-Skript Datei ein Sprungmarke mit Namen ":always". Dann werden diejenigen Befehle, die nach dieser Sprungmarke stehen, immer ausgeführt unabhängig davon, wann der Benutzer die Escape-Taste drückt.

Wenn das Drücken der Taste in einer Datei erfolgt, in welche mittels "JNF\..." gesprungen wurde, werden sowohl in dieser Datei als auch in der Aussprung-Datei alle Befehle abgearbeitet, die hinter der Sprungmarke ":always" stehen. Deshalb ist es in der Regel ausreichend, die "Aufräumarbeiten" in die Aussprungdatei zu legen. Das dient auch einer besseren Übersichtlichkeit.

"HDC\[Daten]" für "HiDeCursor"

Mit "HDC\Key|1" können Sie den Mauszeiger in der Anwendung, zu der das zuletzt lokalisierte Fenster gehört, unsichtbar machen und mit "HDC\Key|0" oder "HDC\Key" wieder sichtbar. Der Befehl kann mehrfach für verschiedene Anwendungen benutzt werden. Als Key können Sie eine beliebige, für die jeweilige Anwendung eindeutige Zeichenfolge verwenden, um die Anwendung zu kennzeichnen.

Bei Beenden des WinRobots-Programms wird der Mauszeiger automatisch wieder sichtbar.

Beachten Sie bitte, daß mit der Unsichtbarkeit des Cursors nicht die Mausfunktion außer Kraft gesetzt wird, d.h. ein Mausklick wirkt genauso wie bei sichtbarem Cursor.

"PTR\[Daten]" für "PreventTaskRunning".

Der Befehl "PTR\" gibt Ihnen die Möglichkeit, das Starten von Applikationen zu verhindern. Genauer gesagt wird nicht das Starten verhindert, sondern die Applikation wird nach dem Starten sofort wieder geschlossen. Bereits laufende Applikationen werden beim Aktivieren geschlossen.

Geben Sie dazu im Datenteil Klassenbezeichnung und Beschriftung des Hauptfensters der Applikation genauso ein wie bei "STW\" (siehe auch "Suchbegriffe").

Sie können den Befehl bis zu 10 mal mit verschiedenen Parametern für 10 verschiedene Fenster/Applikationen einsetzen. Um die Fensterliste wieder zu löschen, rufen Sie den Befehl mit leerem Datenteil auf.

Beim Beenden der Remote-Sitzung wird die Beschränkung automatisch wieder aufgehoben.

HINWEIS:

Bei manchen Applikationen kommt es zu Fehlern in der Applikation bei Verwendung des Befehls (z.B. bei MS Word). Testen Sie also das Verhalten sorgfältig, bevor Sie den Befehl verwenden!

Beispiel für die Unterdrückung von "Notepad" für 30 sec:

```
PTR\notepad\*
CAS\30
PTR\
'...
'...
@
```

Beispiel für die Unterdrückung des Taskmanagers:

```
PTR\#32770\task&&manager
'...
```

"EFD\[Daten]" für "ExistFileDecision".

Den Befehl "EFD\..." können Sie verwenden, um die Existenz einer oder mehrerer Dateien oder Verzeichnisse zu überprüfen und in Abhängigkeit davon, welche Datei/welches Verzeichnis vorhanden ist, eine dafür vorgesehene WinRobots-Skript Datei ausführen zu lassen. Die Zuordnung der jeweiligen WinRobots-Skript Datei erfolgt mittels der Datei "order.dat" (vgl. dazu Befehl "DEC\").

Im Datenteil des Befehls können eine oder mehrere Dateien bzw. Verzeichnisse angegeben werden, die jeweils durch das Zeichen "|" (AltGr + "<"-Taste) voneinander getrennt werden müssen (Leerzeichen sind zulässig). Die Datei/das Verzeichnis muß mit vollständigem Pfad angegeben werden. Ist als Laufwerk das CD-Laufwerk vorgesehen, kann statt des Laufwerksbuchstaben die Zeichenfolge "CDROM" verwendet werden - das Programm ermittelt selbständig den Kennbuchstaben des CD-Laufwerks.

Der Befehl wird hauptsächlich dazu eingesetzt, auswechselbare Datenträger zu überprüfen (beispielsweise Programmversionen von zu installierenden Anwendungsprogrammen). Da es in diesem Zusammenhang vorkommen kann, daß der falsche oder gar kein Datenträger eingelegt ist, muß dieser Fehler dem Benutzer signalisiert werden. Dazu können Sie zwei Textdateien verwenden, und zwar die Datei "nodisk.txt" für den Fall, daß der Datenträger fehlt, und die Datei "wrngdisk.txt", wenn der falsche Datenträger eingelegt ist. Diese Textdateien müssen sich im gleichen Verzeichnis wie das Programm befinden und können nach den unter "SHM\..." (ShowMessage) angegebenen Kriterien gestaltet werden. Sind diese Dateien nicht vorhanden, wird eine Standard-MessageBox angezeigt.

Beachten Sie bitte, daß die aktuelle WinRobots-Skript Datei nach diesem Befehl (sofern er ausgeführt werden kann) verlassen und die Weiterverarbeitung an die in der "order.dat" zugewiesene WinRobots-Skript Datei übergeben wird! Es empfiehlt sich daher, den Befehl selbst in einer separaten WinRobots-Skript Datei mit entsprechender Namensgebung unterzubringen (z.B. "worksver.rem").

Beispiel:

```
EFD\a:\tools\makro.bat |d:\works\works.exe| CDROM:\Setup\install.exe
```

Zugehöriges Beispiel für die Datei "order.dat":

```
. . .
a:\tools\makro.bat<>tools.rem
d:\works\works.exe<>works1.rem
CDROM:\Setup\install.exe<>works2.rem
```

"IFM\" für "IfFEXMode", "EFM\" für "EndFEXMode".

Mit "IFM\" können Sie prüfen, ob die aktuelle WinRobots-Skript Datei als auszuführende Datei von einem der "FE...\" Befehle läuft. Die Befehle zwischen "IFM\" und "EFM\" werden nur dann ausgeführt, wenn das der Fall ist. Damit können Sie ein versehentliches Abspielen einer WinRobots-Skript Datei außerhalb einer FEX-Schleife verhindern. Alternativ können Sie den Befehl "JWM\f" verwenden. Dieser bewirkt, daß beim Versuch, die Datei nicht im FEX-Modus abzuspielen, ein Beep ertönt und die Datei beendet wird.

Beispiele:
```
IVC\$$1st|editor
 MBX\$$1st|64|Gefunden!
 EFE\
EVC\

NFM\
 MBX\Kein FEX!
 END\
EFM\
```

"EFE\" für "ExitForEach"

Mit "EFE\" haben Sie die Möglichkeit, den Ablauf einer Schleife, die mit einem der "FE...\" Befehle eingeleitet wurde, abzubrechen und die Schleife zu verlassen. Sie können den Befehl nur in der WinRobots-Skript Datei einsetzen, die im Datenteil des jeweiligen "FE...\"-Befehls als "Auszuführende WinRobots-Skript Datei" angegeben ist bzw. im Codeblock zwischen der äquivalenten Sprungmarke und dem zugehörigen Endezeichen. Das WinRobots-Programm setzt dann in derjenigen Zeile fort, die unmittelbar nach dem "FE...\"-Befehl steht. Das ist hilfreich, wenn Sie aus der Menge, die mit dem "FE...\"-Befehl gebildet wurde, nur ein bestimmtes Element suchen und verarbeiten wollen.

```
' +++ ic_installkillerants_de.rem +++
' Zweck: WinRobots-Test / Beispiel für EFE\
' Automatische Installation
' erstellt am: 14.12.2005
' von: thue
'=========================
'#INC:?pfad\id\invasion of the killerants beta\@
'#INC:?pfad\id\locale\@
'#INC:?pfad\id\invasion of the killerants beta.module
'#EXE:?pfad\Ic_Installkillerants.Exe
'#SPI:Compress=12
'#SPI:forcewrite
'DWP\3
VAR\$$LOC=?pfad\id\locale\

GPP\Impossible Creatures

VAR\$$ICP=$v1$
BLB\$$ICP
VAR\$$ICP=$v1$ ' Enthält IC_Folder
:up
VBT\$$ICP
NEF\$$ICP\.
 GOTO nofnd
EEF\
IVV\$$ICP=
 GOTO nofnd
EVV\
VAR\$$DEL=$$ICP\invasion of the killerants beta\
RMD\$$DEL
DCP\?pfad\id\invasion of the killerants beta\->$$ICP\invasion of the killerants
beta\
FCP\?pfad\id\invasion of the killerants beta.module->$$ICP\
FCP\?pfad\id\invasion of the killerants.dll->$$ICP\
SAS\$$LOC->$$ICP\Locale\|8

:cancel
MBX\Ready||Killerants Installer
END\
@
:nofnd
VAR\$$ICP=
FED\2|DoIt|$$DRV
GSL\$$ICP
VAR\$$SLA=$v1$
IVV\$$SLA>5
 GOTO up
EVV\
MBX\IC-Folder was not found. Installer exits.
@
:DoIt
IED\$$DRV
 IHD\$$DRV
  VAR\$$DRA=$$DRV:\
  IFF\$$DRA|ICMod.dll
   VAR\$$ICP=$v1$
   VAR\$$ICP=$v1$
   BLB\$$ICP
   VAR\$$ICP=$v1$ ' Enthält IC_Folder
   VAR\$$TST=$$ICP\IC.exe
   IEF\$$TST
     EFE\
   ELSE
     VAR\$$ICP=
   EEF\
  EFF\
 EHD\
EED\
@
```

"EIE\" für "End If Error"

Mit "EIE\" am Anfang einer WinRobots-Skript Datei können Sie dafür sorgen, daß im Falle eines Fehlers in der Art, daß ein Fenster nicht oder nicht in der zulässigen Zeit gefunden wird, keine Fehlermeldung erscheint, sondern die aktuelle WinRobots-Skript Datei und damit ggf. das WinRobots-Programm beendet wird. Mit der Sprungmarke ":always" können Sie erreichen, daß die danach stehenden Anweisungen in jedem Falle ausgeführt werden - auch wenn im vorderen Teil der WinRobots-Skript Datei ein Fehler auftrat.

"END\([Daten])" für "End(Remote)",

Wenn Sie an irgendeiner Stelle den Befehl "END\" einsetzen, wird das WinRobots-Programm **sofort** beendet (es werden nur noch die programminternen Aufräumarbeiten durchgeführt). Mit dem Parameter "1" im Datenteil können Sie sicherstellen, daß bei einer evtl. gewählten Option "DWP\3" oder "DWP\5" die Protokolldatei trotzdem noch geschrieben wird.

"JIE\" für "Jump If Error"
Siehe auch: "SID\","JOE\","IIF\".

Der Befehl "JIE\" ist nur dann wirksam, wenn eine RCF-Datei (Stapeldatei mit mehreren WinRobots-Skript Dateien) abgearbeitet wird. Dann können Sie mit "JIE\1" erreichen, daß im Falle eines Fehlers im obigen Sinne einfach zur nächsten WinRobots-Skript Datei im Stapel gesprungen und diese aufgerufen wird. Mit "JIE\0" läßt sich die Funktion wieder ausschalten. Tritt bei gesetztem "JIE\1" ein Fehler der oben genannten Art auf, wird außerdem in das Verzeichnis, in dem sich die RCF-Datei befindet, eine Datei "error.txt" geschrieben, die zeilenweise folgende Informationen enthält:
- Datum und Uhrzeit,
- betroffene WinRobots-Skript Datei und
- Befehl, bei dem der Fehler aufgetreten ist,
und zwar für alle innerhalb einer RCF-Datei aufgetretenen Fehler.
Jedes Auftreten eines Fehles wird dann außerdem mit dem akustischen Standardsignal von Windows quittiert.
Beispielsweise können Sie die Funktion innerhalb einer RCF-Datei einsetzen, die für die Installation von verschiedenen Softwarepaketen verwendet wird; aus der "error.txt" ist dann ersichtlich, welche Software nicht (komplett) installiert werden konnte.
Um die Jump-Funktionalität effektiv zu nutzen, ist es notwendig, die WinRobots-Skript Dateien so zu schreiben, daß keine gegenseitigen Abhängigkeiten entstehen (bzw. ist die Nutzung nur möglich, wenn solche nicht existieren). Wenn Sie z.B. in einer WinRobots-Skript Datei Desktop und/oder Taskbar verstecken und am Ende wieder sichtbar machen, damit in der nachfolgenden WinRobots-Skript Datei damit gearbeitet werden kann, blieben im Fehlerfalle die versteckten Fenster verborgen, und auch in der nachfolgenden WinRobots-Skript Datei würden Fehler auftreten. Deshalb wäre es notwendig, in der Nachfolgedatei zunächst die versteckten Fenster wieder sichtbar zu machen - unabhängig davon, ob sie es bereits sind oder nicht. Dann ist keine Abhängigkeit mehr vorhanden.

"JOE\[Daten]" für "Jump On Error".

Siehe auch: "SID\",„JOE\",„IIF\".

Der Befehl "JOE\" wirkt innerhalb einer Rem-Datei und aus dieser aufgerufenen Unterdateien. Er bewirkt, daß bei einem Fehler, der unter Normalbedingungen eine Messagebox anzeigen würde, stattdessen zu einem im Datenteil anzugebenden Label gesprungen wird. WICHTIG: Das Label muß in der "MainRem" liegen, also der Remdatei, die zuerst gestartet wird.

Der Befehl kann auch in (beliebig tiefen) JNF-Dateien verwendet werden; dann springt bei einem entsprechenden Fehler der Ablauf in die Main-Rem zum Label.

Der Befehl kann beliebig oft mit verschiedenen Labels eingesetzt werden, um den Ursprung des Fehlers zu identifizieren; es gilt immer das letzte Label. Mit "JEO\" wird der Modus gelöscht.

Beispiel:
```
JOE\error
STW\notepad\*|w5
JOE\error1
SPC\edit\blabla|w10
'...
@

:error
DPM\2\Notepad nicht gefunden!
@

:error1
DPM\2\Edit "blabla" nicht gefunden!
@
```

"EMT\[Daten]" für "ErrorMessageText".

Mit "EMT\..." wird festgelegt, daß die im Datenteil angegebene Textdatei (diese muß sich im Pfad, d.h. im gleichen Verzeichnis wie das Programm oder in dessen Unterverzeichnis "\Text\" befinden) im Fehlerfall der Suchzeitüberschreitung angezeigt wird. Standardmäßig wird dazu die Datei "meldung.txt" verwendet, und wenn eine solche nicht existiert, wird eine MessageBox mit allgemeinem Inhalt angezeigt.
Beispiel:
```
EMT\fehler.txt
```

"ELR\[Daten]" für "EventLogRead"

Mit diesen Befehlen können Sie unter NT-basiertem Windows Einträge der Ereignisprotokolle lesen und schreiben. Unter Win9X werden die Befehle ignoriert.

"ELR\" liest einen bestimmten Logeintrag, den Sie im Datenteil durch Angabe des Logs und der Eintragsnummer spezifizieren müssen, wobei diese Angaben mittels eines nichtnumerischen Zeichens (Komma, Semikolon, Senkrechtstrich ...) getrennt werden, z.B.

```
ELR\2,23
```

Log:
1 = Application,
2 = System,
3 = Security.

Eintragsnummer:
Ein numerischer Wert, der die Nummer der Eintrags in der Eintragsliste angibt. Der älteste Eintrag in der Liste hat die Nummer 1, und alle weiteren Einträge bis zum jüngsten werden fortlaufend numeriert. Das gilt allerdings nur, wenn im Viewer nicht eine Begrenzung der Log-Einträge und Überschreiben der Einträge eingestellt ist. Ist diese Option gewählt, kann der älteste Eintrag in der Liste die Nummer 1000 haben. Deshalb ist es wenig sinnvoll, die absolute Eintragsnummer anzugeben, es sei denn, es ist sichergestellt, daß das Logfile tatsächlich alle Einträge von Anfang an enthält. Die nachstehende Variante ist zu bevorzugen.

```
ELR\2,23        '# Liest den Eintrag mit der Nummer 23 (vom ältesten an gerechnet)
```

Wenn Sie einen bestimmten Eintrag vom Ende der Liste (vom jüngsten Eintrag) an gerechnet lesen wollen, geben Sie diese Nummer als negativen Wert an:

```
ELR\2,-5        '# Liest den fünftjüngsten Eintrag (den 5. von oben)
```

Beim Lesen des Eintrags werden dessen Informationen wie folgt in Variablen gespeichert:

```
$eltp$ = Ereignis-Typ (numerischer Wert),
$elsc$ = Ereignis-Source (Zeichenfolge),
$elcy$ = Ereignis-Kategorie (numerischer Wert),
$elid$ = Ereignis-ID (numerischer Wert),
$eltx$ = Ereignis-Text (Zeichenfolge),
$eldt$ = Ereignis-Datum (Zeichenfolge),
$eltm$ = Ereignis-Zeit (Zeichenfolge).
```

Ereignis-Typ:
1 = Fehler,
2 = Warnung,
4 = Information,
8 = Audit Success,
16 = Audit Failure.

Ereignis-Source:
Applikationsspezifische Zeichenfolge, z.B. "eventlog".
Ereignis-Kategorie:

Applikationsspezifischer numerischer Long-Wert.

Ereignis-ID:

Applikationsspezifischer numerischer Long-Wert.

Ereignis-Text:

Applikationsspezifische Zeichenfolge, z.B. "Der Ereignisprotokolldienst wurde gestartet.".

In der Ereignisanzeige wird diese Zeichenfolge nach Doppelklick auf den jeweiligen Eintrag sichtbar, ggf. ergänzt durch verbindende Worte.

Ereignis-Datum:

Eine das Erstellungsdatum des Ereignis-Eintrags repräsentierende Zeichenfolge, z.B. "26.08.2002".

Die Formatierung der Zeichenfolge ist abhängig von der Systemlokalisierung.

Ereignis-Zeit:

Eine die Erstellungszeit des Ereignis-Eintrags repräsentierende Zeichenfolge, z.B. "15:22:30".

Die Formatierung der Zeichenfolge ist abhängig von der Systemlokalisierung.

Sie können diese System-Variablen normalen Variablen zuordnen und dann auswerten bzw. weiterverarbeiten:

```
VAR\$$111=$eltp$
VAR\$$112=$elsc$
VAR\$$113=$elcy$
VAR\$$114=$elid$
VAR\$$115=$eltx$
VAR\$$116=$eldt$
VAR\$$117=$eltm$


 ' +++ check_sys.rem +++
 ' Purpose:
 ' created on: 08.12.2005
 ' by: MB
 '=========================
 ' Zuerst Testing-Robot-APP
OPR\100,100
SBT\10+|Prüfe Ereignisanzeige, SYS.
VAR\$$CNT=$$MAP
:Lop
ELR\2,$$CNT
VAR\$$TYP=$eltp$
VAR\$$TXT=$eltx$

IVV\$$TYP>2
 JIN\$$CNT<Lop
 GOTO noerr
ELSE
 ' Ausnahmen
 IVV\$$TYP=1
  IVC\$$TXT|UXDCMN
   JIN\$$CNT<Lop
   GOTO noerr
  EVC\
 EVV\
EVV\
 ' Fehler gefunden im Event-Log, SYS
VAR\$$ERR=1
GOTO enx
:noerr
VAR\$$ERR=0
:enx
SSM\0
@
```

"ELW\[Daten]" für "EventLogWrite"

Mit "ELW\..." können Sie einen Eintrag in ein Ereignislog schreiben, wobei im Datenteil die nachstehenden Werte präzisiert werden können:
- Log (numerischer Wert),
- Ereignis-Source (Zeichenfolge),
- Ereignis-ID (numerischer Wert),
- Ereignis-Text (Zeichenfolge).

Log:
1 = Application,
2 = System,
3 = Security.

Ereignis-Source:
Applikationsspezifische Zeichenfolge, z.B. "eventlog".
Diese Zeichenfolge wird als "Quelle" angezeigt.

Ereignis-ID:
Applikationsspezifischer numerischer Long-Wert, siehe "HINWEISE".

Ereignis-Text:
Applikationsspezifische Zeichenfolge, z.B. "Server-Update 2/225 durchgeführt.".
In der Ereignisanzeige wird diese Zeichenfolge nach Doppelklick auf den jeweiligen Eintrag nach dem durch die Event-ID festgelegten Einleitungstext sichtbar (siehe "HINWEISE").

Die entsprechenden Werte sind im Datenteil des Befehls durch einen Senkrechtstrich getrennt einzutragen:
```
ELW\2|Remote|9|Testeintrag
```

HINWEISE:
1. In das "Security"-Log können Sie nur schreiben, wenn Sie entsprechende Rechte haben. Die Rechte als Administrator sind dazu nicht ausreichend.
2. Für die Darstellung von Messagetexten stehen folgende Einleitungen zur Verfügung, die den angegebenen Ereignis-IDs zugeordnet sind. Daran anschließend wird der Ereignistext angezeigt:

Ereignis-ID	Einleitung
1	FEHLER:
2	WARNUNG:
3	INFORMATION:
4	Die aktuelle REM-Datei hat folgenden FEHLER generiert:
5	Die aktuelle REM-Datei hat folgende WARNUNG generiert:
6	Die aktuelle REM-Datei hat folgende INFORMATION generiert:
7	Die Ereignisquelle hat folgenden FEHLER generiert:
8	Die Ereignisquelle hat folgende WARNUNG generiert:
9	Die Ereignisquelle hat folgende INFORMATION generiert:

Wenn die Spracheinstellung nicht "deutsch" ist, wird zu der Ereignis-ID der Wert 100 addiert, und die Meldungen werden englischsprachig angezeigt. Diese Tatsache müssen Sie berücksichtigen, wenn Sie mittels "IEL\" nach einem "selbstgeschriebenen" Eintrag suchen und sich dabei an der Ereignis-ID orientieren wollen. Sie können dazu den Befehl "ILI\..." benutzen.

Aus der gewählten Ereignis-ID wird programmintern der Typ des Eintrags festgelegt:
1, 4, 7 = Fehlersymbol,
2, 5, 8 = Warnungssymbol,
3, 6, 9 = Informationssymbol.

Bei den Ereignis-IDs von 4 bis 6 brauchen Sie keine Source anzugeben; es wird dann immer der Name der aktuellen WinRobots-Skript Datei (ohne Endung ".rem") als Source benutzt.
Um sicherzustellen, daß die Sourcen eventlog-übergreifend eindeutig sind, werden alle Sourcen mit einem Anhang versehen, der auf das jeweilige Log verweist:
Applikation: "-APP",
System: "-SYS",
Security: "-SEC".
In der Ereignisanzeige ist dieser Anhang unter "Quelle" sichtbar, und er muß auch bei der Suche nach "selbstgeschriebenen" Einträgen berücksichtigt werden, wenn Sie die Source als Suchkriterium heranziehen.

```
' +++ sys-eventlog.rem +++
' Purpose:
' created on: 03.12.2005
' by: MB
'============================
VVS\
'# 051203_092705
VAR\$$SRC=Testing-Robot
VAR\$$TXT=Testing-Robot started.
CAW\5|mmcmainframe\ereignisanzeige

ELE\1
ELE\2
' 1- Fehler, 2- Warnung, 3-Information
ELW\1|$$SRC|3|$$TXT
ELW\2|$$SRC|3|$$TXT
VVR\
@
```

"IEL\[Daten]" für "IfExistsLogentry", "EEL\" für "EndExistsLogentry".

Siehe auch: "Abfragen".

Der Befehl "IEL\..." in Verbindung mit "EEL\" ermöglicht die Prüfung, ob ein bestimmter Logeintrag existiert. Standardmäßig wird dazu die gesamte Liste durchsucht. Sie können die Suche auf die letzten X Einträge beschränken, indem Sie im Datenteil als erstes die zu durchsuchende Anzahl X gefolgt von einem Backslash ("\")eintragen, wobei die Anzahl die jüngsten Einträge umfaßt, z.B.

```
IEL\25\2|2|dhcp      '# Letzte 25 Einträge im Systemlog|Warnung|Source: Dhcp
'...
EEL\
```

Als Suchkriterien können Sie folgende Vorgaben machen, die jeweils durch einen Senkrechtrich ("|")zu trennen sind:
- Log,
- Ereignis-Typ,
- Ereignis-Source,
- Ereignis-Kategorie,
- Ereignis-ID,
- Ereignis-Text,
- Ereignis-Datum,
- Ereignis-Zeit.
Zur Erläuterung der entsprechenden Werte siehe oben.

Wenn Sie einzelne Werte nicht belegen wollen, werden Defaultwerte wirksam, jedoch müssen Sie immer alle Trennzeichen vor Ihrem letzten Eintrag angeben.

Die Befehle zwischen "IEL\" und "EEL\" werden nur dann ausgeführt, wenn ein entsprechender Eintrag gefunden wurde.

Die Suche beginnt immer beim jüngsten Eintrag und wird dann "nach unten" fortgesetzt. Sie endet, wenn ein entsprechender Eintrag gefunden wurde oder wenn das Ende der Liste bzw. die vorgegebene Eintragsanzahl erreicht ist.

Wenn ein Eintrag gefunden wurde, der den angegebenen Kriterien entspricht, ist das immer der jüngste Eintrag dieser Art. Die Datensatznummer des Eintrags wird in "$elrn$" hinterlegt. Um es zu verwenden, empfiehlt es sich dieses zunächst einer Variablen zuzuweisen:

```
VAR\$$lrn=$elrn$
```

Die Variable "$$lrn" beinhaltet jetzt die "echte" (von unten gezählte) Datensatznummer, die Sie z.B. im Befehl "ELR\..." verwenden können, um Details über den Eintrag zu ermitteln.

Weiterhin wird eine zweite Variable mit dem von oben gezählten Wert für die Position des Datensatzes belegt, das ist "$elrc$".

Diesen Wert können Sie z.B. benutzen, um eine neue Bereichsabfrage zu starten, die sich nun auf die Einträge nach (zeitlich) dem gefundenen beschränkt:

```
DVV\1
```

```
IEL\2|2|dhcp                          '# alle Einträge im Systemlog|Warnung|Source:
Dhcp
 VAR\$$lrc=$elrc$                     '# Inverse Datensatznummer (von oben gezählt)
 IEL\$$lrc\2|4|Application Popup      '# letzte $$lrc Einträge|Systemlog|Info|Source:
Appl. Popup
  'IEL\$elrc$\2|4|Application Popup '# Alternative Angabe ohne Variable
 VAR\$$lrn=$elrn$                      '# echte Datensatznummer (von unten gezählt)
 ELR\2,$$lrn            '# Datensatz lesen
  'ELR\2,$elrn$                       '# Datensatz lesen; alternative Angabe ohne
Variable
 VAR\$$111=$eltp$                     '# Diverse Variable mit gelesenen Werten belegen
 VAR\$$112=$elsc$
 VAR\$$113=$elcy$
 VAR\$$114=$elid$
 VAR\$$115=$eltx$
 VAR\$$116=$eldt$
 VAR\$$117=$eltm$
 EEL\
EEL\
```

"ELE\[Daten]" für "EventLogEmpty"

Mit "ELE\..." leeren Sie die entsprechende Ereignisliste. Gleichzeitig wird eine Backup-Datei angelegt im Verzeichnis "%SysDir%\config\" mit der Bezeichnung "AppEvent?.bak", "SysEvent?.bak" bzw. "SecEvent?.bak" je nach Log. Das Fragezeichen steht für eine Nummer von 0 bis 9, die in aufsteigender Weise belegt wird, d.h die Datei mit der höchsten Nummer ist die jüngste. Sind alle Nummern ausgeschöpft, wird die älteste (0) gelöscht, und die anderen werden mit der jeweils niedrigeren Nummr versehen und umbenannt. Die neue Datei erhält die Nummer 9.

Im Datenteil des Befehl ist dazu lediglich das Log anzugeben.

Log:

1 = Application,

2 = System,

3 = Security.

```
' +++ sys-eventlog.rem +++
' Purpose:
' created on: 03.12.2005
' by: MB
'========================
VVS\
'# 051203_092705
VAR\$$SRC=Testing-Robot
VAR\$$TXT=Testing-Robot started.
CAW\5|mmcmainframe\ereignisanzeige

ELE\1
ELE\2
' 1- Fehler, 2- Warnung, 3-Information
ELW\1|$$SRC|3|$$TXT
ELW\2|$$SRC|3|$$TXT
VVR\
END\
```

"ENW\[Daten]" für "ENableWindow".

Siehe auch: "Suchbegriffe".

Mit "ENW\0" können Sie das aktuelle Fenster disablen, also abblenden und für die Bedienung unzugänglich machen, und mit "ENW\1" können Sie ein disabledes Fenster wieder enablen, d.h. die Bedienung durch Maus/Tastatur ermöglichen.

Anmerkung:
Wenn Sie ein disabledes Fenster enablen wollen, müssen Sie bei der Lokalisierung (Suche) dem Suchbefehl explizit ein "|d" oder "|a" nachstellen, sonst wird das Fenster nicht gefunden .

Beispiel:
```
STW\thunder&&form\editor
SPC\thunder&&check\*|d
ENW\1
IEW\
 STW\#32770\acronis true image setup|w186
 SWC\1\fxwindow\*|w186
 ENW\1

...
```

Environment-Variablen (Umgebungs-Variablen)

Diese Befehle dienen dem Umgang mit Umgebungsvariablen, die in der "autoexec.bat" oder in der Registrierung definiert bzw. für den aktuellen Prozeß gültig sind.

"EVG\[Daten]" für "EnvironmentVariableGet"

Die Syntax für "EVG\" lautet:

EVG\[#]Variablenname bzw. Nummer

Der Name ist der Begriff, der bei der Definition der Variablen links vom Gleichheitszeichen steht.

Wenn Sie statt des Namens die laufende Nummer angeben, müssen Sie als Kennzeichen ein "#" vor die Ziffer(n) setzen. Der Wert der Variablen wird in eine programminterne Variable geschrieben, auf die Sie mit der Zeichenfolge "$v1$" zugreifen können. Bei Abfrage über den Namen erhalten Sie nur den reinen Wert (den Teil rechts vom Gleichheitszeichen), bei Abfrage über die Nummer den Wert in "$v1$" und den Namen in "$v2$".
Wenn Sie die Gesamtheit der Variablen für den aktuellen Prozeß ermitteln wollen, geben Sie im Datenteil die Zeichenfolge "all" an. Dann erhalten Sie in "$v2$" die Anzahl der gültigen Variablen und können diese mit "EVG\#x" durchlaufen, wobei x von 1 bis zur Anzahl hochgezählt wird (siehe Beispiel). Außerdem vird in "$v6$" eine Zeichenfolge hinterlegt, die sämtliche Umgebungsvariablen nach folgendem Schema enthält:
Name1=Wert1|Name2=Wert2|Name3=Wert3[|....|NameN=WertN]

Beispiele siehe ESS\.

"EVS\" für "EnvironmentVariableSet",

Mit "EVS\" können Sie einen Wert setzen. Die Syntax lautet:

EVS\Variablenname=Variablenwert[!]

Der auf diese Weise gesetzte Wert ist allerdings nur temporär und im Kontext des aktuellen Prozesses gültig. Wenn Sie einen systemweiten Wert setzen wollen, geben Sie am Ende des Datenteils das Zeichen "!" an. Dann wird der Wert in der Registrierung eingetragen, und gleichzeitig werden die laufenden Anwendungen über die Änderung benachrichtigt. Ob diese allerdings die Änderung zur Kenntnis nehmen und berücksichtigen, hängt ausschließlich von der jeweiligen Anwendung ab.

Beispiele siehe ESS\.

"IEE\[Daten]" für "IfExistsEnvironmentvariable"

"EEE\" für "EndExistsEnvironmentvariable",

Mit "IEE\" können Sie die Abarbeitung der nachfolgenden Befehle davon abhängig machen, ob eine Umgebungsvariable mit dem im Datenteil angegebenen Namen existiert. Die zwischen "IEE\" und "EEE\" liegenden Befehle werden nur ausgeführt, wenn das der Fall ist. Wenn der Name eindeutig ist, wird der Wert dieser Umgebungsvariablen in eine programminterne Variable geschrieben, auf die Sie mit der Zeichenfolge "$v1$" zugreifen können. Sie können aber auch einen Teil des Namens angeben. Wenn dieser Teil in den Namen der Umgebungsvariablen (mehrmals) vorkommt, werden nacheinander die Variablen "$v2$" ... "$v5$" mit Zeichenfolgen belegt nach dem Schema "Name=Wert". Existieren mehr als vier Umgebungsvariablen, in deren Name der von Ihnen im Datenteil angegebene Begriff vorkommt, wird außerdem in "$v6$" eine Zeichenfolge hinterlegt, die alle diese Umgebungsvariablen enthält nach dem Schema

Name1=Wert1|Name2=Wert2|Name3=Wert3[|....|NameN=WertN].

HINWEIS:
Bei Angabe von Namen wird eine Groß/Kleinschreibung nicht berücksichtigt.

"ESE\[Daten]" für "EnvironmentStringExpand"

"ESE\" können Sie benutzen, um einen Environment-String der Form "%Name%" zu expandieren, d.h. in seinen tatsächlichen Wert umzuwandeln. Der expandierte String wird in "$v1$" hinterlegt.

"ESG\" für "EnvironmentStringGet",

Mit "ESG\..." wird ein String aus der Registrierung ausgelesen (HKLM\System\CurrentControlSet\Control\Session Manager\Environment). Im Datenteil ist der Name anzugeben, dessen Wert ausgelesen werden soll (z.B. "ComSpec"). Der Wert (String) wird in "$v1$" hinterlegt. Der String wird so zurückgegeben, wie er im Registrierungseditor erscheint, d.h. nicht expandiert.

Beispiele siehe ESS\.

"ESS\" für "EnvironmentStringSet".

Umgekehrt können Sie mit "ESS\..." einen String in den gleichen Schlüssel der Registrierung schreiben mit folgender Syntax:

ESS\Name=Wert (String).

Wenn der String paarweise das Zeichen "%" enthält, wird als Typ für den Eintrag "REG_EXPAND_SZ" gewählt, ansonsten "REG_SZ".

Beispiele:
```
EVG\temp
@

ESE\%path%
@

DVV\1+
IEE\windir
 WPS\tada
EEE\
@

EVG\all                     '# Anzahl der Variablen ermitteln
VAR\$$cnt=0
VAR\$$max=$v2$
:new
VIC\$$cnt
EVG\#$$cnt                  '# Jeden Eintrag von 1 bis Anzahl anzeigen
DPM\$v2$=$v1$|0,0,800nolf
CAS\1
JIV\$$cnt<$$max:new
@
```

Die folgenden Beispiel ist nicht lauffähig sondern nur Syntax-Beispiele aus irgend welchen Projekten..

```
' Netz LW OHNE ":"
EVG\geonwlw
VAR\$$nlw=$v1$

' Netz Pfad OHNE LW und ":" MIT \
EVG\geonwdir
VAR\$$nlp=$v1$

' Lokaler PFAD
EVG\geolocdir
VAR\$$ldp=$v1$

' Installationsverz. Lokal
VAR\$$idl=$$ldp
' Installationsverz. Netz (dummy)
VAR\$$idn=$$nlw:$$nlp

MKD\c:\temp\ge-temp$$nlp


EVG\computername
VAR\$$t01=$v1$

MND\\\$$t01\c$\temp\ge-temp|$$nlw
NVV\$v1$
```

```
' Fehler beim Verbinden von lokalen dummy
 MBX\Fehler aufgetreten
EVV\


 IEE\CLIENTDIR
  VAR\$$lgs=$v1$\message.log
  VAR\$$lgl=c:\_integra\log\message.log

  ATF\$$lgs<WR-LOG: -$datetime$- $$_01$crlf$
  ATF\$$lgl<WR-LOG: -$datetime$- $$_01$crlf$

EEE\


 SEC\1

 VAR\$$wor=no
 IEE\EXwork
  EVG\EXwork
  VAR\$$wor=$v1$
  VTL\$$wor
  IVV\$$wor=yes
   MBX\Achtung: kein Testmode!!!!!!!!!$crlf$Fortsetzen?|4401|Warnung!!
   IMB\2
    @
   EMB\
  ELSE
   VAR\$$wor=no
  EVV\
EEE\
```

"EXE\[Daten]" für "EXEcute"

Die ersten 4 Befehle bewirken das Starten der im Datenteil spezifizierten ausführbaren Datei (eines Programms). Diese muß im Datenteil mit vollständigem Verzeichnispfad angegeben und darf nicht in Anführungsstriche gesetzt werden. Der Verzeichnispfad kann das Laufwerk enthalten, muß aber nicht. Im letzteren Falle wird die Datei im aktuellen Verzeichnis gesucht. Ausführbare Dateien im Windowsverzeichnis oder Windows-Systemverzeichnis (oder deren Unterverzeichnissen) können wie folgt aufgerufen werden:

```
"EXE\?wi\notepad.exe" startet den Editor im Windows-Verzeichnis, und
"EXE\?ws\sysedit.exe" startet den Systemeditor aus dem Windows-Systemverzeichnis.
```

Das ist dann hilfreich, wenn nicht bekannt ist, wie das Windowsverzeichnis auf dem Zielrechner heißt (siehe auch "Spezialordner").
Sie können der ausführbaren Datei auch Befehlszeilenparameter übergeben (z.B. die zu öffnende Textdatei für "Notepad"). Wenn die Pfade beider Angaben (Exe-Datei und Befehlszeilenparameter) keine Leerzeichen enthalten, können Sie das Leerzeichen als Trenner zwischen beiden Angaben benutzen, ansonsten müssen Sie den Senkrechtstrich ("|") verwenden.
Wenn eine Anwendung als Symbol gestartet werden soll (minimiert), geben Sie im Anschluß an den Datenteil "min" an (ohne Anführungsstriche und durch Leerzeichen getrennt). Bei Start im Vollbildformat (maximiert) geben Sie entsprechend "max" an. Soll die Anwendung unsichtbar gestartet werden, tragen Sie "hid" ein. Das gleiche gilt für das Öffen von Ordnern (siehe unten).

Mit dem Befehl "EXE\..." lassen sich auch beliebige Ordner öffnen oder Verknüpfungen starten.
Wenn Sie am Ende des Datenteils einen Stern ("*") eintragen, werden nur die Variablen im Datenteil ersetzt und ebenso die Spezialordner (?xxx), und der gesamte Datenteil wird dann an Windows weitergeleitet. Das kann zweckmäßig sein, wenn systeminterne Komponenten über die Datei "rundll32.exe" mit bestimmten Befehlszeilenparametern gestartet werden sollen.

```
NEP\Moninfo.exe
 VAR\$$EXE=?progs\moninfo\moninfo.exe
 EXX\$$EXE
EEP\
WMP\Pexe
```

"EXS\[Daten]" für "EXecuteShell"

Den Befehl "EXS\..." können Sie einsetzen, wenn Sie eine "bekannte" Exe-Datei starten wollen. Dann genügt die Angabe des Dateinamen ohne Pfad und Erweiterung, z.B. "EXS\notepad". Einen Befehlszeilenparameter können Sie anschließend und abgetrennt durch einen Senkrechtstrich ("|") eintragen:

```
EXS\Name[|Befehlszeilenparameter]    ([]=optional)



' +++ text.rem +++
'
' Zweck: Sample
' erstellt am: 24.08.2002
' von: thue
'========================
'
'# "Notepad" is a 'known' Exe;
'# so the name is sufficient:
EXS\notepad
CAS\3
STW\notepad\*
CLW\1
CAS\2

'# Here we pass the full path:
IEF\?wi\notepad.exe
 EXE\?wi\notepad.exe
ELSE
 EXE\?ws\notepad.exe
EEF\
CAS\3
STW\notepad\*
CLW\1
@

EXS\IEXPLORE.exe
STW\ieframe\msn
```

"EXX\[Daten]" für "EXecute eXtended",

Mit dem Befehl "EXX\" können Sie noch Position und Größe des Hauptfensters vom zu startenden Programm festlegen, sofern das Programm dies zuläßt. Dann ist der Datenteil wie folgt zu gestalten:
EXX\Exedatei[|Befehlszeilenparameter][|PositionX,PositionY][|Breite,Höhe]   ([]=optional)
Die Werte für Position beziehen sich auf die linke obere Ecke des Fensters und sind ebenso wie die Größe in Pixel anzugeben (die Pixel-Einteilung entspricht der Bildschirmauflösung; bei 800 x 600 ist der Bildschirm 800 Pixel breit und 600 Pixel hoch).
Statt des Kommas bei Position und Größe kann auch ein anderes Trennzeichen (außer "|") verwendet werden. Es sind immer alle Trennstriche vor einem Wert einzutragen.
Alternativ zum Senkrechtstrich ("|") kann auch die öffnende eckige Klammer ("[") als Trennzeichen eingesetzt werden. Das kann notwendig sein, wenn einer der Parameter (z.B. Befehlszeilenparameter) selbst Senkrechtstriche als Trenner enthält:
EXX\Exedatei[Befehlszeilenparameter[PositionX,PositionY[Breite,Höhe

Wenn Sie im Anschluß an den Befehl "EXX\" zuerst die Zeichenfolge "h\" oder "H\" anfügen, wird das Programm unsichtbar gestartet. Position und Größe werden in diesem Falle ignoriert. Sie können jedoch das Programmfenster nach dem unsichtbaren Start mittels "STW\...|a" suchen und anschließend (immer noch unsichtbar) mittels "SWP\..." in Position und Größe verändern. Das ist zweckmäßig bei Programmen, die sich beim Starten nicht positionieren lassen. Anschließend zeigen Sie das Fenster mit dem Befehl "MWV\" an.

```
EXX\?wi\installer\{90110407-6000-11d3-8cfe-0150048383c9}\wordicon.exe
WMS\Pexe


 '# Launch Notepad hidden
EXX\h\?wi\notepad.exe|$$fil

 ' Komponente starten
EXX\$$L15|$cbw$|0,0,100,100
```

"EXO\[Daten]" für "EXecuteOpen",

Mit "EXO\" lassen sich Dateien anzeigen, die mit einer Anwendung verknüpft sind incl. Internet-Seiten etc. Geben Sie dazu im Dateiteil den Pfad zur Datei oder den URL an.

Mit EXO\ kann man auch DLL's starten, siehe Beispiele.

```
CAW\ieframe\.:: ksc webmail
EXO\http://webmail.ksc.th.com/
STW\ieframe\.:: ksc webmail ::. - login - microsoft internet e|w75

VAR\$$CMD=C:\PROGRA~1\MOVIEM~1\wmm2res.dll,-61446
EXO\$$CMD
VAR\$$CMD=C:\WINDOWS\system32\xpsp1res.dll,-10077
EXO\$$CMD

CAW\thunderrt5form\- WR Editor
VAR\$$fil=?pfad\subs\button.rem
EXO\$$fil
```

"EXR\[Daten]" für "EXecutefromRegistry",

"EXR\" ist vorteilhaft bei Anwendungen, deren Installationspfad in der Registrierung vermerkt ist (das gilt für die meisten kommerziellen Anwendungen). Es gelten prinzipiell die gleichen Vorschriften wie für "EXX\" mit dem Unterschied, daß Sie bei der auszuführenden Datei nur den Namen oder den Teil davon angeben müssen, welcher die Anwendung identifiziert. Das WinRobots-Programm versucht dann, die zugehörige Exe-Datei zu lokalisieren. Wenn Sie "Dateiname.exe" angeben, wird nach genau dieser Bezeichnung gesucht, bei "Dateiname" nach einer Datei, in deren exakter Bezeichnung "Dateiname" vorkommt. Falls der genaue Dateiname bekannt ist, sollte der Variante mit ".exe" der Vorzug gegeben werden, um Mehrdeutigkeiten auszuschließen.

Wenn Sie eine Anwendung starten wollen, die mit einer bestimmten oder mehreren Dateiendungen (z.B. ".txt", ".doc", ".htm") verbunden ist, können Sie auch die Dateiendung (mit vorangestelltem Punkt!) im Datenteil angeben. Das Programm sucht dann die zugehörige Exe-Datei.

Analog können Sie eine Datei öffnen, die mit einer bestimmten Anwendung verknüpft ist, indem sie nach dem Befehl einfach den Pfad zu dieser Datei angeben. Dann sucht das Programm die zugehörige Anwendung und startet diese mit der Datei. Der Pfad kann absolut oder unter Verwendung der Kürzel (siehe "Spezialordner") angegeben werden.

```
' +++ shopadmin.rem +++
' Zweck:
' erstellt am: 14.03.2006
' von: Theo Gottwald
' 0351 / 211 20 -30
'=========================
VAR\$$URL=http://www.bau-2000.com/shop/catalog/install
EXR\iexplore|$$URL
@

EXR\?wi\installer\{91120000-0030-0000-0000-0000000ff1ce}\grooveicon.ico
WMS\Pexe

EXR\iexplore| https://login.1und1.de
```

"EXW\[Daten]" für "EXecuteandWait"

Der Befehl "EXW\..." verhält sich prinzipiell genauso wie "EXX\..."; es gelten auch die gleichen Vorschriften für die Gestaltung des Datenteils. Während jedoch die anderen Befehle asynchron ausgeführt werden (d.h. das WinRobots-Programm arbeitet nach dem Starten der EXE-Datei weiter), wartet dieser Befehl, bis der gestartete Prozeß beendet wird und gibt erst dann die weitere Abarbeitung der WinRobots-Skript Datei frei. Das ist hilfreich, wenn auf das Beenden von fensterlosen Prozessen gewartet werden muß und deshalb "MTW\..." nicht eingesetzt werden kann.

```
'#INC:?pfad\Unlocker\
EXW\?pfad\ic_patch_101_german.msi

EXE\?pfad\ic_insect_invasion.exe
```

"EFP\[Daten]" für "ExecuteFromPrograms"

Der Befehl "EFP\..." dient dazu, Verknüpfungen auszuführen, die unter "Startmenü\Programme" sowohl für den eingeloggten User als auch für alle User in den einzelnen (Unter)Verzeichnissen zur Verfügung stehen.

Sie können pauschal in allen diesen Ordnern/Unterordnern nach einer Verknüpfung suchen lassen oder den Ordner genauer spezifizieren. Letzteres ist vorteilhaft bzw. notwendig, wenn der Name der Verknüpfung mehrfach vorkommen kann, wie z.B. "Uninstall".

Im Datenteil des Befehls ist (optional) der Zielordner anzugeben mit nachfolgendem Trennzeichen ("|") und die Bezeichnung der gesuchten Verknüpfung. Wird nur die Verknüpfung angegeben, entfällt das Trennzeichen, und es werden alle Ordner/Unterordner der oben genannten Stammverzeichnisse nach einer solchen Verknüpfung durchsucht.

Sowohl für den Zielordner als auch für die Verknüpfung können die Vorgaben nach den Regeln für "Suchbegriffe", Punkt 1. angegeben werden, d.h. in Form eines oder zweier Strings, die mittels UND/ODER-Logik interpretiert werden.

"GPP\[Daten]" für "GetPathfromPrograms",

Wenn Sie nur Informationen über den gesuchten Link erhalten möchten, verwenden Sie den Befehl "GPP\..." mit der gleichen Syntax. Dann werden die Informationen in System-Variablen hinterlegt wie bei "GSI\".

```
GPP\SWAT 4 -
VAR\$$PAT=$v3$
VBT\$$PAT
VTU\$$PAT
IVC\$$PAT|SWAT
 GOTO found
ELSE
 GOTO enx
EVC\
@


:next
GPP\SWAT 4.lnk
VAR\$$PAT=$v3$
IVV\$$PAT=
 GPP\e-register swat 4
EVV\


'Wordpad suchen
GPP\wordpad.lnk
VAR\$$RES=$v1$
IVV\$$RES=
 MBX\Wordpad muss im Startmenü sein!
 END\
EVV\
```

"EXU\[Daten]" für "EXecuteUninstall",

Mit dem Befehl "EXU\..." können Sie die Deinstallation der im Datenteil angegebenen Applikation starten. Bei der Befehlseingabe im Editor werden Ihnen die **deinstallierbaren Applikationen aufgelistet (Bild unten)**, und Sie können die entsprechende auswählen.

Dieses wird dann im Editor eingetragen. Bei der Befehlsausführung wird geprüft, ob die Applikation auf dem Rechner registriert ist; wenn ja, startet die Deinstallation wie bei einer manueller Auswahl über die Systemsteuerung.

Einige Anwendungen bieten die Möglichkeit, die Deinstallation "Silent" durchzuführen, d.h. ohne Rückfrage oder Bestätigung. Wenn Sie diese Möglichkeit wählen wollen, tragen Sie am Ende des Datenteils die Zeichenfolge "|**s**" ein. Dann wird - sofern vorhanden - die "Silent"-Version der Deinstallation gewählt, ansonsten die "normale".

Weiterhin ist es bei manchen Anwendungen möglich, über das Setup die Anwendung zu modifizieren (z.B. nur einzelne Komponenten deinstallieren oder neue Komponenten hinzufügen). Wenn Sie das möchten, tragen Sie am Ende des Datenteils die Zeichenfolge "|**m**" ein. Dann wird - sofern vorhanden - die "Modifikation" gewählt. Wird eine solche nicht angeboten, erfolgt eine Fehlermeldung.

```
EXU\BHODemon 2.0.0.20
```

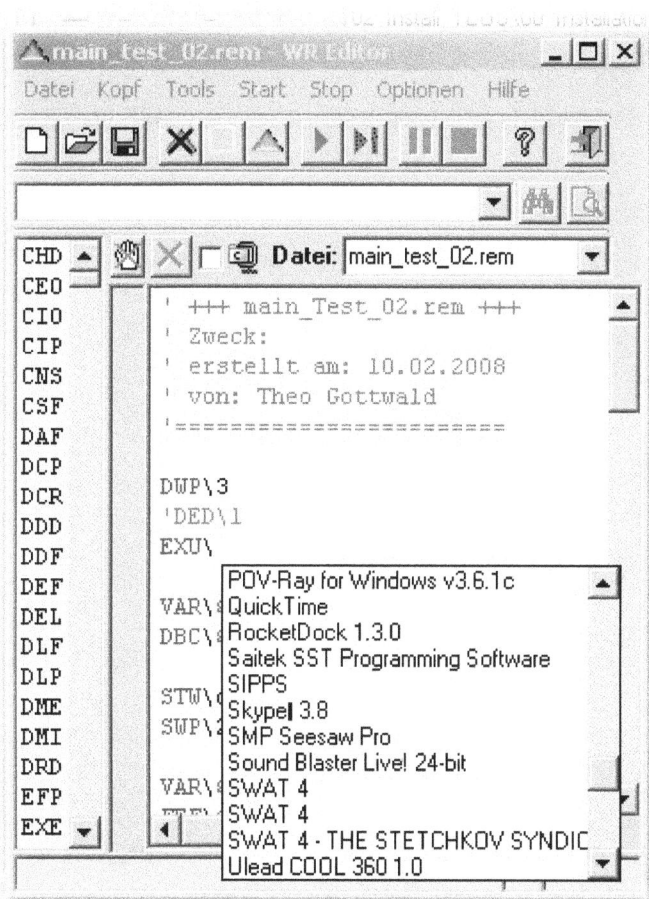

"GEP\[Daten]" für "GetExePath"

Wenn Sie nur den Pfad zu einer registrierten Exe-Datei ermitteln wollen, können Sie den Befehl "GEP\..." verwenden. Für die Angabe im Datenteil gilt das gleiche wie für "EXR\". Wenn die Datei gefunden wird, steht der Pfad in der Systemvariablen "$v1$", deren Inhalt Sie mittels "VAR\..." an eine benutzerdefinierte Variable übergeben können. Wenn die Datei nicht gefunden wird, ist "$v1$" leer. Dieser Befehl unterstützt „IIF\" um den Erfolg der Operation zu überprüfen...

Beispiele:
```
EXR\word
EXR\winword.exe
EXR\Access
EXR\msaccess.exe
EXR\.doc
EXR\?pfad\mydoc.doc
EXR\h\wordpad|?pfad\mytext.txt
'----------
DVV\1
GEP\access
VAR\$$acc=$v1$
```

HINWEIS:
Bei den Befehlen "EXX\", "EXW\" und "EXR\" werden die **ProcessId** und die **ThreadId** des gestarteten Prozesses in Variablen gespeichert, auf die Sie wie folgt zugreifen können:

$v4$ enthält die ProcessId als Ziffernfolge und
$v5$ enthält die ThreadId als Ziffernfolge.

Bei "EXS\" und "EXU\" wird nur die ProcessId in $v4$ hinterlegt; der Befehl "EXE\" unterstützt dieses Feature nicht. Zur Verwendung der IDs bei der Fenstersuche siehe "WMS\".

```
VAR\$$lgf=?temp\WR-VMware.log 'Datei für logging
DIP\150
VAR\$$app=?pfad\VMware4-Setup.exe
' evtl. bestehende LOG Datei löschen
DEL\$$lgf
IVM\
 ATF\$$lgf<WM-Ware kann nicht innerhalb einer VMWare Installiert werden.$crlf$
 END\
EVM\
IAI\VMware Workstation
 GEP\vmware.exe
 VAR\$$exn
 IFV\$$exn=4.0
  GOTO uninst40
 EFV\
 IFV\$$exn=4.5
  GOTO uninst45
 EFV\

 GFV\$$exn
 VAR\$$ver
 MBX\$$ver
 OPR\400,300
 SBT\10|Uninstall von dieser Version wird nicht untersützt
 ATF\$$lgf<Deinstallation von Version $$ver wird nicht unterstützt$crlf$
 END\
 EAI\
```

Syntax-Beispiele, nicht lauffähig:

```
:Loop
NEP\$$NAM
  EXX\?progs\myprog\$$NAM
  CAS\4
  VAR\$$PID=$v4$
  GPW\$$PID
  SPP\2
ELSE
  GSB\SetPrio
EEP\

EXS\"C:\Programme\InstallShield Installation Information\{AA018AF8-8121-4D0B-B45E-
DD07D153F372}\setup.exe"

'# "Notepad" is a 'known' Exe;
'# so the name is sufficient:
EXS\notepad
CAS\3
STW\notepad\*
CLW\1
CAS\2

'# Here we pass the full path:
EXE\?wi\notepad.exe
CAS\3
STW\notepad\*
CLW\1
@

'# Launch notepad and
'# wait for closing
EXW\?wi\notepad.exe
WPS\tada   '# Play sound
@

FCP\$$L10\*.jpg->$$L16\
FCP\?pfad\conv.exe->$$L16\

'FEF\$$L16|*.jpg|conv|$$L03
VAR\$$L04=conv.exe
CHD\$$L16
VAR\$$L18="-targa *.jpg"
EXW\$$L04|$$L18|9000,9000|160,50

EXO\?pfad
STW\cabinetwclass\remfiles

EXO\iexplore

VAR\$$CMD=C:\PROGRA~1\MOVIEM~1\wmm2res.dll,-61446
EXO\$$CMD
VAR\$$CMD=C:\WINDOWS\system32\xpsp1res.dll,-10077
EXO\$$CMD

EXO\http://www.Skript.winrobots.de/index.html

VAR\$$URL=http://pb-eweb.vwd.de/postbank-
tools/tools/chartanalyser/eChartAnalyser.html?ISIN=$$ISI&Exchange=ETR
EXO\$$URL
VAR\$$MYT=echartanalyser
```

"IBS\" für "IfBackSignalled","EBS\" für "EndBackSignalled",

Wenn Sie mit "EXW\..." innerhalb des Ablaufes einer WinRobots-Skript Datei eine Exe-Datei einbinden, kann es erforderlich sein, daß nach Beenden der Exe-Datei ein Rücksprung in der WinRobots-Skript Datei erfolgt. Das ist möglich mit der Afrage "IBS\". Dazu muß die Exe-Datei vor dem Beenden eine Meldung an das Callbackfenster des WinRobots-Programms schicken nach folgendem Muster:

```
Call SendNotifyMessage(hwnd, WM_APP + 2, 1, 1)
```

Das Handle des Callbackfensters läßt sich mit

```
hwnd = FindWindow("#32770", "$remote$")
```

ermitteln. Wenn eine solche Meldung geschickt wurde, werden die zwischen "IBS\" und "EBS\" liegenden Befehle abgearbeitet. Für den Fall eines Rücksprungs ist dieser mittels "GOTO ..." zu realisieren.

"IES\" für "IfEndSignalled", "EES\" für "EndEndSignalled".

Ebenso kann es erforderlich sein, daß eine WinRobots-Skript Datei wegen einer Benutzeraktion in einer Exe abgebrochen werden soll. Um dies festzustellen, verwenden Sie die Abfrage "IES\". Dazu muß die Exe-Datei vor dem Beenden eine Meldung an das Callbackfenster des WinRobots-Programms schicken nach folgendem Muster:

```
Call SendNotifyMessage(hwnd, WM_APP + 2, 2, 1)
```

Wenn eine solche Meldung geschickt wurde, werden die zwischen "IES\" und "EES\" liegenden Befehle abgearbeitet. Für den Fall eines Abbruchs ist dieser mittels "&", "END\" oder ebenfalls wieder mit "GOTO ..." zu realisieren.

HINWEIS:
Bei den Befehlen "EXX\", "EXW\" und "EXR\" werden die **ProcessId** und die **ThreadId** des gestarteten Prozesses in foglenden Variablen gespeichert:

$v4$ enthält die ProcessId als Ziffernfolge und
$v5$ enthält die ThreadId als Ziffernfolge.

Bei **"EXS\"** und **"EXU\"** wird nur die ProcessId in **$v4$** hinterlegt; der Befehl **"EXE\"** unterstützt dieses Feature nicht. Zur Verwendung der IDs bei der Fenstersuche siehe "WMS\".

"IAl\[Daten]" für "IfAppInstalled","EAl\"

Mittels "IAl\..." können Sie abfragen, ob eine Applikation **installiert** ist. Bei der Eingabe im Editor erhalten Sie eine Liste aller installiereten Anwendungen (siehe Bild folgende Seite).
Im Datenteil ist dazu ein eindeutiges Fragment der Applikationsbezeichnung anzugeben, wobei Sie auch den Stern ("*") als Platzhalter für ein oder mehrere Zeichen einsetzen können. Beachten Sie dabei, daß manche "Unterprogramme" (z.B. Access, Excel, Word etc.) nicht als Einzelapplikationen erscheinen, sondern unter dem Sammelbegriff "Office ????".

Bei erfolgreicher Prüfung werden systeminterne Variable belegt, auf die Sie wie folgt zugreifen können:

$v1$ enthält den String, den Sie an den "EXE\"-Befehl übergeben müssen, um eine normale Deinstallation einzuleiten,
$v2$ die vollständige Applikationsbezeichnung,
$v3$ den String für eine "Silent"-Deinstallation (sofern vorhanden), und
$v4$ den String für eine Modifikation der Anwendung (sofern vorhanden),
$v5$ den Installationspfad der Anwendung (sofern vorhanden).

Die Befehle zwischen "IAl\" und "EAl\" werden nur ausgeführt, wenn die Applikation gefunden wurde.

Wenn Sie bei dieser Abfrage sicherstellen wollen, daß sich die installierte Applikation auch deinstallieren läßt, geben Sie am Ende des Datenteils die Zeichenfolge "|**u**" an. Dann wird zusätzlich geprüft, ob für diese Applikation in der Registrierung auch eine Angabe zur Deinstallation vorhanden ist, und die Abfragebedingung ist nur dann erfüllt, wenn das der Fall ist.

Wenn Sie nur eine Auflistung aller installierten Anwendungen brauchen, rufen Sie "IAl\?" auf. Dann erhalten Sie in

$v6$ eine durch Zeilenschaltungen getrennte Auflistung der Anwendungen:

```
IAI\AquaMark3
 GOTO uninst
EAI\

NAI\Aquamark3
  MBX\ Aquamark ist nicht installiert!
EAI\
@
```

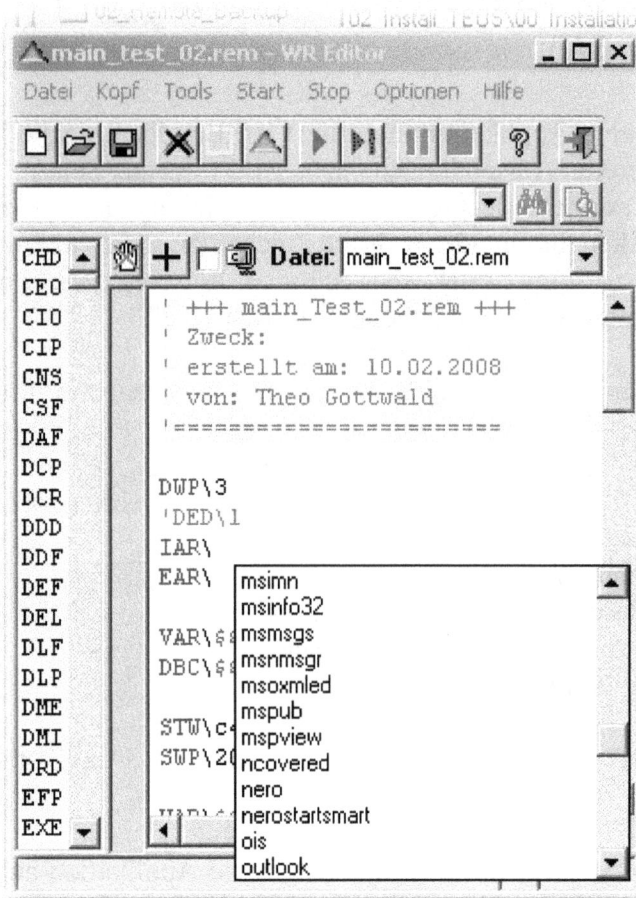

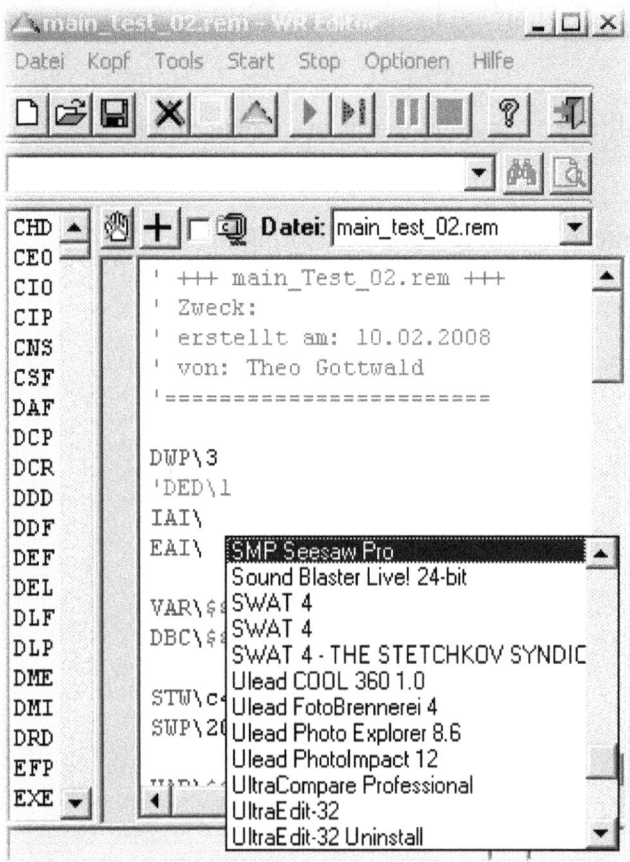

"IAR\[Daten]" für "IfAppRegistered", „EAR\"

Im Gegensatz zu "IAI\" können Sie mittels "IAR\..." prüfen, ob eine Applikation **registriert** ist. Nach der Eingabe im Editor erhalten Sie eine Liste aller installiereten Anwendungen (siehe Bild vorige Seite).
Im Datenteil ist dazu ebenfalls ein eindeutiges Fragment der Applikationsbezeichnung anzugeben, wobei Sie auch den Stern ("*") als Platzhalter für ein oder mehrere Zeichen einsetzen können.

Bei erfolgreicher Prüfung werden systeminterne Variable belegt, auf die Sie wie folgt zugreifen können:

$v1$ enthält den vollständigen Pfad zur Exe-Datei der Applikation, und
$v2$ enthält das Verzeichnis der Exe-Datei mit abschließendem Backslash.

Die Befehle zwischen "IAR\" und "EAR\" werden nur ausgeführt, wenn die Applikation registriert ist.

```
IAR\msaccess
 GEP\msaccess
 REW\HLM|SOFTWARE\AKG Software Consulting GmbH\GEOFFICE\MS|ACCESS|$v1$
EAR\
```

```
' +++ Run_WinWord.rem +++
' Zweck:
' erstellt am: 17.12.2005
' von: Theo Gottwald an TEOS
'=========================
:try
IEW\opusapp\- microsoft word
 CLW\1
 TDL\250
EEW\
IEW\opusapp\- microsoft word
 TDL\250
 GOTO try
EEW\

IAR\winword
 EXR\winword
ELSE
 MSB\1
 END\
EAR\
```

Nicht lauffähige Syntax-Beispiele:

```
IAR\msaccess
 GEP\msaccess
 REW\HLM|SOFTWARE\AKG Software Consulting GmbH\GEOFFICE\MS|ACCESS|$v1$
EAR\

IAR\rvbswin
 STW\tform1\setup-auswahl
 SWC\3\tbitbtn\*
 MEL\
EAR\

IAI\ClearProg 1.4.1 Beta 4
 GOTO uninst
EAI\

IAI\Adobe Reader 6.0
 GOTO uninst
EAI\

IAI\Microsoft Office 2000 Premium
  EXU\Microsoft Office 2000 Premium
ELSE
 END\
EAI\
```

"CSF\[Daten]" für "CollectSomeFiles",

Mit "CSF\..." können Sie für Exedateien, die Befehlszeilenparameter verarbeiten, eine Liste von Dateien erzeugen. Geben Sie dazu im Datenteil den Pfad und ggf. die Spezifizierung der Dateien/Dateigruppe wie folgt an:

```
CSF\e:\projekte\remote\*.*          'für alle Dateien
CSF\e:\projekte\remote\*.exe          'für alle Exe-Dateien
CSF\e:\projekte\remote\*.dll          'für alle DLLs
```

Dann werden die vollständigen Dateinamen durch Leerzeichen getrennt aneinandergereiht und in "$v1$" hinterlegt. Diese Variable kann dann als Befehlszeilenparamter an die Exedatei übergeben werden.

Beispiele:
```
EXE\cdrom:\t-online\decoder\win\disk1\install.exe      'Start von CDROM
EXE\remote.exe                                         'Start       aus      aktuellem
Verzeichnis
EXE\h:\decoder\disk1\install.exe                       'Start von Festplatte
EXE\?wi\startmenü\programme\zubehör\spiele             'öffnet Ordner 'Spiele'
EXE\e:\vb5\projekte\remote                             'öffnet Ordner 'Remote'
EXE\c:\aol30i\waol.exe min                        'Start als Symbol
EXX\?wi\notepad.exe|c:\test.txt|50,100|300;400         'startet/positioniert Notepad
EXW\?wi\notepad.exe                                    'startet  Notepad  und  wartet,

                                                       'bis Notepad beendet wird

VAR\$$PFD=?pfad
CHD\$$PFD
EXW\$$PFD\unzip.exe|""-o a.zip""                       'Bei DOS-BZP: ""...""
'-----------------------------------
'# Unsichtbares Starten einer Batch-Datei
VAR\$$bat=c:\$ipcfg$.bat
VAR\$$txt=ipconfig /all > $ipcfg$.txt                  'Umleitung in Datei
CTF\$$bat<$$txt
EXW\h\$$bat
DEL\$$bat
@
```

"FCH\[Dateiname][|Sprungmarke]" für FileCHange.

Siehe auch: "JNF\", "LNR\".

Dieser Befehl wird kaum noch benutzt und eigentlich nicht mehr benötigt.
Verwenden Sie in Ihren Skripten daher besser JNF\ oder GSB\.

Mit diesem Befehl wird die aktuelle WinRobots-Skript Datei unabhängig von nachfolgenden Einträgen sofort verlassen, und die Abarbeitung der in [Dateiname] angegebenen WinRobots-Skript Datei beginnt unmittelbar anschließend. Wenn eine Sprungmarke (ohne Doppelpunkt) angegeben ist, wird die neue WinRobots-Skript Datei von der Sprungmarke an abgearbeitet, ansonsten vom Anfang.

Die Angabe des Dateinamens muß mit vollständigem Pfad erfolgen, wenn es sich nicht um eine WinRobots-Skript Datei aus dem Arbeitsverzeichnis handelt und darf nicht in Anführungszeichen stehen. Der Dateiname selbst ist frei wählbar. Auf diese Weise lassen sich einzelne Bausteine zusammenstellen, die jeweils einen bestimmten Komplex der Fernsteuerung übernehmen und anschließend den nächsten Baustein direkt aufrufen.

Es ist aber auch möglich, eine "Remote-Steuerdatei" in Form einer ASCII-Datei mit der Endung ".rcf" (RemoteControlFile) einzurichten, die die Aufruffolge steuert. Eine RCF-Datei enthält zeilenweise angeordnet die Namen der einzelnen Remote-Bausteine (z.B. für die Installation einer bestimmten Anwendungssoftware oder die Konfiguration eines bestimmten Windows-Komplexes), die in dieser Reihenfolge nacheinander abgearbeitet werden sollen. Damit dies erreicht wird, muß der oben genannten Befehl (als Abschlußbefehl eines solchen Bausteins) lauten:

"FCH\Toggle"

Dann kehrt die Ablaufsteuerung nach Abarbeitung des jeweiligen Bausteins an die RCF-Datei zurück, welche ihrerseits wieder die nächste WinRobots-Skript Datei aktiviert.

Innerhalb der RCF-Datei können einzelne Bausteine mit einem vorgesetzten Hochkomma auskommentiert werden. Nachgestellte, mit einem Hochkomma abgetrennte Kommentare in den Zeilen mit den Namen der WinRobots-Skript Dateien sind ebenfalls möglich. Auch der Sprungbefehl "GoTo [Marke]" kann eingesetzt werden.

Beispiel für den Inhalt der RCF-Datei "install.rcf":

```
winsetup.rem
system.rem
GOTO weiter
'menu.rem
t-online.rem    'installiert T-Online
'repeat.rem
reboot.rem
:weiter
symbole.rem
itkfax.rem
```

"FCP\[Daten]" für "FileCoPy"

Siehe auch: "CIO\", "DEL\", "DCP\", "RMD\", "SYN\", "IFO\", "OUF\".
Siehe auch: "Spezialordner".

"FCP\", "FCE\" und "CIP\" kopieren eine im Datenteil angegebene Quelldatei oder eine Quelldateigruppe in eine ebenfalls im Datenteil anzugebende Zieldatei, Zieldateigruppe oder in ein Zielverzeichnis. Die Quelle muß mit vollständigem Pfad angegeben werden, ebenso das Ziel. Existiert das Zielverzeichnis nicht, wird es angelegt. Bereits im Ziel vorhandene Dateien gleichen Namens werden überschrieben.
Wenn als Ziel ein Verzeichnis angegeben ist, dessen Name einen **Punkt** (".") enthält, **muß** das Zielverzeichnis mit einem Backslash ("\") abgeschlossen werden!
Quelle und Ziel sind durch die Zeichen "->" ohne weitere Leerzeichen voneinander zu trennen. Die Quelldatei kann beim Kopieren auch umbenannt werden. Als Platzhalter wird nur der Stern ("*") unterstützt, keine Einzelzeichen ("?")! Wenn Sie eine Gruppe von Dateien beim Kopieren mit einer anderen Endung versehen möchten, können Sie dies auf folgendem Wege tun:

```
FCP\c:\beispiel\*.txt->d:\beispiel\*.doc
```

Für die Verzeichnisse können auch die unter "Spezialordner" angegebenen Kürzel verwendet werden.

"CIP\[Daten]" für "Copy If Possible".

"CIP\..." verhält sich genauso wie "FCP\" mit dem Unterschied, daß bei auftretenden Fehlern (z.B. beim Versuch, eine geöffnete Datei zu überschreiben) das Programm ohne Fehlermeldung fortsetzt. Sie können sich jedoch bei einem Fehler benachrichtigen lassen, indem Sie am Ende des Datenteils das Zeichen "!" und danach einen Variablennamen (z.B. "$$ERR") eintragen. Dann wird diese Variable mit Informationen über den Fehler belegt. Wenn Sie die Fortschrittsanzeige eingeschaltet haben ("DWP\..."), erscheint diese Meldung in der Liste, und wenn Sie per Code prüfen wollen, ob ein Fehler auftrat, können Sie dies mit "IVV\..." tun:

```
DWP\1
CIP\c:\autoexec.bat->?remexe!$$ERR
IVV\$$ERR!
  '...
EVV\
```

Dieser Befehl sollte nur dann eingesetzt werden, wenn Sie sich über die möglichen Auswirkungen im klaren sind (siehe auch "OUF\").

"FCE\[Daten]" für "FileCopy if Exists",

"FCE\..." verhält sich genauso wie "FCP\" mit dem einzigen Unterschied, daß bei nicht existierender Quelldatei keine Fehlermeldung erscheint, sondern das Programm einfach fortsetzt.

Zusätzliche Überprüfungen und Präzisierungen können Sie wie folgt vornehmen:
- Nach dem Kopieren einer Datei daraufhin, ob die kopierte Datei die gleiche Prüfsumme hat wie die Quelldatei. Wenn sie abweicht, wird eine Fehlermeldung angezeigt
Die Überprüfung können Sie durchführen lassen, indem Sie am Ende des Datenteils einen Senkrechtstrich und
- "4" für Prüfsumme nach dem Kopieren
angeben.
Wenn Sie nur Dateien kopieren wollen, die im Zielverzeichnis nicht vorhanden sind, tragen Sie
- "8" für nur fehlende Dateien kopieren ein.
Die Werte können durch Addition beliebig kombiniert werden.

Beispiele:
```
FCP\e:\vb5\aprojekt\Geodll\vbgeo.dll->c:\Program Files        'oder
FCP\e:\vb5\aprojekt\Geodll.dll->c:\Program Files\geo.dll
FCP\?cdrom:\msvc\bin\beispiel.exe ->c:\
FCP\?cdrom:\rcd\lnks\remote.lnk->?desktop\Easy.lnk
FCP\c:\rcd\s\exe\wineject.exe->?wi\cdeject.exe
FCP\c:\rcd\s\exe\*.exe->?ws
FCP\?cdrom:\rcd\lnks\*.*->?desktop
```

Syntax-Beispiele:

```
IEF\$$L15
   DEL\$$EV2
   CIP\$$L15->$$EV2
   DEL\$$L15
EEF\


'Datei erzeugen
CTF\$$fl1<$$txt
IEF\$$fl1
 FCE\$$fl1->$$f1z
 NEF\$$f1z
  GOTO failed
 EEF\
 '2. Datei erzeugen
 CTF\$$fl2<$$txt
 IEF\$$fl2
  FCE\$$fl2->$$f2z
 NEF\$$f2z
   GOTO failed
  EEF\
  'Alle Dateien und Unterverzeichnisse:
 FCT\$$dir|2
 VAR\$$cnt=TempText
 NVV\$$cnt=7
  GOTO failed
 EVV\
...
```

"FCT\[Daten]" für "FileCount".

Mit diesem Befehl können Sie die Anzahl der in einem Verzeichnis enthaltenen Dateien und/oder Unterverzeichnisse der ersten Ebene ermitteln. Dazu ist im Datenteil der Pfad zu diesem Verzeichnis anzugeben. Die Anzahl wird als Zeichenfolge in der Variablen "TempText" gespeichert.

Defaultmäßig wird die Anzahl der Dateien ermittelt. Wenn Sie nach dem Verzeichnispfad und abgetrennt mit einem Senkrechtstrich eine "1" eintragen, werden nur die Unterverzeichnisse gezählt, und bei "2" Dateien und Unterverzeichnisse.

Dieser Befehl ist hilfreich zur Überwachung von Verzeichnissen auf Hinzufügen oder Entfernen von Dateien/Ordnern.

Beispiel (Überwachung eines Verzeichnisses auf Hinzufügen von Dateien und Ordnern):

```
VAR\$$ind=0
VAR\$$pfd=\\server1\MA\a_meier\public

:neu
FCT\$$pfd|2                      '# Alles überwachen
VAR\$$cnt

IVV\$$ind=0                      '# für ersten Durchlauf
 VAR\$$ind=1
 GOTO weiter
EVV\

IVV\$$cnt=$$nct                  '# Anzahl gleichgeblieben
 GOTO weiter
EVV\

IVV\$$cnt>$$nct                   '# Anzahl größer
 MBX\Datei oder Ordner wurde eingefügt!|64|$$pfd
 GOTO weiter
EVV\

IVV\$$cnt<$$nct                   '# Anzahl kleiner
 MBX\Datei oder Ordner wurde entfernt!|64|$$pfd
EVV\

:weiter
VAR\$$nct=$$cnt
CAS\5
GOTO neu
@
```

"CAI\[Daten]" für "CollectionAddItem"

"CSN\[Daten]" für "CollectionSetNumber"

Siehe auch: "EFE\", "IFM\", "IEI\".
Siehe auch: "Abfragen".

Während die anderen "FE?\"-Befehle mit Items einer bestimmten Kategorie arbeiten, bieten die hier dargestellten Befehle die Möglichkeit, eine Sammlung beliebiger Items zusammenzustellen, in einen Behälter (eine "Collection") zu packen und schließlich alle Items in einer WinRobots-Skript Datei zu bearbeiten.

Die Anzahl der Collections in einer Remote-Sitzung ist defaultmäßig auf zehn begrenzt. Wenn Sie mehr Collections benötigen, müssen Sie **vor** der ersten Benutzung des Befehls "CAI" die Anzahl mit "CSN\Anzahl" festlegen.

Zum Zusammenstellen der Collection dient der Befehl "CAI\". Sein Datenteil muß dazu wie folgt aufgebaut sein:

Name der Collection|Inhalt des Items[|Key][|m]

Name der Collection:
Beliebige eindeutige Zeichenfolge zur Bezeichnung der Collection, z.B. "fontcoll".

Inhalt des Items:
Zeichenfolge, Variable oder Mischung aus beiden, die einen String, einen numerischen Wert oder einen Bezeichner repräsentiert (z.B. den Namen einer Schriftart).
Wenn die Möglichkeit besteht, daß im Item das Trennzeichen "|" enthalten ist (z.B. beim Inhalt einer Binär-Datei), muß der Inhalt des Items in eine Variable verpackt werden.

Key (optional):
Zeichenfolge als Bezeichner für das Item. Ein Key kann in einer Collection nur einmal verwendet werden.
Standardmäßig wird verhindert, daß mehrere gleiche Items hinzugefügt werden. Wenn Sie das außer Kraft setzen wollen, geben Sie am Ende des Datenteils die Zeichenfolge "|m" an. Dann wird der Index des hinzugefügten Items als Ziffernfolge in "$v3$" hinterlegt.

Wenn Sie keinen Key angeben und auch nicht "|m" am Ende des Datenteils, wird das Item selbst in Form einer Zeichenfolge als Key verwendet. Dann können jedoch nicht mehrere gleiche Items hinzugefügt werden.

"CRI\[Daten]" für "CollectionRemoveItem"

Mit dem Befehl "CRI\" können Sie ein Item aus der Collection entfernen. Mit leerem Datenteil kann dieser Befehl nur in der "Auszuführenden WinRobots-Skript Datei" von "FEC\" eingesetzt werden (s.u.), da er sich dann immer auf das aktuell zu bearbeitende Item bezieht. Ansonsten können Sie im Datenteil den Namen der Collection und danach - abgetrennt durch einen Senkrechtstrich ("|") - das Item angeben. Das ist aber nur möglich, wenn Sie beim Hinzufügen nicht die Option "|m" gewählt haben. Mit dieser Option können Sie nur über den Index auf das Item zugreifen; dieser wird in der Reihenfolge des Hinzufügens beginnend mit 1 hochgezählt und muß im Datenteil als Ziffer mit vorgestelltem "#" eingetragen werden.

```
' +++ filter.rem +++
'
' Zweck:
' erstellt am: 07.08.2004
' von: Theo Gottwald
'=========================
'
' Ermittle Anzahl der Elemente
CGC\$$SEC
VAR\$$A09=$v1$

VAR\$$INA=$$A09

:again
CGI\$$SEC|#$$INA
VAR\$$A01=$v1$
VAR\$$A02=$$A01
RIT\%$$A01%|%!!

IVC\$$A01|!!
 RIT\%$$A02%|%,
 VAR\$$A02

 CRI\$$SEC|#$$INA
 CAI\$$SEC|$$A02
 VDC\$$INA
 JIV\$$INA>1:again
 GOTO again
EVC\

@
```

"CGI\[Daten]" für "CollectionGetItem",

Zum Abrufen eines Collection-Items dient der Befehl "CGI\". Sein Datenteil muß dazu wie folgt aufgebaut sein:

Name der Collection|[#]Key bzw. Index des Items

Name der Collection:

Bezeichnung der Collection, aus der das Item abgerufen werden soll.

Key bzw. Index des Items:

Zeichenfolge oder Ziffernfolge, die das gewünschte Item repräsentiert.

Der Key wurde entweder beim Hinzufügen von Ihnen vergeben oder automatisch angefügt. Im letzteren Falle ist dies die gleiche Zeichenfolge wie das Item selbst. Wenn Sie jedoch beim Hinzufügen des Items die Option "Multiple Items" durch Eintrag der Zeichenfolge "|m" am Ende des Datenteils gewählt haben, können Sie nur über den Index auf das Item zugreifen. Dieser muß durch das vorgestellte "#" als solcher gekennzeichnet werden. Wenn der Index größer ist als die Anzahl der Items, wird in "$v1$" der maximale Index in Form von "MaxIndex=?" zurückgegeben.

Das abgerufene Item wird als Zeichenfolge in "**$v1$**" gespeichert.

Auf den folgenden Seiten finden Sie einige Beispiel-Skripte zu der Verwendung von Collections (Aufzählungen).

```
' +++ t083021.rem +++
'
' Zweck:
' Serie:
' Bemerkungen:
'
' erstellt am: 24.10.2004
' von:
'============================
'

VAR\$$t01=WertMitGrossBuchstaben

CAI\test|$$t01|wert1
CGI\test|wert1
VAR\$$t02=$v1$

MBX\$$t01$crlf$$$t02


@
```

```
' +++ presort.rem +++
'
' Zweck: Vorsortierung um die
' Sortierzeit zu verkürzen.
' erstellt am: 07.08.2004
' von: Theo Gottwald
'============================
'
VAR\$$SED=Sortemp
CDL\$$SED
' Ermittle Anzahl der Elemente
CGC\$$SEC
VAR\$$A09=$v1$

' Element-Index 1
FEC\$$SEC|makeitem|$$SRI

' Ermittle Anzahl der Elemente
CGC\$$SED
VAR\$$A12=$v1$

:resort
VAR\$$INA=$$A09

:again

' Ermittle Element A
CGI\$$SED|#$$INA
VAR\$$SSA=$v1$

' Ermittle Element B
CAL\$$INB=$$INA-1
CGI\$$SED|#$$INB
VAR\$$SSB=$v1$

'Vergleiche
IVV\$$SSB>$$SSA
' OPR\400,300
' SSM\
 CGI\$$SEC|#$$INB
 VAR\$$SRB=$v1$
 'SBT\10+|Sorting ....$crlf$($$INA=)--
($$INB=)$crlf$$$SRB$crlf$(SSB:)$$SSB>(SSA:)$$SSA
 CRI\$$SEC|#$$INB
 CRI\$$SED|#$$INB
 CAI\$$SEC|$$SRB
 CAI\$$SED|$$SSB
 CGC\$$SED
 VAR\$$SDC=$v1$
 GOTO resort
ELSE
 'SBT\1+|OK ($$INA=)$$SRA$crlf$($$INB=)$$SRB
 IVV\$$INA>2
  VDC\$$INA
  GOTO again
 EVV\
EVV\

@

:makeitem

JNF\itemnum2.rem|$$SRI
CAI\$$SED|$$A07

@
```

```
' +++ t083021.rem +++
' +++ getenvvars.rem +++
'
' Zweck:
' erstellt am: 27.08.2004
' von: Stromeyer
'===========================
'
'#spi:forcewrite

'used vars
'arg
'eva
'txt
'tx0
'tx1
'tx2
'tmp

DVV\1+

VAR\$$arg=$ev2$

CAI\col_env|$$arg|$arg$

EVG\all
VAR\$$EVA=$v2$

:nextVar

EVG\#$$EVA
VAR\$$txt=$v1$

SBD\|$$txt|=|0|1
VAR\$$tx1=$v1$
SBD\|$$txt|=|1|0
VAR\$$tx2=$v1$

CAI\col_env|$$tx2|$$tx1

JIN\$$EVA<NextVar    'OK

'JIN\$$EVA|<NextVar   'no
'JIN\$$EVA|<:NextVar  'no
'JIN\$$EVA<|NextVar   'no
'JIN\$$EVA|NextVar    'ok (endlos)
'JIN\$$EVANextVar     'ok (endlos)
'JIN\$$EVA:NextVar    'ok (endlos)

CGI\col_env|$arg$
VAR\$$txt=$v1$

STT\$$txt
GCC\°>$$EVA
MBX\EVA: $$eva

:NextArg
CAL\$$tmp=$$eva+1

SBD\|$$txt|°|$$tmp
VAR\$$tx0=$v1$

SBD\|$$tx0|=|0|1
VAR\$$tx1=$v1$
SBD\|$$tx0|=|1|0
VAR\$$tx2=$v1$
```

```
CAI\col_arg|$$tx2|$$tx1

JIN\$$EVA<NextArg

@
'= testcode below
FEC\col_arg|diplay_arg|$$tmp
:diplay_arg
MBX\$$tmp
@

'= testcode below
'CGI\col_env|wrtest
'VAR\$$txt=$v1$
@




VAR\$$XXX=ka{2}
CAI\the|theo|ka{2}
ICM\the|$$XXX
 CGI\the|$$XXX
 MBX\$v1$--$v2$
ECM\
@

' ruft Autokor auf. $$URA enthält URL
NVV\$$URD=
 VAR\$$L96=$$URD
 RIT\|$$L96|$sp$|{space}
 VAR\$$L96

 ' $$L96=URL, $$L97=Len
 GSL\$$L96
 VAR\$$L97=$v1$

 VTL\$$L96
 ICM\autokor|$$L96
  VAR\$$L94=$v1$
  VAR\$$URE=$sp$$$L94
  ' Schreibe in Adressleiste
  JNF\a_a9
 ECM\
EVV\
```

"ICM\[Daten]" für "IfCollectionMember","ECM\"

Wenn Sie die Abarbeitung von Codeteilen davon abhängig machen wollen, ob ein Collection-Item existiert oder nicht, verwenden Sie die Abfrage "ICM\...":

```
ICM\Name der Collection|Key bzw. Item(Teil)[|#]
'...
ECM\
```

Name der Collection:
Bezeichnung der zu durchsuchenden Collection.

Key bzw. Item(Teil):
Zeichenfolge oder Ziffernfolge, die das gewünschte Item repräsentiert. Normalerweise ist der Key anzugeben, der beim Hinzufügen des Items benutzt wurde. Wenn Sie jedoch am Ende des Datenteils die Zeichenfolge "|#" eintragen, werden alle Collection-Items daraufhin durchsucht, ob die im Datenteil eingetragene Zeichenfolge im Item vorkommt (nicht case-sensitiv).

Wenn ein zutreffendes Item gefunden wurde, wird es als Zeichenfolge in einer "$v1$" gespeichert.. Der Index des Items wird als Ziffernfolge in "$v3$" hinterlegt.

Die zwischen "ICM\" und "ECM\" stehenden Befehlszeilen werden nur ausgeführt, wenn ein Item gefunden wurde.

```
' +++ 0621_144424.rem +++
'
' Zweck:
' erstellt am: 21.06.2004
' von: Theo Gottwald
'===================================
'
VAR\$$XXX=ka{2}
CAI\the|theo|ka{2}
ICM\the|$$XXX
 CGI\the|$$XXX
 MBX\$v1$--$v2$
ECM\
@
```

"CGC\[Daten]" für "CollectionGetCount"

Da Sie bei einer Collection im allgemeinen nicht voraussehen können, ob bzw. wieviele Items hinzugefügt werden, läßt sich mit dem Befehl "CGC\[Name der Collection]" diese Anzahl ermitteln.

Die Anzahl wird in einer "$v1$" hinterlegt.

```
' +++ t083021.rem +++
'
' Zweck:
' erstellt am: 03.06.2004
' von: Theo Gottwald
'=========================
'
VAR\$$CNT=10

:Lop
RND\1,16000000
CAI\COA|$$RND
JIN\$$CNT<Lop
CGC\COA
MBX\Ready no errors, Anzahl: $v1$
@




' +++ t083021.rem +++
' Zweck: Meldungen protokollieren
' erstellt am: 13.04.2005
' von: thue
'==============================
' Teil des SW-Watchdog's
' der die Aufzeichnung
' der Fenster etc. übernimmt
' Originalversion von thue
' gesplittet von TG
'===========================
'DVV\1
'# Alle sichtbaren Dialogfenster
'# in Collection auflisten
FEW\5\$$S01\*|dialog|$$wnd
'# Anzahl der Items ermitteln
CGC\dialogs
VAR\$$cnt=$v1$
'# Wenn keine Fenster gefunden
JIZ\$$cnt:ende

:again
'# Alle Items durchlaufen
CGI\dialogs|#$$cnt
'# Item (Handle) übergeben
VAR\$$wnd=$v1$
VAR\$$tit=
'# Fenstertitel ermitteln
TFH\$$wnd>$$tit
'# Pruefen, ob DVBData (SAT-Diagnose)
IVL\$$tit|*dat*appli*|T
 GOTO weiter
EVL\
' Player-Callback-Fenster ignorieren
```

```
IVL\$$tit|$vmp_cb$
 GOTO weiter
EVL\
'# Aktuelles Fenster setzen
'# wegen GWF\ und GWN\
SCW\$$wnd
'# Erzeugerdatei ermitteln
GWF\>$$fil
'# String zusammenstellen
VAR\$$tit=$$fil*$$tit
'# Collection aller Statics
'# des Fensters erstellen
GWN\1\static&&\*|3>statics
VAR\$$cap=
'# Alle Coll-Items durchlaufen
FEC\statics|getcap|$$sta
'# Collection loeschen
CDL\statics
'# Letzten Trenner entfernen
STT\$$tit*$$cap
GFS\<<1
VAR\$$tit
'# String in Reboot-Ini schreiben
CTI\$$S09|$$S07|$date$ $time$ $$cnt|$$tit
'-----------------------------------
:weiter
'# Zaehler dekrementieren
VDC\$$cnt
'# naechstes Collection-Item holen,
'# wenn Zaehler noch nicht = 0
JIV\$$cnt>0:again

:ende
'# Collection loeschen
CDL\dialogs
@

:dialog
'# Collection mit Handles bilden
CAI\dialogs|$$wnd
@

:getcap
'# Alle Statics durchlaufen
'# und Beschriftungen addieren
'# ("^" = Trenner)
TFH\$$sta>$$tmp
IVV\$$tmp!
 VAR\$$cap=$$cap$$tmp^
EVV\
@
```

"CDL\[Daten]" für "CollectionDeLete",

Eine nicht mehr benötigte Collection können Sie mittels "CDL\[Name der Collection]" löschen. Das kann notwendig werden, da die Anzahl der Collections auf maximal zehn beschränkt ist.

```
' +++ count_count.rem +++
'
' Zweck: Daten sammeln aus der Sektion "count"
' erstellt am: 07.08.2004
' von: Theo Gottwald
'=========================
'
' SDB:
'[Counter1] = ALLE (incl. Reboot.ini) Sortiert
' C2 = Alle getrennt mit "," statt "|"
' C3 = Sortiert, ohne Reboot.ini und mit ","

' DEBUG !
'DVV\1
'DWP\3
'VAR\$$DFN=F:\00_RPGM\01_TT\Edit\Remfiles\VM-
Auswertung\3_auswertung_wtv\10383_221_info.txt

'VAR\$$DFN=F:\00_RPGM\01_TT\Edit\Remfiles\VM-Auswertung\auswertung_wtv\Reboot.ini
'VAR\$$RBS=15,03,1*24,03,2*26,03,1*29,03,1*06,04,1*17,06,2
'
' Vorhandene Datei löschen.
'DEL\$$SDB
'
'VAR\$$CNT=001
' END DEBUG

VAR\$$SEC=counter
VAR\$$SED=$$SEC3

VAR\$$NSC=$$CNT-NUM
CDL\$$SED

'SBT\10+|Analysiere Section "Counter" in $$DFN

'ermittle Anzahl der Einträge und schreibe in $$SDB-INI
'MBX\$$DFN?$$SDB
EXW\?pfad\inisort.exe|$$DFN?$$SDB

'EXR\$$SDB
'MBX\$$DFN?$$SDB


CFI\$$SDB|$$SEC1>$$ACT#
VAR\$$CEA=$v2$   ' Anzahl aller Einträge in Counter, inkl. RBI
CFI\$$SDB|$$SED>$$ACT%
VAR\$$CEN=$v2$   ' Anzahl aller Einträge in Counter, valid

' Wenn keine Einträge vorhanden sind
JIZ\$$CEA:spezial
JIZ\$$CEN:spezial

' Anzahl Einträge aus Reboot.ini
CAL\$$RBI=$$CEA-$$CEN

' Schreibe Anzahl der gefundenen Einträge aus Reboot.ini -> SDB.ini
CTI\$$SDB|$$NSC|RBI|$$RBI
```

```
CTI\$$SDB|$$NSC|CEN|$$CEN
CTI\$$SDB|$$NSC|CEA|$$CEA

CFI\$$SDB|Result|Ausfalltage>$$F00
CFI\$$SDB|Result|Lauftage>$$F01
CAI\ATNR|$$F00;$$F01;$$CEN|$$CNT
MBX\$$F00;$$F01;$$CEN->$$CNT
CGI\#$$CNT
VAR\$$TST=$v1$
MBX\$$TST

' Ausfallstunden und angebrochene Tage notieren
CFI\$$SDB|Result|Angebrochene_Tage>$$F02
CFI\$$SDB|Result|Ausfallstunden>$$F03
CAI\ASNR|$$F02;$$F03|$$CNT

IVV\$$F00=0
'Ausfalltage=0
 VAR\$$F07=100
ELSE
' %-Rechnung Laufzeit
 CAL\$$F06=$$CEN/100
 CAL\$$F07=$$F01/$$F06|i
EVV\
CAI\LZNR|$$F07|$$CNT

'SBT\1+|Analysiere Section "Counter" in $$DFN abgeschlossen.
'Suche jüngsten Eintrag

:exit
@

:spezial
MBX\ Fehler in Datei: $$DFN
GOTO exit
@
```

"FEC\[Daten]" für "ForEachCollection-item",

Mit dem Befehl "FEC\" haben Sie die Möglichkeit, für jedes Item der mit den obenstehenden Befehlen zusammengestellten Collection eine bestimmte WinRobots-Skript Datei ausführen zu lassen. Der Datenteil muß dazu wie folgt aufgebaut sein:

```
Name     der     Collection|Auszuführende     WinRobots-Skript
Datei|Variablenname
```

Name der Collection:
Beliebige eindeutige Zeichenfolge zur Bezeichnung der Collection.

Auszuführende WinRobots-Skript Datei:
Name einer WinRobots-Skript Datei, wenn sich diese im Verzeichnis der aktuellen WinRobots-Skript Datei oder in einem übergeordneten Verzeichnis befindet; ansonsten vollständiger Pfad zu der Datei. Diese WinRobots-Skript Datei wird dann mit allen Collection-Items ausgeführt.

Alternativ zur **"Auszuführenden WinRobots-Skript Datei"** können Sie auch den Namen einer **Sprungmarke** in der aktuellen WinRobots-Skript Datei angeben und nach dieser Sprungmarke die Befehle eintragen, die ansonsten in der "Auszuführenden WinRobots-Skript Datei" stehen würden. Dieser Teil ist dann mit dem Ende-Zeichen ("@") abzuschließen. Das gestaltet unter Umständen den Inhalt der WinRobots-Skript Datei übersichtlicher und erspart den Sprung in weitere Dateien.

GOTO Label können Sie sowohl benutzen, um im ForEach-Codeteil zu einer Sprungmarke zu springen oder zu einer Sprungmarke außerhalb dieses Teils. Im letzteren Fall wird die ForEach-Schleife verlassen; intern wird in diesem Fall zusätzlich die Anweisung "EFE\" ausgeführt.

Sprünge zu Marken innerhalb anderer ForEach-Blöcke sind nicht zulässig.

Variablenname:
Name einer Variablen, die für jedes Item der Collection verwendet werden soll, z.B. "$$fnt". Diese Variable wird jeweils mit dem Inhalt des Items in Form einer Zeichenfolge belegt. In der auszuführenden WinRobots-Skript Datei muß dieser Name für das jeweilige Item verwendet werden.

Sie können diesen Befehl an beliebiger Stelle in eine WinRobots-Skript Datei einbauen. Nach Abarbeitung des Befehls mit den Items der Collection wird die Ausgangsdatei mit dem nachfolgenden Befehl fortgesetzt.

Collection – Syntax-Beispiele

```
' +++ t083021.rem +++
'
' Zweck: Collect Collection B
' erstellt am: 26.08.2003
' von: Theo Gottwald
'=========================
'
'  Watchdog- Off
VAR\$$B01=19
CAL\$$B19=1-$$B19

IVV\$$B19=0
 PBT\$$B01|Collection B empty.
 PCC\$$B01|$$Q14|$$Q34
 GOTO enx
EVV\

'  Watchdog- Off
VAR\$$B01=19

CDL\COB
VAR\$$CNT=0
' starting-Point

'Reading colours for some seconds
JNF\a_show|1|Collecting Colours for Negativ-Filter.
JNF\sb_loc_dw.rem

WII\
VAR\$$GYA=$$P09
:agy
VAR\$$GXA=$$P08
:agx
GPC\o\$$GXA,$$GYA
CAI\COB|$v1$
VIC\$$GXA
JIV\$$GXA<$$P10:agx
VIC\$$GYA
JIV\$$GYA<$$P11:agy
' Schleifenende
CGC\COB
VAR\$$CNT=$v1$
PCC\$$B01|$$Q81|$$Q82
PBT\$$B01|Collection Set with: $$CNT Colours.
JNF\a_show|1|$$CNT Colours for B collected.

'VAR\$$CNT=0
'DEL\$$FIL
'FEC\COB|Lax|$$COB
'CTI\$$FIL|COB|Colors|$$CNT
'JNF\a_show|3+|Colours for B collected.

:env
' Watchdog-End?

:enx

@
:Lax
VIC\$$CNT
'CTI\$$FIL|COA|Color-$$CNT|$$COA
@
```

"FEM\[Daten]" für "ForEachMember".

Mit dem Befehl "FEM\" können Sie einen String, der durch Trennzeichen(folgen) separiert ist, in die einzelnen Teile zerlegen und für jeden Teilstring eine bestimmte WinRobots-Skript Datei ausführen lassen. Der Datenteil muß dazu wie folgt aufgebaut sein:
Länge der TrennzeichenfolgeTrennzeichenfolge|String|Auszuführende WinRobots-Skript Datei|Variablenname

Länge der Trennzeichenfolge (max. 9):
Zeichenanzahl der Trennzeichenfolge zur Trennung der Teilstrings (max. 9).

Trennzeichenfolge: Zeichen(folge) zur Trennung der Teilstrings. Der Trenner darf in den Teilstrings selbst nicht vorkommen.

String: Zeichenkette, die durch die Trennzeichenfolge in einzelne Teilstrings unterteilt ist.

Auszuführende WinRobots-Skript Datei:
Name einer WinRobots-Skript Datei, wenn sich diese im Verzeichnis der aktuellen WinRobots-Skript Datei oder in einem übergeordneten Verzeichnis befindet; ansonsten vollständiger Pfad zu der Datei. Diese WinRobots-Skript Datei wird dann mit allen Teilstrings ausgeführt.
Alternativ zur "Auszuführenden WinRobots-Skript Datei" können Sie auch den Namen einer Sprungmarke in der aktuellen WinRobots-Skript Datei angeben und nach dieser Sprungmarke die Befehle eintragen, die ansonsten in der "Auszuführenden WinRobots-Skript Datei" stehen würden. Dieser Teil ist dann mit dem Ende-Zeichen ("@") abzuschließen. Das gestaltet unter Umständen den Inhalt der WinRobots-Skript Datei übersichtlicher und erspart den Sprung in weitere Dateien.

GOTO Label können Sie sowohl benutzen, um im ForEach-Codeteil zu einer Sprungmarke zu springen oder zu einer Sprungmarke außerhalb dieses Teils. Im letzteren Fall wird die ForEach-Schleife verlassen; intern wird in diesem Fall zusätzlich die Anweisung "EFE\" ausgeführt.
Sprünge zu Marken innerhalb anderer ForEach-Blöcke sind nicht zulässig.

Variablenname:
Name einer Variablen, die für jeden Teilstring verwendet werden soll, z.B. "$$txt". Diese Variable wird jeweils mit dem Inhalt des aktuellen Teilstrings belegt. In der auszuführenden WinRobots-Skript Datei muß dieser Name für den jeweiligen Teilstring verwendet werden.

Sie können diesen Befehl an beliebiger Stelle in eine WinRobots-Skript Datei einbauen. Nach Abarbeitung des Befehls mit den Items der Collection wird die Ausgangsdatei mit dem nachfolgenden Befehl fortgesetzt.

HINWEISE:
- Wenn Sie im Editor auf den Namen der "abzuarbeitenden WinRobots-Skript Datei" doppelklicken, wird diese markiert. Wenn Sie dann im Editor einen rechten Mausklick ausführen, ist im erscheinenden Kontextmenü der Eintrag "Anzeigen" enabled. Mit einem Mausklick auf diesen Eintrag starten Sie eine neue Instanz des Editors, welche die anzuarbeitende WinRobots-Skript Datei anzeigt.
- Sie können NICHT innerhalb der abzuarbeitenden WinRobots-Skript Datei "REB\1" verwenden. Nach dem Rebooten werden nur die mit "JNF\" angesprungenen Dateien restauriert!

Syntax-Beispiel für FEM\

```
' +++ Loescher_02.rem +++
' Zweck:
' erstellt am: 01.04.2008
' von: Theo Gottwald
'=========================

VAR\$$*01=fehler\&nein
DBC\$$*01

VAR\$$ALL=afrika!africa!aquatischen!caribbean!bahamas!florida!dream!horizont!plätz
e!ägypten!traum!kolonie!karibik!fiji!egypt!die tätigkeit!die
karibik!hintergrund!lebens!indian!school!schule!marinen!indianer!hawaii

STW\ieframe\internet explorer|w48
SPC\internet explorer_server\*|w48

FEM\1!|$$ALL|DoIt|$$WRD

STW\ieframe\internet explorer|w3384
SPC\internet explorer_server\*|w3384
AFO\43\Keywords
bearbeiten&&\https://www.zoonar.de/img/but_go.gif\notext\14\\*0/3/1/0/3/2/9/0/394/
0\'31,19\564,459
MEL\
WSC\

STW\ieframe\internet explorer|w117
SPC\internet explorer_server\*|w117
AFO\40\Zurück&&
MLI\
MEL\
WSC\
CAS\5
@

:DoIt
GSB\set|$$WRD
@

:set
AFO\42\$$_01\\\14
IIF\
 GOTO out
EIF\
ANT\L||44\\\\\14
MEL\
:out
RET\
```

```
' +++ a_14.rem +++
'
' Zweck: Pfad im PAK-Fenster einstellen
' Macht auch Doppelklick auf Datei fals letzter Paramter Datei ist.
' erstellt am: 21.05.2004
' von: Theo Gottwald
'========================
'

VAR\$$P07=$$_01
' Zuerst Pfad resetten auf FarCry Level.
JNF\a_11

' Jetzt den pfad
FEM\1\|$$P07|Klick|$$FEX

@
:Klick
STW\#32770\preview
GCW\1009\1\syslistview32\*
WII\
LVI\$$FEX
MED\
WII\
@

' +++ fed.rem +++
'
' Zweck:
' erstellt am: 17.10.2002
' von: thue
'========================
'
FED\2|action|$$mlw
@

:action
MBX\$$mlw|64|Hard Drive:
@

' +++ main_WR_Support-Version.rem +++
' Zweck:
' erstellt am: 23.08.2007
' von: Theo Gottwald
'========================

VAR\$$WRF=?exepfad\
VAR\$$OUF=?desktop\Versionen$datetime$.txt
VAR\$$OUT=
FEF\$$WRF|*.exe|doit|$$FIL!
FEF\$$WRF|*.dll|doit|$$FIL!
DEL\$$OUF
CTF\$$OUF<$$OUT
@

:doit
GFI\$$FIL
VAR\$$ESD=Erstellt: $v5$$tab$
GFV\$$FIL
VAR\$$OUT=$$OUT$crlf$$$FIL$tab$$$ESD$v3$


@
```

"FED\[Daten]" für "ForEachDrive".
Siehe auch "IDT\", "IED\", "IHD\", "IRD\", "FEF\", "EFE\", "IFM\".

Mit diesem Befehl haben Sie die Möglichkeit, die Laufwerke eines Rechners nach bestimmten Suchkriterien zu gruppieren und für jedes den Kriterien entsprechende Laufwerk eine bestimmte WinRobots-Skript Datei ausführen zu lassen. Der Datenteil muß dazu wie folgt aufgebaut sein:

FED\Laufwerkskennung|Auszuführende   WinRobots-Skript
Datei|Variablenname

Laufwerkskennung:
1 = Laufwerk mit auswechselbarem Datenträger (Floppy, ZIP, MOD, Tape, ...)
2 = Festplattenlaufwerk
4 = Netzlaufwerk
8 = CD/DVD-Laufwerk
16 = RAMDisk

Sie können diese Werte beliebig kombinieren, um die Zugehörigkeit zu präzisieren.

Auszuführende WinRobots-Skript Datei:
Name einer WinRobots-Skript Datei, wenn sich diese im Verzeichnis der aktuellen WinRobots-Skript Datei oder in einem übergeordneten Verzeichnis befindet; ansonsten vollständiger Pfad zu der Datei. Diese WinRobots-Skript Datei wird dann mit allen gefundenen Laufwerken ausgeführt.

Alternativ zur **"Auszuführenden WinRobots-Skript Datei"** können Sie auch den Namen einer **Sprungmarke** in der aktuellen WinRobots-Skript Datei angeben und nach dieser Sprungmarke die Befehle eintragen, die ansonsten in der "Auszuführenden WinRobots-Skript Datei" stehen würden. Dieser Teil ist dann mit dem Ende-Zeichen ("@") abzuschließen. Das gestaltet unter Umständen den Inhalt der WinRobots-Skript Datei übersichtlicher und erspart den Sprung in weitere Dateien.

GOTO Label können Sie sowohl benutzen, um im ForEach-Codeteil zu einer Sprungmarke zu springen oder zu einer Sprungmarke außerhalb dieses Teils. Im letzteren Fall wird die ForEach-Schleife verlassen; intern wird in diesem Fall zusätzlich die Anweisung "EFE\" ausgeführt.
Sprünge zu Marken innerhalb anderer ForEach-Blöcke sind nicht zulässig.

Variablenname:
Name einer Variablen, die für jedes zutreffende Laufwerk verwendet werden soll, z.B. "$$mlw". Diese Variable wird jeweils mit dem Laufwerksbuchstaben belegt. In der auszuführenden WinRobots-Skript Datei muß dieser Name für das jeweilige Laufwerk verwendet werden.

Sie können diesen Befehl an beliebiger Stelle in eine WinRobots-Skript Datei einbauen. Nach Abarbeitung des Befehls mit den gefundenen Laufwerken wird die Ausgangsdatei mit dem nachfolgenden Befehl fortgesetzt.

HINWEISE:
- Wenn Sie im Editor auf den Namen der "abzuarbeitenden WinRobots-Skript Datei" doppelklicken, wird diese markiert. Wenn Sie dann im Editor einen rechten Mausklick ausführen, ist im erscheinenden Kontextmenü der Eintrag "Anzeigen" enabled. Mit einem Mausklick auf diesen Eintrag starten Sie eine neue Instanz des Editors, welche die anzuarbeitende WinRobots-Skript Datei anzeigt.

- Sie können NICHT innerhalb der abzuarbeitenden WinRobots-Skript Datei "REB\1" verwenden. Nach dem Rebooten werden nur die mit "JNF\" angesprungenen Dateien restauriert!

"FEE\[Daten]" für "ForEachEntry".

Siehe auch "EFE\", "IFM\".

Mit diesem Befehl haben Sie die Möglichkeit, für alle Einträge in der aktuell lokalisierten Listbox oder Combobox eine bestimmte WinRobots-Skript Datei ausführen zu lassen. Der Datenteil muß dazu wie folgt aufgebaut sein:

FEE\Auszuführende WinRobots-Skript Datei|Variablenname

Auszuführende WinRobots-Skript Datei:
Name einer WinRobots-Skript Datei, wenn sich diese im Verzeichnis der aktuellen WinRobots-Skript Datei oder in einem übergeordneten Verzeichnis befindet; ansonsten vollständiger Pfad zu der Datei. Diese wird dann mit allen gefundenen Listeneinträgen ausgeführt.

Alternativ zur "**Auszuführenden WinRobots-Skript Datei**" können Sie auch den Namen einer **Sprungmarke** in der aktuellen WinRobots-Skript Datei angeben und nach dieser Sprungmarke die Befehle eintragen, die ansonsten in der "Auszuführenden WinRobots-Skript Datei" stehen würden. Dieser Teil ist dann mit dem Ende-Zeichen ("@") abzuschließen. Das gestaltet unter Umständen den Inhalt der WinRobots-Skript Datei übersichtlicher und erspart den Sprung in weitere Dateien.

GOTO Label können Sie sowohl benutzen, um im ForEach-Codeteil zu einer Sprungmarke zu springen oder zu einer Sprungmarke außerhalb dieses Teils. Im letzteren Fall wird die ForEach-Schleife verlassen; intern wird in diesem Fall zusätzlich die Anweisung "EFE\" ausgeführt.

Sprünge zu Marken innerhalb anderer ForEach-Blöcke sind nicht zulässig.

Variablenname:
Name einer Variablen, die für jeden gefundenen Eintrag verwendet werden soll, z.B. "$$lst". In der auszuführenden WinRobots-Skript Datei muß dieser Name für den jeweiligen Eintrag verwendet werden.

Die Verarbeitung des Eintrags muß dann in der auszuführenden WinRobots-Skript Datei erfolgen.

HINWEIS:
Sie können diesen Befehl auch auf Listen oder Comboboxen in Webseiten oder HTML-Dokumenten anwenden, die im **Internet Explorer** dargestellt werden. Dazu müssen Sie das jeweilige Objekt (Liste, Combo) vorher mittels der "gelben Liste" ermitteln/beschreiben. In anderen Browsern (z.B. **Firefox** oder **Opera**) funktioniert das nicht, weil dort die Accessibility entweder auf völlig andere Weise oder gar nicht unterstützt wird.

Die Ermittlung der zugehörigen Liste/Combo und deren Einträge erfolgt dann mit Hilfe der "Accessibility"-Funktionalität und kann je nach Größe der Liste und Seitenstruktur einige 10 sec dauern.

Sie können diesen Befehl an beliebiger Stelle in eine WinRobots-Skript Datei einbauen. Nach Abarbeitung des Befehls mit den gefundenen Einträgen wird die WinRobots-Skript Datei mit dem nachfolgenden Befehl fortgesetzt.

HINWEISE:
- Wenn Sie im Editor auf den Namen der "abzuarbeitenden WinRobots-Skript Datei" doppelklicken, wird diese markiert. Wenn Sie dann im Editor einen rechten Mausklick ausführen, ist im erscheinenden Kontextmenü der Eintrag "Anzeigen" enabled. Mit einem Mausklick auf diesen Eintrag starten Sie eine neue Instanz des Editors, welche die anzuarbeitende WinRobots-Skript Datei anzeigt.
- Sie können NICHT innerhalb der abzuarbeitenden WinRobots-Skript Datei "REB\1" verwenden. Nach dem Rebooten werden nur die mit "JNF\" angesprungenen Dateien restauriert!

Beispiel:
```
'In der Datei "test.rem":
STW\thunder&&form\editor
SPC\thunder&&listbox\*
FEE\list.rem|$$lst
WPS\fertig
@

'In der Datei "list.rem":
MBX\$$lst              '# Listeneintrag anzeigen
@


' +++ text.rem +++
'
' Zweck: Sample
' erstellt am: 27.07.2002
' von: thue
'=======================
VAR\$$cnt=0
FTW\thunder&&form\editor!&&hilfe
SPC\thunder&&combobox\*
FEE\action|$$lst
WPS\tada
@

:action
VAR\$$prc=$$lst
IVV\$$cnt=0
 SHI\0\fep.txt#
 VAR\$$cnt=1
ELSE
 SNT\fep.txt
EVV\
TDL\600
@
```

"FEF\[Daten]" für "ForEachFile/Folder"

Siehe auch "FEL\", "EFE\", "IFM\".

Mit dem Befehl "FEF\" haben Sie die Möglichkeit, ein Verzeichnis und wahlweise alle seine Unterverzeichnisse von Festplattenlaufwerken, Netzlaufwerken oder CD/DVD-Laufwerken zu durchsuchen und für alle gefundenen Dateien oder auch nur für die Unterverzeichnisse eine bestimmte WinRobots-Skript Datei ausführen zu lassen. Der Datenteil muß dazu wie folgt aufgebaut sein:

Verzeichnis|Dateiname1[,Dateinname2,...]|Auszuführende　　　　　WinRobots-Skript Datei|Variablenname[@][#][!]

Verzeichnis:

Vollständiger Pfad zum Suchverzeichnis, z.B.

```
e:\projekte
```

oder ein Kürzel (siehe "Spezialordner"):

```
?ws
```

Dateiname:

Name der gesuchten Dateien, z.B.

```
*.*              ' Alle Dateien
*.jpg            ' Alle JPG-Dateien
*.jpg,*.bmp      ' Alle JPG- und BMP-Dateien
*user            ' Alle Dateien, deren Name mit "user" endet
a*               ' Alle Dateien, deren Name mit "a" beginnt
dsremote.dll     ' Nur diese Datei
```

Es können mehrere, durch Komma getrennte Namen bzw. Gruppen angegeben werden.

Wenn nur Unterverzeichnisse gesucht werden (mit "#" am Ende; s.u.), ist hier eine Beschreibung der zu berücksichtigenden Unterverzeichnisse einzutragen, z.B. "prog*" für alle Unterverzeichnisse vom Suchverzeichnis, die mit "prog" beginnen. Um **alle** Unterverzeichnisse zu erfassen, tragen Sie hier "*" ein.

HINWEIS:

Wenn Sie "FEF\" benutzen wollen, um in der Art einer Diashow nacheinander Bilddateien anzuzeigen, sollten Sie unmittelbar vor der Befehlszeile den Befehl "KDW\" aufrufen (s.u.).

Auszuführende WinRobots-Skript Datei:

Name einer WinRobots-Skript Datei, wenn sich diese im Verzeichnis der aktuellen WinRobots-Skript Datei oder in einem übergeordneten Verzeichnis befindet; ansonsten vollständiger Pfad zu der Datei. Diese WinRobots-Skript Datei wird dann mit allen gefundenen Dateien ausgeführt.

Alternativ zur "**Auszuführenden WinRobots-Skript Datei**" können Sie auch den Namen einer **Sprungmarke** in der aktuellen WinRobots-Skript Datei angeben und nach dieser Sprungmarke die Befehle eintragen, die ansonsten in der "Auszuführenden WinRobots-Skript Datei" stehen würden. Dieser Teil ist dann mit dem Ende-Zeichen ("@") abzuschließen. Das gestaltet unter Umständen den Inhalt der WinRobots-Skript Datei übersichtlicher und erspart den Sprung in weitere Dateien.

GOTO Label können Sie sowohl benutzen, um im ForEach-Codeteil zu einer Sprungmarke zu springen oder zu einer Sprungmarke außerhalb dieses Teils. Im letzteren Fall wird die ForEach-Schleife verlassen; intern wird in diesem Fall zusätzlich die Anweisung "EFE\" ausgeführt.

Sprünge zu Marken innerhalb anderer ForEach-Blöcke sind nicht zulässig.

Variablenname:

Name einer Variablen, die für jede gefundene Datei/jedes Verzeichnis verwendet werden soll, z.B. "$$pic". In der auszuführenden WinRobots-Skript Datei muß dieser Name für die jeweilige Datei/das jeweilige Unterverzeichnis verwendet werden.

"@" ist anzuhängen, wenn in die Suche auch alle Unterverzeichnisse einbezogen werden sollen.

"#" ist anzuhängen, wenn nur Unterverzeichnisse (keine Dateien) gesucht werden sollen. Die Pfade der Unterverzeichnisse werden dann ohne abschließenden Backslash an die Variable übergeben.

"!" als Anhang bewirkt, daß die Dateien/Ordner alphabetisch sortiert werden.

Wenn mehrere Suffixe verwendet werden sollen, ist deren Reihenfolge gleichgültig.

Sie können diesen Befehl an beliebiger Stelle in eine WinRobots-Skript Datei einbauen. Nach Abarbeitung des Befehls mit den gefundenen Dateien wird die Ausgangsdatei mit dem nachfolgenden Befehl fortgesetzt.

HINWEISE:

- Wenn Sie im Editor auf den Namen der "abzuarbeitenden WinRobots-Skript Datei" doppelklicken, wird diese markiert. Wenn Sie dann im Editor einen rechten Mausklick ausführen, ist im erscheinenden Kontextmenü der Eintrag "Anzeigen" enabled. Mit einem Mausklick auf diesen Eintrag starten Sie eine neue Instanz des Editors, welche die anzuarbeitende WinRobots-Skript Datei anzeigt.

- Sie können NICHT innerhalb der abzuarbeitenden WinRobots-Skript Datei "REB\1" verwenden. Nach dem Rebooten werden nur die mit "JNF\" angesprungenen Dateien restauriert!

```
' +++ text.rem +++
' Zweck:
' erstellt am: 01.07.2007
' von:
'========================
VAR\$$SRC=F:\Files\August
FEF\$$SRC|*.txt|Doit|$$FIL

MBX\!
@

:Doit
GSS\1,-3|$$FIL>$$TXT
VAR\$$TAR=$$TXT.wav
REN\$$FIL->$$TAR

@
' +++ main_WR_Support-Version.rem +++
' Zweck:
' erstellt am: 23.08.2007
' von: Theo Gottwald
'========================

VAR\$$WRF=?exepfad\
VAR\$$OUF=?desktop\Versionen$datetime$.txt
VAR\$$OUT=
FEF\$$WRF|*.exe|doit|$$FIL!
FEF\$$WRF|*.dll|doit|$$FIL!
DEL\$$OUF
CTF\$$OUF<$$OUT
@

:doit
GFI\$$FIL
VAR\$$ESD=Erstellt: $v5$$tab$
GFV\$$FIL
VAR\$$OUT=$$OUT$crlf$$$FIL$tab$$$ESD$v3$
@
```

"KDW\" für "KeepDisplayWindow".

Mit dem Befehl "KDW\" können Sie dafür sorgen, daß bei fortlaufender Anzeige von Bilddateien mittels "FEF\" das Anzeigefenster nicht bei jedem Bild entladen und neu geladen wird, sondern erhalten bleibt und lediglich das Bild gewechselt wird. Das ergibt einen flüssigeren Ablauf und einen besseren optischen Eindruck.
Nach Abarbeitung aller Dateien wird dieses "Erhalten" automatisch wieder aufgehoben.

Beispiel für eine "Dia-Show":
```
In der Datei "test.rem":

MPO\$sw$,$sh$ '# Mauszeiger "verstecken"
HRE\                '# WR-Editor ausblenden
HDB\                '# Desktop und Taskbar ausblenden
SEB\1               '# Beenden-Button anzeigen
KDW\                '# Anzeigefenster erhalten
FEF\e:\pictures|*.bmp,*.jpg,*.wmf|pic.rem|$$pic
WPS\fertig
@


In der Datei "pic.rem":

SHG\3\$$pic          '# Für 3 sec jedes gefundene Bild anzeigen
@
```

Beispiel für die Anzeige von Textdateien mittels "Notepad":
```
In der Datei "test.rem":

HRE\
FEF\e:\projekte\remote\text|*n.txt|notepad.rem|$$txt
IEW\notepad\* '# Schließen des letzten "Notepad"
 CLW\1
EEW\
@


In der Datei "notepad.rem":

EXE\?wi\notepad.exe $$txt
CAS\3               '# Anzeige für 3 sec
RTH\                '# Wiederherstellen des vorhergehenden Handles
CLW\1               '# Schließen des vorherigen Notepad (wirkt flüssiger als
Solostart)
STW\notepad\*
KTH\                '# wird beim nächsten Durchlauf geschlossen
@
```

"FEI\[Daten]" für "ForEachInientry".

Siehe auch "EFE\", "IFM\".

Mit diesem Befehl haben Sie die Möglichkeit, für alle Einträge eines Abschnittes (Sektion) bzw. für alle Sektionsnamen in einer Ini-Datei eine bestimmte WinRobots-Skript Datei ausführen zu lassen. Der Datenteil muß dazu wie folgt aufgebaut sein:

Sektion|Ini-Datei|Auszuführende WinRobots-Skript Datei|Variablenname

Sektion:
Name der Sektion, deren Einträge verarbeitet werden sollen. Eine Sektion ist in der Ini-Datei durch eckige Klammern "[xyz]" gekennzeichnet.
Wenn dieser Teil leer ist, werden die Sektionsnamen der Ini-Datei aufgelistet.
Ini-Datei:
Vollständiger Pfad zur Ini-Datei, z.B.
e:\remote\remedit.ini
oder unter Verwendung von Kürzeln (siehe "Spezialordner"):
?ws\test.ini
Auszuführende WinRobots-Skript Datei:
Name einer WinRobots-Skript Datei, wenn sich diese im Verzeichnis der aktuellen WinRobots-Skript Datei oder in einem übergeordneten Verzeichnis befindet; ansonsten vollständiger Pfad zu der Datei. Diese wird dann mit allen unter "Sektion" gefundenen Einträgen bzw. mit allen Sektionsnamen ausgeführt.

Alternativ zur "**Auszuführenden WinRobots-Skript Datei**" können Sie auch den Namen einer **Sprungmarke** in der aktuellen WinRobots-Skript Datei angeben und nach dieser Sprungmarke die Befehle eintragen, die ansonsten in der "Auszuführenden WinRobots-Skript Datei" stehen würden. Dieser Teil ist dann mit dem Ende-Zeichen ("@") abzuschließen. Das gestaltet unter Umständen den Inhalt der WinRobots-Skript Datei übersichtlicher und erspart den Sprung in weitere Dateien.
GOTO Label können Sie sowohl benutzen, um im ForEach-Codeteil zu einer Sprungmarke zu springen oder zu einer Sprungmarke außerhalb dieses Teils. Im letzteren Fall wird die ForEach-Schleife verlassen; intern wird in diesem Fall zusätzlich die Anweisung "EFE\" ausgeführt.

Sprünge zu Marken innerhalb anderer ForEach-Blöcke sind nicht zulässig.

Variablenname:
Name einer Variablen, die für jeden gefundenen Eintrag verwendet werden soll, z.B. "$$ini".
In der auszuführenden WinRobots-Skript Datei muß dieser Name für den jeweiligen Eintrag bzw. Sektionsnamen verwendet werden.
Die so bezeichnete Variable enthält jeweils den kompletten Eintrag, z.B.
StartURL=http://172.18.3.12/test/test
bzw. den Sektionsnamen ohne "[]", z.B. "Boot".

Die Verarbeitung des Eintrags bzw. Sektionsnamen muß dann in der auszuführenden WinRobots-Skript Datei erfolgen.
Zur Erleichterung der Auswertung werden gleichzeitig programminterne Variable mit bestimmten Werten belegt, auf die Sie mit entsprechenden Zeichenfolgen zugreifen können, und zwar:

- "$v4$" enthält den Namen des Ini-Eintrags, z.B. StartURL,
- "$v5$" enthält den Wert des Ini-Eintrags, z.B. http://172.18.3.12/test/test.

Sie können diesen Befehl an beliebiger Stelle in eine WinRobots-Skript Datei einbauen. Nach Abarbeitung des Befehls mit den gefundenen Einträgen wird die Ausgangsdatei mit dem nachfolgenden Befehl fortgesetzt.
HINWEISE:
- Wenn Sie im Editor auf den Namen der "abzuarbeitenden WinRobots-Skript Datei" doppelklicken, wird diese markiert. Wenn Sie dann im Editor einen rechten Mausklick ausführen, ist im erscheinenden Kontextmenü der Eintrag "Anzeigen" enabled. Mit einem Mausklick auf diesen Eintrag starten Sie eine neue Instanz des Editors, welche die anzuarbeitende WinRobots-Skript Datei anzeigt.

- Sie können NICHT innerhalb der abzuarbeitenden WinRobots-Skript Datei "REB\1" verwenden. Nach dem Rebooten werden nur die mit "JNF\" angesprungenen Dateien restauriert!

Beispiel:

```
In der Datei "test.rem":
FEI\shorties|exepfad\remedit.ini|set.rem|$$set
WPS\fertig
@

In der Datei "set.rem":
MBX\$$set              '# Ini-Eintrag anzeigen
@


  ' +++ fei.rem +++
  '
  ' Zweck: Sample
  ' erstellt am: 03.01.2003
  ' von: thue
  '============================
  VAR\$$cnt=0
  FEI\controls|?exepfad\remedit.ini|action|$$tvi
  WPS\tada
  @

  :action
  VAR\$$msg=$$tvi|np
  IVV\$$cnt=0
   SHI\0\msg.txt#
   VAR\$$cnt=1
  ELSE
   SNT\msg.txt
  EVV\
  TDL\400
@
```

"FEK\[Daten]" für "ForEachKey"

"FER\[Daten]" für "ForEachRegistryentry".

Siehe auch "EFE\", "IFM\".

Mit diesen Befehlen haben Sie die Möglichkeit, alle Unterschlüssel ("FEK\...") oder alle Einträge ("FER\...") zu einem Registrierungsschlüssel zu durchlaufen und mit dem Namen jedes Unterschlüssels bzw. jedem Eintrag eine bestimmte WinRobots-Skript Datei ausführen zu lassen. Der Datenteil muß dazu wie folgt aufgebaut sein:

```
HK|SK|Auszuführende WinRobots-Skript
        Datei|Variablenname
```

HK:
Zeichenfolge für den Hauptschlüssel, siehe "RER\".
SK:
Zeichenfolge für den Unterschlüssel, siehe "RER\".

Auszuführende WinRobots-Skript Datei:
Name einer WinRobots-Skript Datei, wenn sich diese im Verzeichnis der aktuellen WinRobots-Skript Datei oder in einem übergeordneten Verzeichnis befindet; ansonsten vollständiger Pfad zu der Datei. Diese wird dann mit allen gefundenen Unterschlüsseln bzw. Einträgen ausgeführt.
Alternativ zur "**Auszuführenden WinRobots-Skript Datei**" können Sie auch den Namen einer **Sprungmarke** in der aktuellen WinRobots-Skript Datei angeben und nach dieser Sprungmarke die Befehle eintragen, die ansonsten in der "Auszuführenden WinRobots-Skript Datei" stehen würden. Dieser Teil ist dann mit dem Ende-Zeichen ("@") abzuschließen. Das gestaltet unter Umständen den Inhalt der WinRobots-Skript Datei übersichtlicher und erspart den Sprung in weitere Dateien.
GOTO Label können Sie sowohl benutzen, um im ForEach-Codeteil zu einer Sprungmarke zu springen oder zu einer Sprungmarke außerhalb dieses Teils. Im letzteren Fall wird die ForEach-Schleife verlassen; intern wird in diesem Fall zusätzlich die Anweisung "EFE\" ausgeführt.

Sprünge zu Marken innerhalb anderer ForEach-Blöcke sind nicht zulässig.

Variablenname:
Name einer Variablen, die für jeden Unterschlüssel bzw. Eintrag verwendet werden soll, z.B. "$$key". In der auszuführenden WinRobots-Skript Datei muß dieser Name für den jeweiligen Unterschlüssel bzw. Eintrag verwendet werden.
Die Verarbeitung des Unterschlüssels bzw. Eintrags muß dann in der auszuführenden WinRobots-Skript Datei erfolgen.
Bei "FEK\..." wird in der Variablen der reine Name des Unterschlüssels geliefert ohne den übergeordneten Baum.
Bei "FER\..." wird der gesamte Eintrag wie folgt geliefert (Sie müssen dann je nach Einsatzzweck die Anteile z.B. mittels "GFS\..." separieren):
- nach dem Namen des Eintrags wird ein Gleichheitszeichen angefügt ("="),
- bei Stringeinträgen wird nach dem Gleichheitszeichen der Inhalt des Eintrags angefügt,
- bei binären Einträgen wird nach dem Gleichheitszeichen die Zeichenfolge "BIN:" angefügt

und anschließend die Hex-Werte der einzelnen Bytes, getrennt durch Leerzeichen (ähnlich wie

im Registrierungseditor).
- bei DWORD-Einträgen wird nach dem Gleichheitszeichen das Wort "DWORD:" bzw. "DWORDBE:" für "DWORD_BIG_ENDIAN" angefügt und anschließend die Ziffernfolge für den Wert.

Zur Erleichterung der Auswertung werden gleichzeitig programminterne Variable mit bestimmten Werten belegt, auf die Sie mit entsprechenden Zeichenfolgen zugreifen können, und zwar:

- "$v2$" enthält den Namen des Registrierungseintrags,
- "$v3$" enthält den rechten Teil nach dem Gleichheitszeichen.

Bei binären oder DWORD-Werten enthält

- "$v4$" die Art des Eintrags (BIN, DWORD, DWORDBE) und
- "$v5$" den eigentlichen Wert.

Sie können diese Befehle an beliebiger Stelle in eine WinRobots-Skript Datei einbauen. Nach Abarbeitung des jeweiligen Befehls wird die WinRobots-Skript Datei mit dem nachfolgenden Befehl fortgesetzt.

Sie können die Befehle auch verschachteln, also z.B. in der auszuführenden WinRobots-Skript Datei von "FEK\..." den Befehl "FER\..." benutzen, um für alle Unterschlüssel alle Einträge zu durchlaufen.

HINWEISE:
- Wenn Sie im Editor auf den Namen der "abzuarbeitenden WinRobots-Skript Datei" doppelklicken, wird diese markiert. Wenn Sie dann im Editor einen rechten Mausklick ausführen, ist im erscheinenden Kontextmenü der Eintrag "Anzeigen" enabled. Mit einem Mausklick auf diesen Eintrag starten Sie eine neue Instanz des Editors, welche die anzuarbeitende WinRobots-Skript Datei anzeigt.
- Sie können NICHT innerhalb der abzuarbeitenden WinRobots-Skript Datei "REB\1" verwenden. Nach dem Rebooten werden nur die mit "JNF\" angesprungenen Dateien restauriert!

Beispiele:
```
In der Datei "test.rem":
VAR\$$rky=hlm|software\delphin software
FEK\$$rky|key.rem|$$key
WPS\fertig
@

In der Datei "key.rem":
MBX\$$key                    '# Unterschlüssel anzeigen
FER\$$rky\$$key|reg.rem|$$val
@

In der Datei "reg.rem":
MBX\$$val                    '# Einträge anzeigen
@


'----------------------------------------------------------------

Mit Sprungmarken (Datei "test.rem"):
VAR\$$rky=hlm|software\delphin software
FEK\$$rky|dokey|$$key
```

```
WPS\fertig
@

:dokey
MBX\$$key                            '# Unterschlüssel anzeigen
FER\$$rky\$$key|doent|$$val
@

:doent
MBX\$$val                            '# Einträge anzeigen
@
```

```
' +++ a_67.rem +++
'
' Zweck: Built Var $$PDF + $$L26 mit allen registrierten Protokollen.
' Prüfe Protokolle auf Internet-Sicherheitszone
' erstellt am: 24.05.2003
' von: Theo Gottwald
'========================
'
'1 Parameter = Pfad der INI-Datei die erzeugt wird
' Site-Zones: 4 - eingeschränkte Site | 2 - vertauenswürdige | 1 - lokales
Intranet
'
Quelle:http://support.microsoft.com/default.aspx?scid=http://support.microsoft.com
:80/support/kb/articles/Q182/5/69.ASP&NoWebContent=1
' Zones: 0 - 4 (s.o.)

'VAR\$$INI=?wi\IE-Settings-reg.ini
VAR\$$INI=$$_01
IEF\$$INI
 GOTO enx
EEF\
VAR\$$CNA=0

FEK\HCU|$$N34|a_68.rem|$$ZON

CTI\$$INI|General|Zones|$$CNA
:enx
@
```

```
' +++ a_73.rem +++
'
' Zweck: Liest aus Registry die IE-Sicherheitssetings
' $$INI muss definiert sein, in diese Datei
' wird das Ergebnis geschrieben.
' Serie:
'
' Bemerkungen:
'
' erstellt am: 05.06.2003
' von: Theo Gottwald
'========================
'
DEL\$$INI
VAR\$$CNA=0
FEK\$$M10|a_68.rem|$$ZON
CTI\$$INI|General|Zones|$$CNA
@
```

```
' +++ fek.rem +++
'
' Zweck: Sample
' erstellt am: 27.07.2002
' von: thue
'========================
'
VAR\$$rky=hlm|software\delphin software
FEK\$$rky|fkey.rem|$$key
```

```
WPS\tada
@
```

"FEL\[Daten]" für "ForEachLine".

Siehe auch "FEF\", "EFE\", "IFM\".

Mit diesem Befehl haben Sie die Möglichkeit, mit dem Inhalt jeder nichtleeren Zeile einer ASCII-Datei oder eines in einer Variablen gespeicherten zeilenformatierten Textes eine bestimmte WinRobots-Skript Datei ausführen zu lassen. Der Datenteil muß dazu wie folgt aufgebaut sein:

```
ASCII-Datei     od.    Variable|Auszuführende    WinRobots-Skript
Datei|Variablenname
```

ASCII-Datei od. Variable:
Vollständiger Pfad zu der Datei, deren Zeileninhalte verarbeitet werden sollen, ggf. unter Verwendung von Kürzeln (siehe "Spezialordner"), z.B.
```
e:\projekte\remote\test.rem
?wi\readme.txt
```
oder Name einer Variablen, die den Dateipfad oder den zeilenformatierten Text enthält.

Auszuführende WinRobots-Skript Datei:
Name einer WinRobots-Skript Datei, wenn sich diese im Verzeichnis der aktuellen WinRobots-Skript Datei oder in einem übergeordneten Verzeichnis befindet; ansonsten vollständiger Pfad zu der Datei. Diese wird dann mit allen nichtleeren Zeilen ausgeführt.
Alternativ zur "**Auszuführenden WinRobots-Skript Datei**" können Sie auch den Namen einer **Sprungmarke** in der aktuellen WinRobots-Skript Datei angeben und nach dieser Sprungmarke die Befehle eintragen, die ansonsten in der "Auszuführenden WinRobots-Skript Datei" stehen würden. Dieser Teil ist dann mit dem Ende-Zeichen ("@") abzuschließen. Das gestaltet unter Umständen den Inhalt der WinRobots-Skript Datei übersichtlicher und erspart den Sprung in weitere Dateien.
GOTO Label können Sie sowohl benutzen, um im ForEach-Codeteil zu einer Sprungmarke zu springen oder zu einer Sprungmarke außerhalb dieses Teils. Im letzteren Fall wird die ForEach-Schleife verlassen; intern wird in diesem Fall zusätzlich die Anweisung "EFE\" ausgeführt.

Sprünge zu Marken innerhalb anderer ForEach-Blöcke sind nicht zulässig.

Variablenname:
Name einer Variablen, die für jeden Zeileninhalt verwendet werden soll, z.B. "$$lin". In der auszuführenden WinRobots-Skript Datei muß dieser Name für die jeweilige Zeile verwendet werden.
Die Verarbeitung der Zeile muß dann in der auszuführenden WinRobots-Skript Datei erfolgen.

Sie können diesen Befehl an beliebiger Stelle in eine WinRobots-Skript Datei einbauen. Nach Abarbeitung des Befehls mit den nichtleeren Zeilen wird die WinRobots-Skript Datei mit dem nachfolgenden Befehl fortgesetzt.

HINWEISE:
- Wenn Sie im Editor auf den Namen der "abzuarbeitenden WinRobots-Skript Datei" doppelklicken, wird diese markiert. Wenn Sie dann im Editor einen rechten Mausklick

ausführen, ist im erscheinenden Kontextmenü der Eintrag "Anzeigen" enabled. Mit einem Mausklick auf diesen Eintrag starten Sie eine neue Instanz des Editors, welche die anzuarbeitende WinRobots-Skript Datei anzeigt.

- Sie können **nicht** innerhalb der abzuarbeitenden WinRobots-Skript Datei **"REB\1"** **verwenden**. Nach dem Rebooten werden nur die mit "JNF\" angesprungenen Dateien restauriert!

Beispiel:

```
In der Datei "test.rem":
FEL\?pfad\test.rem|list.rem|$$lin
WPS\fertig
@

In der Datei "list.rem":
MBX\$$lin          '# Listeneintrag anzeigen
@
```

"FEP\[Daten]" für "ForEachProcess".

Siehe auch "EFE\", "IFM\".

Mit diesem Befehl haben Sie die Möglichkeit, für alle aktuell laufenden Prozesse eine bestimmte WinRobots-Skript Datei ausführen zu lassen. Der Datenteil muß dazu wie folgt aufgebaut sein:

```
Auszuführende WinRobots-Skript Datei|Variablenname
```

Auszuführende WinRobots-Skript Datei:
Name einer WinRobots-Skript Datei, wenn sich diese im Verzeichnis der aktuellen WinRobots-Skript Datei oder in einem übergeordneten Verzeichnis befindet; ansonsten vollständiger Pfad zu der Datei. Diese wird dann mit allen gefundenen Listeneinträgen ausgeführt.
Alternativ zur "**Auszuführenden WinRobots-Skript Datei**" können Sie auch den Namen einer **Sprungmarke** in der aktuellen WinRobots-Skript Datei angeben und nach dieser Sprungmarke die Befehle eintragen, die ansonsten in der "Auszuführenden WinRobots-Skript Datei" stehen würden. Dieser Teil ist dann mit dem Ende-Zeichen ("@") abzuschließen. Das gestaltet unter Umständen den Inhalt der WinRobots-Skript Datei übersichtlicher und erspart den Sprung in weitere Dateien.
GOTO Label können Sie sowohl benutzen, um im ForEach-Codeteil zu einer Sprungmarke zu springen oder zu einer Sprungmarke außerhalb dieses Teils. Im letzteren Fall wird die ForEach-Schleife verlassen; intern wird in diesem Fall zusätzlich die Anweisung "EFE\" ausgeführt.
Sprünge zu Marken innerhalb anderer ForEach-Blöcke sind nicht zulässig.

Variablenname:
Name einer Variablen, die für jeden gefundenen Prozeß verwendet werden soll, z.B. "$$prc". In der auszuführenden WinRobots-Skript Datei muß dieser Name für den jeweiligen Prozess verwendet werden, wobei ein Prozeß durch den Pfad der zugehörigen Exe-Datei dargestellt wird, so wie er im "Process Analyzer" aufgelistet wird.
Die Verarbeitung des Namens muß dann in der auszuführenden WinRobots-Skript Datei erfolgen.
Zu jedem Prozeß wird die zugehörige Prozeß-ID programmintern gespeichert, und innerhalb der auszuführenden WinRobots-Skript Datei können Sie mit der Zeichenfolge "fep_pid" darauf zugreifen.
Wenn Sie die Prozeß-ID im Zusammenhang mit dem Befehl "TPC\..." verwenden wollen, können Sie im Datenteil des Befehls die Zeichenfolge "pid" einsetzen.

Sie können diesen Befehl an beliebiger Stelle in eine WinRobots-Skript Datei einbauen. Nach Abarbeitung des Befehls mit den gefundenen Prozessen wird die WinRobots-Skript Datei mit dem nachfolgenden Befehl fortgesetzt.

HINWEISE:
- Wenn Sie im Editor auf den Namen der "abzuarbeitenden WinRobots-Skript Datei" doppelklicken, wird diese markiert. Wenn Sie dann im Editor einen rechten Mausklick ausführen, ist im erscheinenden Kontextmenü der Eintrag "Anzeigen" enabled. Mit einem Mausklick auf diesen Eintrag starten Sie eine neue Instanz des Editors, welche die anzuarbeitende WinRobots-Skript Datei anzeigt.

- Sie können **nicht** innerhalb der abzuarbeitenden WinRobots-Skript Datei **"REB\1"** **verwenden**. Nach dem Rebooten werden nur die mit "JNF\" angesprungenen Dateien restauriert!

Beispiel zu FEP\
:
In der Datei "test.rem":
FEP\proc.rem|$$prc
WPS\fertig
@

In der Datei "proc.rem":
MBX\$$prc   '# Prozeß anzeigen
@


```
' +++ fep.rem +++
' Zweck: Sample
' erstellt am: 08.11.2002
' von: thue
'=========================
VAR\$$cnt=0
EXE\?wi\notepad.exe
WMS\Pexe
TDL\1000
STW\notepad\*
SWP\0,0
EXE\?wi\notepad.exe
WMS\Pexe
TDL\1000
STW\notepad\*
SWP\0,50
EXE\?wi\notepad.exe
WMS\Pexe
TDL\1000
STW\notepad\*
SWP\0,100
FEP\action|$$prc
@

:action
IVV\$$cnt=0
 SHI\0\fep.txt#
 VAR\$$cnt=1
ELSE
 SNT\fep.txt
EVV\
IVC\$$prc|notepad.exe
 MSB\
 TPC\$pid$
EVC\
TDL\500
@
```

"FET\[Daten]" für "ForEachTreeviewNode"
Siehe auch "TVI\", "EFE\", "IFM\".

Mit "FET\..." haben Sie die Möglichkeit, mit jedem Element einer TreeView-Ebene eine bestimmte WinRobots-Skript Datei ausführen zu lassen. Der Datenteil muß dazu wie folgt aufgebaut sein:

Pfad des Knotens|Auszuführende WinRobots-Skript Datei|Variablenname[@][c]

Pfad des Knotens:
Vollständiger Pfad zu einer TreeView-Ebene, deren Elemente verarbeitet werden sollen, ggf. unter Verwendung von "*\" für die erste Ebene (siehe "TVI\") ohne abschließenden Backslash. Wenn ein TreeView kein Wurzelelement, sondern mehrere gleichberechtigte Elemente in der untersten Ebene besitzt, können Sie hier "*" angeben, um das gesamte TreeView zu durchlaufen.
Es empfiehlt sich, diesen Pfad in einer Variablen zu hinterlegen, um ggf. in der auszuführenden WinRobots-Skript Datei darauf zugreifen zu können.

Auszuführende WinRobots-Skript Datei:
Name einer WinRobots-Skript Datei, wenn sich diese im Verzeichnis der aktuellen WinRobots-Skript Datei oder in einem übergeordneten Verzeichnis befindet; ansonsten vollständiger Pfad zu der Datei. Diese wird dann mit allen Items der TreeView-Ebene bzw. des ListViews ausgeführt.

Variablenname:
Name einer Variablen, die für jedes Item der TreeView-Ebene bzw. des ListViews verwendet werden soll, z.B. "$$tvi". In der auszuführenden WinRobots-Skript Datei muß dieser Name für das jeweilige Item verwendet werden. Beim TreeView wird als Item nur der reine Name ohne vorangestellten Pfad an diese Variable übergeben.
Die Verarbeitung des Items muß dann in der auszuführenden WinRobots-Skript Datei erfolgen.

"@" ist bei "FET\..." anzuhängen, wenn in die Suche sämtliche Ebenen und Elemente des Baumzweiges einbezogen werden sollen. Dann wird an die Variable der komplette Pfad zum Item übergeben.

HINWEIS zu "FET\":
Beim Befehl "FET\" mit der Option "@" wird zunächst der gesamte Zweig des Baumes aufgeklappt. Dabei ermittelt die zuständige DLL für jede Ebene die vollständige Bezeichnung und hängt bei der Übergabe an das WinRobots-Programm und damit an die auszuführende WinRobots-Skript Datei bei jeder Ebene die Zeichenfolge "&&" an, um für weitere Befehle wie z.B. "TVI\" eine eindeutige Suche zu gewährleisten (siehe auch "Suchbegriffe"). Dies muß bei einer weiteren Verarbeitung der Variablen [Variablenname] berücksichtigt werden. Ggf. muß diese Zeichenfolge mittels "STT\" und "TTR\" wieder entfernt werden.
Wenn beim Durchlaufen des Zweiges mit der auszuführenden WinRobots-Skript Datei nach der Abarbeitung einer Ebene die Ebene wieder zugeklappt werden soll, hängen Sie an den Datenteil (nach dem "@") den Buchstaben **c** für "Collapse" an.
```
Beispiel zu FET\:
```

```
' +++ fet.rem +++
' Zweck: Sample
' erstellt am: 04.10.2002
' von: thue
'===========================
VAR\$$cnt=0
IEW\explorewclass\*
 GOTO next
EEW\
EXE\?wi\explorer.exe
:next
STW\explorewclass\*
WTM\
SPC\systreeview32\*
FET\*\arbeit||compu\c:|action|$$tvi
IEW\explorewclass\*
 CLW\1
EEW\
WPS\done
@

:action
VAR\$$msg=$$tvi|np
IVV\$$cnt=0
 SHI\0\msg.txt#
 VAR\$$cnt=1
ELSE
 SNT\msg.txt
EVV\
 TDL\400
@
```

"FES\[Daten]" für "ForEachSyslistviewItem",

Mit "FES\..." können Sie mit jedem Element eines vorher lokalisierten SysListView32 eine bestimmte WinRobots-Skript Datei ausführen lassen. Der Datenteil muß dazu wie folgt aufgebaut sein:

Auszuführende WinRobots-Skript Datei|Variablenname[!]

"!" als Anhang bewirkt, daß die Elemente alphabetisch sortiert werden.

Die Variable "Variablenname" wird dann in der "Auszuführende WinRobots-Skript Datei" mit der Beschriftung des jeweiligen Listview-Items belegt.

```
' +++ fes.rem +++
'
' Zweck: Sample
' erstellt am: 04.10.2002
' von: thue
'===========================
VAR\$$cnt=0
STW\progman\*
SPC\syslistview32\*
FES\action|$$tvi
WPS\tada
@

:action
VAR\$$msg=$$tvi|np
IVV\$$cnt=0
  SHI\0\msg.txt#
  VAR\$$cnt=1
ELSE
  SNT\msg.txt
EVV\
TDL\400
@
```

"FEB\[Daten]" für "ForEachButton"

Mit "FEB\..." können Sie mit jedem Button einer vorher lokalisierten Symbolleiste (Toolbarwindow32) eine bestimmte WinRobots-Skript Datei ausführen lassen, vorausgesetzt, daß die Button entweder eine Beschriftung oder einen Tooltip-Text besitzen. Der Datenteil muß dazu wie folgt aufgebaut sein:

Auszuführende WinRobots-Skript Datei|Variablenname

Die Variable "Variablenname" wird dann in der "Auszuführende WinRobots-Skript Datei" mit der Beschriftung des jeweiligen Buttons belegt.

Button, die als Separator dienen (ohne Beschriftung; als ausgegrauter senkrechter Strich dargestellt) und versteckte Button werden dabei nicht berücksichtigt.

```
' +++ feb.rem +++
' Zweck: Sample
' erstellt am: 03.07.2003
' von: thue
'==========================
EXO\?pfad
STW\cabinetwclass\remfiles
IOS\95
 SWP\0,50|550,200
ELSE
 SWP\0,50|400,200
EOS\
CAS\2
IEC\1\toolbarwindow32\*
 FEB\action|$$but
 CAS\2
 CLW\1
ELSE
 MBX\No toolbar found!
 CLW\1
EEC\
@

:action
TBB\$$but
MMV\
DPM\$$but
SHF\i\1\3|red
 @
```

"FEJ\[Daten]" für "ForEachJumper"""

Mit "FEJ\..." können Sie mit jedem Reiter (hier Jumper) eines vorher lokalisierten Tabcontrol (SysTabcontrol32) eine bestimmte WinRobots-Skript Datei ausführen lassen. Der Datenteil muß dazu wie folgt aufgebaut sein:

Auszuführende WinRobots-Skript Datei|Variablenname

Die Variable "Variablenname" wird dann in der "Auszuführende WinRobots-Skript Datei" mit der Beschriftung des jeweiligen Reiters belegt.

HINWEISE:
Bei allen Items von **Listview-**, **Treeview-**, **Toolbar-** und **Tabcontrol**-Steuerelementen werden gleichzeitig mit der im Datenteil definierten Variablen auch die **Koordinaten** des aktuellen Items bildschirmbezogen in folgenden Variablen hinterlegt:

```
$il$ = Linkskoordinate    (ItemLeft),
$it$ = Obenkoordinate     (ItemTop),
$ir$ = Rechtskoordinate   (ItemRight),
$ib$ = Untenkoordinate    (ItemBottom),
$iw$ = Breite             (ItemWidth),
$ih$ = Höhe               (ItemHeight),
$if$ = gefunden (=1)      (ItemFound).
```

Außerdem wird der **aktuelle Punkt** auf die Mitte des jeweiligen Items gesetzt. Beachten Sie aber, daß die Koordinaten diejenigen sind, die zum Zeitpunkt der Abfrage ermittelt wurden und je nach Beschaffenheit des Steuerelements auch außerhalb des Bildschirms liegen können. Wenn Sie mit den Items "arbeiten" müssen, kann es notwendig sein, daß Sie innerhalb der "abzuarbeitenden WinRobots-Skript Datei" das jeweilige Item mit dem entsprechenden Lokalisierungsbefehl ansprechen müssen, um es in den Sichtbereich zu holen.

Alternativ zur "**Auszuführenden WinRobots-Skript Datei**" können Sie auch den Namen einer **Sprungmarke** in der aktuellen WinRobots-Skript Datei angeben und nach dieser Sprungmarke die Befehle eintragen, die ansonsten in der "Auszuführenden WinRobots-Skript Datei" stehen würden. Dieser Teil ist dann mit dem Ende-Zeichen ("@") abzuschließen. Das gestaltet unter Umständen den Inhalt der WinRobots-Skript Datei übersichtlicher und erspart den Sprung in weitere Dateien.

GOTO Label können Sie sowohl benutzen, um im ForEach-Codeteil zu einer Sprungmarke zu springen oder zu einer Sprungmarke außerhalb dieses Teils. Im letzteren Fall wird die ForEach-Schleife verlassen; intern wird in diesem Fall zusätzlich die Anweisung "EFE\" ausgeführt.

Sprünge zu Marken innerhalb anderer ForEach-Blöcke sind nicht zulässig.

Sie können diese Befehle an beliebiger Stelle in eine WinRobots-Skript Datei einbauen. Nach Abarbeitung des Befehls mit den gefundenen Items wird die WinRobots-Skript Datei mit dem nachfolgenden Befehl fortgesetzt.

HINWEISE:
- Wenn Sie im Editor auf den Namen der "abzuarbeitenden WinRobots-Skript Datei" doppelklicken, wird diese markiert. Wenn Sie dann im Editor einen rechten Mausklick

ausführen, ist im erscheinenden Kontextmenü der Eintrag "Anzeigen" enabled. Mit einem Mausklick auf diesen Eintrag starten Sie eine neue Instanz des Editors, welche die abzuarbeitende WinRobots-Skript Datei anzeigt.

Sie können **nicht** innerhalb der abzuarbeitenden WinRobots-Skript Datei "**REB\1**" verwenden. Nach dem Rebooten werden nur die mit "JNF\" angesprungenen Dateien restauriert!

Beispiel für "FET\":

```
In der Datei "test.rem":
STW\explorewclass\*
SPC\systreeview32\*
FET\*\arbeit||compu\c:|forfet.rem|$$tvi
WPS\fertig
@

In der Datei "forfet.rem":
MBX\$$tvi            '# Listeneintrag anzeigen
@

Beispiel für "FES\" (fährt nacheinander alle Dektop-Items an):
DED\1
STW\progman\*
SPC\syslistview32\*
FES\dosys|$$sys
@

:dosys
SBT\|$$sys|21
MMV\                '# Listview-Item anfahren
@

Beispiel für "FEJ\" (fährt nacheinander alle Reiter im System-Dialog an):
'# Funktioniert nicht unter Win98!
CPL\System
STW\#32770\schaften||prop
SPC\systabcontrol32\*
CAS\1
FEJ\doit|$$tab
CAS\1
CLW\1
@

:doit
SBT\0|$$tab|41
MMV\
CAS\1
SSP\0
@
```

"GWN\[Daten]" für "GetWindowNumber"

Siehe auch: "IEP\", "CFH\", "GWI\", "SCW\".

Mit "GWN\" können Sie die Anzahl der Fenster (Top- oder Kindfenster) ermitteln, welche der im Datenteil angegebenen Spezifizierung entsprechen. Dazu geben Sie im Datenteil wie üblich Klasse und Beschriftung entsprechend den Regeln unter "Suchbegriffe" an. Eine Präzisierung kann wie oben bei "IEW\" durch eine vorgestellte Ziffer erfolgen, wobei 64 und 128 nicht verwendet werden können.

Zusätzlich können Sie weitere Präzisierungen mittels einer nachgestellten, durch Senkrechtstrich ("|") abgetrennten Ziffer wie folgt vornehmen:

0 = Topwindow (Default; kann weggelassen werden),
1 = Kindfenster ohne Elternangabe (vgl. "IEA\",
2 = unmittelbares Kindfenster des aktuell lokalisierten Fensters,
3 = Kind/Enkelfenster des aktuell lokalisierten Fensters in beliebiger Tiefe.

Die Anzahl der gefundenen Fenster wird in "$v1$" hinterlegt.

Optional können Sie die Kennziffern ("Handles") der gefundenen Fenster in einer programminteren Collection speichern lassen, um sie dann mittels des Befehls "FEC\" weiter zu bearbeiten. Geben Sie dazu im Datenteil - diesmal abgetrennt durch ">" - einen Namen für diese Collection an (beliebige Zeichenfolge oder Variable). Diesen Namen müssen Sie dann auch im Befehl "FEC\" benutzen (siehe dazu auch "SCW\").

Beispiele:

```
GWN\1\#32770\internet
GWN\1\button&&\ja||yes|3>buttons

' +++ 0416_192857.rem +++
' Zweck:
' erstellt am: 16.04.2005
' von: Theo Gottwald
'============================
'
GWN\1\#32770\*>HC
VAR\$$ANZ=$v1$
MBX\$$ANZ
@
Codefragment mit GWN\
VAR\$$STG=10
RTH\MTF
GPI\
VAR\$$TFP=$v1$
WMS\P$$TFP
CDL\TC
GWN\1\thunderrt5commandbutton||thunderrt5textbox\a||Text1|3>TC
VAR\$$NUM=$v1$

@
```

"FEW\[Daten]" für "ForEachWindow".

Alternativ zur Kombination von "GWN\" mit "FEC\" können Sie den Befehl "FEW\" zum Auflisten von Topwindows einsetzen. Der Datenteil muß dazu wie folgt aufgebaut sein:
Fensterbeschreibung|Auszuführende WinRobots-Skript Datei|Variablenname
Fensterbeschreibung:
Für die Fensterbeschreibung gelten die bei "IEW\" angegebenen Vorschriften bzgl. Klasse, Beschriftung und Präzisierung.
Auszuführende WinRobots-Skript Datei:
Name einer WinRobots-Skript Datei, wenn sich diese im Verzeichnis der aktuellen WinRobots-Skript Datei oder in einem übergeordneten Verzeichnis befindet; ansonsten vollständiger Pfad zu der Datei. Diese WinRobots-Skript Datei wird dann mit allen gefundenen Fensterhandles ausgeführt.
Alternativ zur **"Auszuführenden WinRobots-Skript Datei"** können Sie auch den Namen einer **Sprungmarke** in der aktuellen WinRobots-Skript Datei angeben und nach dieser Sprungmarke die Befehle eintragen, die ansonsten in der "Auszuführenden WinRobots-Skript Datei" stehen würden. Dieser Teil ist dann mit dem Ende-Zeichen ("@") abzuschließen. Das gestaltet unter Umständen den Inhalt der WinRobots-Skript Datei übersichtlicher und erspart den Sprung in weitere Dateien.
GOTO Label können Sie sowohl benutzen, um im ForEach-Codeteil zu einer Sprungmarke zu springen oder zu einer Sprungmarke außerhalb dieses Teils. Im letzteren Fall wird die ForEach-Schleife verlassen; intern wird in diesem Fall zusätzlich die Anweisung "EFE\" ausgeführt.
Sprünge zu Marken innerhalb anderer ForEach-Blöcke sind nicht zulässig.
Variablenname:
Name einer Variablen, die für jedes zutreffende Handle verwendet werden soll, z.B. "$$win". Diese Variable wird jeweils mit dem aktuellen Handle belegt. In der auszuführenden WinRobots-Skript Datei muß diese Variable für das jeweilige Handle verwendet werden. Wenn Sie genauere Informationen zum Fenster benötigen, verwenden Sie "CFH\" oder "GWI\" mit dem Handle.

Beispiele:

```
NEW\explorewclass\*    'wenn Explorer nicht aktiv, wird er gestartet
 EXE\?wi\explorer.exe
EEW\
STW\explorewclass\*

IEP\test.exe           'Prüfen, ob "test.exe" läuft; wenn ja,
 VAR\$$exe             'Pfad speichern und Programm beenden
 TPC\1
 'oder
 'GPW\
 'CLW\1
EEP\
'...
'...
IEV\$$exe              'Wenn Variable existiert,
 EXE\$$exe             '"test.exe" wieder starten,
EEV\
```

"FRL\" für "FrameLeft"

"FRR\" für "FrameRight"

"FRT\" für "FrameTop"

"FRB\" für "FrameBottom".

Siehe auch: "LCP\" .

Diese Befehle fahren jeweils den angegebenen Rand des aktuell lokalisierten Fensters an, wobei in der nicht aktiven Bewegungsrichtung die Fenstermitte eingestellt ist (Beispiel: "FRL\" fährt den linken Rand des Fensters an, wobei die Y-Koordinate in der Mitte zwischen Fenster.Top und Fenster.Bottom liegt).

In Verbindung mit einer gedrückten linken Maustaste (siehe Mausbefehle, letztes Beispiel) können auf diese Weise Fenster aufgezogen werden.

"GCP\" für "GetCursorPos"

"SCP\" für "SetCursorpos"

Siehe auch: "KCP\".

"GCP\" speichert die aktuelle Cursorposition und schreibt gleichzeitig die Koordinaten x und y in programminterne Variable, auf die Sie mit den Zeichenfolgen "$v1$" und "$v2$" Zugriff haben , und "SCP\" stellt die gespeicherte Cursorposition wieder her.

```
' +++ pi_menu.rem +++
'
' Zweck:
' erstellt am: 03.05.2003
' von: Theo Gottwald
'===========================
'

CLC\3
GCP\
VAR\$$N04=0
GOTO $$PIV

' Impressum
:pi_01
JNF\Menu_01.rem
GOTO enx

' Beenden
:pi_02
GOTO enx

:enx
SCP\
CLC\2
  @

' +++ setcr.rem +++
'
' Zweck:
' erstellt am: 10.10.2003
' von: Theo Gottwald
'===========================
'
GCP\
JNF\LocRem
SPC\thunderrt5textbox\' +++ install-powerarchiver.rem +++
MMV\
SKP\{DOWN}{DOWN}{DOWN}~
SCP\
@
```

"MIW\" für "MouseInWindow"

Mit "MIW\" können Sie die relativen Koordinaten des Mauscursors innerhalb des aktuell lokalisierten Fensters ermitteln. Wie bei "GCP\" werden die Koordinaten x und y in programminterne Variable geschrieben, auf die Sie mit den Zeichenfolgen "$v1$" und "$v2$" Zugriff haben.

```
' +++ a_07.rem +++
'
' Zweck:
' erstellt am: 25.08.2003
' von: Theo Gottwald
'===========================
'
VAR\$$L42=$$_01
JNF\a_show|$$L42|Move the Mouse to left upper Startpoint, wait for Beep.$crlf$
Then Move to lower, right EndPoint and wait for Beep.
CAS\2
MIW\
MSB\
VAR\$$NSX=$v1$
VAR\$$NSY=$v2$
VAR\$$NST=1
VAR\$$NET=0
@

CAS\$$L40
RWH\MYC

MIW\
MSB\
VAR\$$NEX=$v1$
VAR\$$NEY=$v2$
VAR\$$NET=1

IVV\$$NSY>$$NEY
  STT\$$NSY
  VAR\$$NSY=$$NEY
  VAR\$$NEY
EVV\
```

"GCT\" für GetChildsTopwindow.

Siehe auch "ICE\", "ICN\", "SPC\".

Dieser Befehl ermittelt das zum aktuellen (Kind)Fenster gehörende Topwindow und markiert dieses als aktuelles Topwindow. Wenn Sie im Datenteil "1" eingeben, wird das Topwindow in den Vordergrund geholt (als aktives Fenster gesetzt).

```
STW\msidialogcloseclass\vmware workstation|w150
GCW\2090\1\button\&install|w150
MEL\

:Loop
IWF\0
 GAC\797\1\richedit20w\*
 SDT\$$SER
 GCT\
 GCW\3148\1\richedit20w\*
 RST\$$USR|0,-1
 ' Enter Button
 GCW\2102\1\button\&enter >|w2055
 BCS\
EWF\

IWF\0
 GAC\\1\button\&finish&&
 WII\
 BCS\
 GOTO weiter
EWF\
GOTO Loop

:weiter
```

"GCW\[Daten]" für "GetChildWindow"

Siehe auch: "SPC\", "SWC\", "SAC\", "IEC\".
Siehe auch: "Abfragen".

Die zuverlässige Ermittlung eines Handles von einem (Kind)fenster ist eine der wichtigsten Aufgaben im Zusammenhang mit der Automatisierung von Abläufen. Die "klassische" Suche orientiert sich an der Fensterklasse und - soweit vorhanden - der Beschriftung sowie der Eltern-Kind-Beziehung von Fenstern. Alternativ besteht die Möglichkeit, die Control-ID eines Kindfensters zu verwenden (siehe "SPC\", "SWC\"). Jede dieser Methoden für sich allein bietet jedoch keine 100%ige Gewähr, bei verschachtelten Fensterstrukturen und mehreren gleichen Fenstern auf einer Ebene eine sichere Identifikation zu gewährleisten. Die hier vorgestellten Befehle können optional alle für die Beschreibung eines Fensters relevanten Kriterien berücksichtigen:

- Control-ID,
- Fensterbeschreibung mittels Klasse und Text sowie
- Hierarchie-Ebene.

Damit ist es in der Regel möglich, ein Kindfenster in beliebiger Tiefe mit nur einem Befehl zu lokalisieren, wenn das zugehörige Topfenster bereits lokalisiert ist. Die Syntax lautet:

GCW\[CtrlID][\Level][\Class\Text]   [] = optional

CtrlID =   Identifier des Kindfensters, wie er im Analyzer angezeigt wird (vgl. "SWC\"),
Level =   Hierarchietiefe, beginnend mit 1 (siehe Analyzer, linke Kante),
Class\Text=   Fensterbeschreibung (siehe auch "Suchbegriffe").

Alle drei Angaben sind optional; in vielen Fällen ist die Control-ID ausreichend für eine Lokalisierung, manchmal jedoch müssen auch Level und Beschreibung mit einbezogen werden. Ob das notwendig ist, hängt von den konkreten Umständen ab und muß sorgfältig eruiert werden. Andererseits gibt es seltene Fälle, in denen sich die Control-ID ändert. Dann ist dieser Teil leer zu lassen; die Lokalisierung erfolgt in diesem Fall nur über Ebene und Beschreibung. Im Analyzer können Sie das durch Entfernen des Häkchens bei "ID" erreichen; dann wird in den Editor keine Control-ID eingefügt.

```
STW\GLBSWizard\Ad-Aware SE Personal|w30
GCW\3\2\Button\&Next|w30
SAW\
MLC\
```

"GAC\[Daten]" für "GetAnyChild"

Verwenden Sie "GAC\" mit der gleichen Befehlssyntax, um ein Kindfenster **ohne vorherige Lokalisierung eines Elternfensters** auf dem gesamten Desktop zu suchen (vgl. "SAC\"). Wurde ein der Beschreibung entsprechendes Kindfenster gefunden, werden gleichzeitig das aktuelle Top- und Parentfenster angepaßt, so daß Sie nachfolgend auch Befehle einsetzen können, die ein lokalisiertes Topfenster voraussetzen wie z.B. "MSC\".

Da jedoch Control-IDs im Gegensatz zu den temporären Fensterhandles mehrfach existieren können, ist "GAC\" nur zu empfehlen, wenn Sie eine zusätzliche Einschränkung des Suchbereichs z.B. mittels "WMS\" machen können bzw. sicher sind, daß es keine gleiche Parameterkombination geben kann.

HINWEIS:

Standardmäßig wird das Kindfenster nur dann gefunden, wenn es zumindest sichtbar und enabled ist. Wenn Sie die Suche auf alle, d.h. auch unsichtbare und disablede ausdehnen wollen, geben Sie am Ende des Datenteil die Zeichenfolge "|a" (für "all") an.

```
' +++ install_robodemo_trial_gac.rem +++
'
' Zweck: Installation einer Software mit GAC\ statt STW\ und GCW\
' Beachten Sie das OPT\2 und das „+1" als Mausklick-Ersatz
' erstellt am: 05.11.2003
' von: Theo Gottwald
'=============================
'
OPT\2

IAI\RoboDemo 4.1
 GOTO uninst
EAI\

EXE\?pfad\robodemo germanstandard.exe
GAC\1\1\button\&weiter >+1

MSC\710\1\static\installshield(r) wizard installiert robodemo 4.1 a
GAC\6\1\button\&ja+1

MSC\711\1\static\mit der bild-nach-unten taste können sie den rest
GAC\\1\button\&weiter >
WII\
MEL\

MSC\\1\static\setup installiert robodemo 4.1 in den folgenden or
GAC\\1\static\robodemo 4.1 setup führt die gewünschten operation+1

MSC\\1\static\robodemo 4.1 setup führt die gewünschten operation
GAC\\1\button\robodemo 4.1 starten
BTC\0

GAC\\1\button\fertigstellen
MLI\
@

:uninst
' Komplette Deinstallation
EXU\RoboDemo 4.1
GAC\\1\button\&ja+1
GAC\\1\static\robodemo 4.1 setup führt die gewünschten operation
MSC\\1\static\robodemo 4.1 setup führt die gewünschten operation
GAC\\1\button\fertigstellen+1
@
```

"ICW\[Daten]" für "IfChildWindow"

"ECW\" für "EndChildWindow".

Mit der Abfrage "ICW\" können Sie ermitteln, ob das im Datenteil beschriebene Fenster als Kind/Enkelfenster des aktuellen Topfensters existiert; die Befehle zwischen "ICW\..." und "ECW\" werden nur dann ausgeführt, wenn das das der Fall ist. Die Syntax lautet:

ICW\[Präzisierung]\[CtrlID][\Level][\Class\Text]   [] = optional

CtrlID =   Identifier des Kindfensters, wie er im Analyzer angezeigt wird (vgl. "SWC\"),
Level =   Hierarchietiefe, beginnend mit 1 (siehe Analyzer, linke Kante),
Class\Text= Fensterbeschreibung (siehe auch "Suchbegriffe").

Standardmäßig ist die Bedingung erfüllt, wenn das beschriebene Fenster existiert. Sie können aber eine Präzisierung der Vorgaben machen, indem Sie zwischen dem Befehl und dem ersten Backslash eine Ziffer angeben, die eine Summe der nachfolgenden Eigenschaften beinhaltet:

1   = muß sichtbar sein
2   = muß unsichtbar sein
4   = muß enabled sein
8   = muß disabled sein
128 = muß das Kindfenster mit dem Eingabefokus sein
512 = muß unmittelbares Kindfenster des zuletzt lokalisierten Fensters sein.

!ACHTUNG!
Im Gegensatz zu anderen Abfragen (z.B. "IEC\") **muß der erste Backslash immer** vorhanden sein. Wenn Sie für einen der Parameter einen Wert angeben wollen, **müssen** zumindest **alle Trennzeichen ("\") vor** diesem Parameter vorhanden sein!

HINWEIS:
Bei allen Befehlen, die ein Kindfenster für einen Mausklick lokalisieren, können Sie die Zeile für den Mausklick sparen, indem Sie am Ende des Datenteils vom Lokalisierungsbefehl ein Pluszeichen ("+") und danach eine Ziffer eingeben. Dazu muß allerdings die Option 2 eingeschaltet sein; näheres siehe unter "OPT\".

```
' +++ a_aa.rem +++
'
' Zweck:
' erstellt am: 10.09.2003
'=====================
HTV\$$MYW
ICW\\3\comboboxex32\*|a
 KWH\Mye
 HTV\$$MYE
ELSE
' Goto Tray (keine Adressleiste)
 JNF\a_54
ECW\
RTH\Myw
@
```

"GDD\(Datum)" für "GetDateDay"

Mit diesen Befehlen können Sie die einzelnen Bestandteile von Datum und Zeit in verschiedenen Formen in Variablen abspeichern.

"GDD\" belegt Systemvariable, auf die Sie mit den nachstehenden Zeichenfolgen Zugriff haben, mit folgenden Werten:

"$v1$" = Nummer des Wochentags (1 = Sonntag, 7 = Samstag),
"$v2$" = Abkürzung des Wochentagsnamen (z.B. "Fr" für Freitag),
"$v3$" = Vollständiger Wochentagsname (z.B. "Freitag"),
"$v4$" = Tag des Monats (z.B. "18"),
"$v5$" = Tag des Jahres (z.B. "199"),

"GDM\(Datum)" für "GetDateMonth"

"GDM\" belegt Systemvariable, auf die Sie mit den nachstehenden Zeichenfolgen Zugriff haben, mit folgenden Werten:
"$v1$" = Nummer des Monats (1 bis 12),
"$v2$" = Abkürzung des Monatsnamen (z.B. "Aug" für August),
"$v3$" = Vollständiger Monatsname (z.B. "August"),

"GDW\(Datum)" für "GetDateWeek"

"GDW\" belegt "$v1$" mit der Kalenderwoche.

Wenn Sie den Datenteil leer lassen, wird das aktuelle Datum verwendet. Sie können aber auch im Datenteil ein beliebiges gültiges Datum in der Form "mm/dd/yy" angeben; dann werden die Werte von diesem Datum ermittelt.

"GTP\" für "GetTimeParams".

"GTP\" belegt Systemvariable, auf die Sie mit den nachstehenden Zeichenfolgen Zugriff haben, mit folgenden Werten:
"$v1$" = Stundenanteil der aktuellen Zeit,
"$v2$" = Minutenanteil der aktuellen Zeit,
"$v3$" = Sekundenanteil der aktuellen Zeit.

"ASC\[Daten]" für "ASCII"

Siehe auch: "VAR\", "IEV\", "TTR\", "TTL\", TTU\".
Siehe auch: "Abfragen".

"ASC\..." wandelt das im Datenteil angegebene Zeichen (oder eine Variable, die das Zeichen enthält) in den zugehörigen ASCII-Code um und speichert den Wert als Ziffer(nfolge) in "$v1$".

Wenn Sie nach dem Zeichen ">" und danach einen Variablennamen angeben, wird die Ziffer(nfolge) in dieser Variablen gespeichert.

```
' +++ ASC-Test.rem +++
' Zweck:
' erstellt am: 29.12.2005
' von: Theo Gottwald an TEOS
'============================
CHR\10>$$C0A
ASC\$$C0A
VAR\$$TXT
MBX\$$TXT


@


:Lop
VAR\$$STA=$$CNT
VAR\$$STE=$$CNT
VIC\$$STE


GSS\$$STA,$$STE|$$TXT
VAR\$$CHR=$v1$
ASC\$$CHR>$$NUM
VAR\$$LIN=$$LIN $$NUM $crlf$
VIC\$$CNT
JIV\$$LEN>$$CNT|Lop
MBX\$$LIN
  @
```

"CHR\[Daten]" für "Character"

"CHR\..." wandelt den im Datenteil angegebenen ASCII-Code (oder eine Variable, die den Code enthält) in das zugehörige Zeichen um und speichert das Zeichen in "$v1$" hinterlegt.

Wenn Sie nach dem ASCII-Code ">" und danach einen Variablennamen angeben, wird das Zeichen direkt in dieser Variablen gespeichert.

```
' +++ [Dateiname] +++
'
' Zweck:
' erstellt am: 29.02.2004
' von: Theo Gottwald
'=========================
'
CHR\13>$$CRL
VAR\$$TXT=THEO$$CRL ist da.
MBX\$$TXT
 @


' +++ make ini.rem +++
' Zweck:
' erstellt am: 14.12.2005
' von: TG
' Zuerst müssen in der Leach.txt
' alle 0D 0A -> 0A 0D ersetzt werden.
'
'=========================
VAR\$$FIL=?pfad\auswertungB.ini
VAR\$$OUT=?pfad\auswertung.ini
CHR\9>$$C09
DEL\$$OUT
NEF\$$FIL
 SBT\2|$$FIL nicht gefunden.
 END\
EEF\

FEL\$$FIL|DoIt|$$LIN

CTF\$$OUT<$$TMP
MBX\!!
@
:DoIt

SBD\|$$LIN|$$C09|2
VAR\$$NAM=$v1$

SBD\|$$LIN|$$C09|4
VAR\$$NUM=$v1$

VAR\$$TMP=$$TMP$$NUM=$$NAM$crlf$
 @
```

"GFS\[Daten]" für "GetFromString"

Mit dem Befehl "GFS\..." können Sie einen definierten Teil aus der Variablen "TempText" separieren bzw. manipulieren. Der Teil ist entweder durch Angabe der Startposition und der Länge - durch Komma getrennt - zu präzisieren, oder durch Angabe einer Suchzeichenfolge.

Bei Angabe einer Suchzeichenfolge können Sie festlegen, wieviel Zeichen vor oder nach der Suchzeichenfolge Sie separieren möchten, indem Sie die Anzahl vor oder nach dem Suchzeichen eintragen und durch einen Senkrechtstrich ("|") abtrennen. Bei Angabe von "0" für den Wert werden sämtliche Zeichen vor bzw. nach der Suchzeichenfolge zurückgegeben.

Wenn die Suchzeichenfolge Ziffern enthält, müssen Sie vor die Suchzeichenfolge das Zeichen "$" setzen, sonst wird möglicherweise die Suchzeichenfolge als Anzahl interpretiert.
Wenn die Suchzeichenfolge mehrmals in TempText vorkommt, können Sie mit einem nachgestellten ">>x" präzisieren, das wievielte Vorkommen Sie meinen ("x" ist der entsprechende Wert).

Wenn Sie eine bestimmte Anzahl Zeichen vom Stringende separieren wollen, geben Sie im Datenteil nur die Zeichenanzahl ein.
Wenn sie im Datenteil "**LC**" oder "**lc**" angeben, wird der Text in der Variablen "TempText" in Kleinbuchstaben umgewandelt; analog bei Angabe von "**UC**" oder "**uc**" in Großbuchstaben.

Wenn Sie eine Zeichenfolge rechts kürzen wollen, geben Sie im Datenteil "<<" und danach die Zeichenanzahl ein, um welche die Zeichenfolge verkürzt werden soll. Alternativ können Sie auch die abzuschneidende Anzahl mit negativem Vorzeichen eintragen.
Mit einem nachgestellten "#" können Sie Leerzeichen vor oder nach dem Rückgabestring entfernen.

Die Variable "TempText" können Sie entweder direkt mittels "STT\...", über die Zuweisung einer Variablen (STT\$$xyz) bzw. eines Schlüsselworts (STT\?pfad) oder durch Kopieren aus einem Fenster, einer Datei oder dem Clipboard belegen (siehe dazu "CFW\...", "CFC\..." etc.).

Der Teilstring ist dann in "TempText" hinterlegt. Sie können das Ergebnis der Stringmanipulation aber auch direkt einer benutzerdefinierten Variablen zuweisen, indem Sie am Ende der Befehlszeile das Zeichen ">" angeben und danach den Variablennamen ("$$xyz"). Die Variable muß vorher nicht definiert werden.

Beispiele:

```
STT\asddrtz5o 2kitrm
GFS\2,3             'TempText enthält jetzt "sdd"
GFS\4|z5o           'TempText enthält jetzt "ddrt"
GFS\4|z5o>$$txt     'Die Variable "$$txt" enthält jetzt "ddrt"
GFS\z5o|4           'TempText enthält jetzt " 2ki"
GFS\z5o|4#          'TempText enthält jetzt "2ki"
GFS\4               'TempText enthält jetzt "itrm"
GFS\1               'TempText enthält jetzt "m"
GFS\<<5             'TempText enthält jetzt "asddrtz5o 2"
GFS\-5          'TempText enthält jetzt "asddrtz5o 2"
XTT\                'bei Haltepunkt anzeigen
STT\?desktop
GFS\0|\>>2          'ergibt unter Win2K z.B. "C:\Dokumente und Einstellungen"
```

"GSS\[Daten]" für "GetSplitString"

Einfache Zerlegungen lassen sich zweckmäßig mit dem Befehl "GSS\..." durchführen. Im Datenteil sind dazu Startposition, Endposition und Ausgangsstring (oder Variablenname) nach folgendem Schema anzugeben:

GSS\S, E[|Text oder Variable]

S = Startposition,
E = Endposition.

Wenn S negativ ist, bezieht sich die Startposition auf das Stringende.
Wenn E = 0 (Null) ist, wird der String von der Startposition bis zum Ende wiedergegeben.
Wenn E negativ ist, wird der String am Ende um E Zeichen gekürzt.

Wenn Sie eine bestimmte Anzahl an Zeichen links vom Stringende separieren wollen, geben Sie den Abstand der Zeichengruppe vom Stringende als negativen Wert in E an und die Startposition als negativen Wert bezogen auf das Stringende in S:
```
GSS\-5,-2|asddrtz5o   'liefert "rtz" in $v1$
```

Wenn Trennzeichen und Text fehlen, wird der Inhalt von "TempText" als Ausgangsstring benutzt.

Das Ergebnis wird in "$v1$" gespeichert. Wenn Sie am Ende des Datenteils das Zeichen ">" und einen Variablennamen angeben, wird das Ergebnis dieser Variablen zugewiesen:

```
STT\asddrtz5o 2kitrm
GSS\2,10           '$v1$ enthält jetzt "sddrtz5o "
GSS\5,-3>$$aaa     '$$aaa enthält jetzt "rtz5o 2ki"


  ' +++ fea_test.rem +++
  ' Zweck:
  ' erstellt am: 23.10.2007
  ' von: Theo Gottwald
  '=========================
  BOP\http://www.idealo.de/preisvergleich/ProductCategory/3792F198887.html

  STW\ieframe\internet explorer
  SPC\internet explorer_server\*
  VAR\$$afo=42\,00 EUR
  FEA\$$afo|1|jjj|$$ooo
  MBX\fertig
  END\
  :jjj
  GSS\1,6|$$ooo>$$aaa
  MBX\$$aaa
  @
```

"GSL\[Daten]" für "GetStringLength"

siehe auch "STT\", "CFW\", "CFF\", "VAR\").

Mit "GSL\..." können Sie die Länge eines Strings ermitteln. Dieser Wert wird in "$v1$" gespeichert.

Alternativ können Sie am Ende des Datenteils das Zeichen ">" und danach einen Variablennamen ("$$xyz") angeben. Dann wird der Wert in dieser Variable gespeichert.

Wenn Sie den Datenteil leer lassen, wird die Länge der Variablen "TempText" ermittelt.

Wenn Sie eine Variable im Datenteil angeben, wird die Länge des Strings, der durch die im Datenteil angegebene Zeichenfolge repräsentiert wird, ermittelt.

Beispiele:

```
DVV\1
STT\abracadabra
GSL\
VAR\$$var=$v1$              '# enthält den Wert 11
GSL\abracadabra>$$stl      '# $$stl enthält den Wert 11
'...
STW\thunder&&form\remote editor
SPC\richtextwndclass\*
CFW\
GSL\
VAR\$$var=$v1$                 '# enthält die Länge des Textes im WR-Editor




  ' +++ runexe.rem +++
  ' Zweck:
  ' erstellt am: 04.04.2006
  ' von: Theo Gottwald
  '==========================
  ' EXE starten wenn nicht leer
VBT\$$REX
NVC\$$REX|\
 VAR\$$REX=$ev4$\$$REX
EVC\
GSL\$$REX>$$REL
IVV\$$REL>3
  EXE\$$REX
EVV\
@
```

"GCC\[Daten]" für "GetCharCount"

Mit "GCC\..." können Sie die Anzahl einer bestimmten Zeichenfolge ermitteln, die in einem String enthalten ist, sowie deren Position(en).

Zum Beispiel, wenn Sie wissen möchten, wie viel mal der Buchstabe „M" oder das Wort „Peter" in einem String vorkommt.

Im Datenteil ist mindestens die zu zählende Zeichenfolge (ein oder mehrere Zeichen) anzugeben. Dann wird der in "TempText" enthaltene String untersucht und das Zählergebnis in "$v1$" gespeichert.

Hinweise zur Belegung von "TempText" finden Sie bei dem Befehl "STT\".

Sie können den zu untersuchenden Text aber auch aus einer Variablen beziehen. Dann geben sie nach der zu zählenden Zeichenfolge das Zeichen "<" und den Namen der Variablen an, welche den Text enthält.

Wenn Sie das Ergebnis wieder direkt einer Variablen zuweisen möchten, geben Sie deren Namen nach einem ">" am Ende des Datenteils an.
Die Positionen der gefundenen Zeichenfolgen werden in den Systemvariablen "$v2$" bis "$v6$" hinterlegt. Ist die Anzahl der Fundstellen größer als 5, enthält "$v6$" die restlichen Positionen, jeweils getrennt durch einen Senkrechtstrich ("|").

Beispiel:
```
DVV\1+
VAR\$$aaa=abracadabra
GCC\ab<$$aaa>$$bbb
```

```
 ' +++ writeini.rem +++
 '
 ' Zweck:
 ' erstellt am: 24.05.2003
 ' von: thue
 '=======================
VAR\$$tmp=0
TVI\$$tvi|n   '# n = NoVisible
IIC\
 VAR\$$tmp=1
EIC\
STT\$$tvi
TTR\&&|
VAR\$$tvi
GCC\\>$$cnt   '# Backslashs zählen
SVD\1         '# Scrollen
IVV\$$cnt<2
 IVV\$$cnt=0
  ATF\$$ini<$crlf$
 EVV\
 CTI\$$ini|test|$$tvi|
 @
EVV\
 IVV\$$tmp=1
  CTI\$$ini|test|$$tvi|1 (True)
 ELSE
  'CTI\$$ini|test|$$tvi|0 (False)
 EVV\
```

"SBD\[Daten]" für "StringBetweenDelimiter"

Mit "SBD\" können Sie aus einem String, der mittels eines Zeichens oder einer Zeichenfolge (Delimiter DL) gruppiert ist, einzelne Gruppen separieren. Dazu ist der Datenteil wie folgt zu gestalten:

```
TZ String TZ DL TZ Term-Nr. [TZ LastDL]
```

([] = optional; die Leerzeichen können weggelassen werden).

TZ = Trennzeichen zwischen den Befehlsparametern. Dieses Trennzeichen muß so gewählt werden, daß es **nicht mit dem Delimiter** übereinstimmt und **in dem** zu separierenden **String keinesfalls vorkommt**!

String = der zu analysierende String (oder eine Variable),
DL = Delimiter (ein oder mehrere Zeichen oder Variable).

Wenn Sie nur einen Term zwischen zwei benachbarten Delimitern ermitteln wollen, geben Sie als **Term-Nr.** die laufende Nummer des gesuchten Terms an.

Wenn Sie mehrere zusammenhängende Terms separieren wollen, geben Sie als **Term-Nr.** die Nummer des Delimiters **vor** dem ersten Term an ("0", wenn der erste Term mit erfaßt werden soll) und als **LastDL** die Nummer des Delimiters des letzten Terms ("0", wenn der letzte Term mit erfaßt werden soll und die Anzahl der Terms nicht bekannt ist). Das Ergebnis wird in eine programminterne Variable geschrieben, auf die Sie mit der Zeichenfolge "$v1$" zugreifen und bei Bedarf an eine benutzerdefinierte Variable übergeben können.

Wenn Sie einen Term zwischen zwei benachbarten Delimitern suchen, werden - soweit vorhanden - die auf den gesuchten Term folgenden Terms (maximal mit dem gesuchten insgesamt 6) in Systemvariable geschrieben, auf die Sie mit den Zeichenfolgen "$v2$" bis "$v6$" zugreifen können. Das ist hilfreich, wenn Sie mehrere Terms benötigen und erspart dann ggf. den wiederholten Aufruf des Befehls.

Beispiel:

```
VAR\$$str=abc,defg,hijklm,nopqrs
SBD\|$$str|,|3              'ergibt "hijklm" in "$v1$";
SBD\|$$str|,|4              'ergibt "nopqrs" in "$v1$";
SBD\|$$str|,|0|3           'ergibt "abc,defg,hijklm" in "$v1$";
SBD\|$$str|,|1|3           'ergibt "defg,hijklm" in "$v1$";
SBD\|$$str|,|2|0           'ergibt "hijklm,nopqrs" in "$v1$";


  SBD\|$$SER|-|1
  VAR\$$P01=$v1$
  VAR\$$P02=$v2$
  VAR\$$P03=$v3$
  VAR\$$P04=$v4$
  VAR\$$P05=$v5$
  VAR\$$TXT=$$P01$$P02$$P03$$P04$$P05

  EXX\?pfad\trueimage8.0_s_de.exe
  WMS\Pexe
```

"FMT\[Daten]" für "Format"

Mit dem Befehl "FMT\..." läßt sich eine Zeichenfolge in eine bestimmte Formatierung bringen. Der Befehl läßt sich anwenden entweder

- auf die programminterne Variable "TempText" oder auf
- allgemeine Variable ("$$xxx"; siehe auch "VAR\").

Wenn Sie die Formatierung für "TempText" durchführen wollen, geben Sie im Datenteil nur das Format an; bei Formatierung von Variablen geben Sie zuerst die Variable und danach - abgetrennt durch einen Senkrechtstrich ("|") - das Format an.

Erläuterungen zu den mit FMT\ möglichen Formattierungen finden Sie auf den folgenden Seiten.

Beispiele:

```
FMT\0000              'formatiert "TempText" vierstellig mit führenden Nullen
FMT\$$num|0000        'formatiert  die  Variable  "$$num"  vierstellig  mit  führenden
Nullen.

DVV\1
VAR\$$dat=$date$
FMT\$$dat|dddd         'zeigt den Wochentag des aktuellen Datums an, z.B. Mittwoch

DVV\1
VAR\$$dat=$date$
FMT\$$dat|long date    'zeigt das aktuelle Datums in der Form
                       'Wochentagname, Tagzahl. Monatsname Jahreszahl an, z.B.
                       'Freitag, 12. Juli 2002


 ' Return random Name
 :R01
RND\1,99999999
STT\$$RND
FMT\00000000
VAR\$$Q01
MBX\$$Q01
VAR\$$ERG=CC$$Q01
RET\



RND\1,1000000
VAR\$$L51=$$RND$$RND
FMT\$$L51|000000000000
VAR\$$L51=C$$L51
GSS\1,$$L60|$$L51>$$L51
VAR\$$L53=$$L51$$L52
VAR\$$FIL=$$FOV$$L53
```

Erläuterungen zu den Formatierungen mit dem Befehl "FMT\"

Die folgende Tabelle enthält die Namen der vordefinierten Datums- und Zeitformate:

Format	Beschreibung
Long Date	Zeigt ein Datum im langen Datumsformat entsprechend den System-einstellungen an.
Medium Date	Zeigt ein Datum im mittleren Datumsformat an, das von der Sprachversion der Host-Anwendung bestimmt wird.
Short Date	Zeigt ein Datum im kurzen Datumsformat entsprechend den System-einstellungen an.
Long Time	Zeigt eine Zeit entsprechend der Einstellung für das lange Zeitformat an, einschließlich Stunden, Minuten und Sekunden.
Medium Time	Zeigt eine Zeit im 12-Stunden-Format mit Stunden, Minuten und einer AM/PM-Kennung an.
Short Time	Zeigt eine Zeit im 24-Stunden-Format an (zum Beispiel 17:45).

Die folgende Tabelle enthält die Zeichen zum Erstellen von benutzerdefinierten Datums- und Zeitformaten:

Zeichen	Beschreibung
(:)	Zeit-Trennzeichen. Das gebräuchlichste Zeit-Trennzeichen ist der Doppelpunkt, aber in manchen Gebietsschemata werden andere Zeichen zum Trennen von Zeitangaben verwendet. Das Zeit-Trennzeichen trennt Stunden, Minuten und Sekunden beim Formatieren von Zeitangaben voneinander. Das tatsächliche Zeit-Trenn-zeichen in der formatierten Ausgabe hängt von den Systemeinstellungen ab.
(/)	Datumstrennzeichen. In manchen Gebietsschemata können andere Zeichen zum Darstellen des Datum-Trennzeichens verwendet werden. Das Datum-Trennzeichen trennt Tag, Monat und Jahr beim Formatieren von Datumsangaben voneinander. Das tatsächliche Datum-Trennzeichen in der formatierten Ausgabe hängt von den Systemeinstellungen ab.
C	Zeigt das Datum in der Form ddddd und die Zeit in der Form ttttt an, und zwar in dieser Reihenfolge. Hat die fortlaufende Zahl für das Datum keine Nachkommastellen, so wird nur das Datum angezeigt. Hat sie ausschließlich Nachkommastellen, so wird lediglich die Uhrzeit angezeigt.
d	Zeigt den Tag als Zahl ohne führende Null (1 - 31) an.
dd	Zeigt den Tag als Zahl mit führender Null (01 - 31)an.
ddd	Zeigt den Tag als Abkürzung (So - Sa) an.
dddd	Zeigt den Tag mit vollständigem Namen (Sonntag - Samstag) an.
ddddd das	Zeigt ein vollständiges Datum (einschließlich Tag, Monat und Jahr) an, entsprechend der Systemeinstellung für das kurze Datumsformat formatiert ist. Unter Microsoft Windows ist die Voreinstellung für das kurze Datumsformat dd.mm.yy.
dddddd	Zeigt ein vollständiges Datum (einschließlich Tag, Monat und Jahr) an, das entsprechend der Systemeinstellung für das lange Datumsformat formatiert ist. Unter Microsoft Windows ist die Voreinstellung für das lange Datumsformat dd.mmmm.yyyy.
w	Zeigt den Wochentag als Zahl (1 für Montag bis 7 für Sonntag) an.
ww	Zeigt die Kalenderwoche als Zahl (1 - 54) an.
m	Zeigt den Monat als Zahl ohne führende Null (1 - 12) an. Wenn

	m unmittelbar auf h oder hh folgt, wird nicht der Monat, sondern die Minute angezeigt.
mm	Zeigt den Monat als Zahl mit führender Null (01 - 12) an. Wenn m unmittelbar auf h oder hh folgt, wird nicht der Monat, sondern die Minute angezeigt.
mmm	Zeigt den Monat als Abkürzung (Jan - Dez) an.
mmmm	Zeigt den Monat mit vollständigem Namen (Januar - Dezember) an.
q	Zeigt das Jahresquartal als Zahl (1 - 4) an.
y	Zeigt den Kalendertag als Zahl (1 - 366) an.
yy	Zeigt das Jahr als zweistellige Zahl (00 - 99) an.
yyyy	Zeigt das Jahr als vierstellige Zahl (1000 - 9999) an.
h	Zeigt die Stunde als Zahl ohne führende Nullen (0 - 23) an.
hh	Zeigt die Stunde als Zahl mit führender Nullen (00 - 23) an.
n	Zeigt die Minute als Zahl ohne führende Nullen (0 - 59) an.
nn	Zeigt die Minute als Zahl mit führender Nullen (00 - 59) an.
s	Zeigt die Sekunde als Zahl ohne führende Nullen (0 - 59) an.
ss	Zeigt die Sekunde als Zahl mit führender Nullen (00 - 59) an.
ttttt	Zeigt eine vollständige Zeitangabe (einschließlich Stunden, Minuten und Sekunden) an, die mit dem Zeit-Trennzeichen formatiert ist, das in der Systemeinstellung für das Zeitformat festgelegt ist. Eine führende Null wird angezeigt, wenn die entsprechende Option ausgewählt wurde und die Zeit vor 10:00 liegt. Für Microsoft Windows ist die Voreinstellung für das Zeitformat h:mm:ss.
AM/PM	12-Stunden-Format mit Anzeige von AM (groß geschrieben) vor 12 Uhr mittags und PM (großgeschrieben) ab 12 Uhr mittags und vor 24:00 Uhr.
am/pm	12-Stunden-Format mit Anzeige von am (klein geschrieben) vor 12 Uhr mittags und pm (klein geschrieben) ab 12 Uhr mittags und vor 24:00 Uhr.
A/P	12-Stunden-Format mit Anzeige von A (groß geschrieben) vor 12 Uhr mittags und P (großgeschrieben) ab 12 Uhr mittags und vor 24:00 Uhr.
A/p	12-Stunden-Format mit Anzeige von a (klein geschrieben) vor 12 Uhr mittags und p (klein geschrieben) ab 12 Uhr mittags und vor 24:00 Uhr.
AMPM	12-Stunden-Format mit Anzeige des AM-Zeichenfolgenliterals, das von Ihrem System festgelegt ist. Vor 12 Uhr mittags wird die AM-Zeichenfolge, und ab 12 Uhr mittags bis 24:00 Uhr die PM-Zeichenfolge angezeigt. AMPM kann klein oder groß geschrieben werden, die tatsächlich verwendete Schreibweise hängt von den Systemeinstellungen ab. Bei Microsoft Windows ist die Voreinstellung AM/PM.

Die folgende Tabelle enthält die Zeichen, mit denen Sie benutzerdefinierte Zahlenformate erstellen können:

Zeichen	Beschreibung
(0)	Platzhalter für eine Ziffer. Zeigt eine Ziffer oder eine Null an. Wenn sich im Ausdruck eine Ziffer an der Position befindet, an der sich in der Formatzeichenfolge 0 befindet, wird die Ziffer angezeigt, ansonsten wird eine Null ausgegeben. Hat die Zahl weniger Ziffern als der Formatausdruck Nullen (auf beiden Seiten des Dezimalzeichens), so werden führende oder nachgestellte Nullen angezeigt. Hat die Zahl mehr Nachkommastellen als der Formatausdruck Nullen hinter dem Dezimalzeichen, so werden die Nachkommastellen auf die Anzahl der Nullen gerundet. Hat die Zahl mehr Stellen vor dem Dezimalzeichen als der Formatausdruck Nullen, so werden die zusätzlichen Stellen ohne Änderung angezeigt.
(#)	Platzhalter für eine Ziffer. Zeigt eine Ziffer an oder keine Ausgabe. Wenn der Ausdruck eine Ziffer an der Position des #-Platzhalters in der Formatzeichenfolge enthält, wird die Ziffer angezeigt. Andernfalls wird an dieser Position nichts angezeigt.Dieses Symbol verhält sich wie der Platzhalter 0, führende oder nachgestellte Nullen werden jedoch nicht angezeigt, wenn sich im Formatausdruck mehr #-Platzhalter vor oder nach dem Dezimalzeichen befinden, als Ziffern in der Zahl enthalten sind.
(.)	Platzhalter für Dezimalzeichen. In manchen Gebietsschemata wird ein Komma in anderen ein Punkt als Dezimalzeichen verwendet. Der Platzhalter für das Dezimalzeichen bestimmt, wie viele Stellen links und rechts des Dezimalzeichen angezeigt werden. Wenn der

Formatausdruck nur #-Platzhalter links von diesem Symbol enthält, beginnen Zahlen, die kleiner als 1 sind, mit einem Dezimalzeichen. Sollen Dezimalzahlen immer mit einer führenden Null angezeigt werden, so müssen Sie 0 als Platzhalter für die erste Ziffer links vom Dezimalzeichen angeben. Das tatsächlich als Dezimalzeichen ausgegebene Zeichen hängt von den Systemeinstellungen für das Zahlenformat ab.

(%)   Platzhalter für Prozent. Der Ausdruck wird mit 100 multipliziert. Das Prozentzeichen (%) wird an der Stelle eingefügt, an der es in der Formatzeichenfolge erscheint.

(,)   Tausendertrennzeichen. In manchen Gebietsschemata wird ein Punkt, in anderen ein Komma als Tausendertrennzeichen verwendet. Das Tausendertrennzeichen trennt Tausender- von Hunderterstellen in einer mindestens vierstelligen Zahl. Das Tausendertrennzeichen wird ausgegeben, wenn der Formatausdruck den entsprechenden Platzhalter enthält und dieser von Ziffern-Platzhaltern (0 oder #) umgeben ist. Zwei aufeinanderfolgende Tausendertrennzeichen oder ein Tausendertrennzeichen unmittelbar links vom Dezimalzeichen (auch wenn keine Nachkommastellen angegeben werden) führen dazu, daß die Zahl durch 1000 dividiert und entsprechend gerundet wird. Sie können beispielsweise die Formatzeichenfolge "##0,," verwenden, um "100 Millionen" als "100" auszugeben. Zahlen kleiner als 1 Million werden dann als 0 dargestellt. Zwei aufeinanderfolgende Platzhalter für das Tausendertrennzeichen, die nicht unmittelbar links vom Dezimalzeichen stehen, werden als gewöhnliches Tausendertrennzeichen interpretiert (und als solche ausgegeben). Das tatsächlich ausgegebene Zeichen zum Trennen der Tausenderstellen hängt von den Systemeinstellungen für das Zahlenformat ab.

(:)   Zeit-Trennzeichen. Das gebräuchlichste Zeit-Trennzeichen ist der Doppelpunkt, in manchen Gebietsschemata werden jedoch andere Zeichen zum Trennen von Zeitangaben verwendet. Das Zeit-Trennzeichen trennt Stunden, Minuten und Sekunden beim Formatieren von Zeitangaben voneinander. Das jeweils ausgegebene Zeit-Trennzeichen hängt von den Systemeinstellungen ab.

(/)   Datumstrennzeichen. In bestimmten Gebietsschemata können andere Zeichen zum Darstellen des Datum-Trennzeichens verwendet werden. Das Datum-Trennzeichen trennt Tag, Monat und Jahr beim Formatieren von Datumsangaben voneinander. Das jeweils ausgegebene Datum-Trennzeichen hängt von den Systemeinstellungen ab.

(E- E+ e- e+) Wissenschaftliches Format. Wenn der Formatausdruck mindestens einen Ziffern-Platzhalter (0 oder #) rechts von dem Symbol E-, E+, e- oder e+ enthält, wird die Zahl im wissenschaftlichen Format oder exponentialformat angezeigt, und der Buchstabe E oder e wird zwischen der Zahl und dem Exponenten eingefügt. Die Anzahl der Ziffern-Platzhalter rechts neben dem Symbol bestimmt die Anzahl der Stellen im Exponenten. Beim Symbol E- oder e- wird ein Minuszeichen unmittelbar neben einem negativen Exponenten ausgegeben. Bei E+ oder e+ wird ebenfalls ein Minuszeichen neben einem negativen Exponenten ausgegeben, aber neben positiven Exponenten wird außerdem ein Pluszeichen ausgegeben.

- + $ ( )   Anzeigen eines Literalzeichens. Wenn Sie andere als die hier angegebenen Zeichen ausgeben möchten, müssen Sie einen umgekehrten Schrägstrich (\) vor das entsprechende Zeichen setzen oder das Zeichen in Anführungszeichen (" ") setzen.

(\)   Anzeigen des nächsten Zeichens in der Formatzeichenfolge. Viele Zeichen im Formatausdruck haben eine besondere Bedeutung und können nur dann als Literalzeichen angezeigt werden, wenn ihnen ein umgekehrter Schrägstrich (\) vorangestellt wird. Der umgekehrte Schrägstrich selbst wird nicht ange-zeigt. Der umgekehrte Schrägstrich entspricht dem Einschließen des darauf folgenden Zeichens in Anführungszeichen. Einen umgekehrten Schrägstrich selbst zeigen Sie durch zwei umgekehrte Schrägstriche (\\) an.Beispiele von Zeichen, die nicht als Literalzeichen angezeigt werden können, sind die

Buchstaben zur Formatierung von Datums- und Zeitangaben (a, c, d, h, m, n, p, q, s, t, w, y, / und :) sowie die Zeichen zur Formatierung von Zahlen (#, 0, %, E, e, Komma und Punkt) und Zeichenfolgen (@, &, <, > und !).

("ABC")   Zeigt die Zeichenfolge in Anführungszeichen (" ") an. Bevor Sie Text aus dem Code in die Formatzeichenfolge Format eintragen können, müssen Sie ihn mit Chr(34) in Anführungszeichen einschließen (34 ist der Zeichen-Code für ein Anführungszeichen (")).

Mit jedem der in der folgenden Tabelle aufgeführten Symbolen können Sie einen Formatausdruck für Zeichenfolgen erstellen:

Zeichen	Beschreibung
@	Platzhalter für ein Zeichen. Zeigt ein Zeichen oder ein Leerzeichen an. Wenn sich in der zu formatierenden Zeichenfolge ein Zeichen an der Stelle befindet, an der in der Formatzeichenfolge der @-Platzhalter steht, wird das Zeichen ausgegeben. Andernfalls wird an dieser Stelle ein Leerzeichen angezeigt. Platzhalter werden von rechts nach links ausgefüllt, solange sich in der Formatzeichenfolge kein Ausrufezeichen (!) befindet.
&	Platzhalter für ein Zeichen. Zeigt ein Zeichen an oder keine Ausgabe. Wenn sich in der zu formatierenden Zeichenfolge ein Zeichen an der Stelle befindet, an der sich in der Formatzeichenfolge der &-Platzhalter befindet, wird das Zeichen ausgegeben. Andernfalls wird an dieser Stelle nichts ausgegeben. Platzhalter werden von rechts nach links aufgefüllt, solange sich in der Formatzeichenfolge kein Ausrufezeichen (!) befindet.
<	Kleinbuchstaben. Alle Zeichen werden als Kleinbuchstaben angezeigt.
>	Großbuchstaben. Alle Zeichen werden als Großbuchstaben angezeigt.
!	Auffüllen der Platzhalter von links nach rechts. Umkehrung der Voreinstellung, nach der Platzhalter von rechts nach links aufgefüllt werden.

"ENC\[Daten]" für "EnCrypt"

Mit "ENC\" können Sie einen String verschlüsseln bzw. wieder entschlüsseln, und zwar entweder mit einem programminternen oder einem individuellen Schlüssel. Die Syntax lautet:

ENC\e oder d[l]|Variablenname[|Schlüssel] [] = optional

"e" steht für "encrypt" (Verschlüsseln), "d" für "decrypt" (Entschlüsseln). Die Variable enthält den zu ver/entschlüsselnden String. Nach der Operation wird der String wieder in die Variable zurückgeschrieben. Als Schlüssel (optional) können Sie eine beliebige Zeichenfolge angeben. Er kann aber auch weggelassen weden.

Die verschlüsselten Daten liegen als Bytefolge vor, d.h. sie können alle "Zeichen" von Chr$(0) bis Chr$(255) enthalten, also auch Zeilenschaltungen. Wenn Sie das vermeiden müssen (weil Sie beispielsweise das Ergebnis in eine Ini-Datei schreiben und dort auch wieder auslesen wollen), geben sie nach dem "e" bzw "d" noch das Zeichen "l" für "Line" ein, dann ist das Ergebnis immer einzeilig. Das muß dann sowohl beim Verschlüsseln als auch beim Entschlüsseln geschehen.

Beispiele:

```
DVV\1
CFF\?exepfad\remote.ini>$$txt
ENC\e|$$txt
CAS\1
ENC\d|$$txt
CAS\2
ENC\e|$$txt|12345
CAS\1
ENC\d|$$txt|12345


 ' +++ oau-demo.rem +++
 '
 ' Zweck: Verwendung von ENC\ mit OAU\ zur Verschlüsselung des ADMIN-Passwortes
 ' erstellt am: 30.01.2005
 ' von: Theo Gottwald
 '========================
 '
VAR\$$aaa=Admin                  'Benutzername
ENC\e|$$aaa|$user$
CTI\?exepfad\logon.ini|logon|1|$$aaa
VAR\$$aaa=mypasswort              'Paßwort
ENC\e|$$aaa|$password$
CTI\?exepfad\logon.ini|logon|2|$$aaa
VAR\$$aaa=MyNet           'Domäne
ENC\e|$$aaa|$domain$
CTI\?exepfad\logon.ini|logon|3|$$aaa
@

 'CFI\ ...
 OAU\$user$|$password$|$domain$
@
```

"TTB\[Daten]" für "TextToByte".

Beim Lesen von Daten aus binären Dateien können alle ASCII-Codes von 0 bis 255 vorkommen.

Dies beinhaltet also auch solche Zeichen, die keine sichtbaren Zeichen repräsentieren. Das sind Funktionen wie Zeilenschaltung, Tabulator, Rückschritt oder einfach nur nichtdruckbare Zeichen.

Bei der Weiterverarbeitung solcher Daten (die programmintern als String behandelt werden) kann es notwendig oder zweckmäßig sein, diese Daten so umzuformen, daß eine Zeichenfolge aus schreibbaren Zeichen entsteht.

Dies ist vergleichbar dem bei E-Mail üblichen UUENCODE-Verfahren, allerdings wird hier ein eigenes System verwendet..

Diese Zeichenfolge kann dann später wieder in die Binärdaten zurückzutransformiert werden. Beides (hin- und zurücktransformieren) können Sie mit dem Befehl "TTB\" erreichen:

```
TTB\(!)Variable1 ($$xyz)[>Variable1 ($$xyz)]   [] = optional
```

!   gibt an, daß eine Zeichenfolge in Binärdaten zurücktransformiert werden soll.
Variable1 enthält die Daten, also entweder die binären oder die Zeichenfolge.
Variable2 Wenn angegeben, werden die transformierten Daten in diese Variable geschrieben. Dabei kann es sich um die gleiche Variable wie Variable1 handeln. Wenn nur Variable1 angegeben ist, werden die transformierten Daten in "$v1$" gespeichert.


```
Beispiele:

CFF\?exepfad\keyfile.dat>$$aaa
DPM\3\$$aaa
TTB\$$aaa>$$bbb
DPM\3\$$bbb
TTB\!$$bbb>$$bbb
DPM\3\$$bbb
@
```

"GIP\[Daten]" für "GetInput"

"JOC\[Daten]" für "JumpOnCancel"

Siehe auch: "IIP\", "IIH\", "GUI\".
Siehe auch: "Abfragen".

Mit "GIP\" wird eine Eingabemaske (InputBox) angezeigt, die den Benutzer zwingt, entweder Text einzutragen oder die Maske wieder zu schließen.
Im Datenteil kann die Anzeige der Eingabemaske wie folgt spezifiziert werden ([] ist optional):

```
GIP\Prompt[|Title][|Default][|Position][|Modal][|PWDChar]
```

Prompt:
Der Text wird als unmittelbarer Erläuterungstext im Kern der Eingabemaske angezeigt.
Title:
Der hier eingetragene Text wird als Überschrift in der Titelzeile der Eingabemaske angezeigt.
Default:
Dieser Eintrag wird als Vorgabe im Eingabefeld angezeigt.
Position:
Die Position der Eingabemaske (X-/Y-Koordinaten der linken oberen Ecke in Pixel) auf dem Bildschirm können Sie vorgeben, wenn Sie hier die X- und Y-Werte angeben (X,Y). Als Trennzeichen zwischen den Koordinatenwerten sind alle nichtnumerischen Zeichen außer Senkrechtstrich und das Leerzeichen zugelassen.
Ist keine Position angegeben, wird das Fenster in Bildschirmmitte positioniert.
Modal:
Default: Modal = 0.
Bei Modal = 1 ist das gesamte System blockiert, solange die Eingabemaske nicht bearbeitet wurde (systemmodal).
Bei Modal = 2 kann in der Applikation, zu der das zuletzt lokalisierte Fenster ("STW\", "SAC\" etc.) gehört, nicht weitergearbeitet werden, solange die Eingabemaske nicht bearbeitet wurde (applikationsmodal).
Normalerweise behält die Inputbox den Fokus bzw. holt ihn sich wieder, wenn andere Fenster aktiviert werden. Wenn das unerwünscht ist, addieren Sie zum Modalwert 10 dazu (10,11,12).

PWDChar:
Manchmal ist es erwünscht, daß die eingegebenen Zeichen nicht sichtbar werden (z.B. bei Paßwort-Eingabe). Dann können Sie für "PWDChar" ein Zeichen eintragen, das anstelle der realen Zeichen angezeigt werden soll (z.B. "*").

Der vom Benutzer eingegebene Text wird programmintern gespeichert und kann mittels der Befehle "IIP\..." und "IIH\..." mit einer Vorgabe verglichen werden. Bei dem Vergleich wird Groß/Kleinschreibung nicht berücksichtigt.

Wenn der Benutzer auf "Abbrechen" drückt, wird als Eingabetext die Zeichenfolge "$*#&" zurückgeben. Damit können Sie zwischen leerem Eingabefeld und Abbrechen unterscheiden.
Verwenden Sie "**JOC\[Sprungmarke]**", wenn Sie bei Abbruch zu einer Sprungmarke springen wollen.

Sie können den eingegebenen Text in den WinRobots-Skript Dateien weiterverwenden, wenn Sie an der entsprechenden Stelle die Zeichenfolge "$v1$" eintragen oder den Inhalt einer Variablen zuweisen:

```
VAR\$$inp=$v1$
```

Anmerkung:
Der Erläuterungstext kann auch vorher aus einer Textdatei gelesen werden; in dem Falle ist anstelle des Textes die Zeichenfolge "temptext" einzutragen. Der Text wird dann in der Absatzformatierung der Textdatei angezeigt, sofern die Zeilenlänge in der Textdatei die Fensterbreite der Eingabemaske nicht überschreitet.

Beispiele:

```
GIP\Bitte Lösung eingeben:|Aufgabe 32:

IIP\524,33                              'Lösung ist richtig
 MBX\Gratulation! Alles richtig!|64|Aufgabe 32:
 GOTO ende
EIP\

MBX\Leider falsch!|48|Aufgabe 32:'Lösung ist falsch
:ende
@
'------------------------------------------------
CFF\e:\texte\eingabe.txt
GIP\temptext|Aufgabe 32:
...
'------------------------------------------------
GIP\Bitte Lösung eingeben:|Aufgabe 32:||100,100  'Position X = 100, Y = 100 (Pixel)
GIP\Bitte   Verzeichnis   eingeben:|Verzeichnisauswahl|c:\Test|100,100      'Vorgabe:
"C:\Test", Position X = 100, Y = 100 (Pixel)
'------------------------------------------------

VAR\$$txt=Bitte Paßwort eingeben (max. 5 Zeichen)
DIW\re,mv|210,50|$$txt<5  '# einzeiliges Eingabefeld, rechts in der Mitte
JOC\abbruch
DPM\3\$v1$
@
:abbruch
MBX\Abgebrochen!
@
```

"DIW\[Daten]" für "DisplayInputWindow"

"DIW\" ist sozusagen eine "Sparversion" von "GIP\" und zeigt nur ein reines Eingabefeld (mit Umrandung) an. Die Syntax lautet:

```
DIW\[#][Pos (x,y)][|Size (cx,cy)][|Default (Variable)][<Max][Count ("u/d")]
```

[] = optional

#	= Per Default wird ein einzeiliges Eingabefeld verwendet.
	Mit "#" können Sie ein mehrzeiliges Feld anzeigen.

Pos (x,y)   = Koordinaten der linken oberen Fensterecke auf dem Bildschirm (Pixel)
Size   (cx,cy) = Abmessungen des Fensters (Breite, Höhe) inPixel
Default   = Vorzugebender Text in Form einer Variablen ("$$yxz")
Max   = Längenbegrenzung für die Eingabe (wirkt nicht für den Default-Text)
Count = Bei Längenbegrenzung kann entweder die Anzahl der bereits eingegebenen Zeichen ("u") oder die Anzahl der noch verbleibenden Zeichen bis zur Begrenzung ("d") angezeigt werden.

Für die Positionierung gibt es neben der Ziffernangabe noch die unter "SWP\" aufgeführten Möglichkeiten.

Die Angabe bei "cy" wird nur dann berücksichtigt, wenn ein mehrzeiliges Eingabefeld (#) gewählt ist. Ein Abbruch der Eingabe kann mit der "Esc"-Taste erreicht werden, die Bestätigung der Eingabe mit "Enter".In beiden Fällen verschwindet das Fenster, und die Abarbeitung der WinRobots-Skript Datei wird forgesetzt.

Die Auswertung der Eingabe können Sie wie bei "GIP\" vornehmen.

Beispiele:
```
GIP\Bitte Lösung eingeben:|Aufgabe 32:

IIP\524,33                              'Lösung ist richtig
 MBX\Gratulation! Alles richtig!|64|Aufgabe 32:
 GOTO ende
EIP\

MBX\Leider falsch!|48|Aufgabe 32:'Lösung ist falsch
:ende
@
'----------------------------------------------------
CFF\e:\texte\eingabe.txt
GIP\temptext|Aufgabe 32:
...
'----------------------------------------------------
GIP\Bitte Lösung eingeben:|Aufgabe 32:||100,100  'Position X = 100, Y = 100 (Pixel)
GIP\Bitte   Verzeichnis   eingeben:|Verzeichnisauswahl|c:\Test|100,100     'Vorgabe:
"C:\Test", Position X = 100, Y = 100 (Pixel)
'----------------------------------------------------

VAR\$$txt=Bitte Paßwort eingeben (max. 5 Zeichen)
DIW\re,mv|210,50|$$txt<5  '# einzeiliges Eingabefeld, rechts in der Mitte
JOC\abbruch
DPM\3|$v1$
@
:abbruch
MBX\Abgebrochen!
@
```

"GMD\[Daten]" für "GetMessageDigest".

Siehe auch "STT\", "VAR\".

Mit diesem Befehl können Sie vom Datenteil eine **Prüfsumme** ermitteln, die als Zeichenfolge von Hex-Werten in "$v1$" gespeichert.

Die Zeichenfolge besteht aus 32 Zeichen, wobei jeweils zwei aufeinanderfolgende Zeichen den Hex-Wert für ein Byte darstellen.

Wenn Sie die Prüfsumme von einem Text in Stringfom ermitteln wollen, geben Sie im Datenteil als erstes die Zeichenfolge "0\" (Null) ein; bei einer Prüfsumme von einem Datei-Inhalt die Zeichenfolge "1\" (Eins). Nach dem Backslash kann eine Zeichenfolge oder eine Variable angegeben werden; bei einer Datei-Prüfsumme muß es sich um einen gültigen Dateipfad handeln.

Bei den beiden genannten Varianten wird eine **MD5-Prüfsumme** ermittelt. Das kann bei sehr großen Dateien (~100 MB) erhebliche Rechenzeit erfordern.

Deshalb gibt es die Möglichkeit, in solchen Fällen ein schnelleres Verfahren anzuwenden (**FNV32-Hash**). Geben Sie dazu im Datenteil als erstes "2\" (Zwei) an. Die Prüfsumme wird dann als Zeichenfolge aus 8 Zeichen generiert.

```
' +++ Folder-GMD.rem +++
' Zweck:
' erstellt am: 12.01.2006
' von: Theo Gottwald an TEOS
'==========================
'
VVS\
VAR\$$MTF=$$_01

VAR\$$GMD=
FEF\$$MTF|*.*|DoIt|$$FIL@
GMD\0\$$GMD
VAR\$$ERG=$v1$
GSL\$$GMD
VAR\$$ERG=$v1$-$$ERG
STT\$$ERG
VVR\
' In TempText ist die Ordner Prüfsumme
@

:DoIt
GMD\2\$$FIL
VAR\$$GMD=$$GMD$v1$
@
```

GOM\[Daten]" für "Go-On-Message".

Siehe auch "GUI\", "GUS\".

Mit diesem Befehl wird der Inhalt einer im Datenteil anzugebenden Textdatei in einem Fenster mit rotem Hintergrund angezeigt, verbunden mit einem "OK"-Button. Der Text weist darauf hin, daß der Benutzer nach notwendigen benutzerbezogenen Eingaben, die das aktuell laufende Programm (z.B. ein Installationsprogramm einer Anwendungssoftware) angefordert hat, durch Drücken des angezeigten "OK"-Buttons den automatisierten Ablauf fortsetzen kann. Zu Inhalt und Aufbau der Textdatei siehe Befehl "SHM\".

Die Größe und das Format des Anzeigefensters richten sich nach Textlänge, Schriftparameter und Textformatierung (Zeilenumbruch), so daß Sie auf diese Weise das Erscheinungsbild des Fensters weitgehend Ihren Bedürfnissen anpassen können. Lediglich der OK-Button hat eine feste Größe.

Standardmäßig wird das Fenster in der rechten oberen Ecke des Bildschirms positioniert. Sie können es jedoch auch in anderen Ecken anzeigen, indem Sie am Ende des Datenteils (nach der Textdatei) das Zeichen "!" und anschließend

1 für rechte untere Ecke oder
2 für linke untere Ecke oder
3 für linke obere Ecke

eintragen. Wenn Sie den Mauszeiger auf dem OK-Button vorpositionieren wollen, geben Sie als letztes Zeichen im Datenteil das Plus-Zeichen ("+") ein. Vor diesem Befehl sollte zweckmäßig die Lokalisierung eines Steuerelements stattfinden, welches eindeutig für den Abarbeitungszustand ist, in dem die Anzeige erfolgen soll.

Es wird jedoch empfohlen, die Benutzereingaben mittels "**GUI**" oder "**GUS**" anzufordern und dann in das jeweilige Feld zu übertragen. Damit bleibt die Ablaufsteuerung beim WinRobots-Programm.

Beispiel:

```
SWC\Static\Die Systemeinstellungen werden jetzt aktualisiert
GOM\word1.txt

GOM\goon.txt!2  '# linke untere Ecke

GOM\goon.txt!1+ '# rechte untere Ecke; Mauszeiger auf OK-Button

'# Beispiel für die "goon.txt":
;Schriftname|Schriftgröße|Bold|Italic|Underline|Schriftfarbe(=Buttonhintergrund)
Arial|12|1|||gelb
Wenn Sie Ihre Eingaben
beendet haben, klicken
Sie bitte hier auf OK.
```

"GOP\" für GetOriginPoint

Mit "GOP\" wird der aktuelle Punkt (CurrentPoint) auf die linke obere Ecke des aktuellen Fensters gesetzt. Eine Mausbewegung findet nicht statt.

```
STW\$$frm\hilfe zum||help for
SPC\richtextwndclass\*
GOP\
MCP\120,142
MMV\%%2
CSP\8
MMV\D100%%2
CSP\
LCP\23
MCP\-50,50
MPO\
'MER\
LCP\12
MCP\200,100
SRP\1
DPI\10\bef5\0,0,99%%2
MEL\
SKP\d
TDL\200
SKP\e
TDL\200
SKP\s%%5
```

"MCP\[Daten]" für "MoveCurrentPoint"

"MCP\..." verschiebt den CurrentPoint relativ zum aktuellen CurrentPoint. Die X- und Y-Werte der Abweichung vom aktuellen Punkt müssen als Zeichenfolge angegeben werden, und zwar in Form von Vorzeichen, wenn es sich um einen negativen Wert handelt, und dem Betrag. X- und Y-Komponente sind durch ein nichtnumerisches Zeichen (";", ",", ...) zu trennen (Beispiel: "MCP\-90,120").

ACHTUNG! Auch wenn nur eine Komponente verändert werden soll, **muß** trotzdem auch die zweite eingetragen werden, und zwar mit "...0"!
Beispiel: MCP\0,-40 oder MCP\300,0

```
'# The method "by hand"
SPC\1\combo\*    '# Search the 1. combobox
LCP\3            '# Localize the arrow
MCP\L5,0
MLI\             '# Click the arrow invisible
STW\combolbox\*  '# Search the combolist
LES\13           '# Select the entry
MEL\             '# Click the entry
CAS\2            '# Wait 2 sec
```

"OPR\[Daten]" für "OriginPointRelative"

"OPR\..." setzt den CurrentPoint relativ zur linken oberen Ecke des aktuellen Fensters. Für die Angabe der X- und Y-Werte gelten die gleichen Hinweise wie für "MCP\".

Dieser Befehl ist hilfreich, wenn z.B. Toolbar-Button oder andere Steuerelemente im "Bedienfeld" einer Anwendung über Koordinaten angefahren werden müssen, da die Lage der Bedienelemente immer bezogen auf den Fensterursprung und in aller Regel unabhängig von der Fenstergröße ist.

```
' +++ 0302_113329.rem +++
'
' Zweck: Domonstriet OPR\ mit SBT\
' erstellt am: 02.03.2004
' von: Theo Gottwald
'===========================
'
OPR\800,600

' Einfach Version (flackert ein wenig)
VAR\$$CNT=10
:LAB
SBT\1|Verbleibende Zeit:$$CNT|42
JIN\$$CNT<LAB


VAR\$$CNA=10
:LAC
SBT\1+|Verbleibende Zeit:$$CNA|42
TDL\250
SBT\1+|Verbleibende Zeit:$$CNA|42
TDL\750
JIN\$$CNA<LAC
@


' +++ ie_up.rem +++
'
' Zweck: Scrollt im IE 6 ganz hoch
' erstellt am: 27.11.2004
' von: Theo Gottwald
'===========================
'
VAR\$$CNT=$$_01
JIZ\$$CNT:enx

STW\ieframe\tauchen - microsoft internet explorer|w72
GCW\0\2\internet explorer_server\*|w72
OPR\625,251
MEL\
WII\
:aga
SKP\{UP}
JIN\$$CNT<aga
:enx
  @
```

"PTP\[Daten]" für PointToPoint

Mit "PTP\..." können Sie einen Punkt, dessen Koordinaten relativ zum Ursprung des aktuellen Fensters angegeben sind, in Bildschirmkoordinaten transformieren und umgekehrt. Bei Transformation Bildschirm -> Fenster ist im Datenteil "**w**" anzugeben, bei Fenster -> Bildschirm "**s**". Mit dieser Angabe allein wird angenommen, daß der x-Wert des Punktes in der Variablen "$v1$" und der y-Wert in "$v2$" steht, und nach der Transformation enthalten diese Variablen die transformierten Werte. Wenn Sie andere Werte verwenden wollen, müssen Sie diese vorher benutzerdefinierten Variablen ("$$???"; siehe "VAR\") zuweisen und diese im Datenteil vor dem Kennbuchstaben und durch Komma getrennt eintragen. Die transformierten Werte werden dann in diese Variablen zurückgeschrieben.
Beispiele:

```
PTP\w

VAR\$$xxx=$i1$
VAR\$$yyy=$it$
PTP\$$xxx,$$yyys


' +++ pl_drawfrect.rem +++
'
' Zweck: Zeichnet ein Rect in
' Fenster dessen Handle man übergibt
' Also: 6 Parameter:
' 1. X
' 2. Y beides in Fensterkoordinaten,
' Fenster muss lokalisiert sein damit
' PTP funktioniert.
' 3,4 X,Y rechts unten auch in Fensterkoordinaten
' 5. Zeitdauer bsp.: 3+
'
' erstellt am: 04.06.2004
' von: Theo Gottwald
'========================
'


VAR\$$M20=$$_01
VAR\$$M21=$$_02
VAR\$$M22=$$_03 ' Koordinate ru x
VAR\$$M23=$$_04 ' Koordinate ru y
VAR\$$M26=$$_05




' unten rechtskoordinate ausrechnen
CAL\$$M24=$$M22-$$M20
CAL\$$M25=$$M23-$$M21

'MBX\Davor Koordinaten in drawfr: $$M20,$$M21 * $$M24,$$M25

' In Screenkoordinaten umwandeln
PTP\$$M20,$$M21s
'PTP\$$M24,$$M25s

'MBX\Koordinaten in drawfr: $$M20,$$M21 * $$M24,$$M25

SHF\$$M26\$$M20,$$M21|$$M24,$$M25|4|gelb
SHF\$$M26\$$M20,$$M21|$$M24,$$M25|2|rot
```

"SAP\[Daten]" für "SetActuPoint

Mit "SAP\x,y" können Sie den aktuellen Punkt (CurrentPoint) direkt setzen. Dieser dient dann in der gleichen Weise als Zielpunkt für weitere Aktionen wie ein mittels Lokalisierung ("STW\...", "SPC\...", "SWC\..." etc.) ermittelter Punkt.

Wenn ein Referenzpunkt gesetzt ist ("SRP\1", "SRO\"), wird der aktuelle Punkt mit den angegebenen Koordinaten relativ zu diesem Referenzpunkt gesetzt. Wenn Sie sicher gehen wollen, daß kein Referenzpunkt existiert, löschen sie diesen vorher mit "SRP\0" oder "SRP\".

```
' +++ displayinfo.rem +++
'
' Zweck: Sample
' erstellt am: 19.08.2002
' von: thue
'===========================
'
'# Select *.dpt file for "DPI\".
'# Font parameters are stored in the
'# "sample" section of "dpiparam.ini"
DPF\sample
SRP\0
SAP\420,320 '# SetActivePoint (middle of display)
SRP\1         '# SetReferencePoint to Active Point


'# Display messages from *.dpt file with pointer.
'# The point of the pointer is set after last "\"
'# relative to the reference point.
DPI\8+\3\35,,12  '# pointer left middle;  8 sec
DPI\8+\1\L35,,32 '# pointer right middle; 8 sec
DPI\8+\2\,U80,42 '# pointer below middle; 8 sec
DPI\8+\4\,80,22  '# pointer upper middle; 8 sec
CAS\7
 @


' +++ dpi.rem +++
'
' Zweck: Sample
' erstellt am: 19.08.2002
' von: thue
'===========================
'
'Select *.dpt file for "DPI\".
'Font parameters are stored in the
'"sample" section of "dpiparam.ini"
DPF\sample

SAP\420,320 'SetActivePoint (middle of picture)
SRP\1         'SetReferencePoint to active Point


'Display messages from *.dpt file with pointer.
'The point of the pointer is set after last "\"
'relative to the reference point.
DPI\8+\3\35,,12  'pointer left middle;  8 sec
DPI\8+\1\L35,,32 'pointer right middle; 8 sec
DPI\8+\2\,U80,42 'pointer below middle; 8 sec
DPI\8+\4\,80,22  'pointer upper middle; 8 sec
CAS\8
```

"GSP\[Daten]" für "GetShortPath"

Siehe auch: "STT\", "VAR\".

Mit dem Befehl "GSP\" können Sie den kurzen (DOS) Dateinamen zu einem langen Namen ermitteln. Der lange Name ist im Datenteil anzugeben; der Kurzname wird in der Variablen "TempText" gespeichert. Der Wert aus TempText kann mittels

```
VAR\$$LOP
```

In eine beliebige Variable übernommen und dann weiterverarbeitet werden.

"GLP\[Daten]" für "GetLongPath".

Mit dem Befehl "GLP\" können Sie den langen Namen zu einem kurzen (DOS) Dateinamen ermitteln. Der Kurzname ist im Datenteil anzugeben; der lange Name wird in der Variablen "TempText" gespeichert. Der Wert aus TempText kann mittels

```
VAR\$$LOP
```

In eine beliebige Variable übernommen und dann weiterverarbeitet werden.

```
Es wird hier ein Registry-Key mit einem kurzen Padnamen benötigt.
Nicht lauffähiges-Syntax-Beispiel

VAR\$$STD=Colors-RGB
VAR\$$RIN=HLM|SOFTWARE\Delphin Software\Remote|InstallRoot
RER\$$RIN
VAR\$$RIN=$v1$
' Make short->long Path
GLP\$$RIN
VAR\$$LOP
MBX\$$LOP ist der lange Pfadname
```

"GST\([Daten])" für "GetStartTime"

Siehe auch: "CAS\", "CAT\", "CAR\", "PAR\".
Siehe auch: "Spezialordner".

Mit dem Befehl "GST\" läßt sich ein Zeitpunkt fixieren, auf den mit den Befehlen "CAR\..."
und "PAR\..." Bezug genommen wird. Der Zeitpunkt wird programmintern gespeichert und
dient als Referenz für Zeitvergleiche, die den Programmablauf steuern.
Wenn Sie den Befehl im Zusammenhang mit "PAR\..." verwenden wollen, müssen Sie im
Datenteil ein "P" oder "p" angeben. Bei Verwendung mit "CAR\..." bleibt der Datenteil leer.

```
GST\P
PAR\60|work.rem
@
```

"GTD\([Daten])" für "GetTimeDifference"

Den Befehl "GTD\" können Sie verwenden, um eine Datums- oder Zeitdifferenz zu ermitteln. Der Dateinteil muß dazu wie folgt aufgebaut sein:

1|Variablenname   beim Startzeitpunkt,
2|Variablenname[|Ergebnisvariable][|Maßeinheit]   beim Endzeitpunkt.
für eine Genauigkeit von Sekunden oder länger bzw.

3|Variablenname   beim Startzeitpunkt,
4|Variablenname[|Ergebnisvariable]   beim Endzeitpunkt
für eine Messung mit einer Genauigkeit von Millisekunden.

Auf diese Weise können Sie mehrere Zeiten in verschiedenen Variablen parallel verwalten und messen.
Wenn keine Maßeinheit angegeben ist, wird bei der ersten Variante "Sekunden" als Maßeinheit zugrundegelegt.
Als Maßeinheit stehen folgende Abkürzungen zur Verfügung:

```
y       Jahr
m       Monat
d       Tag
h       Stunde
n       Minute
s       Sekunde
```

Das Ergebnis der Differenzberechnung wird standardmäßig in der angegebenen Variablen hinterlegt.

Sie können aber bei "GTD\2|..." bzw. "GTD\4|..." auch explizit eine Ergebnisvariable angeben. Dann können Sie mehrfach mit "GTD\2|..." bzw. "GTD\4|..." prüfen, ob eine vorgegebene Zeitdifferenz schon abgelaufen ist. Das ist vorteilhaft bei Schleifen, deren Durchlaufanzahl nicht durch einen Zähler, sondern durch eine Zeit begrenzt werden soll.

HINWEISE:
- Die Variable kann nur ganze Zahlen zurückgeben (10 sec -> 0 min; 70 sec -> 1 min); wählen Sie deshalb die geeignete Maßeinheit.
- Die Ergebnisvariable kann für "GTD\2|..." und "GTD\4|..." unterschiedlich sein, es kann aber während einer Mehrfachprüfung immer nur eine für "GTD\1|..." und eine "GTD\3|..." benutzt werden.

```
GTD\1|$$tim
:new
SHF\a\80,60|10|$$col@
SHF\a\70,50|10|$$col@
GTD\2|$$tim|$$dif
JIV\$$dif<3:new
```

Diverse Beispiele mit Zeit- und Datumsberechnungen (Syntaxbeispiele):

```
'_____
GTD\1|$$td1
GTD\1|$$td2
CAS\10
GTD\2|$$td1
MBX\Dauer $$td1 sec.
CAS\5
GTD\2|$$td2
MBX\Dauer $$td2 sec.
@
'_____
GTD\1|$$tim
:new
'Do anything
GTD\2|$$tim|$$dif
JIV\$$dif>10:end
GOTO new
:end
@



'_____
DVV\1
DTC\d|s|00:00:00|$time$>$$eg0    '#   Anzahl   der   seit   Mitternacht   vergangenen
Sekunden
DTC\d|s|00:00|$time$>$$eg1       '#   Anzahl   der   seit   Mitternacht   vergangenen
Sekunden
DTC\d|s|$date$|>$$eg2            '#   Anzahl   der   seit   Mitternacht   vergangenen
Sekunden
DTC\d|d|$date$|1999/11/12>$$eg3  '# Anzahl der seit dem 12.11.1999 vergangenen Tage
(-)
DTC\d|n|$time$|20:13>$$eg4 '# Anzahl der Minuten bis 20:13 Uhr
DTC\a|n|333333|>$$eg5            '# Datum/Zeit nach 333333 Minuten ab jetzt
DTF\$v2$>$$aaa                   '# Ergebnisdatum in Ziffernfolge konvertieren
@
'_____
DVV\1
DTF\$date$>$$dat                 '# heutiges Datum
DTC\a|d|3|$$dat>$$eg1            '# 3 Tage addieren; Ergebnis in $$eg1
'# oder einfacher
DTC\a|d|3|$date$>$$eg2           '# 3 Tage zu heute addieren; Ergebnis in $$eg2
@
'_____
DVV\1
DTF\$now$>$$aaa
MBX\$d1$ $d2$ $d3$ $d4$ $d5$ $d6$$crlf$$v2$
@
```

© Theo Gottwald 2008

"DTC\[Daten]" für "DateTimeCalculation"

Datums- oder Zeitberechnungen lassen sich mit dem Befehl "DTC\" durchführen.
Wenn Sie die **Differenz zweier Daten** ermitteln wollen, gilt folgende Syntax:

```
DTC\d|Maßeinheit|Datum1|Datum2[>Variable]
```

Maßeinheit: siehe "GTD\"; muß immer angegeben werden.
Datum1:   Bezugsdatum/Zeit bzw. beides,
Datum2:   Vergleichsdatum/Zeit bzw. beides.

!WICHTIG!
Um auch bei unterschiedlichen Ländereinstellungen korrekte Ergebnisse zu erzielen, müssen die Datums- und Zeitangaben einer bestimmten Vorschrift genügen:

Datumswerte müssen in der Form "**yy/mm/dd**" oder "**yyyy/mm/dd**" angegeben werden (y = Jahr, zwei- oder vierstellig, m = Monat; ein- oder zweistellig, d = Tag; ein- oder zweistellig).

Zeitwerte müssen in der Form "**hh:nn:ss**" angegeben werden (h = Stunde, ein- oder zweistellig, n = Minute; ein- oder zweistellig, s = Sekunde; ein- oder zweistellig; optional).

Für das aktuelle Datum, die aktuelle Uhrzeit bzw. den aktuellen Zeitpunkt (Datum und Uhrzeit) können Sie die Zeichenfolgen "$date$", "$time$" bzw. "now" verwenden.
Wenn Datums- und Zeitwerte kombiniert werden sollen, muß als Trennzeichen ein Komma benutzt werden:

```
2004/12/07,18:23 oder 04/8/6,9:34:7
```

Statt der Daten können auch Variable benutzt werden. Die Differenz in Einheiten der Maßeinheit wird in "$v1$" und in "TempText" hinterlegt.

Alternativ können Sie am Ende des Datenteils und abgetrennt durch ">" den Namen einer Variablen angeben, in welche der Ergebniswert geschrieben werden soll.

Der Wert ist positiv, wenn Datum2 > Datum1 ist.

Wenn Sie ein **Datum nicht** angeben (nur die Trennzeichen eintragen), wird das aktuelle Systemdatum mit der aktuellen Systemzeit an dieser Stelle verwendet.

Wenn Sie ein **neues Datum/eine neue Zeit** aus einer Bezugsgröße und einer Anzahl von Maßeinheiten ermitteln wollen, gilt folgende Syntax:

```
DTC\a|Maßeinheit|Anzahl|Bezugsdatum[>Variable]
```

Maßeinheit: siehe "GTD\"; muß immer angegeben werden.
Anzahl: Anzahl der Maßeinheiten (positiv oder negativ),
Bezugsdatum: Vergleichsdatum/Zeit bzw. beides; Format der Angabe siehe oben.

Wenn Sie **Bezugsdatum** nicht angeben, wird das aktuelle Systemdatum mit der aktuellen Systemzeit als Bezugszeitpunkt verwendet.

Statt Anzahl/Datum können auch Variable benutzt werden. Das neue Datum wird in der Variablen "TempText"hinterlegt.

Alternativ können Sie am Ende des Datenteils und abgetrennt durch ">" den Namen einer Variablen angeben, in welche der Ergebniswert geschrieben werden soll. Der Ergebniswert besteht aus vollständiger Angabe von Datum und Zeit im eingestellten Länderformat, getrennt durch ein Leerzeichen.

Wenn Sie **Bezugsdatum** nicht angeben (nur die Trennzeichen eintragen), wird das aktuelle Systemdatum mit der aktuellen Systemzeit als Bezugszeitpunkt verwendet.

Bei der Ausführung des Befehls mit der Option "DTC\a" werden gleichzeitig programminterne Variable mit den Zeichenfolgen der Werte für Jahr, Monat, Tag, Stunde, Minute und Sekunde belegt, auf die Sie mit den Zeichenfolgen "**$d1$**" bis "**$d6$**" zugreifen können. Außerdem wird für das Ergebnis ein String in der unter "DTC\" angegebenen Formatierung bereitgestellt, auf den Sie mit der Zeichenfolge "**$v2$**" zugreifen können. Weiterhin können Sie mit "**$v3$**" einen String abrufen, der eine Ziffernfolge enthält, welche den Datumswert repräsentiert (siehe auch "DTF\").

```
' +++ 0106_080924.rem +++
' Zweck: Test DTC\
' erstellt am: 21.11.2004
' von: TK
'==============================
'
VAR\$$dt1=15.11.2004 10:28:00
VAR\$$dt2=18.02.2005 09:00:00
'VAR\$$dt2=31.12.2004 10:28:00
'VAR\$$dt2=01.01.2005 10:28:00
VAR\$$dt3=0
VAR\$$dt4=15.11.2004 00:00:00
VAR\$$dt5=01.03.2005 00:00:00
VAR\$$dt6=0
VAR\$$dt7=0
DTC\d|s|$$dt1|$$dt2>$$dt3
MBX\$$dt1,$$dt2,$$dt3
DTC\a|s|8208000|$$dt1>$$dt3
MBX\$$dt1,8208000,$$dt3
DTC\d|d|$$dt1|$$dt2>$$dt3
MBX\$$dt1,$$dt2,$$dt3
DTC\a|d|95|$$dt1>$$dt3
MBX\$$dt1,95,$$dt3
DTC\d|d|$$dt4|$$dt5>$$dt6
MBX\$$dt4,$$dt5,$$dt6
DTC\a|d|$$dt6|$$dt4>$$dt7
MBX\$$dt4,$$dt6,$$dt7
@
```

```
' +++ chckfile.rem +++
' Zweck:
' Bestimmte Dateien, die in den letzten
' xxx Tagen geändert wurden, in ein se-
' parates Verzeichnis kopieren (werden
' dann dort gezippt).
' erstellt am: 16.08.2008
' von: thue
'============================

'# Ausgangsverzeichnis
VAR\$$dir=c:\Test
'# Zielverzeichnis für "junge" Dateien
VAR\$$zip=$$dir\Zip
'# Anzahl der Tage
VAR\$$xxx=20
'# Alle Dateien in $$dir durchlaufen und
'# mit diesen den :doit-Code ausführen
FEF\$$dir|*.*|doit|$$fil
MBX\Fertig!
@


:doit
'# Dateiendung ermitteln
GFT\$$fil
VAR\$$ext=$v4$
'# Dateiart (Endung) filtern
SLC\$$ext
'# Nur nachstehende Endungen nehmen
CSE\exe,dll,frm,frx,bas,cls,vbp,vbw
 '# Datum letzte Änderung auslesen
 GFI\$$fil|d
 '# Differenz in Tagen zwischen heute
 '# und letzter Änderung nach $$erg
 DTC\d|d|$v4$|$date$>$$erg
 '# Wenn Differenz < $$xxx
 IVV\$$erg<$$xxx
  '# Datei nach $$zip kopieren
  FCP\$$fil->$$zip
 EVV\
ESL\
@



' +++ 0106_080923.rem +++
'
' Zweck: DTC\-Beispiel
' erstellt am: 06.01.2004
' von: Theo Gottwald
'============================
'
VAR\$$DAA=01.05.2004
VAR\$$DAB=21:13:32
VAR\$$DAC=01.06.2004
VAR\$$DAD=01:15:02
DTC\d|s|$$DAB|$$DAD>$$DAC
MBX\$$DAC
 @
```

"DTF\[Daten]" für "DateTimeFormat"

Der Befehl "DTF\" dient dazu, einen Datums/Zeitwert in eine Form zu konvertieren, die unter allen Ländereinstellungen eindeutig interpretiert werden kann. Er ist dann nützlich, wenn Sie in Ihren Remote- oder sonstigen Dateien Datums/Zeitwerte als String speichern und sicherstellen wollen, daß diese Angabe vom WinRobots-Programm unter allen Ländereinstellungen richtig interpretiert wird.

Wenn Sie im Datenteil ein Datum/eine Zeit in der unter "DTC\" angegebenen Formatierung eintragen, wird diese Angabe in eine Ziffernfolge umgeformt, auf die Sie entweder mit "$v1$" zugreifen oder einer benutzerdefinierten Variablen zuweisen können. Im letzteren Falle tragen Sie nach dem Datumswert das Zeichen ">" ein und danach einen Variablennamen ("$$xyz") ein.

Diese Ziffernfolge können Sie überall verwenden, wo Datums/Zeitangaben erforderlich sind. Die umgekehrte Konvertierung erhalten Sie, wenn Sie eine solche Ziffernfolge im Datenteil angeben. Dann wird im Ergebnis der Datums/Zeitwert in der Formatierung der aktuellen Ländereinstellung geliefert.

Sie können im Datenteil auch die Kürzel "$date$", "$time$" und "now" verwenden.
Bei der Ausführung des Befehls werden gleichzeitig programminterne Variable mit den Zeichenfolgen der Werte für Jahr, Monat, Tag, Stunde, Minute und Sekunde belegt, auf die Sie mit den Zeichenfolgen "$d1$" bis "$d6$" zugreifen können, wobei "$d1$" die vollständige Jahreszahl enthält. Parallel dazu werden in "$v3$" die letzten beiden Ziffern der Jahreszahl bereitgestellt. Außerdem wird für das Datum ein String in der unter "DTC\" angegebenen Formatierung bereitgestellt, auf den Sie mit der Zeichenfolge "$v2$" zugreifen können.

```
Beispiel hier, Datum aus WEB-Site auslesen, 3 Tage dazuzählen, als Rückreisedatum
eintragen:

STW\ieframe\internet explorer|w1506
SPC\internet explorer_server\*|w1506
AFO\42\Datum:&&\*\Hier bitte das Datu&&hrer Reise eingeben\6\\1\
VAR\$$DAT=$av06$
' Datumsformat wird geändert in yy/mm/dd
DTF\$$DAT
' das Ergebnis von DTF wird in mehreren Ergebnissen gespeichert, in
' $v2$ yy/mm/dd hh/mm/ss
VAR\$$ERG=$v2$
' neues Datum berechnen - hier plus 3 Tage
' Ergebnis in $$ERG ablegen

DTC\a|d|3|$$ERG|>$$ERG

STW\ieframe\internet explorer|w4413
SPC\internet explorer_server\*|w4413
AFO\42\Datum:&&\*\Hier bitte das Datu&&hrer Reise eingeben\6\\1\
MLI\
TDL\150
```

"GRD\" für "GetRealDate"

Manchmal soll die Laufzeit von Skripten beschränkt werden (Zeitlimit). Um zu verhindern, dass das Skript durch ein manipuliertes Systemdatum getäuscht werden kann, gibt es GRD\. Wird das Systemdatum des Rechners manipuliert (in der Regel zurückgestellt), lässst sich GRD\ nicht täuschen und ermittelt das korrekte Datum. Das ist jeweils das letzte Datum unter dem der genannte PC betrieben wurde, also das Datum vor der Zurückstellung. Mit "GRD\" können Sie das "wirkliche" (korrekt das jüngste, an dem der Rechner betrieben wurde) Datum ermitteln. Sie erhalten dann

- in "$v1$" das Datum in der länderspezifischen Form,
- in "$v2$" das Jahr als String,
- in "$v3$" den Monat als String,
- in "$v4$" den Tag als String und
- in "$v5$" die Darstellung des Datums als Ziffernfolge (vgl. "DTC\").

```
' +++ GRD-Sample.rem +++
' Zweck:
' erstellt am: 08.11.2005
' von: Theo Gottwald an TEOS
'===============================
GRD\
VAR\$$DAT=$v5$
DTC\d|d|$$DAT|$date$>$$DIF
MBX\$$DIF
@
'--------------------
DVV\1+
GRD\
@


' +++ GRD-Sample.rem +++
' Zweck:
' erstellt am: 08.11.2005
' von: Theo Gottwald an TEOS
'===============================
GRD\

VAR\$$DAY=$v2$
FMT\$$DAT|0000
VAR\$$DAM=$v3$
FMT\$$DAM|00
VAR\$$DAD=$v4$
FMT\$$DAD|00

VAR\$$DAT=$$DAY$$DAM$$DAD
MBX\$$DAT
' Hier steht das Datum bis zu dem das Skript läuft. (2205-11-15)
IVV\$$DAT>20051115
 MBX\Sorry, diese Testversion funktioniert nicht mehr.|Ende.|WinRobots-Skript.
 END\ ' Skript beendet sich sofort.
EVV\

@
```

"CDM\[Daten]" für "Confirm Decision Message".

Siehe auch: "GOM\", "CFM\", "MBX\", "GUI\", "SDM\".

Mit "CDM\" wird eine bildschirmweite und -dominante Meldung mit zwei Button angezeigt, die vom Benutzer eine Entscheidung verlangt.

Der Inhalt der Meldung entspricht dem Inhalt einer Textdatei, deren Name im Datenteil anzugeben ist.

Zu Aufbau und Inhalt der Textdatei siehe Befehl "SHM\" ("Show Message"); für die Beschriftung und Farbgebung der Button die Hinweise unter "SDM\".

"CFM\[Daten]" für "ConFirm Message".

Siehe auch: "CDM\", "MBX\", "GOM\", "GUI\", "SDM\".

Mit "CFM\" kann eine bildschirmweite und -dominante Meldung angezeigt werden, die mittels eines ebenfalls angezeigten OK-Buttons bestätigt werden muß. Der Inhalt der Meldung entspricht dem Inhalt einer Textdatei, deren Name im Datenteil anzugeben ist. Zu Aufbau und Inhalt der Textdatei siehe Befehl "SHM\" ("Show Message"); für die Farbgebung des Button und seine vertikale Positionierung die Hinweise unter "SDM\".
Sie können den Meldungstext auch vor einer Hintergrundgrafik anzeigen. Siehe dazu die Erläuterungen zur Gestaltung der Textdatei unter "SHI\".

```
' +++ c_show.rem +++
'
' Zweck:
' erstellt am: 24.12.2002
' von: Theo Gottwald & Dr. J. Thümmler
'========================
'
STT\$$_01
TTR\@|_
VAR\$$msg
SSM\0
SSS\640,400
CFM\b_show.txt
@
```

"GIS\[Daten]" für "GetIniSections"

Mit "GIS\" können Sie alle Sektionsnamen einer Ini-Datei ermitteln, deren Pfad im Datenteil anzugeben ist. Als Ergebnis wird in einer Variablen, auf die Sie mit "$v1$" zugreifen können, ein String hinterlegt, der die einzelnen Sektionsnamen enthält, getrennt jeweils durch das "|"-Zeichen. Eine zweite Variable, auf die Sie mit "$v2$" zugreifen können, enthält die Gesamtanzahl der Sektionen.

```
IEF\$$S09
 GIS\$$S09
 VAR\$$F33=$v1$
 IVC\$$F33|$$S04-Log
  CFI\$$S09|$$S04-Log|#date#>$$F03
  IVV\$$F03=
   VAR\$$F03=0
  EVV\
 ELSE
  VAR\$$F03=0
 EVC\
EEF\

VIC\$$F03
CTI\$$S09|$$S04-Log|#date#|$$F03

@
```

"GUI\[Daten]" für "GetUserInput"

Siehe auch: "SDM\", "SSM\", "IBI\", "GIP\", "IIP\".
Siehe auch: "Abfragen".

Mit den Befehlen "GUI\" und "GUS\" können Sie eine Benutzereingabe (GUI) bzw. -auswahl (GUS) anfordern und diese dann auswerten. Es gibt zur Gestaltung der Anforderungfenster zwei Möglichkeiten:
1. Die **einfache Gestaltung** mit Standardelementen, -abmessungen und -schriften und
2. die **individuelle Gestaltung** mit Grafiken, individuellen Schriftarten und -größen, Schattenschrift u.v.a.m.

Für **Standardfenster** benutzen Sie das Tool "dialog.exe", welches Sie zweckmäßig aus dem "Tools"-Menü des Editors starten. Dann erscheint zunächst eine Auswahl-Messagebox, in der Sie angeben, für welche Art von Benutzeraktion Sie ein Anforderungsfenster erstellen möchten (Eingabe oder Auswahl):

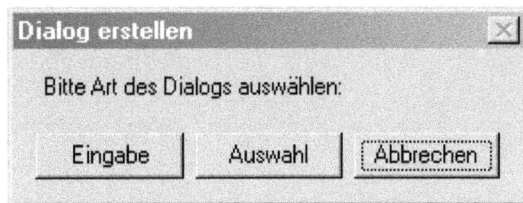

Je nach nach Art erscheint dann eines der beiden nachstehenden Fenster:

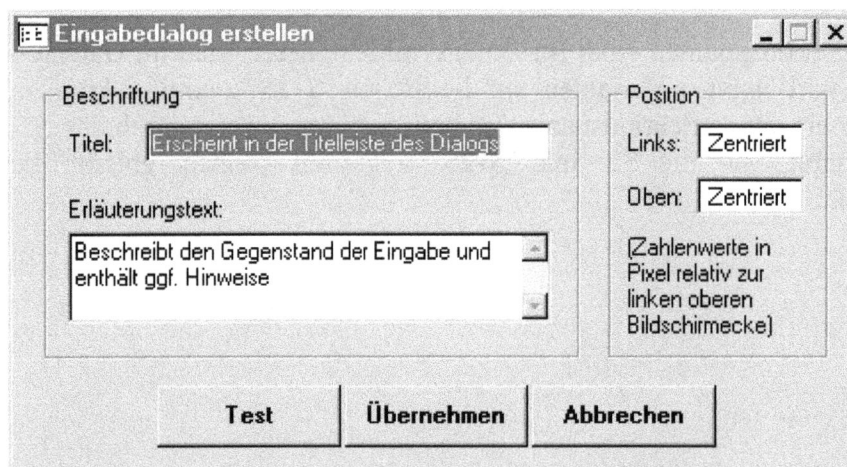

Auswahldialog erstellen

Auswahlart
- (●) Einfache Auswahl (Optionsbutton)   ( ) Mehrfachauswahl (Checkboxen)

Beschriftung

Titel: [Erscheint in der Titelleiste des Dialogs]

Erläuterungstext:
[Beschreibt den Gegenstand der Auswahl und enthält ggf. Hinweise]

Position

Links: [Zentriert]

Oben: [Zentriert]

(Zahlenwerte in Pixel relativ zur linken oberen Bildschirmecke)

Auswahloptionen

[Hier bitte Text der Auswahl eintragen und dann in die Liste übernehmen]

[Text in Liste übernehmen]

[Eintrag verschieben nach Pos.]

[Markierten Eintrag löschen]

[Test]   [Übernehmen]   [Abbrechen]

Die Positionierung ist auf "Zentriert" voreingestellt. Wenn Sie das nicht wünschen, können Sie für jede Dimension entsprechend geänderte Werte eintragen.

Für einen Eingabedialog brauchen Sie nur den Dialogtitel und einen Erläuterungstext einzutragen. Letzterer soll dem Benutzer klarmachen, welche Art von Eingabe von ihm erwartet wird. Beim Abarbeiten des Befehls wird der Erläuterungstext standardmäßig zentriert dargestellt. Wenn Sie das nicht wünschen, geben Sie als erstes Zeichen des Erläuterungstextes "<" für linksbündige Ausrichtung oder

">" für rechtsbündige Ausrichtung ein.

Beim Auswahldialog ist zunächst anzugeben, ob es eine einfache (alternative) Auswahl sein soll (nur eine der angebotenen Möglichkeiten kann selektiert werden) oder eine Mehrfachauswahl (mehrere der angebotenen Möglichkeiten können selektiert werden). Für Dialogtitel und Erläuterungstext gilt das gleiche wie beim Eingabedialog. Bei beiden Dialogen können Sie sowohl im Titel als auch im Erläuterungstext Variablen einsetzen, die zuvor in der Rem-Datei mit Text belegt wurden.

Die Auswahloptionen tragen Sie in das untere Textfeld ein und übernehmen sie dann in eine Liste, wobei ein zweistellige Numerierung vorangestellt wird. Lange Texte werden automatisch umbrochen; Sie können den Umbruch aber auch selbst mit der Enter-Taste definieren. Falls Sie einen Eintrag ändern, verschieben oder löschen wollen, klicken Sie den Eintrag in der Liste an.

Die darstellbare Anzahl der Auswahlen ist begrenzt durch die Bildschirmauflösung des Zielrechners. Sie sollten also für universelle Einsetzbarkeit auf eine minimale Auflösung von 800 x 600 Pixel orientieren. Wenn Sie sehr viele Auswahlmöglichkeiten darstellen müssen, können Sie den Befehl "GLS\" einsetzen (s.u.).

Um den Dialog zu testen, klicken Sie auf "Test" (beim Auswahldialog müssen mindestens 2 Einträge in der Liste vorhanden sein). Dann sehen Sie, wie Ihr Dialog beim Abspielen der Rem-Datei aussieht.

Beim Klick auf "Übernehmen" erscheint ein Datei-Dialog, in dem Sie den Pfad einer Datei festlegen können, in der Ihre Festlegungen gespeichert werden sollen. Die Datei ist wie eine Ini-Datei aufgebaut, trägt die Endung "guf" und wird standardmäßig im Text-Verzeichnis des aktuellen Projekts angelegt, wenn die "dialog.exe" aus dem Editor gestartet und in diesem bereits eine Rem-Datei geladen wurde. Alternativ wird die Datei wird im Text-Unterverzeichnis des Installationsverzeichnisses gesucht.

Den Namen dieser Datei (oder in Ausnahmefällen den kompletten Pfad) geben Sie im Datenteil des entsprechenden Befehls an. Wenn Sie im Editor auf den Dateinamen doppelklicken, wird die Datei mit der "dialog.exe" geöffnet, und Sie können sie bearbeiten. Sie können sie aber aus einem Ordner durch Doppelklick auf den Dateinamen öffnen.

Beispiel für eine Eingabe:
Inhalt der "adresse.guf" (von "dialog.exe" generiert):

```
[Params]
Kind=Input
Title=Adresseneingabe
Text=<Bitte geben Sie hier Ihre Adresse in der Form|PLZ Ort|Straße Hausnummer|ein:
Position= 300| 300
```

Befehlsaufruf:
```
GUI\adresse.guf
```

Darstellung beim Abarbeiten:

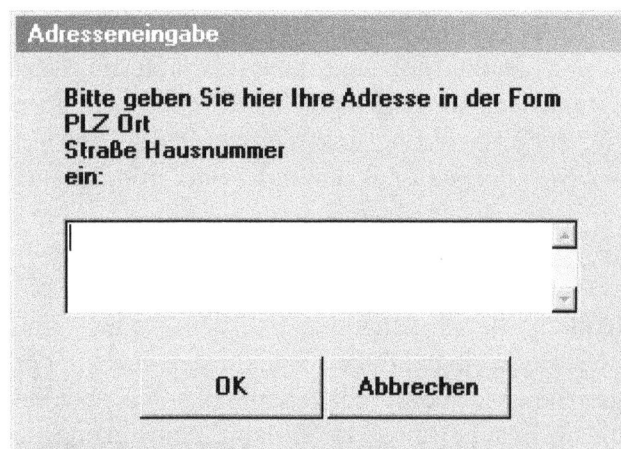

Beispiel für eine Auswahl:
Inhalt der "jahr.guf" (von "dialog.exe" generiert):

```
[Params]
Kind=SingleSelect
Title=Jahreszeiten
Text=Bitte wählen Sie die Jahreszeit aus, die im Moment zutrifft:
Position=200|200
01=Frühling
02=Sommer
03=Herbst
04=Winter
```

Befehlsaufruf:

```
GUS\jahr.guf
JOC\ende
VAR\$$jar=$v2$!
SIT\2\$$jar#
:ende
@
```

Darstellung beim Abarbeiten:

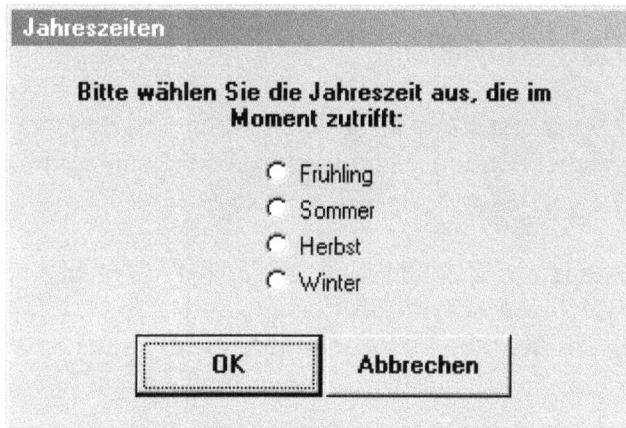

Die **Auswertung** der Benutzeraktion kann wie folgt vorgenommen werden:
- Beim **Eingabedialog** wird der eingegebene Text in "**$v1$**" und in "TempText" gespeichert.
- Beim **Auswahldialog** mit **einfacher Auswahl** wird der Index der Auswahl (1...n) in "**$v1$**" und in "TempText" gespeichert.

Zusätzlich wird der **Text** der Auswahl (der zum ausgewählten Optionsbutton gehörige) in "**$v2$**" gespeichert.

Beim **Auswahldialog** mit **mehrfacher Auswahl** werden die Indizes der Auswahlen als kommagetrennte Zeichenfolge in der Variablen "TempText" gepeichert. Außerdem wird eine interne Variable wie folgt gebildet:

Die Kontrollkästchen haben von oben nach unten die Wertigkeit 2 hoch (n - 1),

wobei n die laufende Nummer beginnend oben mit 1 ist, also 1, 2, 4, 8, 16 usw.

Eine programminterne Variable enthält die Summe der Wertigkeiten für die ausgewählten Kästchen, also beispielsweise 1 + 2 + 8 = 11, wenn das erste, zweite und vierte Kästchen ausgewählt sind.

Auf den Wert dieser Variablen können Sie mit "**$v1$**" zugreifen.

Zusätzlich werden in "**$v2$**" die Texte aller ausgewählten Kontrollkästchen als Zeichenfolge mit Zeilenschaltungen zwischen den einzelnen Texten gespeichert.

Zusätzlich wird noch eine interne Variable mit dem Index des Buttons belegt (OK = 1, Abbrechen = 2). Diese können Sie mit "IBI\" auswerten.
Wenn Sie bei "Abbrechen" zu einer Sprungmarke springen wollen, können Sie "JOC\" einsetzen.

Bei **individueller Gestaltung** der Anforderungsfenster müssen Sie etwas mehr Arbeit investieren. In diesem Fall gelten die nachfolgenden Vorschriften:
Der Befehl "GUI\" dient dazu, eine Benutzereingabe zu ermöglichen. Dazu wird in einem Fenster ein Aufforderungstext angezeigt. Unter dem Aufforderungstext ist eine Textbox sichtbar, in welche der Benutzer die geforderte Information eintragen kann.

Der Fensterhintergrund kann einfarbig oder mit einer Grafik gestaltet werden.

Weiterhin erscheint unter dieser Textbox mindestens ein Button.

Die Abarbeitung der WinRobots-Skript Datei wird erst dann fortgesetzt, wenn der Benutzer auf einen Button klickt. Die Auswertung, welcher Button angeklickt wurde, kann mittels "IBI\..." erfolgen.

Um sicherzustellen, daß der Benutzer mindestens ein Zeichen eingegeben hat, können Sie festlegen, daß derjenige Button, welcher zum nächsten Schritt führt, solange disabled ist, bis eine Eingabe vorgenommen wurde. Dies geschieht über die Text- oder .dpd-Datei, welche für die aktuelle Anzeige benutzt wird (s.u.).

Nach Klick auf einen Button wird der Inhalt der Textbox in der Variablen "$input$" gespeichert..

Sie können diese Zeichenfolge entweder mittels "IIP\..." auswerten, an die Variable "TempText" zur weiteren Verarbeitung übergeben oder in weiteren Befehlen benutzen, indem Sie in deren Datenteil die Zeichenfolge "$input$" verwenden.

Der anzuzeigende Text kann wie bei "SHM\..." in einer Textdatei hinterlegt und auch mehrsprachig ausgelegt sein. Dann ist der Name der Textdatei im Datenteil nach dem Backslash anzugeben.

Bei mehreren Eingaben zu einem Themenkomplex ist es jedoch zweckmäßig, alle Anzeigetexte in einer gemeinsamen Textdatei zusammenzufassen. Das ist hier in gleicher Weise möglich wie für den Befehl "DPT\...", d.h. die Anzeigetexte müssen dann in einer "*.dpt"-Datei liegen und deren Name muß in der "dptparam.ini" als Sektion erscheinen, in welcher die Schrift- und Hintergrundparameter festgelegt werden. Der Name der "*.dpt"-Datei muß außerdem vor dem ersten Befehl "GUI\..." in der WinRobots-Skript Datei mittels des Befehls "DPF\..." bekanntgemacht werden.

Nach der Anzeigedatei und abgetrennt durch einen Backslash können Sie die Position für die linke obere Ecke des Anzeigefensters angeben (x, y). Wenn Sie das Fenster in Bildschirmmitte anzeigen wollen, tragen Sie dort "mm" ein, bei horizontaler Zentrierung "mh" für den x-Wert und bei vertikaler Zentrierung "mv" für den y-Wert.

Wenn Sie eine Hintergrundgrafik vorsehen, wird die Größe des Anzeigefensters durch diese Grafik bestimmt. Sie können aber auch zusätzlich die Größe nach der Position durch einen Senkrechtstrich abgetrennt angeben (|w, h). Wenn Sie weder Grafik noch Größe vorgeben, wird das Fenster in Bildschirmgröße dargestellt.

Die Schriftgröße der Textbox und damit deren Höhe sowie Schriftgröße der Button und deren Dimensionierung werden abhängig von der Gesamtgröße des Fensters programmintern festgelegt.

Wenn Sie keine Position angeben, wird das Fenster in Bildschirmmitte plaziert.

Im Unterschied zu den Textdateien und "*.dpt"-Dateien für "SHM\" und "DPT\" muß in den entsprechenden Dateien für den Befehl "GUI\" noch eine Zeile eingefügt werden, welche die **Beschriftung der Button** beinhaltet. Diese Zeile beginnt mit einer Raute ("#") und enthält anschließend die Beschriftungen, voneinander abgetrennt durch einen Senkrechtstrich ("|"). Nach den Beschriftungen und abgetrennt durch "@" können Sie die **Hintergrundfarbe der Button** angeben und danach - wiederum abgetrennt durch "@" - die **Schriftfarbe der Button**.

Wenn Sie festlegen wollen, welcher **Button disabled** ist, wenn noch **kein Eintrag** erfolgte bzw. wenn der Inhalt des Textfeldes = "" ist, können Sie dessen Nummer (gezählt von links und beginnend bei eins "1") in der gleichen Zeile angeben, indem Sie diese Nummer als erstes nach dem "#" und gefolgt von einem Trennzeichen ("|") eintragen.

Die **Breite des Textfeldes in Pixel und dessen Hintergrundfarbe** können Sie in einer weiteren Zeile einstellen, die mit einem "%" beginnen muß und danach die Breite und - wenn die Farbe eingestellt werden soll - einen Senkrechtstrich und danach die Farbe enthält.

In einer "*.dpt"-Datei sollten diese Zeilen unmittelbar nach der Kennung ("<") stehen und in einer Textdatei nach der Farbangabe und vor dem eigentlichen Text.

Beispiele:
```
GUI\frage1.txt\10,10
IIP\keine
JNF\keine.rem
EIP\
GUI\frage2.txt\10,10
...

DPF\Input
GUI\1
...
...
GUI\2
```

Beispiele:
```
'# Benutzer ändern, Admin prüfen (siehe Erläuterungen zum Befehl "OAU\")
SAP\100,100
GUN\
SBT\2|$v1$|99
IUA\
  SBT\2|Admin!|99
ELSE
  SBT\2|Kein Admin!|99
EUA\
OAU\$user$|$password$|
IOF\
  SBT\2|RAU fehlgeschlagen!|99
ELSE
 WPS\tada
EOF\
GUN\
SBT\2|$v1$|99
IUA\
  SBT\2|Admin!|99
ELSE
```

```
  SBT\2|Kein Admin!|99
EUA\
OAU\
GUN\
SBT\2|$v1$|99
IUA\
  SBT\2|Admin!|99
ELSE
  SBT\2|Kein Admin!|99
EUA\
@

'# Notpad unter einem anderen Benutzer starten
RAU\$user$|$password$||?wi\notepad.exe
IRF\
 WPS\ende
ELSE
 WPS\tada
ERF\
@
```

"DIV\[Variable]" für "DisplayInputValue"

Wenn Sie vom Benutzer nacheinander mehrere Eingaben fordern, ist es zweckmäßig, die Möglichkeit eines "Zurück" einzubauen. Das läßt sich mittels eines entsprechenden Buttons und der Befehle "IBI\..." und "GOTO ..." leicht realisieren. Dann sollte bei einem Rückwärtsschritt auch die vorher bereits erfolgte Eingabe wieder angezeigt werden. Dazu können Sie den Befehl "DIV\..." benutzen. Dieser muß unmittelbar nach "GUI\..." stehen und im Datenteil diejenige Variable enthalten, die Sie anschließend mit dem Inputwert belegen. Diese darf vorher noch nicht benutzt worden sein! (Zur Sicherheit können Sie vorher löschen).

Beispiel:

```
'...
'...
VRM\$$tel
VRM\$$use
VRM\$$pwd

:telnr
GUI\nummer    'Tel.-Nummer abfragen
DIV\$$tel                                '<- ####################
VAR\$$tel=$input$
IBI\1         'Zurück
 GOTO back
EBI\
IBI\3         'Abbruch
 GOTO always
EBI\

IVN\$$tel     'Prüfen, ob nur Ziffern
 GOTO user
EVN\
JNF\wrong.rem
GOTO telnr

:user
GUI\user      'Benutzer abfragen
DIV\$$use                                '<- ####################
VAR\$$use=$input$
IBI\1
 GOTO telnr  'Zurück
EBI\
IBI\3         'Abbruch
 GOTO always
EBI\
'...
'...
```

"GUS\[Daten]" für "GetUserSelection"

Siehe auch GUN\.

Mit "GUS\" können Sie eine Maske anzeigen, die dem Benutzer verschiedene Auswahlmöglichkeiten in Form von Kontrollkästchen mit entsprechenden Erläuterungen zur Verfügung stellt. Die Einzelheiten der Auswahlmöglichkeiten sowie die Gestaltung des Maskenhintergrunds werden einer Textdatei entnommen, die im Datenteil anzugeben ist. Wenn nur der Dateiname angegeben wird, muß sich die Textdatei im Programmverzeichnis oder dessen Unterverzeichnis "...\text" befinden. Weiterhin muß im Datenteil angegeben werden, ob es sich bei den Auswahlmöglichkeiten um eine Mehrfachauswahl (MultiSelect) handelt oder um eine alternative Auswahl, wenn nur eine der Auswahlmöglichkeiten zugelassen werden soll. Diese Festlegung erfolgt nach der Dateiangabe abgetrennt durch einen Senkrechtstrich durch Anfügen von "m" oder "M" für Multiselect bzw. "s" oder "S" für SingleSelect und ist **zwingend notwendig!**

Nach der Anzeigedatei und abgetrennt durch einen Backslash können Sie die Position für die linke obere Ecke des Anzeigefensters angeben (x, y). Wenn Sie das Fenster in Bildschirmmitte anzeigen wollen, tragen Sie dort "mm" ein, bei horizontaler Zentrierung "mh" für den x-Wert und bei vertikaler Zentrierung "mv" für den y-Wert.
Wenn Sie eine Hintergrundgrafik vorsehen, wird die Größe des Anzeigefensters durch diese Grafik bestimmt. Sie können aber auch zusätzlich die Größe nach der Position durch einen Senkrechtstrich abgetrennt angeben (|w, h). Wenn Sie weder Grafik noch Größe vorgeben, wird das Fenster in Bildschirmgröße dargestellt.

Die Schriftgröße der Button und deren Dimensionierung werden abhängig von der Gesamtgröße des Fensters programmintern festgelegt.

Wenn Sie keine Position angeben, wird das Fenster in Bildschirmmitte plaziert.

Beispiele:
```
GUS\test.txt|m              ' Anzeige der Datei "test.txt"; Multiselect
GUS\test.txt\100,200|s      ' Position 100,200; SingleSelect
GUS\test.txt\mh,200|m       ' Position horizontal zentriert,200; MultiSelect
GUS\test.txt\100,mv|s       ' Position 100, vertikal zentriert; SingleSelect
GUS\test.txt\mm|m           ' Position Bildmitte; MultiSelect
GUS\test.txt|s              ' Position Bildmitte (Default); Singleselect
```

Die Anzeigemaske ist in vier Blöcke untergliedert, deren Inhalt und Layout in der Textdatei präzisiert werden (von oben nach unten):
- die Überschrift,
- den Beschriftungsblock für einen Erläuterungstext,
- den Auswahlblock mit einer bestimmten Anzahl von Auswahlmöglichkeiten sow
- den Bestätigungsblock mit Schaltflächen zur Bedienung.

Die Kontrollkästchen haben ein festes Format von 32 x 32 Pixel und stellen im selektierten Zustand per Default ein rotes Häkchen auf weißem Hintergrund dar (siehe Bild). Die Farbe des Rahmens kann über die Textdatei beeinflußt werden.

☑ Auswahl Nr. 1

Aufbau der Textdatei (vgl. auch in "SHM\", "SHI\" und Beispiel):

```
1.Zeile:        Schriftparameter für den Erläuterungsblock
2.Zeile:        Schriftparameter für den Auswahlblock,
Die Reihenfolge der weiteren Zeilen ist beliebig:
3.Zeile:        Angaben zur Hintergrundfarbe oder -grafik der Maske (Farbverlauf nur
einfarbig),
4. Zeile:       Obenkoordinate der Überschrift in Pixel,
5. Zeile:       Obenkoordinate des Beschriftungsblocks in Pixel,
6. Zeile:       vertikaler Abstand zwischen den Auswahlmöglichkeiten in Pixel,
7. Zeile:       Obenkoordinate des Auswahlblocks in Pixel,
8. Zeile:       Linkskoordinate des Auswahlblocks in Pixel,
9. Zeile:       Rahmenfarbe der Kontrollkästchen,
10. Zeile:      Obenkoordinate der Schaltflächen (optional).
11. Zeile:      Icon für der "Checked"-Zustand (XY).
12. Zeile:      Farbe der Schaltflächen,
13. Zeile:      Schriftarbe der Schaltflächen.
```

HINWEISE:

Es kann eine getrennt formatierte **Überschrift** angegeben werden. Die Schriftparameter für die Überschrift müssen dann in der **ersten Zeile mit vorgestelltem "!"** angeben werden. Das ist wegen der Rückwärtskompatibilität notwendig.

Es kann vorkommen, daß für verschiedene Sprachen unterschiedliche Werte für einige der oben genannten Parameter zweckmäßig sind (wenn z.B. die Zeilenzahl für den Erläuterungstext unterschiedlich ist). Dann sind diese Parameter **nicht** im allgemeinen Teil, sondern jeweils im sprachspezifischen Teil nach der Button-Zeile und vor dem Textblock anzugeben.

Defaultmäßig wird als Icon für den "Checked"-Zustand ein rotes Häkchen angezeigt. Sie können aber sowohl die Farbe als auch das Icon in bestimmten Grenzen über den Eintrag

```
CheckIcon=XY
```

auswählen:

X = 1: Häkchen, X = 2: Kreuz;
Y = 1: Rot, Y = 2: Schwarz, Y = 3: Grün, Y = 4: Blau, Y = 5: Dunkelgrün.

Anzahl und Beschriftung der Schaltflächen werden in einer eigenen Zeile festgelegt, die mit einem "#" beginnt und die Beschriftungen der Button von links nach rechts, jeweils abgetrennt durch einen Senkrechtstrich enthält (s.o.).

Wenn Sie festlegen wollen, welcher Button disabled ist, wenn noch keine Auswahl erfolgte, können Sie dessen Nummer (gezählt von links und beginnend bei eins "1") in der gleichen Zeile angeben, indem Sie diese Nummer als erstes nach dem "#" und gefolgt von einem Trennzeichen ("|") eintragen.

Nach dieser Zeile können Sie eine Überschrift angeben. Die Zeile muß mit einem "%"-Zeichen beginnen und danach die Überschrift enthalten. Diese erhält separate Schriftparameter (siehe oben unter "Hinweise"). Die Obenposition der Überschrift wird mit dem Eintrag "CaptionTop=..." festgelegt.

Danach folgt eine Zeile mit dem einzelnen Zeichen "<", die den Beginn des Textblocks signalisiert. In diesem Textblock steht zunächst der Erläuterungstext, und danach folgen - jeweils wieder durch Zeilen mit "<" abgetrennt - die einzelnen Beschriftungstexte für die Auswahlmöglichkeiten. Sie können dort auch Variable verwenden, die Sie vor der Anzeige der Auswahlmaske in geeigneter Weise mit Text belegen, z.B. durch Auslesen aus Dateien, der Registrierung etc.

Sowohl der Erläuterungstext als auch die Beschriftungstexte werden in der Absatzformatierung aus der Textdatei dargestellt bzw. automatisch umbrochen; Leerzeilen werden mit berücksichtigt.

Während Überschrift und Erläuterungstext immer horizontal zentriert dargestellt werden, sind die Beschriftungstexte linksbündig ausgerichtet. Für die Überschrift und den Erläuterungstext steht die gesamte Fensterbreite zur Verfügung, für die Beschriftungen nur der Raum rechts von den Kontrollkästchen.

Die vertikale Positionierung der Schaltflächen kann bezogen auf die Fensteroberkante mit dem Eintrag "ButtonTop=..." (Pixel) eingestellt werden; Größe und Schriftparameter sind fest, und horizontal werden sie zentriert.

Wenn ein Beschriftungstext für eine Auswahlmöglichkeit mehrzeilig ausfällt, wird das zugehörige Kontrollkästchen vertikal zentriert zum Beschriftungstext dargestellt. Kommentarzeilen können wie üblich mittels vorgestelltem Hochkomma ("'") erzeugt werden.

Beispiel für eine Textdatei:

```
'Schriftart|Größe|Bold|Italic|Underline|Farbe|Schatten|Schattenfarbe|Vordergrund
!Arial|32|1||1|rot|4          'Schriftparameter für Überschrift
Arial|26|1|||gruen|3          'Schriftparameter für Erläuterungstext
Arrus BT|18|1|||gelb|2        'Schriftparameter für Auswahloptionen
'$start.bmp                   'Hintergrundgrafik (auskommentiert)
@cyan|220|70                  'Hintergrundfarbe (Farbverlauf einfarbig)
CaptionTop=15       'oberer Rand der Überschrift
HeadTop=55                    'oberer Rand des Erläuterungstextes
CheckSpace=20       'vertikaler Abstand zwischen den Auswahlmöglichkeiten
CheckTop=160        'oberer Rand des Auswahlblocks
CheckLeft=200       'linker Rand des Auswahlblocks
CheckColor=&HFF0000          'Rahmenfarbe der Kontrollkästchen
CheckIcon=21                 'rotes Kreuz als "checked"
ButtonColor=&HFFFF           'Farbe der Schaltflächen
FontColor=&H737100           'Schriftfarbe der Schaltflächen
#1|Weiter|Abbrechen          'Beschriftung der Schaltflächen (erster/linker Button
disabled)
%Das ist die Überschrift     'Text der Überschrift
<
Hier steht der Erläuterungstext, der dem Benutzer mitteilt,
wozu die Auswahl dient. Er besitzt eine eigene Formatierung.
<
Auswahl Nr. 1
<
Auswahl Nr. 2
<
Auswahl Nr. 3
<
Das ist die mehrzeilige
Auswahlmöglichkeit Nr. 4
<
Auswahl Nr. 5
<
```

Auswahl Nr. 6

Wenn die Auswahlmaske angezeigt wird, ist das Programm solange unterbrochen, bis der Benutzer eine Schaltfläche drückt. Danach wird die Maske ausgeblendet. Die Auswertung, welche Schaltfläche gedrückt wurde, erhalten Sie über "IBI\...".

```
' +++ gus.rem +++
' Purpose: Sample
' created on: 02.05.2002
' by: thue
'==========================
' Display gus.txt; Centered
' Size 800x600; MultiSelect
GUS\gus.txt\mm|800,600|m
IBI\2              ' Cancelled
 GOTO cancel
EBI\
VAR\$$chk          ' = TempText
MBX\Check $$chk selected!|64| GUS:
ICS\1
 VAR\$$chk=1
 SHI\2\display.txt\mm#
ECS\
ICS\2
 VAR\$$chk=2
 SHI\2\display.txt\mm#
ECS\
ICS\3
 VAR\$$chk=3
 SHI\2\display.txt\mm#
ECS\
ICS\4
 VAR\$$chk=4
 SHI\2\display.txt\mm#
ECS\
ICS\5
 VAR\$$chk=5
 SHI\2\display.txt\mm#
ECS\
@

:cancel
MBX\Selection cancelled!|64| GUS:
@
```

"IBI\[Daten]" für "IfButtonIndex", "EBI\" für EndButtonIndex.

Siehe auch: "SDM\", "GUI\", "GUS\".
Siehe auch: "Abfragen".

Mit diesen Befehlen kann die Ausführung der in der WinRobots-Skript Datei nachfolgenden Befehle davon abhängig gemacht werden, ob der Datenteil angegebene Button im Anzeigefenster angeklickt wurde oder nicht.

Die Button werden mit den Befehlen "SDM\", "GUI\", "GUS\" und der entsprechenden Gestaltung der Anzeigedatei erzeugt und beschriftet. Es sind immer entweder zwei oder drei.

Im Datenteil des Befehls "IBI\" ist die Nummer des auszuwertenden Buttons anzugeben, wobei von links beginnend ab 1 (eins) gezählt wird.

```
Beispiel:
SDM\frage.txt
IBI\1                'der linke (erste) Button wurde angeklickt
 JNF\btneins.rem
 GOTO aus
EBI\
IBI\2                'der mittlere (zweite) Button wurde angeklickt
 JNF\btnzwei.rem
 GOTO aus
EBI\
IBI\3                'der rechte (dritte) Button wurde angeklickt
 JNF\btndrei.rem
EBI\
:aus
@
```

```
' +++ demo.rem +++
' Zweck: Demo zu GUS, IBI, SID, :always  uvm.
' erstellt am: 02.07.2000
' von: Thue
'=========================
DED\1
KRM\1
DWP\9
'USM\1
OPT\3
IEW\#32770\frage||question
 STW\#32770\frage||question
 SPC\button\no||nein+1
EEW\
SSS\800,600

:back
CLC\3
IVV\$$[X]=1
 GUS\auswahl1.txt\mm|s
 CHK\1
ELSE
 GUS\auswahl.txt\mm|s
EVV\
DED\
IBI\2  '# Abbrechen
 SSM\0
 GOTO always
EBI\
SND\0
DWP\9
IEV\$$cls
 GOTO start
EEV\
VAR\$$cls=
VAR\$$wcl=0

IEP\close.exe
 STW\thunder&&main\closewindows|a
 GWF\>$$cls
 VAR\$$wcl=1
 CLW\1
' TPC\iep
EEP\
MAA\

:start
IVM\   '# Prüfen, ob VMWare
 NEV\$$vmw
  'SHI\12\vmware.txt#
  VAR\$$vmw=1
 EEV\
EVM\
IVV\$$[X]=1
 IEW\$$edi
  CLW\1
  IWF\2
   STW\#32770\frage
   MEL\button\no||nein
  EWF\
 EEW\
EVV\

 ICS\1  '# Editor
 SSM\0
 JNF\view.rem
ECS\
```

```
ICS\2   '# Einstellungen
  SSM\0
  JNF\config.rem
ECS\

ICS\3   '# Analyzer
  SSM\0
  JNF\analyzer.rem
ECS\

ICS\4   '# Haltepunkte etc.
  SSM\0
  JNF\playparts.rem
ECS\

ICS\5   '# Befehlsübersicht
  SSM\0
  JNF\befehle.rem
ECS\

ICS\6   '# Abspielen
  SSM\0
  JNF\playfile.rem
ECS\
'--------------------------
:always
CLC\2
SEC\0
RAA\
IEV\$$sbk
  REW\HLM|$$sbk\remedit|head|$$hed
  REW\HLM|$$sbk\remedit|fillhead|$$fhd
  REW\HLM|$$sbk\remedit|istop|$$top
  REW\HLM|$$sbk\remedit|isbefname|$$ibn
  REW\HLM|$$sbk\remedit|istimerec|$$itr
  REW\HLM|$$sbk\remedit|fullheight|$$ful
  REW\HLM|$$sbk\remedit|isproto|$$ipr
  REW\HLM|$$sbk\remedit|click|$$clk
  REW\HLM|$$sbk\remedit|swapmouse|$$swp
  REW\HLM|$$sbk\remedit|align|$$aln
EEV\
DEL\?pfad\anatest.rem
IVV\$$[X]=1
  GOTO hier
EVV\
IEW\$$edi
  CLW\1
  IWF\2
    STW\#32770\frage
    MEL\button\no||nein
  EWF\
EEW\
:hier
CAS\1
IVV\$$wcl=1
  EXE\$$cls
EVV\
@
```

"GLS\[Daten]" für "GetListSelection"

Mit dem Befehl "GLS\" lassen sich nahezu beliebig viele Auswahlmöglichkeiten in Form einer scrollbaren Liste anzeigen. Die Auswahlmöglichkeiten können aus einer (ASCII)Datei gelesen oder in Form einer Variablen ("$$xyz") übergeben werden, die eine durch Delimiter unterteilte Zeichenfolge enthält. Die Befehlssyntax lautet:

```
GLS\[DLZ\]Inhalt|Titel|Erläuterungstext|Größe (cx,cy)[|Position (x,y)][|m]
[]=optional
```

DLZ: Delimiter-Zeichenfolge, wenn eine Stringvariable als Inhalt benutzt wird.
            Defaultmäßig ist "$crlf$" (Zeilenschaltung) als Delimiter voreingestellt; Sie
können
            aber auch andere Trennzeichen (",", ";", "|", "<>" oder ähnliche) vorgeben. Die
Delimiter-
            Zeichenfolge darf max. 3 Zeichen lang sein.
Inhalt: (Variable mit) Pfad zu einer (Text)Datei, welche zeilenweise die
            Auswahlmöglichkeiten enthält **oder**
            (Variable mit) Zeichenfolge, die durch einen
            Delimiter (=Zeichen[folge]; z.B. Komma) in mehrere Terms unterteilt ist.
Titel: (Variable mit) Titel des Auswahldialogs.
Erl.-Text: (Variable mit) Erläuterungstext. Dieser wird standardmäßig zentriert angezeigt.
            Das können Sie ändern, indem Sie nach dem Trennzeichen ("|") als erstes
            "<" für linksbündig oder
            ">" für rechtsbündig eintragen.
Größe: Breite und Höhe des Auswahlfensters in Pixel. Diese Werte **müssen**
            ebenso wie die vorhergehenden angegeben werden. Eine minimale Größe kann
            nicht unterschritten werden.
Position: Koordinaten der linken oberen Ecke des Auswahlfensters in Pixel.
            Wenn diese Werte fehlen, wird das Auswahlfenster in Bildschirmmitte
angezeigt.
m: Standardmäßig ist eine einfache (alternative) Auswahl voreingestellt.
            Wenn Sie eine Mehrfachauswahl anbieten wollen, muß "M" oder "m" hier
            eingetragen werden.

HINWEIS:
Alle Trennzeichen ("|") müssen bis vor dem letzten belegten Wert vorhanden sein!
Die **Auswertung** der Auswahl(en) kann wie folgt geschehen:

- Bei **einfacher Auswahl** wird der Index des ausgewählten Listeneintrags (1...n) in "$v1$" gespeichert.

Zusätzlich wird der **Text** des ausgewählten Listeneintrags in "$v2$" hinterlegt.

- Bei **mehrfacher Auswahl** werden die Indizes der ausgewählten Listeneinträge (1...n) als kommagetrennte Zeichenfolge in "$v1$" gespeichert.
- Zusätzlich werden in der Variable "$v2$" die Texte aller ausgewählten Listeneinträge als Zeichenfolge mit Zeilenschaltungen zwischen den einzelnen Texten gespeichert.

Weiterhin wird noch eine interne Variable mit dem Index des Buttons belegt (OK = 1, Abbrechen = 2). Diese können Sie mit "IBI\" auswerten. Wenn Sie bei "Abbrechen" zu einer Sprungmarke springen wollen, können Sie "JOC\" einsetzen.

Beispiel:

```
VAR\$$inh=
DED\1
FOR\$$cnt|1|50
 VAR\$$inh=$$inhDas ist Auswahl Nr. $$cnt
  IVV\$$cnt<50
   VAR\$$inh=$$inh,                '# ","=Delimiter
  EVV\
NXT\
DED\
VAR\$$aaa=Das ist der Titel für die Auswahl
VAR\$$bbb=Das ist ein Erläuterungstext für eine mehrfache Auswahl
GLS\,\$$inh|$$aaa|$$bbb|10,300||m  '# 10 ist zu klein; wird auf Minimalbreite
vergrößert
JOC\ende
VAR\$$fil=$v1$$$crlf$$v2$
CTF\?desktop\GLS.txt<$$fil
@
:ende
MBX\Abgebrochen!
@
```

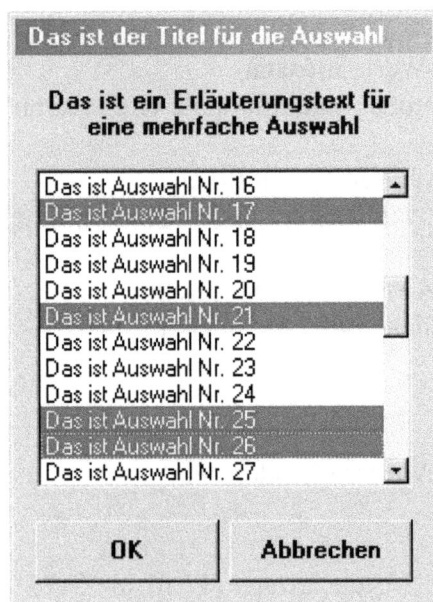

"ICS\[Daten]" für "IfCheckboxSelected","ECS\" für "EndCheckboxSelected"

Der Befehl "ICS\..." identifiziert die Auswahl des Benutzers. Im Datenteil ist die laufende Nummer der Auswahlmöglichkeiten von oben nach unten, beginnend mit 1, anzugeben. Wurde die entsprechende Auswahl selektiert, werden die zwischen "ICS\..." und "ECS\" stehenden Befehle ausgeführt, ansonsten nicht.

Der Befehl "ICI\..." ermöglicht die komplexe Bewertung der Gesamtauswahl des Benutzers. Beim Auswählen eines Kontrollkästchens wird eine interne Variable wie folgt gebildet:

1. Die Kontrollkästchen haben von oben nach unten die Wertigkeit 2 hoch (n - 1), wobei n die laufende Nummer beginnend oben mit 1 ist, also 1, 2, 4, 8, 16 usw.

2. Die Variable enthält die Summe der Wertigkeiten für die ausgewählten Kästchen, also beispielsweise 1 + 2 + 8 = 11, wenn das erste, zweite und vierte Kästchen ausgewählt sind.

"ICI\[Daten]" für "IfCheckedIs","ECI\" für "EndCheckedIs"

Sie können nun im Datenteil den Sollwert für eine Mehrfachauswahl angeben und diesen mit dem Istwert in Form der internen Variablen vergleichen. Die zwischen "ICI\..." und "ECI\" stehenden Befehle werden nur dann ausgeführt, wenn die tatsächliche Auswahl dem Sollwert im Datenteil entspricht.

Außerdem wird die Benutzerauswahl in der Variablen "TempText" als Zeichenfolge gespeichert; bei SingleSelect als eine Ziffer, bei MultiSelect als durch Komma getrennte Ziffernfolge (z.B. "2, 5, 7"). Sie können die Variable "TempText" direkt benutzen oder deren Inhalt einer eigenen Variablen zuweisen (siehe auch "STT\", "VAR\").

Beispiel:
```
GUS\sample.txt|m       'multiselect

IBI\2                  'Abbrechen gewählt (zweiter Button von links)
 GOTO ende
EBI\

ICS\4                  'wenn Auswahl 4 angeklickt wurde
 WPS\tada
ECS\

ICS\3                  'wenn (auch) Auswahl 3 angeklickt wurde
 WPS\ring
ECS\

:ende
@
```

"CHK\[Ziffer]" für "Check"

Mit dem Befehl "CHK\..." können Sie ein oder - bei multiselect - mehrere Kontrollkästchen bereits ausgewählt darstellen. Geben Sie dazu im Datenteil die durch Komma getrennten Nummern der Kästchens an, wobei diese von oben beginnend mit eins nach unten gezählt wird. Die Wirkung des Befehls ist die gleiche, wie wenn der Benutzer die Auswahl getroffen hätte.
Sie können auch Variable mit numerischem Inhalt im Datenteil einsetzen.

Der Befehl muß unmittelbar nach "GUS\..." stehen!

Wenn Sie die Vorselektion von einer Abfrage abhängig machen wollen, müssen Sie immer sowohl den "GUS\..."-Befehl als auch den nachfolgenden "CHK\..."-Befehl in einen Auswertungsblock schreiben, z.B.

```
VAR\$$abc=30

IVV\$$abc=20
 GUS\auswahl.txt|s
 CHK\3,4
 GOTO next
EVV\

GUS\auswahl.txt|s
CHK\2

:next
'...
'...
@
```

"GPI\" für "GetProcessID"

Siehe auch: "VAR\", "WMS\".

Mit "GPI\" können Sie die zum **aktuell lokalisierten Fenster gehörende ProcessID** ermitteln. Diese wird in "$v1$" hinterlegt.

Gleichzeitig wird die zum aktuellen Fenster gehörende ThreadID in "$v2$" hinterlegt.

Wenn der Datenteil nicht leer ist (z.B. "1"), erhalten Sie die Prozeß- bzw. ThreadId des aktuell laufenden WinRobots-Programms in den genannten Variablen.

```
' +++ javart-install.rem +++
' Zweck: Beispiel für die Anwendung von GPI\
' erstellt am: 19.02.2005
' von: Stro
'============================

'#SPI:forcewrite
'#EXE:?pfad\

' Keine Fehlermeldungen anzeigen während das Skript auf dem Client läuft
USM\1

' Return-Code (Error-Level) auf 1, -das ist Fehler- setzen
SRV\1

'IAI\J2SE Runtime Environment 5.0 Update 1
' GOTO uninst
' @
'EAI\

' Log schreiben
JNF\ccm-log.rem|Setup.Exe wird gestartet

VAR\$$run=$ev4$setupfiles\jre-1_5_0_01-windows-i586-p.exe
EXX\$$run

STW\msidialogcloseclass\j2se runtime environment 5.0 update 1 - lizenz|w600
JNF\ccm-log.rem|Setup.Exe wurde gestartet

STW\msidialogcloseclass\j2se runtime environment 5.0 update 1 - lizenz
GCW\\2\button\ich &akzeptiere die bedingungen der lizenzvereinba
BTC\1
GCW\\1\button\&weiter >
MEL\

STW\msidialogcloseclass\j2se runtime environment 5.0 update 1 - setup-typ
GCW\\2\button\&angepasst
BTC\1
GCW\\1\button\&weiter >
MEL\

'DIP\500
STW\msidialogcloseclass\j2se runtime environment 5.0 update 1 - benutzerde
GCW\\1\systreeview32\*

SMH\#2
TVS\J2SE Runtime Environment&&|i
TDL\1000
```

```
'MLI\

SMH\#2
TVS\Unterstützung für zusätzliche Sprachen&&|i
TDL\1000
'MLI\

SMH\#2
TVS\Zusätzliche Schriftarten und Medienunterstützung&&|i
TDL\1000
'MLI\

STW\msidialogcloseclass\j2se runtime environment 5.0 update 1 - benutzerde
GCW\\1\button\&weiter >
MEL\

STW\msidialogcloseclass\j2se runtime environment 5.0 update 1 - browser-re
GCW\\1\button\    microsoft internet explorer
BTC\1
STW\msidialogcloseclass\j2se runtime environment 5.0 update 1 - browser-re
GCW\\1\button\&weiter >
MEL\

MTW\msidialognocloseclass\j2se runtime environment 5.0 update 1 - fortschrit

VAR\$$^01=msidialognocloseclass\j2se runtime environment 5.0 update 1
installerinf\&nein\newbinary4

' Aufpoppende fenster erledigt der WBC\-Paralellrobot
WBC\$$^01

STW\msidialogcloseclass\j2se runtime environment 5.0 update 1 - vollständi|w120

' Prozess-ID ermitteln
GPI\$$pid

GCW\\1\button\&fertigstellen|w120
MEL\

' Abwarten, bis der ermittelte Installations-Prozess sich beendet hat
WPT\$$pid

' Paralellrobot deaktivieren
WBC\

' Log schreiben
JNF\ccm-log.rem|Setup.Exe wurde beendet

' Silent-Mode ausschalten
USM\0

' Return-Code (Error-Level) auf 0 setzen
SRV\0


@
```

```
' +++ dreamstime_login.rem +++
' Zweck: Login für die Site www.dreamstime.com
' erstellt am: 08.11.2007
' von: Theo Gottwald
'==========================
' Evtl. bereits geöffnete Zoonar Fenster schliessen

' optinoal:

CAW\ieframe\dreamstime

VAR\$$LOG=picturreman
VAR\$$PWD=mypassword

VAR\$$URL=http://www.dreamstime.com/
' NAch BOP ist das gestartete Beowserfenster automatisch lokalisiert, kein STW
nötig!
BOP\$$URL
WSC\
SWP\3,-1|1113,947

SPC\internet explorer_server\*|w201
AFO\42\notext&&\*\notext\12\\*0/2/0/1/2/0/3/0\'76,18\189,249
SKP\$$LOG

' Das Topfenster wurde einmalig durch BOP\ bereits lokalisiert.
' SPC\ nimmt jeweils das letzte Topfenster, daher muss es nicht
' jedes Mal neu lokalisiert werden
SPC\internet explorer_server\*|w33
AFO\42\notext&&\*\notext\12\\*0/2/0/1/2/0/3/2\'76,18\300,249
SKP\$$PWD

'

SPC\internet explorer_server\*|w42
AFO\43\login&&\http://thumbs.dream&&m/img/btn_login.jpg\notext\12\\*0/2/0/1/2/1/3/0
\'70,22\189,275
MEL\
@
```

Da das Buch wegen der sonst zu großen Seitenzahl in 2 Bände aufgesplittet werden musste, sind alle Anhänge und die Mehrzahl der Win Robots-Befehle in Band 2.

WinRobots Version 8 – die Referenz Band 2 ist erhältlich bei Lulu oder im Buchhandel unter der **ISBN 978-3-00-025854-1**

Der **Bestellungs-Link**, Band 2 lautet:
http://www.lulu.com/content/3959453

www.ingramcontent.com/pod-product-compliance
Lightning Source LLC
Chambersburg PA
CBHW082309210326
41599CB00029B/5740